Erhebe dich im Flug aus niederen Gebreiten,
laß in der Höhenluft dich läutern, werde rein,
und trinke dir zum Heil wie klaren Götterwein
das helle Feuer in den flüssig goldnen Weiten.

Wem die Gedanken sich bis in die Himmel schwingen,
so wie die Lerchen in den Morgen, frei und groß,
– hoch über aller Welt versteht er mühelos,
was ihm die Blume sagt, und lauscht den stummen Dingen.

Charles Baudelaire

DAS STILLE ABENTEUER

Was wären wir am Boden ohne
Hilfe und Verständnis?
Was wäre ich ohne Gaby?
Ihr ist dies Buch gewidmet.

JOCHEN VON KALCKREUTH

Das stille Abenteuer

VERLAG BUCHELI INH. PAUL PIETSCH ZUG
MOTORBUCH VERLAG STUTTGART

Das farbige Schutzumschlag-Bild zeigt Jochen von Kalckreuth in seinem Kestrel ORION über den Niederen Tauern.
Foto: Uwe van Husen.
Schutzumschlag-Rückseite: Der Autor an seinem Flugzeug.

Bildnachweis: Brütting (2), van Husen (3), Kier (1), Pronzati (1), Riedel (1), Scavino (6), Schubert (1). Alle übrigen Aufnahmen und Zeichnungen stammen vom Autor. Kamera: Kodak Retina Reflex IV, Weitwinkel-Objektiv Retina-Curtagon f : 4/28 mm.

Der Vor- und Rücksatz zeigt das Dachsteinpanorama von Osten.

ISBN 3-7168-1286-2

4. Auflage 1986

Satz und Druck: Druckerei Maisch & Queck, 7016 Gerlingen.
Bindung: Verlagsbuchbinderei Karl Dieringer, 7000 Stuttgart.
Printed in Germany.

Inhalt

„Wär' ich die Luft, um Flügel zu schlagen,
Wolken zu jagen,
über die Gipfel der Berge zu streben —
Das wär' ein Leben."

Wie dankbar sollten wir sein.

Unserem Zeitalter wurde nach Jahrtausenden endlich das Erleben geschenkt, von dem der fränkische Dichter Friedrich Rückert noch träumte. Unzählige Gleichgesinnte haben seit Urbeginn der Menschheit das Sehnen nach vogelgleichem Flug empfunden, doch die Erde hielt sie fest. Jene, die ihn dennoch versuchten, wurden verlacht.

Heute ist es uns gegeben, die Schönheit lautlosen Fluges zu erleben, sei es am Steuerknüppel oder als Zuhörer eines Fliegers, der die Gabe besitzt, seine Eindrücke so wiederzugeben, daß man sie wirklich mitempfindet.

Segelflug, das ist ein immer neues Abenteuer. Ein Erschließen von Neuland, das kein Ende kennt. Und seine Hohe Schule ist der Flug in den Alpen. Ich war dabei, als es begann.

*

Fliegergruppen in Graz und Salzburg, in München und der Schweiz machten den Anfang. Mit Gleitflügen ins Tal und später mit ersten Zeitflügen im Hangaufwind. Im Jahre 1929 wurde die Deutsche Forschungsanstalt für Segelflug auf die segelfliegerischen Möglichkeiten im Hochgebirge aufmerksam. Professor Georgii sandte im Februar jenes Jahres Fritz Stamer und Robert Kronfeld zur ersten Gebirgs-Expedition auf die Rax-Alpe bei Wien. Kronfeld, damals der geübteste Segelflieger, wurde mit dem Gummiseil vom Gipfelplateau des Kalkmassivs gestartet und fand trotz arktischer Kälte thermische Aufwinde, die er für kurze Zeit nutzen konnte.

Zwei Jahre später fuhr Günter Groenhoff für die D.F.S. zu weiteren Erkundungsflügen in die Berner Alpen. Die Gesellschaft der Jungfraubahn hatte uns eingeladen, Segelflüge aus großer Höhe zu starten und uns jede Unterstützung zugesagt.

Im Juni des Jahres 1931 luden wir Groenhoffs ‚Fafnir' auf die Frachtwaggons der Bergbahn, in sommerlicher Wärme drunten im Felstal von Lauterbrunnen.

Herbstlich kühl wehte der Wind, als wir auf der Station Scheidegg die Flugzeugteile auf die Schmalspurbahn umladen mußten, die bis zum Jungfraujoch hinaufführt. Braungelbes Felsgestein leuchtete neben uns auf und verschwand wieder in nachtschwarzem Dunkel, während der kleine Zug im Inneren von Mönch und Eiger höher und höher kletterte.

Auf der Station Eigerwand froren wir mit Leib und Seele beim Ausblick auf die grünblaue Eishölle, den eine Felsöffnung freigab. Quellwasser sickerte von den Wänden und gefror ringsum zu Eiszapfen. Doch die Fahrt ging noch höher und endlich kamen wir auf dem Jungfraujoch an. Wenig später stapften Günter und ich durch den tiefen Neuschnee des Jochsattels, um die Einzelheiten für den Abflug von dort zu besprechen.

Es würde Seiten erfordern, um zu schildern, mit welchen Schwierigkeiten die schweren, neun Meter langen Tragflächen des ‚Fafnir' zum Startplatz herauf gebracht wurden. Der Stollengang vom Hotel zum Joch war viel zu eng für die mövengleichen Knickflügel. Wettergebräunte Bergführer halfen uns. Eine Seilbahn wurde vom Hotelfenster hinunter auf den Gletscher improvisiert, von wo aus die Teile dann über einen Steilhang zum Joch gehievt werden mußten.

Die Arbeit über den in der Tiefe gähnenden Eisspalten war schwindelerregend. Hierbei wurden wir höhenkrank und bekamen bohrende Kopfschmerzen. Nach stundenlangen Mühen stand der aufmontierte ‚Fafnir' endlich auf dem glitzernden Firn der Jungfrau.

Dichte Wolken verhinderten einen alsbaldigen Abflug. Wie konnten wir unser wertvolles Flugzeug ohne Halle gegen den Sturm sichern, der jederzeit erwartet werden mußte? Erneut halfen uns Bergführer und Bahnbeamte. Wir hackten die Formen des Flugzeuges aus dem Jocheis und senkten den ‚Fafnir' vorsichtig in diese Vertiefung. Lange, ins Eis getriebene Eisenstangen hielten die Seile, die unser Flugzeug am Davonfliegen hindern sollten. Schließlich schaufelten wir noch Schnee über die Flächen. Kein Orkan mehr konnte Günters Segler über Nacht auf den Aletschgletscher hinabwerfen.

Am nächsten Morgen waren die Wolken verschwunden. Eine Brise wehte von Norden her durch den Bergsattel, genau richtig für den Gummiseil-Start auf den Alpenrand zu. Viele Hände halfen wieder, um den ‚Fafnir' aus seinem Eisversteck zu graben und zur vorbestimmten Startstelle zu ziehen. Günter Groenhoff traf mit der ihm eigenen Ruhe alle Anordnungen für den Abflug. Mit ein paar humorvollen Bemerkungen suchte er seine Helfer zu beruhigen, während er sich in den engen Führersitz des Seglers hinein zwängte.

Alexander Lippisch hatte ihn für seinen Einflieger „maßgeschneidert" und dabei eine aerodynamisch ganz neuartige Kabinenhaube entwickelt, aus der Günter nur durch zwei Seitenfenster sehen konnte. Er hatte sich, weil er es von seinen vielen Motorflügen her gewohnt war, auch in den ‚Fafnir' ein Steuerrad anstelle des sonst üblichen Knüppels einbauen lassen. Erst einen Monat zuvor war ihm mit

 Günter Groenhoff und seine Mannschaft (oben). Start vom Jungfraujoch

diesem prachtvollen Flugzeug vor einer Gewitterfront ein sensationeller Streckenweltrekord gelungen. Ich hatte ihn am 4. Mai vom Münchner Flugplatz Oberwiesenfeld auf 1000 Meter geschleppt und er landete nach achtstündigem Flug und einer Distanz von 272 km in der Tschechei.

Ich setzte Günter den Haubendeckel auf und teilte die Startmannschaft ein. Trotz der gleißenden Sonne am blauen Himmel wirkte diese Welt der Eisriesen um uns drohend und abweisend. In 3400 Meter Höhe hat die Luft nur noch einen Teil der Dichte und Tragfähigkeit wie jene im Flachland. Wir unterschätzten die Bedeutung dieser physikalischen Gegebenheit. Die Folge war katastrophal.

Trotz eines doppelten Startseils aus energiespeicherndem Gummi und fünf urkräftigen Bergführern an jedem der zwei Seilenden reichte die Startbeschleunigung nicht aus, denn die kleine Haltemannschaft am Rumpfende vermochte dem immer stärkeren Zug nicht standzuhalten. Plötzlich und viel zu früh riß sich das Flugzeug los.

Entsetzt verfolgten wir alle, wie der schwere ‚Fafnir' unaufhaltsam doch zu langsam, um abzuheben, durch den weichen Neuschnee auf den Steilabbruch des Jochs zu glitt. Sekunden später brach er durch eine überhängende Wächte und fiel, von hellen Schneefahnen umwirbelt, senkrecht in die grausige Tiefe. Eines der beiden Höhenruder brach an der Jochkante vom Leitwerk und wirbelte dem Flugzeug hinterher.

Furchtbare Augenblicke folgten. Wir standen regungslos und warteten auf das Krachen des Aufschlages an der steilen Wand. Alle fühlten sich mitverantwortlich.

„Da fliegt er!"

Mit weit ausgestrecktem Arm wies ein Helfer endlich auf einen hellen Strich, der vor dunklen Berghängen jenseits des Lauterbrunner Tals immer kleiner wurde.

Günter wußte in diesem Augenblick noch nicht, was wirklich geschehen war. Jedesmal, wenn er die Fluggeschwindigkeit verlangsamte, ging der ‚Fafnir' sofort auf den Kopf und in den Sturzflug. Zuerst wollte er am Fallschirm über dem Talkessel von Interlaken abspringen, doch dann rettete er sein kostbares Flugzeug durch eine verwegene Landung mit hoher Fahrt auf einer großen Talwiese.

Der nächste Start wurde sorgfältiger vorbereitet, nachdem ein neues Höhenruder von der Wasserkuppe eingetroffen war. Das Rumpfende sollte beim Ausziehen des Startseils nicht mehr von Hand festgehalten werden, weil die gespeicherten Energien allzu stark wurden. Vielmehr schlugen wir lange Stangen in den Firn und befestigten den Schwanz des ‚Fafnir' mit einem Hanfseil daran. Ein Bergführer sollte dies Seil mit einem scharfen Messer auf das Kommando ‚Los' kappen.

So geschah's. Doch wieder ging etwas schief. Ein im Rumpfende eingeleimter Holzklotz riß sich los, als die immer stärker werdende Zugkraft des Gummiseils seine Festigkeit übertraf. Augenblicklich schoß das Flugzeug nach vorn, erhob sich aus dem Schnee und glitt lautlos ins weite Tal hinaus.

Diesmal mußte Günter ohne Seitenruder fliegen, denn mit dem Klotz wurde auch

1934 auf der Wasserkuppe: Walter Georgii, Peter Riedel und Wolf Hirth

dessen Lager abgerissen. Die große Steuerfläche flatterte wie eine Windfahne hinter dem schlanken Rumpf des ‚Fafnir' her. Der mutige Pilot meisterte auch diese Schwierigkeit und landete nach langem Gleitflug wohlbehalten bei Interlaken.

Schließlich gelangen uns doch noch einige Abflüge ohne Zwischenfälle, aber es kam zu keinen richtigen Alpensegelflügen. Immerhin flog Günter am letzten Tag in der Thermik der Randgebirge zum Flugplatz Bern-Belpmoos, wo man ihn zu Vorführungen auf einem Flugtag erwartete. Ein begeisterter Empfang beendete die Serie seiner wagemutigen Flüge.

*

Nach Günter Groenhoffs tragischem Absturz im ‚Fafnir' am 23. Juli 1932 auf der Wasserkuppe ließ mich Professor Georgii zu neuen alpinen Forschungsflügen von Prien am Chiemsee aus starten. Die Anflüge der Voralpen erfolgten im Flugzeugschlepp. Wir wollten uns aus niedriger Höhe systematisch ins Hochgebirge vortasten. Leider verhinderten zwei Umstände größere Erfolge: die spätsommerliche Jahreszeit und meine noch begrenzten segelfliegerischen Erfahrungen mit insgesamt erst 25 Starts trotz der gerade erworbenen Silber-C.

Der erste von Alexander Schleicher gebaute ‚Rhönadler' wurde mir anvertraut, da der ‚Fafnir', den ich später meistens flog, nach dem schweren Bruch noch nicht wieder aufgebaut worden war. Zwischen dem 29. August und dem 2. September 1932 segelte ich fast 10 Stunden über den Bergen des bayerischen Alpenrandes.

Am letzten Tag fand ich gegen 17 Uhr einen ganz steten, böenfreien Aufwind dicht über den Berghängen des Hochries und des Riesenberges. Dieser Aufwind trug den ‚Rhönadler' zu meiner großen Überraschung auf 1800 Meter Höhe. Ohne Sinken konnte ich anschließend über dem Grat der Kampenwand hin- und hersegeln. Der Aufwind war auf beiden Seiten des Berges zu finden. Es konnte also kein Hangwind im herkömmlichen Sinne sein sondern war der bodennahe Luftstrom thermischen Ursprungs, wie ihn heute alle Alpenflieger kennen. Für uns war er eine Entdeckung.

Ich konnte damals bis in die späte Dämmerung hinein nach Osten segeln, von einem ruhigen Aufwindfeld zum anderen. Schließlich wurde es Zeit, ihnen auszuweichen um vor der endgültigen Dunkelheit noch einen Landeplatz zu finden. 45 Kilometer von der Kampenwand ging dieser Flug zu Ende.

*

Im September des Jahres 1935 fand der erste internationale Alpenflug-Wettbewerb statt und zwar auf dem Jungfraujoch. Ernst Udet als Mannschaftsführer hatte Heini Dittmar, Ludwig Hofmann und mich dafür ausgewählt. Es wiederholte sich das schon 1931 Erlebte: Höhenkrankheit an den ersten Tagen — Eingraben der Flugzeuge jede Nacht — und die Sorge vor jedem Abflug, ob sich nicht ein Fehlstart wie bei Günter wiederholen würde.

Die Auslösung der Fesselung am Rumpfende sollte jetzt durch eine Kupplung erfolgen, in der eine Drahtschlinge eingeklinkt wurde. Diese war ganz hinten am Schwanz befestigt. Bei meinem letzten Wettbewerbsstart riß dies Drahtseil vom ‚Rhönsperber' unter dem gewaltigen Zug der Startmannschaft, doch der Abflug glückte. Erst nach meiner Rückkehr erfuhr ich davon.

Die Bergriesen wirkten unheimlich. Ohne Vegetation, ohne Bäume, Büsche und Hütten. Wie sollte man da die genaue Entfernung zu den Felswänden richtig abschätzen können?

So glitten wir meistens von diesen hohen Massiven fort und über die Täler von Lauterbrunnen und Interlaken hinaus. Dort tauchten wir dann unter die herbstlich schwach entwickelten Cumuluswolken, die wir vor dem Abflug von weit oben her auf dem Dunst des Alpenrandes hatten schwimmen sehen. Ludwig Hofmann und ich flogen auf diese Weise mit 112 und 88 km die längsten Strecken des Wettbewerbs, aber Alpensegelflüge im heutigen Sinne waren es noch nicht.

Heini Dittmar zeigte uns dann, wie man es machen mußte. Nur wenige Sekunden nach dem Abheben stellte er seinen ‚Condor' auf einen Flügel und kreiste gefährlich nahe, wie es uns schien, an den Felsen empor. Bald schwebte er über dem Gipfel der Jungfrau, der blendend weiß in den blaßblauen Herbsthimmel ragte. Aus seiner großen Höhe flog Heini dann mit Rückenwind über den Aletschgletscher, das Rhonetal und nur wenige Meter fehlten ihm schließlich dazu, auch den Simplonpaß zu übersegeln. Abends landete er in Visp im Wallis. Er wurde der Gesamtsieger dieses Treffens.

Nichts für mich, dies enge Kreisen an den Bergwänden. Das stand bei mir fest, der ich als Mensch der Ebene nicht einmal ganz schwindelfrei bin. So führten eigentlich nur der Schweizer Hermann Schreiber und Heini Dittmar wirkliche Alpenforschungsflüge durch, denen wir vom Joch aus mit Bewunderung zusahen.

*

Andere, deren Namen Jochen von Kalckreuth in seinem Buch ‚Segeln über den Alpen' genannt hat, haben in den Jahren von 1934 bis in unsere Tage die Pionierarbeit des Alpensegelfluges geleistet. Heute gehört Kalckreuth zu den unbestrittenen Meistern dieser Hohen Schule des motorlosen Fluges.

Nicht selten zeigt sich eine künstlerische Begabung bei großen Segelfliegern. Günter Groenhoff zum Beispiel war ein Meister der Kamera. Otto Fuchs, einer der Flugpioniere der zwanziger Jahre, schrieb ein Buch über seine Erlebnisse, in dichterisch schöner Sprache — sensitiv und packend zugleich.

Jochen von Kalckreuths Alpenaufnahmen sind Meisterwerke. Wie bei den Seeleuten gehört immer eine Hand dem Schiff, dem Steuerknüppel des Flugzeugs. Trotz dieser Regel hat der Autor solche Bilder machen können, die das Auslösen der Kamera im richtigen Augenblick zur Vorbedingung hatten. Vor allem aber ein für die Schönheiten der Alpen empfängliches Auge.

Schon vor Jahren, im fernen Miami, fiel mir ein Flugbericht Jochen von Kalckreuths durch den Reichtum und die Treffsicherheit seiner Sprache auf. Neue, dem Thema genau entsprechende Worte hat seine Phantasie gefunden, um den Alpenflug in einfachster Form schildern zu können. Wie meisterhaft die karg gewählten Worte die Bilder malen, die ja in sich selbst die Poesie, die Einzigartigkeit des stillen Abenteuers Alpenflug enthalten.

Jochen von Kalckreuth gebraucht unsere Sprache mit solch einem Feingefühl, daß man beim Lesen seiner Flugberichte die Umwelt vergißt und alle Eindrücke miterlebt — manchmal in atemloser Spannung — und mit den gleichen Gedanken und Sorgen, wie sie der Pilot in solchen Augenblicken empfunden haben muß.

Es ist schön zu wissen, daß wir in ihm einen Schriftsteller-Piloten deutscher Sprache haben, den ich Antoine de St. Exupéry und Anne Morrow-Lindbergh gleichstelle.

Peter Riedel

(Peter Riedel)

Über den Tauern

Ein herbstlicher Wind fuhr durch die Gassen Wiens.

Ich saß im Büro und bemühte mich, eine Aktennotiz zu Papier zu bringen. Das war schwierig, denn immer wieder wurde ich von dem eindringlichen Zug der flachen Wolken im obersten Drittel des Fensters abgelenkt. Das Telefon summte. „Erwarten Sie einen Anruf der Wetterwarte?", gab die Zentrale fragend durch. Wer wäre auch so ohne weiteres auf einen Zusammenhang zwischen einer Werbeagentur und der Zentralanstalt für Meteorologie gekommen.

Sekunden später vernahm ich die Stimme Dr. Kafkas von der Grinzinger Höhe. Umgeben von Barometern und Fernschreibern knüpft er dort die Fäden der landesweiten Wetterprognose. Mein schon mehrfach vorgetragenes Interesse an der Föhnfliegerei hatte ihn mir als freundlichen Berater gewonnen.

„Hören's", klang es in dem höflich singenden Tonfall dieser Stadt, „ihr Wetter ist da".

Obwohl ich durch eine Radiomeldung am Abend zuvor schon auf die Föhnlage aufmerksam geworden war, überraschte mich diese knappe Feststellung dennoch. Ich schwang meinen Drehstuhl endgültig zum Fenster und fragte zurück „ist das tatsächlich die klassische Lage?" Dr. Kafka holte Luft und brachte mich in einem Atemzug auf den neuesten Stand der Dinge. „Laut Vorhersage für Freitag, den 9. November 1962 weiterhin Vorherrschen einer zyklonalen Südlage. Ein Teiltief über Spanien läßt zusammen mit der meridionalen Hochdrucklage über Osteuropa die starke Südlage über den Zentralalpen bei lebhaften Südost- bis Südwestwinden anhalten. Spitzenböen am Sonnblick" — mein Informant holte sich ein anderes Blatt — „derzeit bis über hundert Stundenkilometer aus Südsüdwest". Das war „mein" Wetter, Wellenwetter.

Zehn Minuten danach sprach ich mit der Segelflugschule in Zell am See. Dort herrschte Hochstimmung. Der Föhn hatte alles in die Luft geholt. Hans Resch, so berichtete Frau Reichholf, war gerade mit einem neuen Höhenrekord gelandet. Ich sagte mich für den nächsten Morgen an und bat, mir den blauen Schulspatzen bereit zu stellen. Er hatte mich erst im Juli über die 300 km Zielstrecke getragen.

Zell im Salzburger Land war meine fliegerische Heimat. Hier hatte ich 1954 geschult und stets eine gute Fliegerkameradschaft gefunden. Und Zell war zugleich einer der am besten gelegenen Wellenflugplätze der Alpen. Seit dem Sommer hatte ich mich in Büchern und Artikeln mit den Eigenheiten des Tauernföhn und seinen ans Wunderbare grenzenden Aufwinden, mit den wissenschaftlichen Messungen und Hypothesen der Föhnforscher befaßt. Sie alle waren von den Leewellen der Zentralalpen fasziniert und zogen aus deren Beobachtungen allgemeine meteorologische Schlüsse.

Um sechs Uhr saß ich endlich im Wagen und zwängte mich durch den Abendverkehr der Innenstadt. Dann warf ich oben am Sternwartepark die bereit gelegte Ausrüstung in den „Föhnkoffer" und steuerte eine Viertelstunde später unter windgeschüttelten Straßenlaternen die Westautobahn an.

Spiralen trockener Blätter stiegen vor mir ins Dunkel und kurze Böen drückten den Wagen kreuz und quer über die Fahrbahn. Ich starrte durch den kurzen Lichtkegel angestrengt in die schwärzliche Landschaft und spürte mit einem Mal trotz der aufkommenden Müdigkeit die wachsende Erwartung auf ein mir ganz neues fliegerisches Erlebnis.

Segeln im Föhn. Kampf im Rotor ums Obenbleiben, um den Aufstieg zur laminaren Höhenströmung. Dann die Leewelle irgendwo über einem Tauerngrat, von geisterhafter Stille. Wie war das vorstellbar?

Dann fiel mir das Gespräch mit Erich Klöckner wieder ein. Er war der erste Segelflieger, der 1941 unter der wissenschaftlichen Anleitung von Professor Georgii über dem Großglockner bis zur Stratosphäre auf über 11 000 Meter gestiegen war.

Ich traf ihn 1955 in Egelsbach. Ein zurückhaltender, sachlicher Forschungspilot. Dieser Flug war das Ereignis seines Lebens. „Du kannst dir den Blick einfach nicht vorstellen", erinnerte er sich im Halbschatten der Flugplatzklause. „Ich sah weit über die Adria bis an die dalmatinische Küste". Und: „die Bespannung des ‚Kranich' knallte in der wahnsinnigen Kälte da oben. Die Föhnwoge hing wie eine Keule hinter mir. Ich mußte den heftigen Steigflug abbrechen, weil meine Kabine nicht druckgesichert war."

Die Fahrt in der Dunkelheit wollte kein Ende nehmen. Ich passierte St. Pölten und Linz. Immer wieder mußte ich von der Autobahn herunter auf enge Provinzstraßen, um unfertige Abschnitte zu umfahren. Kurz vor Salzburg begannen die Augen zu flimmern. Ich hielt bei einem Dorfgasthof. Der böige Südwest, der sich lau und heftig von den nahen Alpen herabstürzte, hatte sich hier noch verstärkt und bestätigte Dr. Kafkas Vorhersage. Wo wird der Rotor stehen, der mich in die Welle hebt? ging es mir immer wieder durch den Kopf. Die Sekundärwelle reicht tiefer herab, vielleicht werde ich dort heraufkommen. Die Fensterläden schlugen im Wind und ein Bogen heller Sterne stand in der klaren Nacht.

Wen die Lichtflut eines frühen Föhnmorgens über den Voralpen, vermischt mit den weißen Strahlenbündeln der schneetragenden Gebirge, nicht zeitig aus den Federn holt, der weiß vom Wellenfliegen nichts. Um sieben Uhr früh saß ich bei einem kräftigen Frühstück, das mir die Bäuerin aufgetischt hatte. Als ich aus dem kühlen Hof fuhr, standen sie aufgereiht wie Sturmfahnen am Höhenhimmel, die langen, silbernen Föhnwolken. Vielleicht sechstausend oder siebentausend Meter hoch, lichte Kondenzbahnen, deren Leekanten sich in seidigen Schleiern auflösten.

Der Wagen kurvte über schmale Bergstraßen an Reichenhall und Lofer vorbei. Die Luft blinkte durchsichtig und als unzählige Waldfeuer leuchteten die gelben Herbstlärchen aus den dunklen Fichtenhängen herab. Scharfe Windstöße nahmen den Wagen an engen Talbiegungen unvermittelt an.

Als ich bei Saalfelden in die weite Talsenke einfuhr, da stand die mächtige Gebirgskette der Tauern endlich vor mir. Der Schnee reichte bis zu den Bergfüßen herab und entzündete sich im Föhnlicht zu unbeschreiblicher Helle. Auf dem Flugplatz standen die Hangartore offen und überall wurden Vorbereitungen für neue Föhnflüge getroffen.

Hans Resch finde ich im öligen Kittel unter dem Motor der Schlepp-Piper. Er lacht. Trocken, wie es seine Art ist. Ich drücke ihm die Hand und gratuliere zum Höhenrekord. Hans ist das größte Talent unter den Salzburger Fliegern, dabei diszipliniert und verantwortungsvoll. Ich kenne ihn seit vielen Jahren und bewundere seine Ruhe und fliegerische Fertigkeit. Mehrfach vertrat er Österreichs Farben bei Weltmeisterschaften und war 1960 unter den Ersten, die auf der großartigen Standard-Austria flogen. Hans gelangen schon in den Fünfziger Jahren die ersten Diamantenflüge im Gebirge — ein As rundherum.

Er hatte an mich gedacht und weist auf den blauen L-Spatz hinten in der Halle. „Alles klar für dich."

Wer über kein eigenes Flugzeug verfügt, so wie ich damals, oder im Verein nicht ‚seinen' Vogel startklar hat, der tut sich schwer im Leistungsflug. Deshalb freute ich mich doppelt über die Vorsorge meines Freundes und begann sofort mit den Vorbereitungen zum Höhenflug.

Unter den mehr als 25 Segelflugzeugen, die ich fliegen konnte, nahm und nimmt der L-Spatz einen Sonderplatz ein. Der wirtschaftlichen Erfordernis nach einer einfachen und billigen Konstruktion, wie sie die ersten Nachkriegsjahre erhoben hatten, entsprach Egon Scheibe mit seinem Meisterstück. Die Festigkeit und einfache Bauweise des Stahlrohrrumpfes nach dem bewährten Schema der Akaflieg-München blieb unübertroffen. Die Flächen mit ihren überaus elastischen Kiefernholmen, der verhältnismäßig hohen Streckung und den zupackenden Querrudern boten uns damals Steig- und Gleitleistungen wie kaum ein anderes, teureres Flugzeug. Als Hochdecker kurbelte er allein. Der L-Spatz stand gern auf einer Fläche und holte sich immer den Kern der Thermik. Ich denke noch heute in Anhänglichkeit an den wendigen, schnellen Vogel in Hellblau, der mich zu unvergeßlichen Flügen trug.

Über das Flugfeld pfeift ein wirbelnder Süd, der aus dem Kapruner und dem Fuscher Tal ins Zeller Becken drückt. Bei diesem Seitenwind ist an einen Windenstart nicht zu denken. Also schieben wir die Flugzeuge durch den nassen Schnee bis zur Graspiste und sichern sie gegen den Bodenwind. Spätvormittags war ein dichter Cirrenschirm über das Zentralmassiv und den Pinzgau nach Norden gezogen. Jetzt bildete die offensichtlich feuchter gewordene Luft bei sichtbar nachlassendem Föhneffekt vom Hauptkamm her grauballige Cumulus-Bänke, in vielfacher Folge quer zum Wind aufgereiht.

Die Startreihe ist lang. Als mich Hans endlich um 14.07 Uhr hinter der Piper aus dem Platz schleppt, da scheint wirklich die letzte Gelegenheit gekommen, der Welle nachzufliegen. Ich bin in dicke Winterkleidung gehüllt und habe wenig Bewegungsraum im engen Sitz. Die Sonne heizt die Kabine an und mir wird unangenehm schwül.

Als der L-Spatz vom Boden freikommt, drückt ihn der Süd sofort aus der Schlepprichtung. Wir nehmen den ersten Kilometer über die Stadt travers. Dabei tanzt das Flugzeug in den Bodenböen. Hans ist das gewohnt und gibt mir Gelegenheit, den Segler zu fangen und das Seil wieder zu straffen.

Hinter mir tickt der Höhenschreiber verpflichtend und zwischen den Beinen schlängelt sich der Wulst der Sauerstoffleitung bis zur Atemmaske, die griffbereit am Gurtzeug hängt. Die gefüllte 4-Liter-Flasche, die mich über 5000 Meter mit Sauerstoff versorgen wird, ist unter den Hauptbeschlägen verzurrt. Der kleine Druckanzeiger an der Mischanlage steht auf 150 atü und gibt mir den Weg bis zu den höchsten Wellen frei.

Ich bin aufgeregt. Obwohl ich meine ganze Konzentration darauf verwende, der Piper in der unruhigen Luft des Tals sauber nachzufliegen, produzieren die Gedanken mir ständig all das, was ich vom Föhnfliegen bisher lernte. Das verwirrt mich gänzlich und ich muß mich zwingen, der steten Aufwärtsbewegung des Höhenmessers zu folgen, um mit meinem Flugplan nicht durcheinander zu geraten.

Der Schleppzug kreuzt den Zeller See in weitem Bogen und geht über dem Flugplatz kreisend in die Höhe. Nach mehreren Minuten nehmen wir Kurs aufs Fuschertal und überfliegen Bruck an der Glocknerstraße in 1000 Metern. Ein Blick zur Salzach läßt mich erkennen, daß wir gegen einen Süd von mindestens 70 km/h anfliegen müssen. Hans weiß von den Schlepps zuvor, daß jetzt während des Abklingens der Föhnlage der Anschluß an die Welle nicht mehr im hinteren Stubachtal, sondern nur noch über den Kehren der Glocknerstraße nahe der Edelweißspitze gefunden werden kann.

Er dreht sich in seinem Sitz zu mir und deutet in südöstlicher Richtung. Ich gebe Querruder und wackle mit den Flächen. „Verstanden". Unvermittelt stoßen wir über der östlichen Flanke des Fuschertals in harte Turbulenz. Ich muß aufpassen, um von der Piper nicht hoffnungslos überstiegen zu werden und gehe sofort mit dem Knüppel zurück, sobald Hans vor mir von einer Böe hochgeworfen wird.

Wir folgen Höhe gewinnend der immer engeren Talrinne nach Süden. Nach 15 Minuten sind wir am steilen Nordhang des Schwarzkopfs, hoch über den ersten Serpentinen der Paßstraße. Wir haben 2500 Meter Seehöhe erreicht und flogen von 1700 Metern an durch mehrere schwache Steigfelder. Sie stehen abgezirkelt unter den grauen Wolkenbändern, die jetzt den ganzen Tauernhimmel in vielen geraden Linien überdecken.

Die hierdurch abnehmende Einstrahlung und die schwächer gewordene Windgeschwindigkeit lassen keinen Rotor mehr aufkommen. Ein klarer Nachteil für mich, denn nun bleibt uns nur übrig, bis zum Aufwind der Wellen selbst zu schleppen. Dies wird einen geringeren Höhengewinn zur Folge haben. Wie sich das für mein Vorhaben auswirken würde, sollte ich abends wissen.

Endlich springt das Vario auf 3 Steigmeter. Weich und doch entschieden treibt der Schleppzug hoch. Hans reagiert sofort mit den Flächen. Ich werfe das Seil ab und die Piper fällt links über die Flügelspitze ins Tal zurück. Ich atme kräftig durch und kurve steil nach rechts. Genau unter mir steht die zum Gipfel hin ansteigende Kante des Schwarzkopfs. Hoch über mir, vielleicht in 5000 Metern, eine nur noch schwach konturierte Lenticularis-Wolke. Sie steht viel zu hoch, als daß sie mich in die Welle leiten könnte. Also nehme ich die Bergkante als Richtpunkt und pendele nach wenigen Kreisen auf Ost-West-Kurs über ihr entlang.

Der Aufwind ist deutlich zu spüren. Wenn man in einem Segler so eng im Sitz hängt wie ich in dem blauen Spatzen, dann entgeht einem keine Bewegung der Luft. Der Flieger wird zu einem Teil des Flugzeuges und spürt das Wippen der Flächen in den Schultern. Das läßt mich die Ruder instinktiv richtig führen — ohne Hilfe der Instrumente. So müssen Vögel fliegen.

Das Vario verhält zwischen 2 und 3 m/s. Die laminare, die vollkommen bewegungslose Höhenströmung ist erreicht und die Ruder werden drucklos. Ich richte den L-Spatz gegen den Höhensturm, genau gegen die Wolkenschatten, die über die steilen Schneehänge unter mir weg stürmen. Der Höhenmesser klettert unaufhaltsam. Ich passiere die 3000 Meter und bin wenige Minuten danach den 4000 nahe.

Jetzt habe ich Muße, einen Blick über die steilen Gebirge zu werfen. Blaue Wolkenschatten legen ein regelmäßiges Streifenmuster über die Firnweiten. Von Süden überzieht sich der Himmel erneut mit dünnen Cirrenbändern. Das Licht wird gelblich-grau. Über den Zentralkamm fließen flache Stauwolken wie überlaufendes Wasser in den Pinzgau.

Nach 35 Minuten steht der Zeiger des Höhenmessers auf 5200 m. Dann nimmt der Aufwind rasch ab und 100 Meter höher ist das Steigen weg. Ich habe die grauen Wolkenbänke längst überstiegen. Ihre Luvkanten sind verschwommen und lassen keinen Rückschluß auf die genaue Position stärkerer Wellen zu. Außerdem verwehren sie mir den Blick zu den von stiebenden Schneefahnen umsäumten Gipfelgraten. Wie soll ich ohne genaue Bodensicht neue Steigfelder aufspüren?

Für einen Augenblick verläßt mich die Anspannung dieses ersten Höhenfluges.

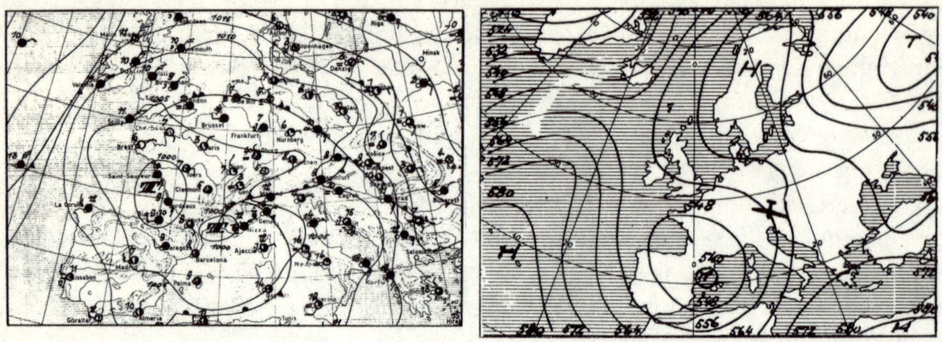

Höhen in m	Boden	500	1000	1500	2000	2500	3000	4000	5000	7000	10000
Temperatur °C	10	9	7	6	5	2	-1	-7	-14	-29	-53
Rel. Feuchte %	84	88	94	81	56	55	64	85	85	63	-
Windrichtung	ESE	SE	SSE	S	SSE	S	S	SSW	SSE	S	SSW
Windgeschw. in km/h	18	32	43	58	72	61	68	29	29	63	36

Die Föhnlage vom 9. November 1962. Links das Bodenwetter und rechts die Druckverteilung in etwa 5400 m. Das Zentrum des Tiefs stand schon nahe südwestlich des Alpenrückens. Das ergab zwar eine starke Südströmung, doch ich hätte einen Tag früher starten sollen. Am Nachmittag klangen die Wellen ab und die Okklusion war abends da. Der starke Windsprung bei 4000 m verzögerte meinen Aufstieg und die Scherung zwischen 5000 und 10 000 m von SSW nach SSO zusammen mit einem erneuten Wechsel der Geschwindigkeit waren die Gründe, warum die Höhenleiter in 7200 m ihre letzte Sprosse hatte.

Die Meßwerte funkte die Wiener Radiosonde um ein Uhr nachts herunter.

Ein Gefühl durchdringender Leichtigkeit stellt sich ein. Der enge Rumpf aus Stahlrohr und Leinwand wird jetzt von beißender Kälte durchzogen und das Querruder geht immer schwerer. Ich muß das kleine Kabinenfenster schließen, denn der scharfe Eiswind nimmt mir den Atem. Zum Glück habe ich vor dem Start ein Glyzeringemisch an die Zellonscheiben gesprüht, was mich nun davor bewahrt, daß mein Atem an der Haube zu undurchsichtigem Reif gefriert.

Dann fasse ich den Entschluß, zur ersten Wolkenbank vorzudrücken, die 1000 Meter tiefer direkt über der Edelweißspitze im Föhnsturm verharrt. Dort muß die Primärwelle direkt im Lee des Tauernkamms stehen. Ich folge Professor Georgiis Anweisung, wonach man Wellen stets gegen den Höhenwind suchen soll und treibe das Flugzeug auf 120 km/h.

Der L-Spatz macht eine Verbeugung und sofort sackt das Vario auf 5 Meter Fallen. Doch meine Position verändert sich nur unmerklich. Das sind also mindestens 90 km/h Wind. Ein totenstiller Orkan hält mich wie in Glas. Erst als ich nochmals 30 km/h zulege, beginnt das Flugzeug Strecke zu machen. Rechts voraus erkenne ich jetzt die scharfe Gipfelschneide zwischen Groß- und Kleinglockner, die wie ein langes Boot auf dem Meer der drängenden Stauwolken treibt.

Mit 6—7 Metern Fallen muß ich nach Süden vordrücken. Als ich die angepeilte Wolkenbank endlich überfliege, sind 800 Höhenmeter verbraucht. Sie brachten mich 5 Kilometer weiter. Meine Enttäuschung ist groß. Trotz mehrerer Suchschleifen über der geraden Luvkante ist nirgends Steigen zu finden. Ich sinke immer tiefer auf die massige Wolke zu.

Als sie mich zu umhüllen droht, werfe ich das Querruder nach links und gehe wieder auf Nordkurs. Ich muß dorthin zurück, wo ich gerade aufgestiegen war. Mir bleibt keine andere Wahl. Wie ein Pfeil huscht der Segler, den Sturm im Leitwerk, wenige Meter über die grauweiße Kondenzmasse.

Nach 2 Minuten bin ich wieder am Ausgangspunkt und kann die zweite Welle ohne Mühe orten. 25 Minuten später stehe ich erneut in 5000 Metern. Hände und Füße werden jetzt klamm vor Kälte. Die Außentemperatur liegt bei minus 18 Grad und im Rumpf sind es kaum weniger. Nur da, wohin die Sonne trifft, ist es noch erträglich. Doch meine dicke Kleidung isoliert wirkungsvoll. Ich fühle mich frisch und bin noch nicht bereit, den Versuch aufzugeben.

Jetzt erwäge ich kurz, ob meine Chancen drüben im Westen, zwischen Enzinger Scharte und Stubachtal, besser sind. Doch ich verwerfe den Gedanken so schnell wie er kam, denn meine Höhe würde niemals ausreichen, um dort 20 Kilometer im Westen noch hoch genug anzukommen. Außerdem fehlt drüben jedes Wolkensignal. Nein, hier am Glocknerpaß muß die hohe Welle stehen, die mir mindestens 3000 Meter Startüberhöhung einbringen wird.

Während ich regungslos im Wind an meinem Plan herumdenke, zieht plötzlich eine Ka-6 knapp unter mir mit entschiedenem Südkurs genau auf jene Wolke zu, von der ich gerade erfolglos zurückflog. Sofort hinterher, ist mein Gedanke, denn erfahrungsgemäß findet man den Aufwind zu zweit viel sicherer. Ich setze mich hinter das Flugzeug und stoße erneut durch starkes Fallen, das die erste von der zweiten Welle trennt.

Lange Minuten vergehen. Wieder muß ich 800 Höhenmeter dran geben. Dann sehe ich, wie die zum Punkt gewordene Ka-6 vor der Paßhöhe einschwenkt und im Pendelflug gegen den Sturm über der Edelweißspitze verhält. Schließlich bin auch ich im aufsteigenden Wellenbereich. Das Vario zieht auf Null. Jetzt nicht aufgeben. Weiter nach Süden, gleich muß das Steigen kommen.

Als die Welle zugreift, überrascht sie mich nicht. Sie steht dort wie im Lehrbuch und folgt den Gesetzen, die Georgii formulierte. Stetig und zwingend, doch ohne die leiseste Unruhe der Luft, nimmt sie den Segler auf. Wie ein unsichtbares Riesenrad, so hebt sich der Luftschwall über die Tauern und das Flugzeug wird ein Teil davon. Über 3 Steigmeter zeigt das Vario an. Es wird Zeit, die Atemmaske anzulegen. Ich nehme die Wollmütze ab und streife mir die Gummibänder über den Kopf. Dann drehe ich das Mischventil auf und spüre im gleichen Augenblick, wie der Druck aus der Leitung mir den ersten vollen Atemzug hinabdrückt. Es schmeckt nach Gummi und Staub, nach einem Sommer im Werkstattregal. Doch allein dieser dünne Luftstrom aus einer kleinen Stahlflasche gibt mir den weiteren Aufstieg frei.

Ich habe die Ka-6 aus den Augen verloren. Mein Höhenmesser zeigt 6200 Meter, als die Welle abnimmt. Dann entdecke ich das andere Flugzeug in der Ferne, noch weiter im Süden als ich. Es steht mindestens 700 Meter höher. Es ist ein neuer Ansporn für mich, die Welle wieder zu finden. Ich lasse mich leicht nach Nordosten versetzen, so nah wie möglich an die gewaltig aufgewölbte Wolkenbank heran. Dabei behalte ich die Edelweißspitze im Auge und suche das weite Gebiet in Halbkreisen gegen den Föhn systematisch ab.

Ich werde belohnt. Das Vario beginnt erneut seinen langsamen Anstieg, von einem auf über zwei Steigmeter. Ich gehe mit allen Rudern einfühlsam dem Steigen nach, schwinge den Segler genau gegen den Südwest und steige ortsfest weiter, stetig und schwerelos.

Gegen 16 Uhr sind 6800 Meter erreicht. Dünne Reifschlieren haften jetzt an der Haube und die Ruder gehen wie in Teer. Ich schalte das Gemischventil auf ‚7000' und sehe, wie der Druckmesser bei jedem Atemzug bis auf 60 atü zurückfällt. Nur noch 30—40 Höhenminuten sind mir gegeben. Ich steuere den Spatzen mit zwei Fingern und nehme die Füße von den Pedalen. Die Zehen sind gefühllos geworden, denn die Rumpfnase ist so dicht wie Maschendraht.

Ich halte nochmals gegen den Wind und klettere in der abklingenden Welle so hoch es geht. 7200 Meter, das bringt mir eine Startüberhöhung von 4575 Meter ein. 425 Meter fehlen zum Diamanten. Der hohe Schlepp hat seinen Tribut gefordert.

Mit einem Mal setzt heftige Turbulenz ein. Das Flugzeug torkelt umher und gleitet aus der Richtung. Ich muß wieder an die Ruder und drücke nach vorn. 4 Meter Fallen, 2 Meter Steigen. Das kann nur eine erhebliche Windscherung sein.

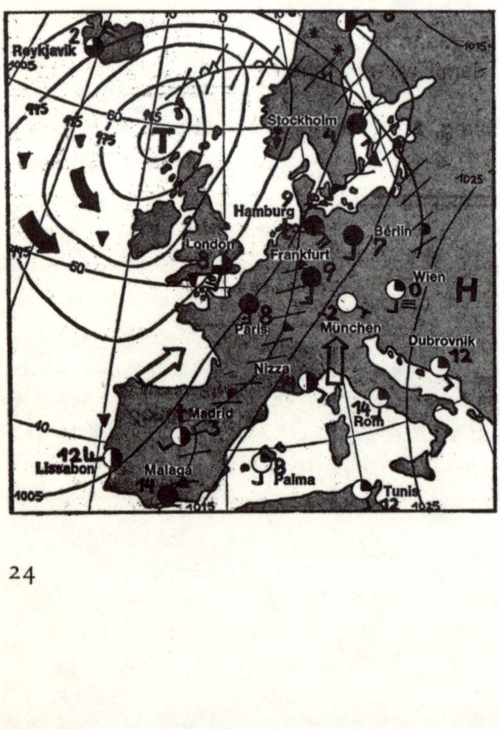

Diese Südwestlagen bringen den Nordalpen die meisten Föhntage. Die Höhenströmung zwischen einem Tief nahe den Britischen Inseln und einem osteuropäischen Hoch (Balkanhoch) trägt stabil geschichtete Mittelmeerluft aus Süd und Südwest über die Alpen. Die Windgeschwindigkeit ist meist nicht so stark wie in der zuerst gezeigten Föhnlage, doch dafür hält die Strömung häufig mehrere Tage an und bietet uns mehr Chancen.

Sie wird die Welle hier oben zerstören. Es ist bereits kurz vor Fünf und ich muß an den Abstieg denken.

Ich löse den Blick von den Instrumenten und drehe nach Norden. Die Sonne ist zu einer mattroten Scheibe hinter den grauen Stauwolken der Zillertaler geworden. Im Osten entdecke ich unvermittelt einen hellen Mond über dem Sonnblick-Massiv, der groß und nachdenklich durch die Abendcirren blickt. Noch kann ich in der ersten Dämmerung bis weit über den Dachstein ins Tote Gebirge sehen und erkenne im Westen die Tuxer Grate und weit dahinter die Lechtaler Kette. Die lichtlos grauen Kalkriffs der Leoganer und Loferer Steinberge riegeln die Zeller Senke nach Norden wie eine Festung ab.

Ich gehe in schnellen Vorflug über und halte bis über den Glocknergipfel nach Süden. In 7000 Metern ist auch ein L-Spatz König. Ich nehme die Tauernschultern wie einen C-Hang und fliege den Konturen der Massive nach, die durch den bleiernen Wolkenstau sichtbar sind. Bei dieser Fahrt zieht die Luft wie Rasierklingen durch die Rumpfnase. 29 Grad unter Null, las ich tags darauf in der Wetterkarte. Nach 20 Minuten Steilkreis bin ich endlich zur Höhe des Kitzsteinhorns gesunken. Graublau starren die Gletscherbrüche in die Dämmerung, die das Ende der Föhntage bringt.

Jetzt erst merkte ich, daß im Tal schon Dunkelheit herrscht. Nur das Lichternetz der Stadt schimmert aus den Wassern des Sees. Ich habe mich vom Höhenhimmel täuschen lassen.

Eilig fahre ich die Landeklappen aus und slippe am Imbachhorn entlang zur Salzach herab. Dann taucht das Flugzeug in die Böenschicht des Talkessels und schüttelt unwillig die Flächen, müde und kalt. Ich erkenne den matten Schimmer der Landepiste und gehe vom See her in den Anflug. Über die Bahntrasse und die Straße drängt der L-Spatz langsam gegen den steifen Bodenwind an und steht nach wenigen Metern.

Es ist finster, als wir die Halle erreichen. Benommen und mit knackendem Trommelfell hake ich den tickenden Höhenschreiber aus der Halterung — ein sauberer Schrieb im Ruß. Es war der höchste Flug dieses letzten Föhntages im November. Hans hilft wie stets, das Flugzeug in die Hallenecke zu drehen.

Im matten Schein der Deckenlampe glitzert ein schnurgerader Reifstreifen längs über beide Flügel. Es sind die stark unterkühlten Holme, die dies Föhnzeichen mit herab brachten. Abgekämpft schieben wir die Tore zu und verweilen noch kurz im lauen Wind auf dem Vorplatz. Das Firndreieck des Kitzsteinhorns glänzt im Mondlicht, unendlich fern und von schmalen Wolkenschatten überzogen.

Vor acht Jahren stand ich zum ersten Male hier und sah zu der schönen Felspyramide hinauf. Damals, als das Fliegen begann.

Am Drahtseil in den Himmel

Ich hielt den Atem an und es gab einen gewaltigen Ruck. Hias, der Windenfahrer, wollte mir eine extra Höhenzulage mitgeben.

Das Grunau-Baby sprang vorwärts und hob augenblicklich ab. Hastig drückte ich den Steuerknüppel nach vorn, wie ich es gerade gelernt hatte. Ich war dabei, meinen ersten Alleinflug zu meistern.

In 50 Metern Höhe legte sich das Flugzeug auf die linke Fläche. Ich trieb am Seil quer über den Platz. Der Fahrtwind rauschte mir um die Ohren, denn die kleine Zellonscheibe der offenen Kabine ging mir gerade bis zur Nase.

Der Linksdrall nahm immer noch zu. Der Höhenmesser hastete auf 200 Meter und ich zog jetzt nach Kräften am Knüppel. Das Vibrieren des Windenmotors am anderen Platzrand drang durch das gespannte Seil bis in meine Fingerspitzen. Jetzt sah ich den Horizont in Form des Zeller Sees steil nach links ansteigen. Mir wurde dieser Start völlig unerklärlich. Wo, fragte ich mich, fliegen wir eigentlich hin?

Als ich die 300 Meter durchstiegen hatte, sah ich die Stadt unter mir. Das hatte ich bei all den Doppelsitzerstarts noch nicht erlebt. Das Seil, durchfuhr es mich, wo wird es hinfallen? Hinter der Winde führte die Oberleitung einer Bahnlinie entlang. Der arme Hias . . .

Endlich nahm er den Fuß vom Gas und verringerte den unerbittlichen Zug. Das Grunau-Baby rutschte auf die Nase und ich konnte die Flächen endlich in die Waagerechte bringen. Mein Flugauftrag lautete „Platzrunde rechts". Doch ich sah nur Häuser. Schließlich erkannte ich drüben am Hang das glitzernde Band der Salzach. Ich gab gleichzeitig Quer- und Seitenruder und machte meine erste alleinige Rechtskurve. Sogleich ging die Nase hoch, denn wie jeder Anfänger nahm ich jetzt den Knüppel zurück. Doch das Baby flog wie ein Karton, gutmütig und ohne jede Lageambition.

Dann sah ich weisungsgemäß zum Startwagen herunter. Dort in der Tiefe stand Hans Widerin, mein Fluglehrer, und bangte wieder einmal um einen Alleinflieger.

In den Händen eine rot-weiße Markierungsfahne, die er wie ein Stierkämpfer um sich schwang. Nur der Eingeweihte wußte, daß er mir wichtige Zeichen herauf signalisierte. „Querabflug", „Aufrichten" und „mehr Fahrt". Hierbei stieß er die flatternde Fahne schräg gegen den Boden.

Diese Signalverbindung entbehrte nicht einer gewissen Komik. Und doch hatte Hans so recht — gerade mit diesem Zeichen. Warum lehrt man die Grünhörner eigentlich schon im Doppelsitzer, möglichst langsam zu fliegen? Oder redet ihnen über Funk in der Ka-8 ein, daß sie wieder einmal viel zu schnell an den Landeanflug gehen? Aus 110 ist noch keiner herunter getrudelt.

Ich leitete die Landung ein und flog zwei rechtwinklige Kurven über den Stacheldrahtzäunen der Pinzgauwiesen. Dann gingen die Landeklappen aus den Flügeln und das Baby sank unheimlich schnell in den Flugplatz. Ich zog über den Grasspitzen durch und rutsche knirschend in den Boden.

Hans kam angelaufen. In seiner lebhaften, tirolerischen Art zog er mich aus dem schmalen Sitz und versetzte mir, wie sich's gehört, einen kräftigen Hieb auf den Hintern. Er war erleichtert. „Seitenwind hast kriegt" entfuhr es ihm, „grad als losging". Ich gestand ihm, daß mir bis zum Ausklinken alles rätselhaft war. Dann ergriffen wir das Baby, stellten es auf die Nase und schoben den Transportkuller unter die Kufe. Einträchtig zogen wir die gute alte OE-0088 zum Startplatz zurück.

Mit Hans Widerin, ja mit Zell am See, hatten wir Glück gehabt, mein Freund Hans und ich. Als ich ihn im Frühsommer 1954 dazu überredete, mit mir den Flugschein zu machen, da wußte er vom Segeln nicht viel mehr, als daß es motorlos vor sich ging. Ich selbst hatte seit langem gehofft, einmal mit den weißen Möven davon zu fliegen, die so leicht und elegant in dem tiefen Blau der ‚C' schweben. Ich hatte Bücher von Wolf Hirth und Fritz Stamer gelesen und später von Bieberstein, einem Rhön-Internat, immer wieder zur Wasserkuppe hinauf geblickt. Doch das war vor 1951 und damals flog kein Segelflugzeug über Deutschland.

Hier waren wir jetzt, freundschaftlich aufgenommen von österreichischen Fliegern und betreut von einer Flugschule, die es in kurzer Zeit schon wieder zu 4 Doppelsitzern, 3 Grunaus, 3 A- und B-Spatzen und sogar zu einer wunderschön erhaltenen Weihe gebracht hatte. Dies zusammen mit vier Fluglehrern ergab eine damals vergleichslos große Ausbildungsstätte, die Österreich alle Ehre machte.

Schulleiter Walter Kollegger hatte auf unsere Anfrage, ob ein Sommerurlaub für die Ausbildung genüge, knapp und verlockend geantwortet: „nach etwa 20 Starts fliegen Sie allein und den Flugschein können Sie in drei Wochen machen." Unser sofortiger Entschluß ‚wenn Segelfliegen, dann in den Alpen', den wir nun im fernen Wiesbaden vorschnell faßten, sollte uns spätestens angesichts der wolkenhohen Leoganger Steinberge als sehr kühn erscheinen, unter denen wir an einem Juliabend in den Pinzgau fuhren — auf dem Weg nach Zell am See.

Hans Widerin nahm uns unter seine Fittiche. Er war humorig und voller Geschichten, wie sie nur 25 Fluglehrerjahre zusammen bringen. Groenhoff hatte ihn auf der Wasserkuppe zur C-Prüfung geführt. Er kannte Lauchau, Grunau, den Spitzerberg und alles, was ohne Motor jemals in der Luft gewesen war. Im Krieg bildete er Jungflieger aus, bevor er selbst Jagdflieger wurde. Sein ‚Dienstflugzeug' am Spitzerberg bei Wien war ein Kranich. Vorn saß sein Chauffeur und hinten stand er im haubenlosen Sitz, um den Hangbetrieb mit einer Fahne zu dirigieren. Bis zu 30 Segler folgten seinen Signalen und Hans führte an den flachen Bergkuppen über der Donau ein strenges Regiment.

Um den angehenden Lastensegler-Piloten die Angst vor Sturz und Abfangen zu nehmen, mußten die Fluglehrer mit ihnen senkrecht stürzen. Hans schilderte das so: „wir ließen uns im Kranich auf 1400 Meter schleppen und dann mußte der Schüler die Sturzflugbremsen ganz ausfahren. Nun ging der Knüppel bis zum Anschlag vor. Wir standen sofort Kopf und die Fahrt stieg an bis 180 km/h — ein dummes Gefühl. Dann — dank des aufrichtenden Moments der Höhenruderdämpfung — drängte das schwere Flugzeug trotz des ganz ausgeschlagenen Ruders in etwa 300 Meter allein aus dem Sturz- in den Horizontalflug. Erst bei 90 konnten wir die Bremsen wieder in die Flächen bringen."

Ein junger Aerodynamiker, der 1942 zum Lehrgang gehörte, wurde von Tewe Löhr in die Senkrechte gebracht. Nach dem Sturz zweifelte der kritische Geist daran, daß Tewe den Knüppel ganz vorn gelassen habe. Hans mußte sich seiner annehmen und stürzte noch einmal aus den Wolken. Brav hob der Kranich die Rumpfnase allein über den Horizont. Eppler war nun überzeugt, doch seinen unbotmäßigen Zweifel an einer amtlichen Aussage bezahlte er mit Kartoffelschälen. Das war Hans, der in seinen freien Stunden über rötlichen Lindenblöcken saß. Daraus befreite er schlanke, kleine Madonnen, die ihn dafür dankbar anlächelten.

Beim Fliegen stellte er Genauigkeit und Disziplin über alles. Jeden Morgen mußten wir mit ihm Ruder für Ruder durchprüfen, die Sichtdeckel abnehmen und die Seilspannung feststellen. Beim Flugbetrieb hatte er die Augen eines Luchses. Eine drahtige Gestalt im verblichenen Trainingsblau der gleichermaßen vergangenen Luftwaffe. Seine kleine Jägerbrille über die Fliegerhaube gespannt und nicht zu vergessen das dekorative Seidentuch, das er nach Art der Ötztaler Skilehrer um den Hals trug. Er war braungebrannt und gestenreich und blieb unser Vorbild durch drei herrliche Wochen.

Den Segelflug liebte er schlicht und brachte uns mit väterlicher Ruhe bei, was Start und Landung ist. Beim dritten Flug überraschte ich ihn mit einem Slip und er wollte kaum glauben, daß man so etwas aus einem Buch lernen könne. Doch dies und die schnellen, richtigen Ruderkorrekturen bei ungewollten Fluglagen wie etwa dem Abschmieren gehörten für Hans, der nie einen ernsten Schülerunfall gehabt hat, ganz einfach zu den Voraussetzungen dafür, uns allein in die Luft zu lassen. Und damit hat er recht behalten.

Dennoch kostete ihn die nahe Kapruner Überlandleitung, die direkt am Segelhang entlang lief, täglich ganze Nervenstränge. Nicht auszudenken, wenn einer von uns die 200-KV-Leitung zwischen die Flächen bekommen hätte. „Ganz Europa hängt an Kaprun", mahnte er uns eindringlich und immer wieder. „Wenn ihr da reinfliegt, könnts ein Leben lang zahlen." Doch er dachte nicht an „ganz Europa", er dachte an seine Küken.

Dann wäre beinahe doch etwas passiert.

Ausgerechnet mein Freund Hans konnte sich einfach nicht vom Hang trennen, obwohl der Seewind langsam einschlief. In 200 Metern Höhe standen hohe, weiße Lattenpyramiden als weithin sichtbare Markierungen der Mindesthöhe. Hans sah sie nicht — er war einfach schon zu tief. Erst als ihm die armdicken, knisternden Seile den Blick zum Platz zerschnitten, merkte er, in welch häßlicher Lage er war.

Ob der Null-Leiter beim Abflug vom Wald schon über ihm war, das vermochte er später nicht mehr genau zu sagen. Aus dem obligaten Queranflug wurde nichts. Das Grunau kam seitlich über die Salzach geschlichen und stand noch nicht im Gras, als unser Fluglehrer im Jeep auch schon neben ihm war. Es wurde sehr laut und uns allen tat es mächtig leid. Nicht wegen „ganz Europa" oder gar wegen des lebensgefährlichen Manövers. Nein, allein wegen Hans Widerin.

Ganz sicher war jener 48-Minuten-Flug mit ihm im Bergfalken damals in Zell mein größtes Erlebnis. Wir gingen dicht an den Waldhang unterm Imbachhorn und turnten bei gutem Wind in vielen Achten bis 800 Meter hinauf. Für mich war diese Höhe märchenhaft. Hans korrigierte meine Kurven, bei denen ich so oft Fahrt verlor. Endlich hatte ich Zeit genug, den Bewegungen des Seglers im Aufwind zu folgen und mich mit den Wirkungen der drei Ruder näher vertraut zu machen. Und ich merkte jetzt, was Segeln ist, lautlos wie ein Vogel an den riesigen Bergfichten entlang.

Schließlich hatten wir auch die steilen Almwiesen überstiegen und konnten ganz aus der Nähe in das Steilkar unter dem Felsgipfel blicken. Die Luft trug überall und wir brauchten nicht mehr zu sprechen. Dann, aus großer Höhe, zeigte mir Hans, wie man Steilkreise fliegt und hochgezogene Kehrtwenden, die man einmal ‚Riesenkalifornier' nannte. Schließlich brachte er den Bergfalken mehrmals zum Trudeln und überließ mir die Ruder. „Na, siegscht", kam es trocken von hinten, wenn der Horizont wieder dort war, wo er für den Schüler eben hingehörte.

Seine Bemühung lohnte sich. Einmal, nachmittags, rief er uns zu: „auf geht's, in die Babys". Wir hatten schon gemerkt, daß Fluglehrer den ersten Alleinflug gern überraschend servieren. Also stieg ich ein — es war mein achtzehnter Flug in Zell. Wie kommt es, frage ich mich manchmal, daß sie heute 50 und noch mehr Lehrerstarts voraussetzen? Und dann vom Boden im Funk den ganzen Salat nochmal hinauf geben? So etwa: „flieg doch nicht so schnell . . .".

Einmal wanderten wir in einer Ruhestunde zu dritt über die Salzach und einen Holzweg den Berg hinauf. Wir setzten uns zu einem der Hangsignale und blickten das weite Tal nach Saalfelden hinüber. Über den See in seiner Mitte und zu den hellen Wolken am Hochkönig, mit denen wir damals noch gar nichts anzufangen wußten. Raubvögel schwebten vorüber. Jetzt sahen wir ihnen mit neuen Augen nach und verfolgten ihre Manöver über den Wipfeln genau. Wie geschickt sie den Seewind ausnutzten. Ihre Wenden kamen unvermittelt und immer im stärksten Steigen.

Hans sah uns an und kniff die Augen zu. „Da is ein feiner Unterschied", kam es dann. „Wenn der Wind nimmer will, dann sitzen die auf dem Null-Leiter ab."

Denke ich heute an jene Flüge im offenen Baby, dann weiß ich, daß es lustiger nie mehr geworden ist. Schneller und eleganter sicher und weiter allemal. Doch nicht so vogelgleich. Unseren C-Flug machten wir kurz vor Sonnenuntergang, gänzlich überraschend. In der Umkehrthermik der feuchten Flußwiesen. Nur wer sich in unsere Unerfahrenheit und Begeisterung versetzen kann, wird den Bericht verstehen, den ich damals schrieb:

„Vormittags hatten Hans und ich bei schönem, windstillem Wetter nach drei Alleinflügen an diesem Tage unsere ‚B' geflogen — fast so nebenbei.

Da uns Platzrunden wenig reizten, ließen wir von weiteren Flügen mit dem Baby ab und begannen, auf Hangwind oder Thermik zu warten. Doch es rührte sich nichts. Der Windsack hing am Eisen wie eine „reife Pflaume" und obwohl es über den Wiesen flimmerte, konnte niemand eine Blase erwischen.

So kam uns am frühen Nachmittag der Gedanke, das Kapruner Kraftwerk zu besichtigen. Gegen fünf Uhr fuhren wir zum Platz zurück. Schon von weitem sahen wir eine Mü-13 über der Burgruine kreisen. Sie stieg nicht am Hang sondern über den Flußwiesen.

Wir kamen zum Start und hörten, daß es sich um eine sehr interessante Wetterlage handele, die in jedem Sommer nur an wenigen Tagen auftritt. Soweit wir Hans Widerin verstanden, ging es um folgendes: es war Thermik da, Abendthermik, die sich in Blasen vom Salzach-Moor und den nahen Wiesen ablöste. Und es herrschte leichter Höhenwind von den nahen Bergen herab, der diese Wärmeblasen, nicht ungünstig für den Segelflieger, vom Boden in Bewegung brachte. Er wirbelte sie allerdings gleichzeitig kräftig durch, und das hieß Böen. Alles in allem eine Sache, die wir beide ausprobieren sollten.

Beide Babys standen am Start. Wir setzten uns hinter den Knüppel und nach wenigen Minuten hatte uns die Seilwinde auf 400 Meter geschossen. Der Schlepp war ruhig und Hias trat wieder mal mächtig aufs Gas. Ich wendete sofort nach rechts und flog ziemlich schnell zur Mü-13, die jetzt auf gleicher Höhe war. Bis zur Platzgrenze blieb es ruhig. Dann begann der Tanz.

Da ich bei meinen bisherigen Platzrunden immer nur in ruhiger Luft geflogen war, beschränkten sich meine Kenntnisse im Baby auf mehr oder weniger ausgebeulte Kurven, einen schwankenden Geradeausflug und die Landung mit viel Fahrt und Bremsen.

Jetzt hatte ich das Gefühl, als hätte mich jemand ins Wasser gestoßen, damit ich Schwimmen lerne. Da war aber auch gar nichts mehr von ruhigem Fliegen.

Das Flugzeug sprang auf und ab und das Vario kam nicht mehr zur Ruhe. Hatte ich die Flächen wieder waagerecht gebracht, dann hing der Rumpf nach vorn. Ich mußte unausgesetzt korrigieren und konnte auch nicht 10 Sekunden lang ruhig segeln. Natürlich ließ ich bei der Aufregung abwechselnd das eine oder andere Ruder ausgeschlagen, so daß das Baby entweder schob, slippte oder hing. Dies alles wurde ausgelöst durch heftige, ganz trockene Böen.

Was tun?

Ich hatte inzwischen die Salzach mehrmals kreisend überflogen und gemerkt, daß es direkt über dem Fluß noch am ruhigsten war. Dort gab es zwar kein heftiges Steigen, doch das Baby konnte seine Höhe halten. Jetzt schien mir, als säße ich auf einer Böen-Walze, die genau in Richtung der Salzach gelagert war. Sie hatte ihren Scheitelpunkt über dem Wasser und dieser Grat war ganz schmal. Kam man auch nur wenige Sekunden von dieser Linie ab, dann setzten sofort die wildesten Luftstöße ein. Erst jeweils 200—300 Meter links und rechts des Flußlaufes wurde es wieder ruhig, und zwar ging es, soviel ich beobachten konnte, zum Flugplatz hin abwärts, während es zum Berg hin leidlich trug.

Ich versuchte, mich der Lage anzupassen und flog immerfort über der Salzach hin und her, ständig darauf bedacht, den Kurs zu halten. Das Vario schwankte zwischen einem Steigmeter und Null. Natürlich flog ich jetzt zu schnell. Doch das schützte mich davor, bei neuen Böen ohne Ruderdruck dazuhängen.

Dies alles kam sehr plötzlich über uns. Und deshalb war unser beider Aufregung während des ganzen Fluges hindurch beträchtlich. Man hat in diesem fliegerischen Stadium immer das Gefühl, bei der leisesten Böe einfach umzukippen. Dazu der Ehrgeiz des Obenbleibens. Hans, der jetzt neben mir flog, und ich, wir schwitzten gewaltig und hatten keine Zeit, uns zuzuwinken.

Besonders unangenehm waren die Wenden, denn wir konnten dem Fluß ja nicht bis Uttendorf oder Bruck nachfliegen. Kaum setzte man sich von der Mittellinie ab, dann hatten einen die Böen sofort wieder in den Fängen. Schließlich brachte ich es dazu, das Flugzeug mit Überfahrt ganz knapp herumzureißen, um ständig über dem Fluß zu bleiben.

Ich schaffte es, den Höhenmesser konstant auf 350 Meter zu halten. Das war fast unwahrscheinlich, denn bei dem unsauberen Fliegen hätten wir allemal am Boden sein müssen. Der Aufwind in dieser Thermikwalze war also beträchtlich.

Wie ich mich in dieser Lage fühlte? Wohl auf jeden Fall nicht. Ich sah abwechselnd nach der Mü, nach Hans, nach dem Vario und hinunter zur Salzach, verfolgte mit einem Auge die Uhr und hielt die ganze Zeit den Knüppel viel zu fest umspannt. Ich stemmte Arme und Knie gegen die Spanten der Kabine, um nicht aus dem Sitz geworfen zu werden.

Endlich waren 20 Minuten verflogen. Ich gab nicht auf und sah Hans unter mir. Er hatte eine weiße Badekappe auf und leuchtete im Abenddunst wie ein Champignon. Unten wurde es dämmrig. Die Umrisse des Platzes verschwammen und der Berghang neben uns verfärbte sich in schwarzes Grün. Am Start würde sicher keiner sehen, wie es bei uns zuging.

Dann brach ich ab. Unten hatte Hans Widerin ein Feuer entfacht, das unsere Landung herbeiführen sollte. Er hatte gemerkt, wie wir schwitzten. Ich flog eine weite Schleife und landete nach 26 Minuten. Über dem Flugfeld lag ein schöner, ruhiger Sommerabend."

Natürlich gab es in Zell damals auch schon Leistungsflieger. Felix Glitzner gehörte zu ihnen. Er war Fluglehrer und durfte die blendend weiße Weihe — schön, wie ein Flugzeug nur sein kann — überland fliegen. Erhard Landl, ein anderer Fluglehrer, segelte mit einem Spatzen über die Hohen Tauern bis nach Kärnten. Für uns war das jenseits der Vorstellungskraft. Und der junge Hans Resch, Werkstatthelfer und temperamentvoller Spatzpilot, der abends in Steilspiralen zur Landung herabpfeilte. Alle kannten ihre Berge, waren in ihnen aufgewachsen. Das machte sie sicher beim felsnahen Flug und über den Gebirgshöhen, irgendwo zwischen Dachstein und Lienz. Sie fühlten mit dem Wetter, instinktsicher. Ich habe Jahre gebraucht, um diesen Vorsprung einzuholen, der kaum erlernbar ist.

Als der Tag der Prüfung kam, setzten wir uns in die alte Holzhalle und standen Felix, dem Prüflehrer, Rede und Antwort. Dann überreichte er uns ein überdimensionales, sehr dekoratives Abzeichen. Es machte sich aus wie eine ‚Frontflugspange in Eichenlaub' und stellte uns der staunenden Mitwelt als Inhaber des österreichischen Luftfahrerscheines vor. Dagegen kam die schöne, schlichte ‚C' einfach nicht an. Doch beide Zeichen trugen die drei Möven. Mein Wunsch war Wirklichkeit geworden.

Im Sog der Thermik

Wir flogen zu fünft am Hang. Ein frühlingsfrischer Nordwest kam über das Marchfeld heran, schüttelte die Silberpappeln in den Donauauen und prallte unvermittelt gegen die Kalkriffe der Hainburger Höhen. Dann trieb er empor und griff uns unter die Flächen.

Mit ihm zogen weiße Wolken über die Ebene. Die Mittagssonne heizte so stark in meine Kabine, daß ich mir mit der hohlen Hand den Fahrtwind ins Gesicht lenkte. Zwei Doppelsitzer und drei Einsitzer pendelten über der Bergkante im Aufwind. Wir glitten in weiten Achten aneinander vorbei und hielten die Rumpfnasen quer zur Flugrichtung, um vom Wind nicht ins Leere abgetrieben zu werden. Wer in die Hundsheimer Senke geworfen wurde, hatte keine Chance mehr. Abdrehen und durch das Fallen zum nahen Flugplatz, sonst war eine Außenlandung fällig.

So wie heute segelte ich seit dem Herbst des Vorjahres 1960, hier über der östlichsten Ecke Österreichs, wo die Donau sich durch die Kleinen Karpaten nach Preßburg zwängt. Da die fünfziger Jahre mir keine Zeit mehr für die Fliegerei gelassen hatten, kam ich als Anfänger zum Spitzerberg, von dem mir Hans Widerin so oft erzählte.

Ich mußte von vorn anfangen, mir Flugzeit holen, Stunden und Stunden im Hangwind. Ende November gelang mir der erste Fünf-Stunden-Flug bei frostigem West. In 400 Meter Höhe lagen trübe Wolkenschwaden über dem Hangplateau. Die kahlen Sträucher in den Kalkrissen wurden vom Wind an den Fels gedrückt. Ich segelte in kurzen Schwenks von Rinne zu Rinne und merkte, wie genau sich der L-Spatz steuern ließ. War ich schließlich wieder 700 Meter vor dem Hang und weit über dem flachen Wolkenstau, dann drückte ich den Segler langsam gegen den Wind, weit in die Ebene hinaus. In 250 Metern genügte ein kurzer Querruderschlag, um das Flugzeug in den Rückenwind zu schwenken. Ich huschte zum Hangfuß zurück und setzte mich tief am Steilabbruch wieder in sicheres Steigen.

Nach drei Stunden war ich eingeflogen. Erst jetzt tat das Flugzeug genau was ich wollte, ohne zuviel Fahrt, mit der richtigen Schräglage. Allmählich kam ich den Kalkrippen immer näher, bis nur noch Meter zum Fels fehlten. Mein Auge lernte unausgesetzt und bald konnte ich die Distanz zwischen Flügel und Berg aus dem Augenwinkel ermessen. Ich tat, was mir Freude und Spannung verschaffte ohne zu wissen, wie sehr ich dies bodennahe Segeln noch brauchen würde.

Hoch über dem karstigen Berg wurde die Luft ganz still und trug in weiten Feldern. Ich glitt am Stauluv entlang und zog das Flugzeug über die Kondenzdecke in helleres Licht. Die Lichtstrahlen fielen schräg durch die nebligen Schleier, doch hier oben trafen sie mich scharf. Ich schwebte durch dichte Schwaden und merkte, daß ich dort schneller stieg. Allmählich saß ich gelöst, führte den Knüppel mit zwei Fingern und lehnte mich sicher in den Schirm zurück.

Erst nach hundert Flugstunden hat man eine Ahnung davon, wie ein Segelflugzeug wirklich fliegt, wie es in der Luft liegt. Welche Ruder es braucht und wie sie zusammengehören. Mit einhundertundfünfzig Stunden wird man sicher und weiß, wie nah der Boden sich den Flächen nähern darf und wie enge Wenden am Fels abgezirkelt werden.

Wir waren noch zu fünft über Hainburg. Gegen 11 Uhr ließ der Hangwind nach. Zumindest sanken wir alle von 450 auf 300 Meter. Nun hieß es aufpassen, denn wir flogen dicht beieinander und hatten die Bergkante neben den Flächen. Gerade jetzt mußte die Hangflugregel ‚Kurbeln verboten' strikt eingehalten werden. Was war mit dem Wind? Die Wolkenschatten huschten so rasch wie zuvor über die Donau. Warum trug der Hang so schlecht?

Einer der fünf wußte die Antwort vor mir. Er hatte sich vom steilen Berg gelöst und war gegen den Wind zum Strom hinaus geglitten. Geradewegs dorthin, wo absolut kein Hangwind mehr war. Plötzlich zog er die Nase hoch und stellte sich steil auf eine Fläche. Als ich unter ihm war, traf mich die gleiche Böe. Dann erst begriff ich: das ist Thermik.

Ich kann mich nicht mehr erinnern, wieviel Kreise mir dieser allererste ‚Bart' abverlangte, in den ich an jenem Märztag über den Donauwiesen unvermittelt stieß. Es sind viele gewesen, denn sein heftiger, zwingender Sog hält mich bis heute fest. Ich zwang die rechte Fläche in die Tiefe und führte die Rumpfnase mit dem Pedal am Horizont entlang. So, hatte man mir erklärt, fliegt man ‚thermisch'.

Der L-Spatz spürte den kräftigen Aufwind augenblicklich und wippte mit den Flächenenden. Er hatte ja viel mehr Erfahrung als ich und ich konnte nichts Besseres tun, als die Ruder still zu halten. Die Zeigernadel des Höhenmessers war unbestechlich gegenüber Böen und der Bewegung des Höhenruders. Ich starrte sie an und verfolgte ihren regelmäßigen Weg über die schwarze Skala. Fern vom Hang trug mich eine unsichtbare Luftblase schnell in die Höhe, rascher und höher als dort drüben.

In wenigen Minuten kreiste ich in 600 Metern Höhe. Ich richtete auf und setzte mich erneut unter den Doppelsitzer, der mich in die Thermik geführt hatte. Bald darauf hatten wir 800 Meter überstiegen. Der Berghang war flach geworden und erst jetzt kamen die anderen Flugzeuge gegen den Wind zu uns herüber, klein und wie es schien dicht über dem Boden.

Immer noch war das saugende Zischen der Luft, das untrügliche Signal eines starken Bartes, an der Schlitzverkleidung zu hören. Ein helles Pfeifen, das die Tonlage wechselt, sobald das Flugzeug seine Fluglage ändert. Und das geschah oft in meinem ersten Bart, denn immer wieder wollte sich der Innenflügel heben, wollte der Spatz aus dem Luftwirbel heraustreiben.

In eintausenddreihundert Metern hing die Wolke. Ich hatte so unverwandt auf das Vario und den Wollfaden gestarrt, daß mich der große Schatten über der Kabine erschreckte. Ich sah über die Bordwand in die Tiefe und war fassungslos. Weit im Norden glitzerte jetzt das Band des Flusses, die Hainburger Klippen waren vollends in der Erdoberfläche versunken und der lichte Himmel ringsum hing voller weißer Haufenwolken.

Wo ist der Flugplatz? fuhr es mir durch den Kopf. Ich hatte die Orientierung verloren, denn Bergerhebungen gab es aus meiner Höhe nicht mehr. Dafür sah ich schräg in die Straßen Preßburgs und konnte den Verkehr auf der tschechischen Donaubrücke erkennen. Im Südwesten lag der Riesenspiegel des Neusiedler Sees unter den dunklen Waldzügen des Leithagebirges. Westlich davon ein weites Häusermeer — ich sah bis Wien.

Wer sich die Thermik entdeckt, der ist für den Hangflug verloren. So ging es auch mir in diesem Frühling. In jeder freien Stunde fuhr ich zum Spitzerberg hinaus, hing mich an die Winde und stieg vom Hang in die Thermik. Ich kurbelte Hunderte von Bärten aus, erlebte den magischen Aufwind, der einer Front vorauswandert und stieg im Geradeausflug neben grauen Regenwänden in die Höhe. Ich hörte das dumpfe Poltern des Donners in vorbeiziehenden Gewittern und brachte es einmal sogar fertig, mit einem Freund durch das Portal eines schimmernden Regenbogens zu fliegen. Wir segelten den geheimnisvollen Feldspuren der Römer um Petronell und Carnuntum nach, die alte Stadtzentren und Straßen in den Himmel signalisieren.

Eines Tages sah ich, wie vollendet Störche segeln. Ich hatte im Hangwind am Hundsheimer Kogel auf die Mittagsthermik gewartet, als plötzlich sechs große Gleiter nebeneinander aufkreuzen. Hundert Meter über mir schwenken sie in einen weiten Kreis und beginnen zu steigen. Ich halte zu ihnen hin und finde mich im ersten Bart des Tages. Mit zwei bis drei Steigmetern segeln die Störche über mir in die Höhe. Sie beobachten mich mit schräg gestellten Köpfen, während sie die Unruhe des Luftstroms mit den weiten Schwingen sanft ausgleichen. In 800 Metern Höhe richten sie nacheinander auf und pfeilen in ruhiger Formation in Richtung Neusiedler See. Ich beobachtete sie dort und wurde Zeuge nicht nur ihres fliegerischen

Könnens, sondern auch ihres Instinkts für Thermik. Wer sich wie sie vom Boden abstößt, um nach drei, vier Flügelschlägen eine ablösende Luftblase zu zentrieren, die sie aus der Höhe der Obstbäume bis an die Wolken hebt, der trägt seine Flügel zu Recht.

Als der Sommer kam, hatte Leo Harrer soviel Vertrauen zu mir, daß er mich im L-Spatzen der Flugschule auf Streckenflug schickte. Es ging um die Silber-C. Ich war davon überzeugt, daß mich der nächste Thermiktag über die 50 Kilometer bringen würde und setzte mich zum ersten Mal über die Landkarte von Niederösterreich.

Vom Spitzerberg öffnet sich das weite Marchfeld nach Nordwesten. Danach winken die Hügelketten des Waldviertels mit guter Thermik. Am 27. Mai schlägt meine Stunde. Schon kurz nach neun Uhr setzt Wolkenbildung ein, hohe, flache Kondenzen. Der leichte Gegenwind stört mich nicht. Um 10.47 Uhr zieht mich die Motorwinde direkt in den Hausbart am Sendemast. In kurzer Zeit bin ich in Höhe der Basis.

Ich richte auf und nehme Kurs auf. Mit einem weiten Sprung ist die Donau überquert. Noch einmal holt mich die Thermik wieder in die Höhe. Ich bin so in Fahrt, daß ich gänzlich versäume, das Wetterbild nach Norden zu beobachten. Das Wichtigste erscheint mir vor allem der genau nachgeflogene Kompaßkurs.

Doch der Wind nimmt zu und die Aufwinde sind tief über den langen, hellgrünen Getreidefeldern bald nicht mehr zu zentrieren. Zumindest nicht von mir. 90 Minuten nach dem Abflug rutschte ich in Raasdorf über einen Acker — 32 Kilometer vom Spitzerberg.

Die Dorfjugend strömt heran. Wolf Hirths Ratschläge für Außenlander fallen mir ein und ich ernenne den kräftigsten Burschen zum Aufseher. Sofort gruppiert sich die Menge in einem wohlgeordneten Halbkreis. Ich leihe mir ein Fahrrad, denn das einzige Telefon steht im Gemeindeamt. Während ich Leo Harrer mein Landemeldung durchgebe, sieht das ungewiß strenge Gesicht des Herrn Bundespräsidenten auf mich herab.

Mit einer Tüte Wurstbrötchen und Limonaden geht es aufs Feld zurück, wo die vollzählige Dorfschule auf meinen Bericht wartet. Nach Stunden rollt Fritz Essenko mit dem Landrover durch den Staub. Wir verladen den Spatzen und winken dem ganzen freundlichen Dorf, bis uns lange Kirschbaumreihen aufnehmen. Fritz hält und wir erkennen, wie vernünftig die Engländer ihre Autos bauen. Vom Dach des Rover entgeht uns kein hellrot schimmernder Zweig. Aus der lächerlichen Strecke werden 65 Fahrtkilometer. Wir nehmen die Fähre bei Deutsch-Altenburg und treffen zum Abendessen am Spitzerberg ein. Leo lächelt.

Dieser Flug war mir eine Lehre. Ich begann damit, den Streckenflug in die Theorie umzusetzen, kümmerte mich um die Polare des Spatzen und prägte mir die Flugroute an Wien vorbei in allen Einzelheiten ein. Am 1. Juni hatte ich meine neue Chance.

Ich startete um 10.36 Uhr an der Winde und bekam den ersten Bart ohne

 Hans Widerin mit Hans von Reiche (oben). Über den Hainburger Klippen

Schwierigkeiten. Diesmal war ich offensichtlich übertrainiert, denn der ganze Flug bestand aus der ersten Thermik und einem langen Gleitflug, 29 Kilometer weit in die Nähe Asperns. Jetzt wurde mir klar, daß es grundsätzliche Dinge waren, die ich falsch machte. Zum Beispiel der frühe Abflug.

Der Nordwestkurs war mir verleidet. Ich stellte die Planung um und setzte auf das nahe Leithagebirge. Diese Waldrücken müßten mich bis zum Gleitflugbereich von Wiener Neustadt bringen. Immer wieder hatte ich dort im Südwesten vielversprechende Wolkenstraßen gesehen. Am 15. Juni sollte es soweit sein. Ich hatte meine Lektion behalten und startete erst um kurz nach Zwei. Stärker konnte die Thermik nicht mehr werden.

Ich gehe in einem Zug aus 300 Meter bis an die Wolke und könnte 1200 m höher nicht zuversichtlicher sein. Ein zweiter Aufwind, 15 Kilometer weiter, ist zögernd, die Sonne wird von feinen Cirren abgeschirmt. Ich setze jetzt auf die Leithahänge, denn Wald soll immer tragen. Bald sinkt der L-Spatz unter die abgerundeten Kanten des Höhenzuges und ehe ich meine mißliche Lage erkenne, ist mir der Gleitweg in die Ebene abgeschnitten. Ich gleite in toter Luft über die weite Mulde nach Süden. Unter mir Hügel mit Weinstöcken, soweit ich sehen kann. Die Lage wird kritisch. Am Spitzerberg, wo Weinreben häufig sind, hieß es „wenn's unumgänglich wird, mit Volldampf flach hinein, sonst spießen dich die Stöcke auf".

Ich habe keine Ruhe mehr, einen neuen Aufwind zu suchen, und halte dem abfallenden Gelände nach zum Neusiedler See. 150 Höhenmeter trennen mich noch vom Boden der Senke und dort beginnt der kilometerbreite Schilfgürtel. Gerade noch rechtzeitig kommt eine schmale Wiese am Seerand in Sicht.

Daß es diesmal 32 Kilometer Luftlinie waren, das maßen wir am Kaffeetisch meiner Gastgeber in Purbach. Es gab frischen Obstkuchen und nach einer verplauderten Stunde wußte ich alles, was es über die Herstellung und den Export von Schilfmatten zu sagen gibt. Was ich nicht gedacht hätte: dies schöne, gerade Schilf ist vor allem im fernen Kalifornien sehr gefragt, des spanischen ‚Kolonialstils' wegen. Man erntet die unübersehbaren Rohrmassen meist im Winter und vom Eise her. Leo Harrer kam noch rechtzeitig genug, um sich das letzte Kuchenstück einzuverleiben. Daß er mich erstmals selber holte, wertete ich als Anzeichen dafür, daß er sich für meine Fliegerei zu interessieren begann. Er hatte seine Gründe.

Mit welcher List die F.A.I. die Silber-C ausgerechnet auf 50 km gesetzt hat, das wurde mir am 17. Juni deutlich. Ich hatte den Spatzen aufpoliert, hatte den verunglückten Flug in die Weinberge immer wieder durchdacht und war zu dem Schluß gekommen, das Leitha-Gebirge auf jeden Fall links liegen zu lassen. Der sicherste Kurs überhaupt führte schnurstracks auf Wiener Neustadt los.

Um 11.33 Uhr spannt sich Leo selbst mit dem Zlin-Trener vor mein Flugzeug und setzt mich genau in einen Zweimeterbart. 10 Minuten später bin ich auf der Strecke. Die Wolken stehen wie Kinderballons auf Kurs. Überall warten zwei bis drei Steigmeter. Ich sinke nicht unter 700 Meter und bin meines Zieles am östlichen

Alpenrand gewiß. Alles, was ich bisher lernte, das setzte ich in diesen Versuch.

Nahe Bruck an der Leitha gelingt es mir erstmals, an der Basis einer Cumuluswolke vorbei zu steigen. Immer einen Halbkreis in der Wolke und den anderen draußen. Ich bin stolz auf meine Entdeckung, ohne Wendezeiger in neue Höhen vorzudringen. Dann strömt unvermutet Südluft ins Wiener Becken. In wenigen Minuten zerfallen die prallen Kondenzen. Ich fliege geradewegs in das Rätsel einer neuen Luftmasse hinein.

Die Thermik trocknet mit den Wolken aus. In 700 Metern bleibt mir nur der Versuch, den Flugplatz von Wiener Neustadt gleitend zu erreichen. Ich schleiche über die Leithawälder nach Westen. Das Kabinenfenster ist geschlossen und meine Hände werden feucht. Nirgends ist mehr Thermik zu spüren. Endlich, 150 Meter über Hornstein, geht das Vario herauf. Ich kreise zart ein, genau über der kleinen Stadt.

Das Vario verhält eigensinnig auf Null. Ich halte den Knüppel fest und ziehe unbewußt am Knopf nach oben. Doch das nützt dem Spatzen nichts. Die Kreise werden enger, vielleicht komme ich an den Kern des Aufwindes. Jetzt dreht sich der Innenflügel genau um die Kirchturmspitze. Ich starre auf die Instrumente und schiele dabei in Kursrichtung auf die nächsten Felder. Wenn ich hier nicht hinauf komme, muß ich sofort landen.

Unerbittlich nimmt die letzte Höhe ab. Meine Steuerhand verkrampft sich und ich kann nichts tun, sie zu lösen. Schweißtropfen laufen mir in die Augen — es ist mein vierter Versuch. Jetzt entdecke ich, daß ich das halbe Dorf unter mir habe, Kopf an Kopf. Der L-Spatz pfeift gewaltig mit den Querrudern, das ist die Attraktion des Tages. Doch ich kann den Leuten nichts mehr bieten. Das Beste wäre, wenn irgend jemand ein Strohfeuer anstecken würde — eine Scheune wäre gar nicht auszudenken. Doch Hornstein ist wachsam und läßt mich nicht mehr aus den Augen.

Als der Höhenmesser beim nächsten Anklopfen auf 70 Meter rutscht, verläßt mich der letzte Optimismus. Ich richte nach Westen auf und gleite über die roten Dachfirste an den Dorfrand. Gleich darauf schlägt hohe Gerste über mir zusammen. Es prasselt und dröhnt, während die grünen Ähren der Flügel habhaft werden.

Als ich die Haube abnehme, überfällt mich beinahe eine Lähmung. Der ganze Dorfplatz kommt gestikulierend auf mich zu. Es ist wie ein Alptraum. Ich springe aus dem Sitz und laufe den Leuten in hohen Sprüngen durch das Korn entgegen. Am Feldrand treffen wir uns. Die Masse bremst. Es staubt in hohen Wolken. Schnell nehme ich mir ein paar Burschen, mit denen ich den Segler auf erhobenen Händen aus dem Feld trage. Die Gerste ist gerettet.

Diesmal kam Leo nicht. Aus 48 Kilometern werden 140 für den Landrover. Wenn sich überhaupt jemand die Silber-C verdient hat, dann dürfte ich es sein. Mit diesem Gefühl plane ich den nächsten Versuch. Am 1. Juli kam mein Tag. Kurz nach Zehn zieht mich die Winde auf 350 Meter. Ruhig und konzentriert gehe ich an die Basis. Nach einer Trainingsstunde nehme ich Kurs auf die beste Wetterecke. Wie so oft zuvor ist es Nordwest. Ich fliege hoch über Aspern und folge der Kurslinie nach Klosterneuburg. Links in der Tiefe die dampfenden Häusermassen Wiens, durchschnitten von den Bändern der alten und neuen Donau. Die Wolken stehen so regelmäßig wie die Bärte. Ein heller Schein flutet durch ihr Muster über die grünen Weiten, die der Wienerwald dunkel leuchtend säumt.

Ich segle leicht und zielsicher dahin. Der Aufwind steht immer westlich der Cumuli, an der windzugewandten Seite. Die Basis liegt jetzt in 1400 Meter Höhe. Nach drei Stunden lasse ich St. Pölten im Osten und folge dem Stromband in die Wachau. Es ist das erste Mal, daß mir ein langer Flug gelingt, daß ich den steten Rhythmus des Auf und Ab über eine weite Strecke erleben kann. Das Ganze erwirbt sich einen unerklärlichen Sinn, der wie ein Ansporn wirkt.

Gegen 15 Uhr sehe ich das große Stift Göttweig voraus. Ich sinke jetzt schneller und kreise mehrfach steil um die Turmspitze, einem kupfernen Ballon. Touristen stehen im Hof und winken herauf. Doch der Stiftsberg gibt keinen himmlischen Aufwind mehr her. Es wird Zeit, sich ein Landefeld zu suchen.

Ich gleite zur Donau hin ab und mache ein Fußballfeld aus. Es ist der größte Platz ringsum. Während ich anschwebe, erkenne ich, daß es ein regelwidrig kleiner Sportplatz ist. Ich slippe, ziehe über einen Stacheldrahtzaun und drücke das Flugzeug neben dem Tor an den harten Boden. Dann rollt der Spatz diagonal über das Feld und kommt erst zum Stillstand, als die rechte Flächenspitze gegen einen Erdwall stößt. Die Endleiste hat einen Knick.

Bewaffnete Soldaten kreisen mich ein. Man leitet mich höflich zur Wache. Hier erfahre ich, daß ich im Munitionsdepot Mautern niederging. Jetzt erklären sich mir die hohen Belüftungsrohre und der unfreundliche Zaun. Ein Anruf bei den Kremser Flugfreunden im nahen Langenlois klärt meine Lage. Sie kommen und lösen mich aus der Bewachung. Es trifft sich gut, daß für den gleichen Abend der Tennisclub sein Jahresfest vorsieht. Die Kremser machen daraus auch eine Feier für mich. Ihre Gastfreundschaft und ihr Wein bleiben mir unvergessen.

Am anderen Morgen kommt Leo selbst, um mich hinter der Zlin wieder 110 Kilometer nach Osten zu schleppen. Wir fliegen in 600 Metern Höhe und die Luft ist voller Thermik. Wie oft hätte ich hier schon entlang segeln können. Als Karli Bräuer mir schließlich am Spitzerberg eine grüne Leuchtkugel vor den Bug schießt, da wird mir bewußt, daß das Kapitel Silber-C auch für mich sein gutes Ende gefunden hat.

Ende August locken mich letzte Sommerwolken über Wien aus dem Büro. Ich fahre zu den Donauwiesen unter dem Kahlenberg, wo ein kleines Flugfeld eingerichtet ist. Dort lasse ich mich in einer Rhönlerche einweisen und gehe dann mit einem L-Spatz an die Winde. Über den Ausläufern des Wiener Waldes steht kräftige Mittagsthermik. In 1200 Metern Höhe segle ich über die Stadt. Zum Prater, weiter über den Ersten Bezirk, wo zwei Steigmeter von den Dächern der Hofburg heraufkommen. Dann gleite ich über das Getriebe der Großstadt zu den Weinhängen von Grinzing. Villen, Gärten, Buchenwälder, ein stimmungsvolles Beieinander. Ich lebte dort mehr als zwei Jahre und erinnere, daß eine kleine Tafel auf dem Leopoldsberg die Verse Anton Wildgans, seinen Gruß an diese Landschaft, wiedergibt: „dort winken Zinne, Turm und Tor, umrauscht, umbauscht von goldner Wipfel Brand".

Ein letzter Blick geht nach Osten, dorthin, wo die hellen Kalkriffe von Hainburg das Mittagslicht über die dunstige Ebene zurückwerfen. Als ich lande, merke ich, daß es ein Abschiedsflug war. Es zieht mich zurück in die Berge.

Zurück in die Berge

Es war im Juni des darauffolgenden Jahres, als ich wieder die Alpen ansteuerte. Mit 270 Streckenkilometern, 170 Flugstunden und mehreren Außenlandungen konnte ich endlich daran denken, größere Flüge im Gebirge anzugehen.

Ich hatte damals viel über die Alpenflugschule in Unterwössen gehört und erfuhr durch einen freundlichen Antwortbrief, daß man den Streckenflug fördert und ein paar Einsitzer zur Verfügung stellt. Also fuhr ich zu Beginn des Sommers ins Bayerische hinüber.

Als ich bei Marquartstein in das enge Tal der Chiemgauer Ache einbog, da nahm mich das fröhliche Panorama dieser Voralpenlandschaft sofort für sich ein. Dichtbewaldete Berghänge, die bis zu steilen Almhöhen in 2000 Metern aufstiegen, sahen in versteckte Bachstrudel und auf Gruppen flacher Gebirgshäuser herab, deren helle, holzbelegte Wände sie zu anheimelnden Behausungen machen.

Ich stieg aus dem Wagen und setzte mich auf ein Brückengeländer. Das Wildwasser sprühte und drängte um glatt gewaschene Felsköpfe und sein Rauschen ertönte in jener Eindringlichkeit, die von aller Bergnatur ausgeht. Hier war es kühl und der Duft feuchter Erde zog durch die Büsche. In der Höhe brannte die Mittagssonne auf den Hängen und entfachte einen frischen Windzug im Tal. Kleine, weiße Wolkentürme standen über den Gipfeln. Durch ihre scharfen Silberkonturen flimmerte das Höhenlicht.

Dann besann ich mich darauf, daß ich nicht als Tourist gekommen war, sondern allein dem Gedanken folgte, hier zu segeln. Jetzt, beim Anblick dieser steilen Welt, wurde mir bewußt, auf welches Ziel ich aus war. Doppelt lebhaft tauchten nun die Erinnerungen an die ersten Flugversuche im Pinzgau wieder auf und mit ihnen mein Vorsatz, die fliegerische Herausforderung der Alpen nicht zu vergessen.

Die Flugschule im Unterwössener Grund wurde für mich zu einer kurzen aber wichtigen Station. In zwei bescheidenen Hangars neben der feuchten Graspiste standen mehrere Ein- und Doppelsitzer, die alle einen gepflegten Eindruck machten.

Unerwartet treffe ich auf einen Schulfreund, Klaus zur Nieden, der hier als Fluglehrer wirkt. Wer wie er schon ein 300 km-Dreieck bis zum Alpenhauptkamm geflogen hat, der besitzt Flugerfahrungen, die in keinem Lehrbuch stehen. In Gesprächen mit ihm und bayerischen Fliegern lernte ich damals in wenigen Tagen mehr, als ich mir über Jahre hatte anlesen können.

Nach mehreren Einweisungsstarts läßt man mich zum ersten Flug an den Platzhang, auf dem der Mittagswind vom Chiemsee steht. Doch wer sich in Unterwössen zum Alleinflug qualifizieren will, der muß die ‚Bayernkurve' beherrschen. Dies ist ein sinnreiches Flugmanöver, mit dem sich alle jene Piloten helfen sollten, die in niedriger Schlepphöhe von einem Seilriß überrascht werden. Ihre Ausführung war so einfach wie überzeugend: befand man sich unter 80—100 Meter Höhe plötzlich ohne Seilzug, dann mußte man sofort nachdrücken. Mit viel Überfahrt wurde nun in Bodennähe eine 180 Grad-Kurve geflogen, die einen in schnellem Schwenk wieder vor das andere Ende der Graspiste brachte. Die Landung — wenn auch gegen das Landezeichen — konnte beginnen.

Solch ein Ereignis war dem lustigen Pilotenhaufen natürlich immer ein willkommener Anlaß für einen Umtrunk. Und nirgends schmeckte die ‚Radlermoas', frisches Weißbier mit einem Schuß Zitrone, so gut wie im kleinen Flugplatzbeisel. Je heißer die Sonne wurde, desto kühler schmeckte der duftende Trunk. Und wenn nicht gerade wieder einmal eine Ka-8 der kleinen Schulflotte oben in den Platzhang gefallen war — die Bruchpiloten kehrten auf ausgetretenen Gehpfaden ins Tal zurück und bedauerten den ungewollten Fußmarsch — dann war auch Schulleiter Heinzel für jeden Spaß zu haben.

Ein hochbeiniger, knallgelber Fieseler Storch war der Stolz des Platzes. Mit diesem Ungetüm, dessen Motordonner wohl bis zum Chiemsee gedrungen sein mochte, wurde geschleppt. Dies technisch so aufwendige wie überholungsbedürftige Flugzeug, das aus Schweden heimgeholt worden war, stand unter der besonderen Obhut Ludwig Karchs, dem Altmeister des Alpenfluges.

Man sah ihn zum Wochenende in seinem VW-Wohnwagen aus München kommen und, angetan mit einer kurzen Hose und hellem Wanderhemd, in seiner Mü-17 am Himmel entschwinden. Dieser ungewöhnlich zähe und erfahrene Gebirgsflieger, den ich nie ohne seine Pfeife sah, hatte viel für den Aufbau dieser Flugschule getan. Nun war er von den organisatorischen Belangen befreit und widmete sich wieder dem Wesentlichen. So zum Beispiel der Planung eines 500 km-Zielrückkehrfluges, den er auf einer Ka-6 angehen wollte. Sein Wendepunkt war der Malojapaß im Oberengadin.

Als ich davon hörte, setzte ich mich in den Beiselgarten und flog den Kurs auf der Karte nach. In Innsbruck ergriffen mich erste Zweifel. Es schien unvorstellbar, daß solch ein Flug ohne Antrieb möglich sei und der Maloja lag damals an der äußersten Grenze meines geographischen Wissens. Daß die Hochalpen nicht eine Anhäufung riesiger Mauern und unüberwindbarer Massive, sondern die aufwindreichste Streckenlandschaft unserer Breiten waren, das hatten auch Karch und seine berühmten Gruppenflüge bis ins Wallis uns noch nicht wirklich verdeutlichen können.

Von Unterwössen wurde in jenen Jahren die von Ludwig Karch erstmals beflogene Strecke bis zum Wendepunkt Landeck, 150 km im Westen, mehrfach bewältigt. Es war eine vom Kurs her klare und übersichtliche Angelegenheit. Hatte man den Wilden Kaiser genommen, dann führte einen der Inn bis zur Wende. Auch an Landeplätzen war kein Mangel. Da waren die Flugplätze in Kufstein und Innsbruck und viele Wiesen links und rechts des Flusses.

Die Vorstellung, einen Flug über 300 Kilometer anzusagen, faszinierte mich. Und ihn dann auf einer Ka-8 oder einem Spatzen tatsächlich auch zu bewältigen, das wurde jetzt mein größter Wunsch. Welche Routenkenntnis und Ausdauer mußte man haben, um so etwas zu schaffen? Fort zu fliegen in Regionen, die fern am Horizont lagen, hinter hohen Gebirgsketten und breiten Talsenken. Mir wurde deutlich, daß es neben Talent und Willen vor allem die Übung war, auf die es ankam.

Mehrere Piloten aus dem Flachland, seit Jahren Gäste hier, hatten sich die Bergwelt nach und nach erflogen. Ich erinnere mich an einen jungen Bremer, der sich trotz Schiffermütze und spitzem Platt als ausgezeichneter Alpenflieger erwies. Seine Ruhe und Umsicht, die er sich auf einer Yacht gewonnen haben durfte, unterstützten auch sein Vorhaben, Landeck zu umrunden. Er schaffte es auf einer Schul-Ka-8, in wenig mehr als 6 Stunden. Wie immer standen wir am späten Nachmittag an der Piste und warteten auf die Heimkehrer, die Augen angestrengt zum Geigelstein gerichtet.

Die Segler, von vorn schmal wie Gedankenstriche, kamen von Westen und direkt aus der Sonne. Erst ein Flächenschwenk oder das Reflexlicht auf dem Kabinenglas signalisierten uns, daß sie im flachen Anflug waren. Der junge Bremer kam weit vor den anderen in den Chiemgau zurück. Ich half ihm beim Einräumen und staunte über die Flügelnasen der Ka-8, die mit angeschlagenen Insekten übersät waren. Spuren des stundenlangen Fluges an den Wolken. Sein Barogrammschrieb zeigte einen gleichmäßigen Zug und nirgends einen zeitraubenden Tiefpunkt. Er hatte seinen Diamanten verdient.

Eines Morgens, ich war wieder von Wien herüber gekommen, wies Klaus auf einen L-Spatz hinten im Hangar. Die Flächen gelb, der Rumpf cremefarben. ‚Puddingspatz' war sein Spitzname. Daß dies Flugzeug nicht so schlecht war wie diese Bezeichnung vermuten ließ, das hatte ich erst wenige Tage vorher ausprobieren können. Vor allem die Oberfläche der Flügel war in ausgezeichnetem Zustand, wenn man einmal akzeptiert, daß alle Holzflächen gern zeigen, wieviele Rippen in ihnen stecken.

An der Instrumentierung allerdings haperte es ernsthaft. Neben einem angestaubten Höhenmesser und einem wohl noch aus der Rhön stammenden Fahrtmesser fand sich nur noch ein 30 m-Vario, und das saß genau hinter dem roten Ausklinkzug der Schleppkupplung. Doch wer wird sich hinstellen und lamentieren, wenn ihm an einem hellen Sommermorgen gesagt wird: „den kannst haben, schau daßd' fortkommst".

Das war am 22. Juni, früh um Acht. Den Experten nach schien das Streckenwetter vielversprechend. Karch setzte den ‚Malojapaß' auf seine Meldetafel und Heinzel hatte sich ein Berliner Schwergewicht besorgt, das ihm die Ka-7 für einen neuen Zielrückkehr-Rekord im Doppelsitzer schneller machen sollte. Er wollte bis zum Arlberg. Das waren für uns die einzigen, dafür aber auch hinreichend deutlichen Wetterdaten. Der Himmel über den Voralpen wölbte sich in lichtestem Blau und die ungewöhnliche Fernsicht ließ erwarten, daß die Einstrahlung bald sehr stark werden würde.

Schleunigst begann ich mit den Vorbereitungen meines ersten Streckenfluges im Gebirge, die mir dabei halfen, meine Aufregung über das Erlebnis, das nun vor mir lag, zu überspielen. An jenem Tag flog ich und lernte ich und begann zu erkennen, daß es im Hochgebirge immer so sein wird. Die Schönheit der Alpen rings um die Kabine eines kleinen, motorlosen Flugzeuges, für die es an Worten fehlt, das war meine eigentliche Entdeckung an diesem Junitag. Sie erwies sich für mich wichtiger als alle sportlichen Motive und bei dieser Rangfolge ist es bis heute geblieben.

Gemeinsam ziehen wir die Segler an den Start. Ich verstaue Proviant und Barograph, Fotoapparat und die Flugzeugpapiere. Auf der Alpenkarte habe ich mir den etwaigen Flugweg nach Landeck, 150 km im Westen, eingetragen. Desgleichen jene Berge, über denen angeblich immer Thermik steht. Ich ziehe einen wattierten Anorak über und drücke mich in den engen Sitz. Der Storch rollt heran und man bringt das Seil. Als ich am Klinkknopf ziehe, winkt mein Helfer ab. Was ist? Die Bugkupplung ist nicht am Seilzug angeschlossen.

Ich sehe zu Klaus und er zuckt mit den Achseln. Wir schieben das Flugzeug aus der Startreihe und quer über den Platz zur Werkstatt. Die Sonne beginnt zu stechen und Landeck ist ferner denn je. Nachdem wir die Verkleidung der Rumpfspitze abgenommen haben und das Stahlseil am Klinkhebel befestigten, ist eine halbe Stunde vergangen. In einer Flugzeugwerkstatt herrscht immer Ruhe und das ist wohl auch besser so.

Es ist 11 Uhr 03, als sich der Storch vor mir endlich in Bewegung setzt. Schlingernd und in kleinen Sprüngen nehmen wir die Grasbahn. Vor Unterwössen schwenkt der dröhnende Langsamflieger nach links und gewinnt Höhe. 10 Minuten danach klinke ich in 950 Metern aus, genau im Bart der Hochplatte, der ausgedehnt und stark ist. Ich kreise rechts ein und steige mit 2 bis 3 Metern rasch zur Wolke. Die ersten Schwaden liegen in 2100 Metern. Ich richte mit einer kurzen Bewegung des Knüppels auf und gleite nach Westen.

Der L-Spatz müht sich ab, das Tal der Ache ohne viel Höhenverlust zu queren. Am Geigelstein bin ich 300 Meter tiefer. Von seiner dreieckigen Wiesenkuppe blinken Schneereste herauf. Almhütten stehen auf der Anhöhe verteilt. Ich kreise weit ein und suche den nächsten Aufwind. Bald bin ich auf 1600 Metern herunter und werfe einen Blick zum kleinen Flugplatz im Osten.

Ich versuche, jeden Gedanken an ein Zurückfliegen zu verdrängen und suche weiter rings um die Kuppe. Weht ein Wind, der die Bärte abtreibt? Ich suche nach Wolkenschatten. Sie scheinen unbewegt. Endlich spüre ich über den Felskanten im Südosten des Berges ein zartes Heben. Dies kleine Flugzeug reagiert sofort auf jede Bewegung der Luft. Ich kreise eng ein und suche den Kern der Thermik. Sie trägt mich auf 2300 Meter zurück.

Um 11 Uhr 45 leite ich das Flugzeug genau in südlicher Richtung. Vor mir ragt steil und kantig der Zahme Kaiser aus den dunklen Waldungen des Talschlusses. 100 Meter über der Pyramidenspitze erreiche ich den Bergblock. Hier ist die Thermik breit und böig. Ich finde sofort den Kern und steige steil in die Höhe. Ich liege mit über 30 Grad Schräglage in der Luft und kann am Innenflügel vorbei in die Schründe des Massivs hinabsehen. Der Kalk der Kaiserberge ist rissig und schimmert silbern, mit rötlichen Anflügen darin. Dunkelblau und wohltuend liegen die Schatten der Gipfelwolken in den Wänden. Die Luft wird jetzt immer kühler und dringt erfrischend durch alle Rumpfspalten. Unaufhaltsam trägt mich die Luft aus den Felsen an die Basis. Ich fühle mich königlich.

Dann gleite ich zum Südrand der Wolke und steige in lichten Schwaden weiter hinauf. Die Sonne ist durch das milchige Weiß zu erkennen und mit ihr kann ich meine Fluglage kontrollieren. Ich will so hoch wie möglich, denn vor mir wartet der Wilde Kaiser.

In 2700 Meter gehe ich auf Kurs. Als ich die Wolkenschwaden durchstoße, habe ich die Alpen bis zum Hauptkamm unter mir. Den ganzen südlichen Horizont bilden jetzt die Firnketten der Hohen Tauern. Aus dieser Höhe ist auch der Wilde Kaiser kein Hindernis mehr. Ich nehme die Fahrt zurück, um die steilen Gratsägen nach Süden überfliegen zu können. In den Steilkaren hängt feuchter Sommerschnee, an dem der graue Geröllstaub der Gipfel haftet.

Über der Südwestecke steht eine pralle Wolke. Ich fliege am Gipfelkreuz des Ellmauer Halt entlang und lasse den Spatzen in die wirbelnde Luft der Südwände treiben. Ein Schwarm Dohlen tanzt unten um die Kanten. Hier liegt die Basis schon in 3000 m. Im Westen glänzt das Inntal und die Höhe scheint mir märchenhaft.

Welchem Kurs soll ich jetzt folgen? Entweder nach Süden in die Kitzbühler Berge und dann im Schwenk über das Zillertal oder direkt auf Westkurs über den Inn zum Rofangebirge?

Aus dieser Höhe entscheide ich mich schnell für den direkten Weg, denn über der nördlichen Inntalflanke reiht sich Wolke an Wolke bis zum Karwendel. Um 12 Uhr 30 setze ich über Kufstein. Das Fallen im Tal ist anhaltend und kostet mich fast 800 Meter. Ich fliege mit 110 km/h und das ist schnell für den Spatzen. Langsam wächst die jenseitige Bergkante immer höher vor mir auf.

Nach 10 Minuten bin ich am Hochplateau des Breitenberges. Ich glaube, das größte Hindernis des Hinfluges bewältigt zu haben, den Sprung über das Inntal. Meine Freude ist zu früh. Als ich den Breitenberg abfliege, schwimmen die Wolken in flachen Bahnen auseinander. Plötzlich liegt das ganze Massiv im Schatten. Ich muß nach Westen weiter gleiten. Als der Segler wenig später leicht in die Höhe geht, ist mir das Steigen zu gering. Ich fliege weiter auf die Sonnenhänge zu und begehe damit den entscheidenden Fehler des Fluges.

Denn während ich eilig dem Kurs folge, breiten sich auch vor mir die Wolken aus. Ich sinke unausgesetzt und muß das Flugzeug schließlich nahe an die Talhänge lenken. Dann umkreise ich einen waldigen Bergrücken, der ganz im Sonnenlicht steht. Das Steigen ist nicht zu fassen, so daß ich mehr sinke als Höhe gewinne. In 1300 Metern bleibt mir nur der Weiterflug.

Jetzt fällt mir die Warnung von Klaus ein, nicht unter den Gipfelbereichen zu fliegen. Es ist inzwischen Eins geworden und die Sonne sticht scharf in die kleine Kabine. Mit einem lähmenden Gefühl der Enttäuschung lasse ich den Spatzen an den Steilwänden entlang ziehen. Die Luft hier über dem Tal wird immer stiller.

Als ich über der Kanzelhöhe bin, zeigt mein Höhenmesser auf 600. Unter mir die Kehren der Höhenstraße zwischen Jenbach und dem Achensee. Genau über dem Bergrestaurant steht ein schwacher Bart. Ich kreise ein und wage kaum zu atmen. Schweiß rinnt mir in Bächen über den Rücken, ich bin viel zu dick angezogen. Mit einem halben Meter müht sich das Flugzeug ab. Vom Parkplatz winkt man herauf, denn das Pfeifen der Querruder ist nicht zu überhören.

200 Meter höher fliege ich über eine Mulde und entdecke, wie sich die Laubbäume am Berg voraus im Wind bewegen. „Der Talwind" schießt es mir durch den Kopf. Ich setze mich sofort an den Rücken und werde augenblicklich vom Hangwind erfaßt. Stetig und schnell geht es aufwärts. Hier ist der Moment, alle Tricks von den Hainburger Klippen in die Waagschale zu werfen. Ich schwenke ganz dicht an die grauen Kalkstufen und kann am nahen Buschwerk verfolgen, wie leicht der Spatz wieder Höhe gewinnt.

Jetzt sind auch zwei Habichte unter mir. Sie stellen sich in einen der Einschnitte und übersteigen mich in Sekunden. Bald mischen sich thermische Ströme zum Talwind und als der Spatz die Kante dieses Vorberges übersteigt, löst sich meine Anspannung langsam. In 1000 Metern ist die schwerste Arbeit bewältigt, doch ich bin noch lange nicht oben. Nochmals 1000 Meter fehlen mir, um die Grate des nahen Karwendel anzufliegen, von wo die Bärte zu den Wolken abgehen. Wo kann ich diese Höhe holen?

Während ich langsam auf Innsbruck zu fliege, taucht rechts ein enger Bergeinschnitt auf. Es ist das als ‚Gralsburg' bekannte Vomperloch, eine Steilklamm, die sich in zwei scharfen Zügen in die Kalkfüße des Lamsenjochs schneidet. Hier oder nirgends, das sehe ich sofort.

In 900 Metern Höhe ziehe ich den Spatzen kurzerhand in die Klamm. Die

Wände sind fast senkrecht, so daß ich mit der rechten Fläche ganz nah an die Felsrisse gehen kann. Der Stoß der Thermik trifft die Flügel wie ein Schlag. Augenblicklich schießt der Spatz schräg aufwärts. Ich muß aufpassen, von der heftigen Luft nicht zu dicht an die glühenden Wände der Klamm gedrückt zu werden. Vereinzelt stehen Krüppelbäume auf engen Vorsprüngen. Ich hebe die Flügelspitze über sie und strebe weiter in den Berg. Trotz meines Steigens kommt mir der steile Wildbach unten immer näher.

Ich wende scharf und kurve durch starkes Fallen sofort wieder an den Fels. Nach dem dritten Durchflug habe ich 500 Meter gewonnen.

Jetzt gibt mir die zurückweichende Wand endlich Platz, die stärkste Thermik, vorn am Ausgang der Klamm, in Kreisen zu fassen.

Ich drücke die rechte Fläche in den Bart und höre das Summen und Zischen der heißen Luft in den Spalten der Schlitzverkleidung. Das Vario steht starr auf 4 Metern und die Klamm versinkt in der Tiefe. 8 Minuten später ist das Flugzeug hoch oben im kühlen Schatten der Gipfelwolke. Das breite Lamsenjoch liegt unter der Kabine. Ich öffne das kleine Haubenfenster und stecke den Arm bis zum Ellbogen in die scharfe Luft. Der Himmel ist wieder grenzenlos.

Aus 2600 Metern stürze ich mich erneut auf den Kurs. Es ist inzwischen zwei Uhr geworden und ich muß weiter, so schnell ich kann. 80 Kilometer trennen mich immer noch von Landeck. Ich fliege an der Bettelwurfspitze entlang und weiter auf die Nordkette zu, die Innsbruck überragt. 100 Meter unter der ausgeschwungenen Gipfelwächte des Hafelekar komme ich an die Steilwand. Der Spatz macht einen Satz und fliegt ohne Steuerdruck steil nach oben. Über dem Gipfelkreuz setze ich die Spirale an, um den Steigkern nicht zu verlieren.

Eine rot-gelbe Ka-6 gleitet neben mich. Es ist das erste Flugzeug, das ich heute sehe. Wir winken uns zu und steigen unaufhaltsam zur Wolke. Die drohend schroffe Felswelt des Karwendel flacht sich ab, doch die dämmrigen Steilschluchten zwischen den Kalkburgen bleiben abweisend, ja gefährlich. Drüben, jenseits des Inntals, blitzen die Firngrate der Stubaier herüber. Die Wolke liegt in 3000 Metern, 700 m über den Bergen.

Jetzt fliege ich über den Solstein und die Nördlinger Hütte. Der Inn hilft mir, meinen Kurs zur Wende zu finden. Dann verleitet mich die breite Senke zwischen Reiterjoch und der Mieminger Kette, quer über das Tal zum Grieskogel zu gleiten. Doch aus 2500 m ist sofort neues Steigen zentriert, das bis 3300 m trägt.

Jetzt winkt der lange Tschirgantrücken, mitten im Inntal. Ich fliege erneut nach Nordwesten und setze mich über den Grat. Wie konnte ich wissen, daß der Haken zu den Stubaiern unnötig und zeitraubend war.

Vor mir hängt ein gewaltiger Cumulus über Landeck, der große Teile der Lechtaler Randkette abschattet. Dennoch tragen die dunklen Wandstürze und leiten mich zügig unter die Wolke. Ich kreise ein und das Vario geht bis an die 7 m/s. Die Spirale nimmt kein Ende und ich verfolge den Höhenmesser wie in Trance. In 3900 Metern komme ich in die ersten Schwaden der grauen Basis, Staudüse und Haube werden von feinen Tropfen übersprüht.

Um 15 Uhr 30 setze ich zur Umrundung an, 3000 Meter über der Stadt. Sie geht genau in die Fensterrundung, zusammen mit der Spitze der linken Fläche. Unter mir verengt sich das Inntal, andere Senken kommen hinzu, irgendwo her aus steilen Bergschluchten. Ich sehe die Eisrücken der Ötztaler im Süden, und glaube im Westen die steile Silvrettakette zu erkennen. Dann habe ich ohne Kompaß zu tun, den Ostkurs wieder zu finden.

Über dem Tschirgant schwimmen Wolken in 3200 m. Ich kreise bis ganz hinauf und fliege dann zur Mieminger Kette. Sie führt mich schnell nach Osten, in Richtung auf das Karwendel. Ich bin jetzt über 5 Stunden in der Luft und merke, daß die Konzentration nachläßt. Die Eindrücke dieses Fluges sind so stark, daß sie mich körperlich ermüden. Doch ich habe keine Wahl, ich muß weiterfliegen.

Das Karwendel enttäuscht mich. Ich fliege das Reiterjoch dicht über dem Gipfel an und finde keinen Bart. Schließlich kreuze ich einen halben Meter ganz im Nordwesten. Für 600 Meter brauche ich 10 Minuten. Ich merke an der Luft, daß die Sonne schwächer wird und nach Westen gewandert ist. Jetzt heißt es unbedingt hoch zu bleiben.

Langsam taste ich mich zum Solstein weiter. Das Hafelekar liegt im Halbschatten und die Luft an den Graten bewegt sich nur noch schwach. Ich erkenne nicht, daß die Sonne hier zu flach auf den Wänden steht und dem Kalk keine Wärme mehr einstrahlen kann. Der trockene Fels ist längst kühl und das helle Licht ist eine einzige Täuschung.

Um fünf Uhr bin ich wieder unter der Bettelwurfspitze. Die Schatten in den Felsstürzen werden immer länger, doch ich hätte auch keine Chance mehr, jetzt noch über den Inn zu den Tuxer Vorbergen zu gleiten. Dort steht die Sonne genau auf den Fichtenhängen und diese Wälder speichern nun ihre Kraft.

Mir bleibt nichts übrig, als auf Ostkurs weiter zu gleiten. Vielleicht treffe ich auf Abendthermik an den Talhängen voraus? Als ich wieder über die Kanzelhöhe fliege, erkenne ich den dunklen Spiegel des Achensees. Die Gebirge werfen immer längere Schatten und nur noch im Inntal ist es hell. Ich schwenke zum Fluß hinaus und prüfe die Luft über den Wäldern. Es ist Steigen da, doch so eng und schwach, daß hier nur ein Modellflugzeug wieder Höhe holen könnte.

Ich lenke das Flugzeug über den Inn. Geringes Fallen überall. Aus 400 Metern beginne ich, mir ein Landefeld zu suchen. Ich mache mich locker und hole tief Atem. Jetzt darf mir kein Fehler unterlaufen. Ich erkenne die Masten einer Überlandleitung, die Bahntrasse und mehrere Straßen. Doch dieser Talgrund ist weit und bald sehe ich eine lange Wiese, nahe beim Fluß.

Ich kreise mehrmals über dem Streifen und merke, daß der Wind immer noch von Kufstein herauf weht. Also Anflug aus Westen. Jetzt habe ich die flache Sonne im Rücken und werde nicht geblendet. Ich kreuze die Ruder wie bei Hans und slippe abwärts. Wenige Meter über dem Boden entdecke ich mehrere Pfähle – genau vor der Wiese. Ich drücke die Landeklappen hinein und richte den Rumpf gerade. Der Spatz macht einen letzten Luftsprung und setzt sich ins Gras.

Es ist kurz vor Sechs. Ich klappe die Haube herauf und nehme die Sonnenbrille ab. Die Ohren knacken und der Mund ist ausgedörrt. Dann ziehe ich mich aus dem Sitz und gehe zweimal um das kleine Flugzeug. Die aufgefaltete Karte zeigt mir, daß 60 Kilometer bis zum Chiemgau fehlen. Neben einigen Kursschwenks zuviel und den Zeitverlusten unter den zu schönen Wolken war es meine allzu große Eile im ersten Streckenteil, die mich hier zu Boden brachte.

Ich gehe zum Telefonieren in den nahen Ort Buch und setze mich dann ans Flugzeug. Im Dämmerlicht schwebt ein heller Vogel von Innsbruck aus heran, schon niedrig und schnurgerade über dem Inn. Auch dieser Ka-6 ist nicht mehr zu helfen. Drüben bei Jenbach sehe ich sie in der flachen Landeschleife. Dann sinkt der Schemen zwischen das Buschwerk aus dem Blickfeld. Selbst Ludwig Karch ließ das Inntal heute nicht passieren.

Die Sonnenscheibe zerschnitt sich an den schwärzlichen Graten des Karwendel. Ihre Strahlen zogen jetzt flach und fächerförmig, einem Hoffnungssymbol gleich, über den Abendhimmel. Ein paar Kinder hatten sich rings um mich gesetzt. Was sollte ich ihnen sagen? Sie waren froh, mich hier zu haben und verscheuchten mein Grübeln mit tausend Fragen.

Die 8-Stunden-Strecke

Der Flug nach Landeck hatte in mir so etwas wie eine Leidenschaft für das Alpensegeln entfacht und ließ mich mit dem Gefühl, daß hier meine fliegerische Zukunft liegen würde. Am Tage nach dem anstrengenden Versuch — wir waren erst in den Morgenstunden wieder im Chiemgau — durchdachte ich den Ablauf dieses Streckenfluges von Stunde zu Stunde. Als wichtigste der zu lösenden Aufgaben während des Fluges im Gebirge erschien mir die richtige Höheneinteilung, abhängig von den Gipfelhöhen rings um mich. Dann der rechtzeitige und zielsichere Anflug des nächsten Aufwindes.

Daß eine solche ‚Taktik' jedoch ohne die aufwindbezogene Gleitfahrt zwischen den Bärten unvollständig blieb, ja diese erst der Schlüssel zum schnellen Streckenflug auch in den Alpen war, das ist mir an jenem Tag noch nicht klar geworden. So kam es, daß ich auch auf den nächsten Flügen die ganze Aufmerksamkeit auf die Thermiksuche und darauf richtete, hoch zu bleiben. Kein Wunder, daß mir der erste 300er schließlich einen achtstündigen Flug abverlangte. Der McCready-Ring war damals eben noch eine Sache weniger Eingeweihter.

Anfang Juli fand ich nach Zell am See zurück. Viele Freunde aus den Fünfziger Jahren waren noch aktiv. Hans Resch leitete jetzt die Flugschule. Als einer der besten Leistungsflieger seines Landes hatte er an mehreren Weltmeisterschaften teilgenommen. Kurt Bernhard, der einstige Werkstattbub, ein temperamentvoller Flieger und Spaßvogel, sorgte als Fluglehrer mit Ruhe und Humor für Schüler und Urlaubsflieger. Nur der liebenswerte Hias Leitner, unser Windenfahrer von einst, der später gleichfalls Fluglehrer und Schleppilot wurde, saß nicht mehr als fröhlicher Mittelpunkt abendlicher Runden an der Fliegerbar. Er war von einem Schleppflug nicht mehr wiedergekehrt, bei dem ein Flugschüler den Ausklinkzug der Schleppkupplung mit dem Haubenverschluß verwechselt hatte.

Nach Zell kamen damals immer häufiger die Leistungsflieger aus den Flachländern ganz Europas, und unter ihnen besonders viele Engländer. Dieser Platz hatte sich als ausgezeichneter Startpunkt für lange Streckenflüge und für Wellenflüge im Tauernföhn einen großen Namen gemacht. Man war gut untergebracht und konnte, bis spät in die Nacht zusammensitzend, den Berichten der Streckenfüchse folgen. Längst war mir bewußt geworden, daß der Segelflug in den Bergen ohne die offenherzigen Mitteilungen aller sich eigentlich nicht entwickeln konnte.

Anfang Juli gingen in Zell die österreichischen Segelflugmeisterschaften zu Ende. Unvergessen geblieben ist mir die Spannung an der Ziellinie, mit der wir die Teilnehmer eines 300 km-Fluges bis zum westlichen Imst und zurück erwarteten. Wieder einmal war ein junger Fluglehrer aus der Steiermark der Schnellste. Kurz nach vier Uhr setzte er nach einem flachen, schnellen Anflug dicht über die Platzbegrenzung, schoß in steiler Rechtskehre zur Landeeinteilung und brachte seine Ka-6 sanft schwebend ins Gras.

Harro Wödl kletterte aus dem Sitz. Lächelnd und in sich gekehrt. Das Gesicht zerfaltet und immer noch konzentriert. Ich hörte ihn berichten: Nordkette, Mieminger, Kellerjoch. Um das Vario und den Höhenmesser seines Flugzeuges steckten Metallringe voller Zahlen. Das sah geheimnisvoll aus und bewies, wie abstrakt Harro damals schon flog.

Dann hörte ich vom McCready-Ring reden und von einer Tabelle, die schnelle Endanflüge ermöglicht. „Vom Zillertal grad' nach Haus", berichtete mir später der junge Rudi Fiala, damals einer der besten Nachwuchsflieger. Er war auf den dritten Tagesplatz geflogen und um ihm eine Freude zu machen, drehte ich mit ihm im Porsche eine schnelle Runde nach Uttendorf.

Wir verglichen die Anforderungen von Fahrt- und Flugstil. „Da fehlt' halt die dritte Dimension", meinte Rudi treffend, während ich mit 160 die Ideallinie in den flachen Kurven suchte. Das war es. Gern hätte ich den weißen Blitz für das fliegerische Können hergegeben, wie es mir heute demonstriert worden war.

Die darauffolgenden Tage sahen uns bei intensiven Flugvorbereitungen. Soweit es das wechselhafte Wetter erlaubte, wurde in Platznähe trainiert. Abends saßen wir in großer Runde und gingen die Kurse auf der Karte durch. So wie Pilzsucher ihre besten Gründe kennen, so wußten auch die Alpenflieger jedes Jahr genauer, über welchen Bergen und wann ‚ihre' Bärte stehen. Und wer davon eine lückenlose Liste zwischen Zell und Imst besaß, und sich hierauf sogar mit einem gelungenen Flug berufen konnte, der war ein vielgefragter Mann.

Dann gab es noch das geheimnisvolle ‚Tauerngold', von dem selbst die Zeller nur leise sprachen. Es dauerte länger, bis ich dahinter kam, daß es eine Art ‚Privattreppe' der Einheimischen war, die man nicht gern jedermann zeigte. Es handelte sich um ein feuchtes Hochmoor am Westabfall des Gerlosrückens, das im Abendlicht golden leuchtet, fand ich schließlich heraus. Hier geht nach einem heißen Sommertag Umkehrthermik ab, wenn die Hänge unter der Reichenspitze schon längst kühl geworden sind. Ein verspäteter Heimkehrer aus dem Westen konnte sich in weichen, großflächigen Aufwinden, während es schon zu dämmern begann, ein letztes Mal in die Höhe schrauben, um dann aufatmend über den Paß und in den Pinzgau zu setzen.

Am 8. Juli sieht der Morgen verheißungsvoll aus. Mit ein paar Freunden bereite ich mich auf einen 300 km-Versuch nach Imst vor. Kurz nach Zehn bringt mich Hans Resch hinter der Piper zur Schmittenhöhe in den Startbart. Ich fliege auf dem blauen L-Spatzen der Schule, der gleichfalls ein Mitteldecker ist. Gute Thermik steht über dem langen Gebirgszug nach Westen. Zu Mehreren tasten wir uns bis zum Gerlospaß und fliegen im Verband über das Zillertal.

Am Kellerjoch in den Tuxern bin ich plötzlich allein. Ich folge der besprochenen Route und springe über den Inn zur Nordkette. Rechts in der Tiefe sehe ich die Vomperloch-Klamm wieder, die aus 2300 Metern Höhe selbst für einen Spatzen zu eng erscheint. Als ich unter der Hochnissl-Spitze einkurve, entdecke ich einen grünen L-Spatz, der in einer Mulde seine Achten zieht. Es ist Dieter Meisel, der fliegende Lehrer aus Friedberg. Er kommt heute aus Unterwössen. Ich versuche, ihm den Bart zu markieren. Als er höher steigt, halte ich direkt auf die Nordkette zu. Erst vor 3 Wochen kam ich hier das erste Mal entlang. Jetzt sind mir die Berge vertraut und ich brauche keine Karte mehr. Später wiederholte sich dies Gefühl auf vielen Flügen und ich merkte, wieviel schneller man dort fliegt, wo man schon einmal war. Während ich Seefeld erreiche, treiben Cirren von Westen her näher. Es ist erst kurz vor Eins, doch der Weiterflug nach Imst wird mit der abnehmenden Einstrahlung fraglich. Ich drehe um und fliege nach Osten zurück.

In jeder Stunde wird mir das Flugzeug nah am Fels nun vertrauter. Die unzähligen Übungsflüge um die Kalkrücken an der Donau hätten mich nicht besser auf den Alpenflug vorbereiten können. Schnelle Wenden am Steilhang, enges Kreisen in Karen und Rinnen, über Gratkanten zur Wolke reiten — alles wiederholte ich nun von Berg zu Berg. Jetzt hatte ich Zeit und flog ganz ohne Anspannung.

Um drei Uhr gleite ich südlich am Gerlospaß entlang und in die Hohen Tauern. Der Großvenediger zieht mich an. Ich segle das enge Stichtal hinauf und entdecke, daß die Wolken hier viel höher liegen als über dem Pinzgau. In 3400 Metern strebt der Spatz in sanften Aufs und Abs am Hauptkamm entlang zum Kitzsteinhorn. Dies Fliegen ohne Zugzwang gibt mir Selbstvertrauen und läßt mich die Thermik ganz genau zentrieren. Ich erkenne, wie gut sie sich nah über den Bergflanken finden läßt, wenn man nur dem direktesten Einstrahlwinkel folgt.

Um Sechs lande ich in Zell. Alle Imst-Flieger sind von der Abschirmung zu Boden geholt worden. Lange Rückholfahrten beginnen. Ich bringe das Flugzeug zur Halle und befestige am Höhenruder eine schmale Bügelkante, da der Segler mit meinen 90 Kilo zu kopflastig ist. Tags darauf zieht eine Störung durch. Dann steigt der Druck langsam doch verläßlich im ganzen Alpenraum. Am 10. Juli werden wir wieder fliegen können.

Schon kurz nach sechs Uhr werde ich wach. Die Vorhänge in der engen Stube des Fliegerheims sind zugezogen, doch ein verschlafener Blick durch die Spalten

An der Bettelwurfspitze

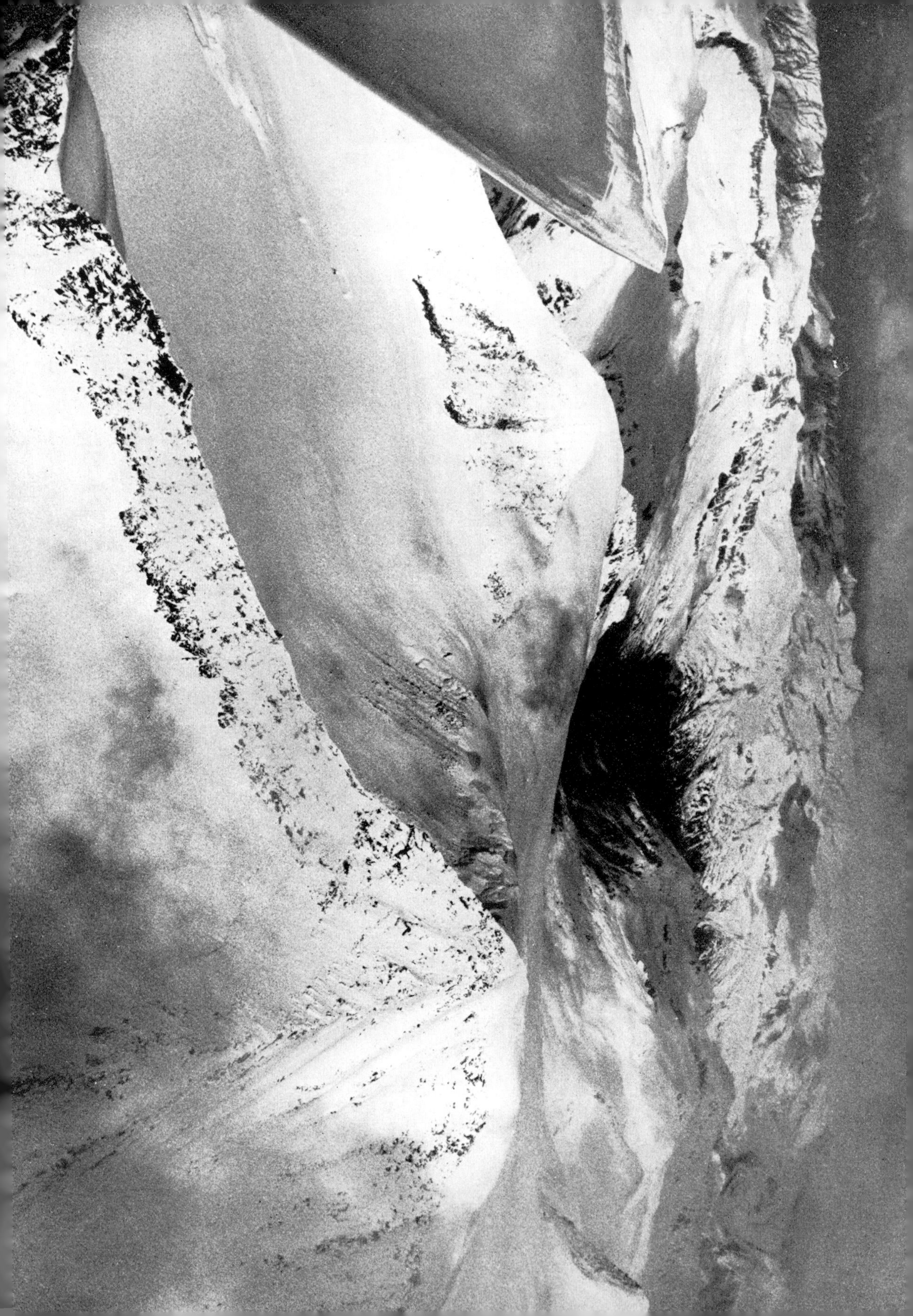

genügt, mich mit einem Satz aus dem Bett springen zu lassen. Das ist's! Das Wetter des Jahres. Ein hellblauer Morgenhimmel, lichter Dunst vor den Bergspitzen der Tauern und eine flirrende Sonne, schon jetzt. „Habe die Ehre" entfährt es Rudi Plenert, meinem Zimmergenossen, und das wollte etwas heißen, denn er war bereits ein recht erfahrener Streckenflieger.

Natürlich wollen wir den 300er gemeinsam angehen, er auf einem A-Spatzen mit 13 Metern Spannweite, ich auf dem L-Spatzen der Flugschule. Nach einem schnellen Frühstück und der einhelligen Meinung ‚heut oder nie' an allen Tischen im Saal rollen wir schon vor Acht die Flugzeuge aus den Hangars. Karte, Kamera, ein paar Brötchen und halbe Zitronen wandern in die Bordtaschen. Der Barograph wird berußt, denn die Tinte verliert in den niedrigen Temperaturen unserer Flughöhen ihre Verläßlichkeit. Mehr als 20 Segler reihen sich am Start in zwei Linien. Wir besprechen noch einmal, wie dieser Flug anzugehen ist und die Meisten sind dafür, diesmal am Patscherkofel über Innsbruck zu wenden, um dann nachmittags zu versuchen, den Zielpunkt Aigen, die Flugschule im steierischen Ennstal, zu erreichen.

Kurz vor Zehn werden die ersten kleinen Wolken über den Pinzgauer Bergen sichtbar. Zwei Pipers rollen von den Hallen heran. Um 10 Uhr 23 kommt mein Flugzeug in Bewegung. Hans setzt mich in den Hausbart am Bruckberg. Ich klinke in 970 Metern aus und kreise sofort schnell in die Höhe. Nach 600 Metern lasse ich das Flugzeug zur Schmittenhöhe gleiten und komme in 3 m/s. Die gerade Basis liegt in 2900 Metern, also fast 1000 Meter über dem Berg. Das ist für diese Stunde ungewöhnlich hoch. Eine Kette heller Haufenwolken steht regungslos über dem langen Pinzgauer Rücken und macht uns das Fliegen leicht.

Wir haben einen sehr schnellen Start und fliegen zu dritt nach Westen. Jenseits, im Süden, steigen die Tauernmassive in mehreren Farbstufen aus dem Dunkel der Bannwälder über das helle Grün der Almzonen bis zu den Firnschultern, an die Wolken. Das scharfe Glocknerprofil steht in einer Krone weißer Reflexlichter.

Wir fliegen mit 100 km/h von Wolke zu Wolke. Kurz vor Elf setzen wir über die Talkerbe am Paß Thurn und halten dann, nördlich versetzt, auf die Salzachgeier zu. Ich hatte mir nach dem Tiefpunkt an der Kanzelhöhe vorgenommen, die Höhe der Berge sowie eine ‚Reserve' von 2—300 Meter nicht zu untergleiten. Die heutige Lage jedoch läßt mich bald erkennen, daß diese Taktik mich zwar in der Luft hält, doch langsam macht. In jedem Bart kann ich sehen, daß die Thermik nach oben hin abnimmt, aus kräftigen 3—4 m/s an den Gipfeln werden 1—2 m/s nahe der Basis. Ich beschließe, bis zum Wendepunkt hoch zu bleiben, um dann erst, auf dem Flug nach Osten, über niederen Bergen auch tiefer hinabzugehen.

In 3000 m kreuzen wir zu zweit das Zillertal. Mit 110 km/h queren wir das breite Abwindfeld und kommen jenseits an den Tuxern recht niedrig an. Aus 100 werden rasch 50 Meter Höhenunterschied zu den Felskanten am Rastkogel und immer noch steht das Vario auf Fallen. Ich sehe nach dem anderen Flugzeug. Es ist verschwunden, irgendwo hinter einem der steilen Hänge.

Da, eine flache Hochmulde, in die die Sonne brennt. Ich fliege an dem felsigen Muldenrand entlang und drehe im Süden in heftigem Steigen ein. Jetzt drücke ich das Querruder ganz nach rechts und ziehe den Spatzen mit dem Knüppel scharf in die Spirale. Aus 2 werden sofort 4 m/s. In wenigen Minuten erfaßt der Blick die ganzen Tuxer Grate bis ins westliche Wipptal hinüber. Die Basis liegt in 3200 Metern und macht mir den Weg zur Wende frei.

Ich segle leicht und sicher über die steilen Gebirge. Aus 25 Kilometer Entfernung ist der Patscherkofel hinter dem Glungezer noch nicht zu erkennen. Thermik kommt von überall her an die Wolken. Lange, weißblaue Wächten hängen von den Gratkanten über das noch graue Höhengras und brechen abschmelzend in glitzernde Rinnen und Felsbrüche herab. Das glimmrige Urgestein hier ist rissig und leuchtet in Hellgrün und rötlichem Grau.

Am Rosenjoch fliege ich unvermittelt in die heftige Thermik der hohen Waldflanken des Wipptals. Das Flugzeug macht einen Satz und treibt in engen Kreisen zur Wolke. Aus 3400 Metern liegt das weite Inntal bis zu den Lechtalern vor der Kabine. Um viertel vor Zwei wende ich über dem Sendemast und habe damit ein Drittel der Flugstrecke hinter mir. Es waren in 3 Stunden 110 km und ich bin entschieden zu langsam. Vielleicht hat mir der leichte West ein paar Kilometer abgenommen, doch jetzt bleibt mir keine Wahl — ich muß tiefer herunter.

Nach der Wende fliege ich fast 10 Minuten lang durch anhaltendes Steigen. Die Sonne entwickelt jetzt ihre größte Kraft und die Labilität der Luft ist so hoch, daß praktisch alle Südhänge tragen. Am Rastkogel steht die Thermik noch immer neben der Mulde. Ich kreise 500 Meter hinauf und schalte den Wendezeiger ein. Warum nicht noch ein paar hundert Meter steigen? Das Zillertal wartet mit breitem Fallen.

Plötzlich sehe ich zwischen den Schwaden der Basis ein helles Phantom, nur einen Augenblick lang. Ich halte sofort ins Freie und entdecke den Nürnberger Flieger, den ich hier vor einer Stunde verlor. Ich winke ihm zu und deute zur Gerlos. Er nickt und wir gleiten ab.

Jetzt drückt uns der Rückenwind schnell ans Kreuzjoch. Eine rote Ka-8 markiert den Bart am Südwesthang und bald haben wir wieder 3 m/s unter den Flächen. Aus 3000 Metern wirkt die Paßhöhe wie ein Tal. Wo ist der L-Spatz? Ich kann ihn schon wieder nicht mehr sehen. Dafür kommt ein Steinadler in den nächsten Bart. Der Kopf hängt äugend vom doppelten Halbbogen der mächtigen Flügel herab. Der Vogel treibt immer näher und wird tatsächlich riesengroß. Dann setzt er sich genau über die Haube. Erst wenige Wochen vorher war Harro Wödl hier von einem Adler angenommen worden und mit beschädigtem Ruder in Zell gelandet. Ich verlasse die Thermik und ziehe mit hoher Fahrt quer über den Pinzgau nach Süden.

Der Flug über das Tal kostet mich 600 m Höhenmeter. Ich muß jetzt den südlichen Bergzügen folgen, denn die Sonne ist weiter gewandert. Zahlreiche Stichtäler, von scharfen Berggraten getrennt, gehen hier vom Tauerneis zur Salzach hinab. Ich fliege von Kamm zu Kamm und muß immer wieder viele kostbare Minuten für das Hochkurbeln drangeben. Um vier Uhr zieht der Spatz dicht über seinem Schatten am schrägen Firndach des Kitzsteinhorns entlang.

Als ich über dem Ostgrat der Gipfelpyramide bin, öffnet sich unvermittelt ein gleißendes Panorama. In steilen Firnstufen und ineinander gedrängten, blauen Rissen fallen Hängegletscher vom Glockner und dem vorgelagerten Wiesbachhorn in die Enge eines Hochtals hinab. Dort glitzert das grüne Schmelzwasser des Tauerneises in mehreren langen Staubecken. Die Anlage von Kaprun. Langsam gleite ich zum Imbachhorn hinüber und vergesse für Minuten das Ziel dieses Fluges.

200 Kilometer liegen jetzt hinter mir und 105 warten noch im Osten. An der Glocknerstraße muß ich mich entscheiden, ob ich südlich der Salzach bleiben soll oder vielleicht im Nordosten, über den Dietener Bergen, schneller bin. Die Uhr drängt und ich sehe, daß die Wolken voraus ihre scharfen Konturen verlieren.

Ich bleibe an der Tauernseite und tue gut daran. An den Drei Brüdern steht mäßiges Steigen, doch ich muß jetzt hoch bleiben. Langsam steigt der Spatz auf 2600 Meter. Jetzt erkenne ich im Dunst des Nachmittags die helle Kulisse des Dachstein. Dort entlang geht der Flugweg.

Dann gleite ich eine Viertelstunde durch stille Luft. Weit und breit ist kein Flugzeug zu erkennen. Ich frage mich, wo der Pulk der Flieger geblieben ist, die heute alle das gleiche Ziel haben. Endlich rückt der Bernkogel am Ausgang des Gasteiner Tals heran. Der kleine Gipfelsee leuchtet herauf. Ich ziehe rings um die breite Bergkuppe und spüre schließlich leichte Thermik. Es ist erst halb Fünf, doch die Luft scheint müde. Langsam und konzentriert steige ich auf 2900 Meter. Dabei beginnt mich die Frage zu plagen, ob nicht in nächster Nähe ein stärkerer Bart mir kostbare Zeit sparen könnte. Denn die Sonne wartet nicht.

Wieder folgt ein langer Gleitflug. Der L-Spatz ist langsam und hat mit meinem Gewicht bei 80 km/h das beste Gleiten. Lend und Wagrain ziehen nördlich vorbei. Der Dunst im breiten Talbecken von Radstadt nimmt zu. Das Sonnenlicht wird gelblich und die dichten Fichtenpelze auf den Niederen Tauern geben es grüngold zurück. Die Bergkämme liegen quer zum Kurs und immer wieder warte ich darauf, daß mich endlich neue Böen zur nächsten Thermik führen.

Dann kreuze ich die Tauernstraße südlich Radstadt. Ich bin noch 1000 Meter über dem schmalen Ennsfluß, der hier seinen Lauf beginnt, und muß zum Tal hin ausschwenken, weil der Rücken des Strimskogel schon höher ist als der Spatz.

Was dann vor meinen Augen geschieht, das bleibt mir unvergessen, so lange ich fliege. Direkt auf Kurs, hoch über den Waldhügeln von Forstenau, formt sich ein zarter Schleier. Mit angehaltenem Atem gleite ich näher. Die Schleier werden größer und verschlingen sich in schwebender Bewegung ineinander. Noch keine Minute ist vergangen, als aus ihnen ein rund geformter kleiner Cumulus geworden ist, klar umrandet und mit einer Basis, wie es sich gehört. Ich starre ihn an und habe das Gefühl, als würde der Zeitrafferfilm einer Wolkenstudie an den Himmel geworfen.

Das herrliche Gebilde steht deutlich und fest vor mir und läßt meinem Flugzeug Zeit, die Thermik dicht über dem Wald zu suchen. Ich fühle mich wie Hans im Glück. Da es windstill ist, schneide ich den Bart senkrecht unter der Wolke an, die in einem Umkreis von 50 Kilometern allein am Himmel hängt. Aus einem werden bald mehr als zwei Steigmeter. Je höher ich komme, desto breiter wird der Kamin. Die Luft ist kaum verwirbelt und dennoch von deutlich spürbarer Energie durchdrungen.

10 Minuten wartet die Wolke auf mich. Als ich sie 1200 Meter höher erreiche, löst sie sich auf. Das Flugzeug fährt mit den Flächen durch die zerfallenden Schleier und ich spüre, daß es turbulent wird. Es ist höchste Zeit, die zusammensinkende Säule zu verlassen.

In 2800 Metern wird der Vorabend schön. 50 Kilometer trennen mich noch vom Ziel und der Dunst nimmt weiter zu. Ich schließe das Fenster, nehme den Wollfaden genau vor die Augen und visiere Schladming an. Ein letzter Gleitflug von 40 Minuten durch eine Luft, die still wie Öl ist. Der Spatz folgt der Enns nach Osten. Lange vor der Landung wird mir bewußt, daß ich wieder zu langsam gewesen bin. Doch ich weiß jetzt, daß die Geschwindigkeit nur mit mehr Flugerfahrung gewonnen werden kann. Dann nämlich, wenn die Alpen zur gewohnten Kulisse des Fluges geworden sind.

Um zehn nach Sechs steht der Spatz auf dem Aigener Platz. Heuduft und Grillen begrüßen mich, dazu das Hallo von fünf anderen Fliegern, die am Morgen in Zell mit dabei waren. Rudi Plenert auf dem kleinen A-Spatzen ist unter den Schnellsten.

Harro Wödl kam durch das Gras und gab mir die Hand. Ich war auf dem Wege, ein Alpenflieger zu werden.

Volo a Vela

Wer segelt, der betrachtet die Natur auf seine Weise. Wer wie wir vom steten Hangwind und von unsichtbaren thermischen Strömen, wer von Bergprofilen und kleinen Landewiesen abhängt, der blickt um sich, wo immer er Landschaft sieht, als säße er in einem Flugzeug.

So ging es mir.

Ich war aus den engen Straßen Comos zu den Weinbergen über dem See gestiegen, hatte dann einen Bergpfad genommen und saß jetzt auf dem nach Süden abfallenden Gipfelblatt des Monte Bisbino.

Von hier, gut tausend Meter über dem südlichen Alpenrand, kann man weit blikken. Man erkennt die Berge über dem Veltlin ganz im Norden, sieht die hohen Kalkwände der Grigna im Osten vor sich und vermag, wenn die Luft nicht zu dunstig ist, im Süden ganz Mailand auszumachen.

Es war ein Tag im frühen März. Die letzten Schneeflecken zerliefen im grauen Wintergras und die Sonne stand schon warm in den Mulden der steilen Hänge, die in geradem Zug bis zu den dunklen Wassertiefen des Sees fallen. Die Luft war zugig und kühl, doch jetzt am Nachmittag bildeten sich erste, durchsichtige Thermikwolken von Berg zu Berg.

Ich verfolgte, wie sie sich aufbauten und wieder zerfielen. Von ihrem Stand schloß ich auf die besten Abreißkanten. Dann saß ich im blauen Spatzen und überlegte, wie ich den Bisbino anfliegen würde. Mit einer Außenlandung sah es weniger ermutigend aus. Die Hügel unter mir waren dicht besiedelt und in die freien Flächen teilten sich Weingärten und Mosaike kleiner Felder.

Ich lebte seit einiger Zeit in Italien und hatte damit begonnen, in den steilen Voralpen zu wandern. Durch Kastanienwälder und über die hohen Grasstufen alter Weinberge führten die Pfade in vielen Kehren zu den meist steilen Kuppen, die mit rutschigem, hartem Gras bewachsen sind. Dort oben sitzend, genügte wenig Phantasie, um sich im Flugzeug zu wähnen. Falken strichen auf Mausjagd dicht an den Steilhängen herauf, ohne Flügelschlag und in Kehren wie der Pfad. Hier wehte immer ein Wind, der sie trug und das Gras in Wellen kämmte. Der weite Luftraum bis zur jenseitigen Flanke des Sees lud zum Abschwung ein und ich stellte mir vor, bis wohin mich die Flächen des blauen Spatzen in die Ebene von Saronno tragen würden.

Gerade als ich vom Bisbino absteigen wollte, vernahm ich genau über mir ein Geräusch. Es klang wie ein Windstoß und pfiff dabei. Ich begriff ohne aufzusehen, daß es ein Segler war.

Meine Freude war unbeschreiblich. Ein großer Doppelsitzer — ein Bocian der Rumpfnase nach — kurbelte direkt über dem Gipfel und gewann Höhe. Zwei bis drei Meter, schätzte ich. Dann, ohne Zögern, glitt er mit wippenden Flächen auf Ostkurs über den See. Ich starrte ihm unverwandt nach, bis er im Dunst der südlichen Luft bei S. Martino verschwand. Dies war ein Zeichen und ich mußte ihm folgen.

*

Das Studienzentrum für den Alpinen Segelflug in Varese war damals, zu Beginn der sechziger Jahre, gerade gegründet worden. Dieser Bocian bildete zusammen mit mehreren polnischen und italienischen Einsitzern den ersten Grundstock eines Vereins, der in kurzer Zeit zur wichtigsten Schulungs- und Leistungsstätte des Landes werden sollte.

Auf dem versteckt gelegenen kleinen Grasplatz direkt am Nordufer des Vareser Sees entwickelte sich schnell ein eifriger Flugbetrieb, der international auf sich aufmerksam machte. Die OSTIV gründete hier ihr meteorologisches Forschungszentrum und Professor Georgii kam mit Manfred Reinhardt und der Höhen-Do 27, um die Gesetzmäßigkeiten des trockenen Nordföhns über dem Monte Rosa und dem weiten Tessin zu erforschen.

Hinter dieser von großem fliegerischen Enthusiasmus getriebenen Entwicklung stand das Ehepaar Orsi.

Adele und Giorgio hatten den Segelflug erst zwei Jahre vorher kennengelernt — zufällig verfolgten sie einen Windenstart im nahen Vergiate. Sie stiegen aus dem Wagen, baten um einen Rundflug und kamen am nächsten Wochenende wieder. Jetzt aber, um zu schulen. Monate später erstanden sie den Bocian, dann mehrere Muchas. Der kleine Verein von Vergiate kam nicht aus dem Staunen. Doch die Orsis waren erst am Anfang. Sie wollten einen eigenen Platz, dort wo sie wohnten. Also wurde ein feuchter Grund am Vareser See beschafft. Giorgio ließ Kilometer von Drainagerohren verlegen und brachte eine dicke Kiesschicht auf den moorigen Boden. Darauf eine ebene Graspiste und in der Mitte 300 Meter Asphaltbahn für regnerisches Wetter.

Gleichzeitig wuchsen zwei Hangars auf, daneben eine Werkstatt und ein Clubhaus. Nun verlegte der Verein seinen Sitz, vergrößerte sich innerhalb eines Jahres um das Dreifache und besaß 1961 schon zehn Flugzeuge. Italien ging es in jenen Jahren wirtschaftlich glänzend. Die ganze Begeisterung, deren eine junge Fliegergemeinschaft fähig ist, machte aus dem Platz Calcinate bald einen Treffpunkt der besten Flieger Italiens. Womit schleppen? Eine Do-27 schien geeignet. Wenige Wochen später fuhr Aldo Trecchi nach München und flog sie über die Alpen. Bald darauf kamen drei Stinson L-5; mit ihren 180 PS-Motoren und der robusten Zelle gehören sie noch heute zu den besten Schleppmaschinen für die Berge.

Jetzt fehlte der geeignete Leiter für diesen perfekt ausgestatteten Platz. Er sollte das Studienzentrum führen und auch wissenschaftlich arbeiten. Wer konnte dafür besser geeignet sein als Plinio Rovesti? Er baute schon in den Zwanzigern Hanggleiter, ließ sich zum Meteorologen ausbilden, ging sieben Jahre mit Walter Georgii nach Argentinien und war mit Leib und Seele Segelflieger. Er hatte mehrere Lehrbücher über Flugmeteorologie verfaßt, war mit der Föhnforschung vertraut und übernahm die neue Aufgabe ohne zu zögern.

Als ich Mitte März zu diesem Eldorado fand, da sprach ich zehn Worte Italienisch. Drei davon waren ‚Volo a Vela' — Segelflug. Es war schon fortgeschrittener Frühling hier im Süden und der Verein rüstete sich für eine intensive Streckensaison. Meine wenigen Alpenflüge empfahlen mich dieser Mannschaft, für die das steile Südalpengebiet völliges Neuland war. So war die Aufnahme herzlich und die Gastfreundschaft großzügiger, als ich mir je hätte vorstellen können.

Guglielmo Giusti hatte im Bocian gesessen. Er berichtete mir sofort über diesen ersten Streckenflug des Jahres — 100 Kilometer nach Lecco und zurück. Andere Flieger gesellten sich zu uns. ‚Reba' Barazetti, Walter Vergani, Attilio Pronzati, Aldo Trecchi, der Werkstattleiter und Schleppilot. Wir standen vor der großen Wandkarte, von der uns die ganzen Alpen zwischen Genf und Lienz in minutiösem Relief ansahen und alle zeigten mir, wohin sie in diesem Jahr segeln wollten. 300 Kilometer natürlich, das war in Norditalien noch nicht geflogen worden. Wellen stünden sehr oft über den Tessiner Bergen, zwanzig Kilometer im Norden. Ich sah mich als Glückspilz unter ihnen und sie merkten nicht, daß mir die Worte fehlten.

Wenn ich jetzt von Varese berichte, dann wird, gelingt mir meine Absicht, aus jeder Zeile Dank sprechen. Ich war vom ersten Tag an einer der ihren, wurde unterstützt wie ich es nur brauchte, und fand Rat und Förderung bei jedem von ihnen. Sie schafften es, mir in wenigen Monaten ihre Sprache zu vermitteln, ihre Lebensgewohnheiten zu zeigen und in mir eine große Anhänglichkeit für ihr Land entstehen zu lassen.

Die fröhlichen Abende in ihrem Kreis sind unzählbar. Und an die gastlichen Runden im Hause der Orsis denke ich immer wieder. Segelflieger aus allen Erdteilen trafen sich auf der Terrasse oder abends am Kamin. Hier wurde geflogen bis spät in die Nacht. Langstrecken maß man auf den Teppich gestreckt und über die beste Form des Endanflugs gab es hitzige Debatten. Hier wurden Wettbewerbe geplant,

Expeditionen des kleinen italienischen Meisterschaftsteams in alle Weltgegenden besprochen. Hier sah man Konstrukteure, Weltmeister und Rekordflieger.

Giorgio war als Firmenchef gewohnt, alles mit dem Verstand zu lösen. Doch er war auch Italiener genug, um zu wissen, daß ein so mit dem Musischen verwobener Sport wie der Segelflug vor allem Phantasie und Feingefühl verlangt. Seine Pfeife ging nie aus. In Giorgio verbindet sich die Gedrungenheit mit der Beweglichkeit des Lombarden. Seine schmalen Hände lassen einen Hang zur Abstraktion erkennen. Er versteht es vornehm, von seinem tatkräftigen Gönnertum durch Jungenschalk und fortwährende fliegerische Einwände abzulenken.

Giorgio tat sich anfangs schwer beim Fliegen. Ihm wurde oft schlecht. Erst mit Philip Wills Skylark-3, einem fliegenden Lehnstuhl mit 18 Metern Spannweite und guten Leistungen im Steigen wie im Gleitflug, fand er Spaß an der Sache. Jetzt trainierte er systematisch, wechselte im richtigen Augenblick auf die damals schnelle S.H.K. und — wurde italienischer Meister. Dies im Wettstreit mit seinem Freunde Wills, der eine Dart flog. Das war 1966 unten in Rieti. Dieser hart erkämpfte Sieg hat Giorgio über alle Tagesbelange im Segelflug erhoben. Seit Jahren fliegt er einen 22 Meter-Kestrel, liegt mal vorn und mal hinten. Er entwickelt komplizierte Theorien für den Schnellflug und die ‚ultima planata' und verwickelt jeden Gast, der den Fehler begeht, ihm zunächst zu sitzen, in das Netzwerk seiner Erwägungen. Rechts außen an seiner Instrumentenkonsole hat er sich ein kleines Tonbandgerät befestigen lassen und als ich ihn das letzte Mal im Flugzeug sah, war eine Kassette mit Beethovens Fünfter eingespannt.

Doch dieser Mann hat mehr getan, als einen einzigartigen Verein ins Leben zu rufen. Er hat Jahre daran gearbeitet, den Segelflug seines Landes besser zu organisieren und die staatlichen Mittel wirkungsvoller einzusetzen, sei es für die Schulung oder für das Leistungstraining. Seine Zähigkeit und sein Humor dabei sind bewundernswert, und das mußte selbst die römische Bürokratie erkennen.

Adele, eine unitalienisch stille und bescheidene Dame, trägt das Zeichen jeden Erfolges, die Zielstrebigkeit, in den Zügen. Auf charmante Art ist sie bestimmt und strebt dem, was sie erreichen will, ohne Schnörkel zu. Ihre Gastlichkeit ist so warmherzig wie wortarm. Dies gibt Freundschaften Bestand. Das weiträumige Haus, in dem sie lebt, eine aus bröckligen Klostermauern entstandene Villa unter Wolken von Weinlaub, steht am Rande eines Parks. Es blickt von einer Anhöhe über die Hügel dieser heitersten Stadt am südlichen Alpenrand. Von hier sieht man zum tief eingebetteten See und morgens auf die rötlich schimmernden Eiswände des fernen Monte Rosa. Es dürfte einer von den drei schönsten Orten dieser Erde sein.

Adele fliegt mit System. Seit ich sie kenne, lernt sie. Tausende von Kilometern flog sie im Doppelsitzer, mit Attilio Pronzati, Umberto Bertoli und dem schwungvollen Franzosen Roger Biagi. Immer wieder drängt sie ihr Wunsch nach Perfektion. Beim Kurbeln, beim Wolkenflug und in der Streckenflugtaktik. Ihr erstes Flugzeug war eine Skylark-4. Groß, flach und robust. Ich habe nie wieder ein Flugzeug geflo-

Giorgio und Adele Orsi nach ihrem ersten Weltrekord

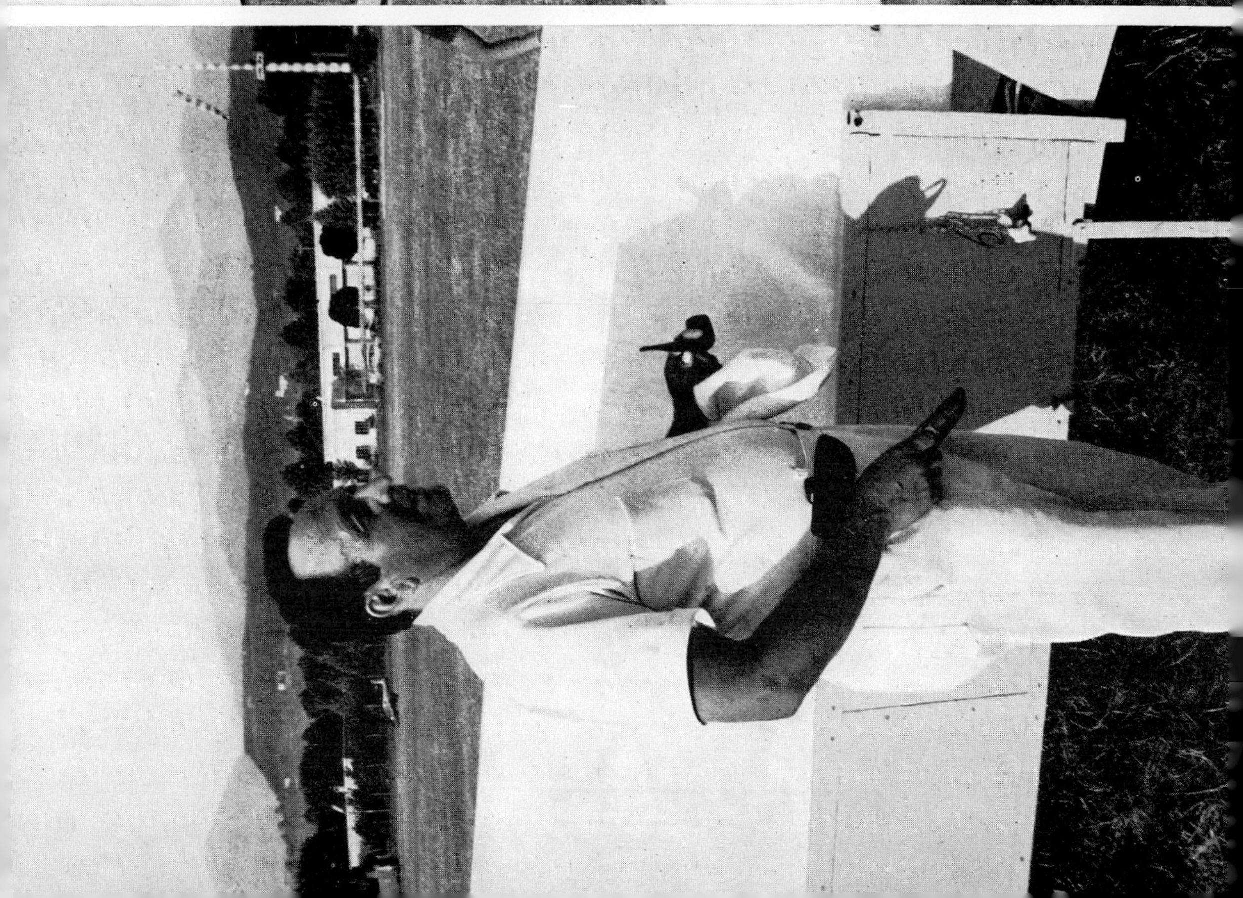

gen, das ausgewogener war. Dann zog sie mit Giorgio gleich und flog eine S.H.K.

Anschließend kam der große Cirrus, der erste, den Klaus Holighaus baute. Er war mit einem schneeweißen Modell in Varese und wir verbrachten einen Abend damit, Klaus nach diesem Wunderflugzeug auszufragen. Schließlich folgte auch für sie der ‚Jumbo' von Glasflügel, der sie zu zwei Weltrekorden trug.

Adeles fliegerische Entwicklung ist von beispielhafter Systematik. Sie riskiert nie und gewinnt fast immer. So im Alpenflug, wo sie als zweiter der italienischen Flieger den 500 km-Zielrückkehrflug schaffte, so in Rieti, wo sie Landesmeister wurde, so bei ihren zahlreichen Rekorden auf Ein- und Doppelsitzern. Adele hat drei erwachsene Kinder. Alle drei stehen dem Segelflug fern. Vielleicht waren ihre Eltern einfach zu oft in der Luft.

Es ist ein Vergnügen, mit Adele auf Strecke zu gehen. Einmal trafen wir uns während eines Dreiecksfluges am Simplonpaß. Adele suchte den zweiten Wendepunkt, die Alpe Veglia, in der Enge eines Hochtals. Ich flog mit ihr hinüber. Adele segelt ohne Schnörkel und ihre Funkgespräche sind knapp und klar. Plötzlich sehe ich sie von zwei Adlern umkreist. Nun war die Skylark zwar stabil gebaut, doch ein solcher Vogel auf Gegenkurs kann gefährliche Löcher schlagen. Ich flog neben sie und gemeinsam behielten wir Oberwasser.

Es war ein guter Moment, sich im Funk das ‚Du' anzubieten, auch in Italien der Ausdruck einer gewissen Vertrautheit. Minuten später war Adele in ihrem rotweißen Vogel an den Wolken des Centovalli verschwunden. Sie wollte schnell noch einmal zum ersten Wendepunkt zurück, oben am Bernardino-Paß. Es war ja auch erst drei Uhr nachmittags und da konnte man noch trainieren.

Im Frühsommer jenes Jahres besuchte uns Dr. Joachim Kuettner, weltbekannter Segelflieger und Meteorologe. Man war dabei, das Apollo-Programm zu verwirklichen. Er war Wetterberater der NASA und lebte in Houston. Als er in Calcinate auf den Platz kam, erkannte ihn niemand. Er bat, einmal segeln zu dürfen und wies sich aus. Nando Broggini, unser Fluglehrer, verzichtete angesichts des prallen Flugbuchs auf einen Überprüfungsstart und wies ihm eine Mucha-100 zu, damals das Simpelste, was Varese hatte. Kuettner flog mehrere Stunden über den Voralpen und kam begeistert zurück. Abends zeigte er uns die neuesten Filme über die Landefähre, an der das ganze Projekt seinerzeit hing. Ein Privatmann, ein kleiner Techniker im Mittelwesten, hatte sie sich ausgedacht und kein Professorenteam bei der NASA fand etwas Besseres. Dann stellte sich heraus, womit man ihn hatte fliegen lassen. Die Orsis wollten sich entschuldigen, doch Kuettner verstand das nicht. Er kannte dies polnische Flugzeug noch nicht und hatte seine Typensammlung bereichert.

Bei Nord- und Nordwestlagen, und sie sind statistisch viel häufiger als die Südlagen, entwickeln sich im Gebiet zwischen Monte Rosa und Gardasee häufig ungewöhnlich schöne Wellenlagen. Da aber die Luft extrem trocken ankommt, sind Lentis eine Seltenheit. Dafür stehen flache, rotorähnliche Wolken über allen Leehängen, sobald die Einstrahlung kräftig ist. Jetzt kann man Strecken fliegen, die Thermik und Wellen vereinen. Die Luft ist durchsetzt mit härtesten Turbulenzen und wehe dem, der zu tief in eine Leezone eingleitet. Man tut gut daran, hoch und mit viel Sicherheit zu fliegen und langen, wellenauslösenden Bergzügen — wie etwa dem Veltlin — zu folgen.

Nur bei solchen Lagen vermag die dunstige Südluft der heißen Poebene nicht in die Südalpen einzudringen, um die Atmosphäre für uns hoffnungslos zu stabilisieren. Es bedeutet, daß hier im Süden ein Höhenwind aus dem vierten oder ersten Quadranten eigentlich die Vorbedingung für gute Thermik ist. Alle Vareser Flieger sind deshalb geübte Wellenfinder. Diese Windlagen haben sie fliegerisch hart werden lassen und nur wer stundenlang kämpfen kann, wird einen Streckenflug überstehen, der unentwegt durch faustharte Böen und Katarakte von Fallwinden führt.

Als ich nach Varese kam, waren diese Lagen für alle vollkommenes Neuland. Doch gerade das ließ uns ins Flugzeug springen, sobald die lange Wolkenfahne im Nordweststurm vom Rosagipfel bis gegen Mailand wehte. Im April 1963 glaubte ich, der unsichtbaren Wellen über dem Lago d'Orta Herr werden zu können. Ein Schlepp hinter der Do-27 brachte mich in einer Mucha-Standard bis in die Nähe von Biella, etwa 40 Kilometer westlich vom Platz. In 1600 Metern lasse ich das Seil fallen, denn die Böigkeit wird heftig und der Rotor scheint in nächster Nähe.

Zwanzig Minuten später finde ich mich in 300 Metern über den Rebhügeln des Vorlandes. Von Rotor und Welle überhaupt keine Spur. Dafür bricht die Luft tosend in die Poebene hinab. Ich zwänge die Mucha über hohe Pappeln in ein Feld. Seitenwind stellt mich quer. Erst drei Meter über dem Boden habe ich das Flugzeug wieder in den Rudern.

Als ich Varese anrufe, um die Landemeldung durchzugeben, ertönt drüben ein großes ‚Hallo'. „Gattinara", heißt es, „da bist du uns ein paar Flaschen schuldig." Ich verstehe erst, als mich Zuschauer auf dem Feld darüber aufklären, daß ich im Mekka des italienischen Rotweins bin. ‚Gattinara', das sei ein Begriff von Bozen bis Sizilien. Abends öffnen wir die Bouteillen in der klassischen Rotsponform. Der braunrote Wein steckt voll der Würze seiner gebirgigen Heimat. Er ist wie alle Weine Italiens für den Tisch gedacht und der Gattinara empfiehlt sich zu Wild und Polenta.

Außenlandungen in den äußeren Südalpen sind ein Problem, wie ich es schon auf dem Monte Bisbino erkannt hatte. Da gibt es den Flugplatz Agno bei Lugano, den großen Grasplatz Magadino neben Locarno und die schmale Asphaltpiste der High Society von Ascona. Wer dazwischen absitzt, muß ziellanden. Oder in das laue Wasser der Tessiner Seen. Und davon gibt es viele.

Wer sich dies nicht rechtzeitig überlegt, endet wie jener Schwabe, der mit einer bildschönen, selbstgebauten Meise nach Varese kam. Urlaubsfliegen. Dabei den 300er machen. Ein Experte. Spätnachmittags geht das Telefon. Ein Anruf vom Comer See. Karabinieri lassen sagen, daß ein Flugzeug ‚abgestürzt' sei. Der Pilot, ein ‚tedesco', liege mit Kopfwunden im ospedale von Lecco.

Was war geschehen?

Er hatte Höhe verloren, denn der Comer See ist kilometerbreit. Anstatt nach Norden oder Süden aus dem Bereich des Wassers zu gleiten, bestand er darauf, die Thermik an den Seeflanken zu finden. Schließlich blieb ihm nur die Wahl ‚Wasser oder Weinberg'. Er entschloß sich, auf einer der hohen, wenige Meter breiten Stufen eines verfallenen Weingartens zu landen. Die Meise schob schräg in den Boden und zerplatzte.

Da machte es jener Italiener besser, der auf einer 20 Meter-Eolo unter dem Monte Generoso in unabwendbares Fallen kam. Er ließ sich zielbewußt zum Luganer See hinab und wasserte neben der Ostküste. Das Ufer war nah doch steil. Ein Motorboot ging längsseits und hievte ihn an Land. Dorthin wurde ein Materialfloß beordert, das die Eolo über den See an den flachen Kiesstrand Italiens brachte. Es gab viel Gelächter und so gut wie keinen Schaden.

Doch selbst Walter Vergani, das unbestrittene As von Varese, blieb vom Wasser nicht verschont. Er wollte einer jungen Dame im Bocian das Slippen zeigen, ein Manöver, das in Italien sonst als Kurzschlußhandlung in Bodennähe gilt. Es war herbstlich dunstig. Plötzlich hing Walter dicht über dem Vareser See. Auf dem Flugplatz stand jahrelang ein VW-Schwimmwagen für solche Fälle. Natürlich war er nicht einsatzbereit. Walter und seine Nixe wurden von Fischern in die Boote geholt. Die Flügel des Doppelsitzers standen zwei Wochen lang senkrecht im Hangar zum Trocknen. Der gute polnische Leim überstand die Prüfung.

Unter den Namenszügen der vielen Flieger, die sich in den Sechzigern ins Vareser Gästebuch eintrugen, steht auch jener Wolfgang Klemperers. Er war zu einem wissenschaftlichen Kongreß nach Genf gekommen und wollte diesen neuen, vielzitierten Flugplatz selbst kennenlernen. Schon damals litt er an schwerer Arthritis, doch er wünschte sich einen Segelflug. So hoben wir ihn in den Vordersitz des Bocian und ich flog mit ihm über eine Stunde in weiten, unbeschwerlichen Kreisen am Campo dei Fiori auf und ab. Wolfgang begann zu erzählen, von Professor von Karmàn, dem Schwarzen Teufel und seinen Gleitflügen 1920 und 21 von der Wasserkuppe. Er und seine Aachener Studentenfreunde hatten damals gezeigt, wohin sich der Segelflug, wollte er Zukunft haben, konstruktiv hin entwickeln mußte.

Er lebte seit vielen Jahren in Kalifornien und hatte sich einen Namen als Wissenschaftler gemacht. Daneben war er lange Präsident der amerikanischen Segelflugvereinigung. Während wir in 1300 Metern über die Buchenwälder glitten, erzählte er von seiner Arbeit bei Douglas und dem Plan, einen Jet mit wissenschaftlichem Gerät auf eine am Rand der Stratosphäre liegende Flugbahn zu setzen, um die nächste Sonnenfinsternis so lange wie möglich zu beobachten und zu filmen.

Wolfgang sprach langsam und seine Beschreibung war einfach und bildhaft. Hin und wieder bemühte er sich, nach hinten zu blicken, um mich anzusehen. Seine Züge waren still und blaß, doch aus den Augen sprach noch die ganze Kraft dieser Persönlichkeit.

Ein Jahr darauf schrieb mir Frau Klemperer von seinem Ableben. Der letzte Segelflug hatte ihn noch lange beschäftigt.

Seine unzähligen Fliegerfreundschaften brachten Giorgio Orsi auf die Idee, in jedem Sommer führende polnische Leistungsflieger als Schleppiloten und Streckentrainer zu uns einzuladen. Im Laufe der Jahre kamen viele große Piloten aus diesem erfolgreichen Segelflugland in den Süden. Wir hatten Gelegenheit, den perfekten Flug aus erster Hand zu sehen und zu lernen. Stacec Wielgus, Jerzy Popiel, Edward Makula und viele Andere zeigten uns, was Kunstflug und Wolkenflug, was schneller Streckenflug ist. Stacec nahm sich junger Leistungsflieger besonders gern an. Einmal startete er zu einem 170 Kilometer-Übungsflug zum Lago d'Iseo und zurück. Wir hatten Rückseitenwetter mit hoher Labilität und Luftfeuchte. Schon in den frühen Nachmittagsstunden quollen Wolkentürme in die Höhe. Dann polterten die ersten Gewitter. Es wurde düster und wir standen alle in den offenen Hallen und sahen in die Regenschleier.

Erst nach Fünf lichteten sich die grauen Vorhänge. Es pfiff und der Bocian schoß über den Seerand. Stacec, der als Testpilot auf diesem Flugzeug zuhause war wie kaum ein anderer, war von Turm zu Turm geflogen, mit der Sicherheit der Poebene neben sich. Sein junger Mitflieger war blaß aber begeistert. Vom Boden, so schilderte er glaubhaft, habe er nur selten etwas gesehen.

Der zierliche Jerzy Popiel besaß die Hand eines Geigenvirtuosen. Sein Kunstflug auf der Mucha-100 war unvergleichlich beschwingt. Einmal stand Hermann Geiger auf dem Platz, der Gletscherflieger aus dem nahen Wallis. Jerzy wollte ihn nach seiner Art grüßen und zog über dem See in die Höhe. Dann klinkte er aus und turnte aus 500 Metern bis zum Schilf herab. Flugfiguren wie diese hatten wir alle noch nicht gesehen. So etwa, das Flugzeug in kurzen Intervallen nach links und rechts anzutrudeln. Das ergab einen schwerelosen Schmetterlingstanz, ein Luftballet. Geiger wandte sich ab und verschwand im Clubhaus. Er war längst in seiner eigenen Berühmtheit erstarrt.

Mehrere wissenschaftliche Treffen der OSTIV brachten große Namen nach Varese. Eines Tages sah ich einen Gast auf der Terrasse des Clubhauses über einer Schreibarbeit. Es war F. X. Wortmann. Wir kamen ins Gespräch und er zeigte sich interessiert an einem Flug über das Tessin. Dieser Wissenschaftler, der einer ganzen Segelflugepoche Flügel machte, kam nur selten ins Flugzeug. Also setzten wir uns in den Bocian und gingen an den Campo dei Fiori. Wolkenkerzen standen vor uns im Norden. Da die Basis tief lag und der Doppelsitzer eine Höhenreserve brauchte, stieg ich bei Lugano ein. Aus 3000 Metern flogen wir in den lichten Himmel. Mein Gast zeigte die Freude eines Jungen.

Wir saßen auf einem trägen Profil, aber das war für den Blindflug gerade richtig. Noch zweimal gingen wir tausend Meter höher. Doch mein Begleiter war das ganz und gar nicht gewohnt und mußte, wohl oder übel, rasch zum Platz zurück. Ich hatte den Bogen restlos überspannt und bedauerte es sehr.

In den Anfangsjahren gaben uns die meteorologisch so wechselhaften Südalpen viele Rätsel auf. Es war, wie wir bald merkten, ein ständiges Problem der Luftmassen. Selten einmal, daß ein Tag vom Vormittag bis zum Abend thermisch verläßlich blieb. Meist drang die Dunstluft der Lombardei, von der Alpenthermik nach Norden gesaugt, schon am Nachmittag bis über 40 Kilometer in die Bergzonen ein. Wer dann nicht sehr hoch flog, der wurde ein Opfer des nun geschrumpften Temperatur-Gradienten. Da half nur noch der Wolkenflug oder das Ausweichen in die Hochalpen nahe am Hauptkamm.

Doch unsere Begeisterung für den Streckenflug und die Rätsel der nahen Berge waren Antrieb genug, uns in jeder freien Stunde fortfliegen zu lassen. Die Orsis hatten für die beste Streckenflugleistung jedes Jahres den S. Pedrino-Cup gestiftet, ein Bronzeständer mit drei symbolhaft gestalteten Möven. Wir flogen die Strecken meistens auf dem besten italienischen Standard-Flugzeug, der M-100, konstruiert von den Brüdern Morelli aus Turin. Sie entsprach in ihrer Auslegung der Ka-6, hatte ein Laminarprofil mit der besten und beständigsten Holzoberfläche, die ich je sah, und war dank des kurzen Rumpfes überaus wendig. Die M-100 stieg gut und verlangte nur beim Blindflug wegen ihrer nicht vollkommenen Richtungsstabilität eine erhöhte Konzentration.

Einmal war ich an einem labilen Rückseitentag im April nach Osten unterwegs und flog den 300 entgegen. Über Como gehe ich in den ersten Congestus, da unten der Schatten zunimmt. Die Basis liegt bei 1300 Meter, also knapp über dem Monte Bisbino. Oben reicht das Steigen bis 4200 Meter. Ich komme schnell durch und der Eisansatz ist äußerst gering. Dann setze ich mich wieder auf Ostkurs, auf den Wendepunkt am Gardasee zu.

In 2400 Meter schneide ich den nächsten Turm an. Es ist auf der Höhe von Erba. Das Vario springt sofort an und steht nach 15 Sekunden Geradeausflug auf 8 Steigmetern. Ich kreise rechts ein und steige erneut auf 3900 Meter. Die M-100 liegt ruhig und genau in den Rudern, die Böigkeit im Zentrum des Turms ist gering. Dann richte ich nach Osten auf und die Sonne fällt wie Blitzlicht in die Kabine.

Südlich von Lecco steht der dritte Congestus. Unten breit und quellig, nach oben hin schlank und voller Muskeln. 5—7 Steigmeter, schätze ich. In 2800 Meter Höhe fliege ich ein. Nach 10 Sekunden gebe ich langsam Querruder und Seitensteuer rechts. Doch der ‚Pinsel' des kleinen Wendezeigers steht regungslos in der Skalenmitte. Ob das Seitenruder angeeist ist? Ich trete stärker in die Pedale, doch der Zeiger rührt sich nicht. In dieser Sekunde weiß ich, daß ich jetzt jede Kontrolle verloren habe.

Schon wird der Fahrtmesser lebhaft. 120—140 km/h. Es pfeift und rauscht an der Haube. Ich habe wie immer die linke Hand am Zughebel der Bremsklappen und fahre die großen Vierecke augenblicklich aus den Flügeln.

Doch die Fahrt rast weiter aufwärts. 160—180 km/h, irrsinnig schnell für die M-100. Der Wendezeiger sagt nichts. Jetzt werde ich hart in den Sitz gepreßt und sehe mich wie ein Messer durch den Turm fallen. Das währt 10 Sekunden, vielleicht kürzer. Ich kann mich später an diese Phase nur noch ungenau erinnern.

Dann knallt es ohrenbetäubend.

Ich werde in die Gurte geschleudert und habe das Gefühl, gegen eine Mauer geprallt zu sein. Meine Sonnenbrille, Gegenstände aus dem Stauraum fliegen an mir vorbei und schlagen auf die Instrumente. Ich bin sicher, daß beide Flächen abgebrochen sind und hole für den Absprung tief Luft. Dabei bin ich ruhig und zielbewußt. Die Sicht nach draußen reicht vielleicht 4 Meter in den Dunst und ich bleibe im Ungewissen.

Im Augenblick des Knalls ging die Fahrt zurück. In ein bis zwei Sekunden. Es wird still und die Nadel des Fahrtmessers steht wieder bei 120 km/h. Doch ich habe keine Ahnung, wie das Flugzeug liegt und suche angestrengt nach einem Ausgang aus dem Turm. Endlich links unter mir ein Lichtspalt. Ich gehe mit allen Rudern hart in seine Richtung und rutsche gleich darauf über die linke Fläche ins Freie.

Mein erster Blick geht nach links und rechts. Beide Flügel stehen gerade und unbeschädigt in die Luft. Es ist unglaublich.

Dann will ich die Bremsklappen einfahren. Doch der Hebel scheint zu klemmen. Die fünf Vierecke auf jeder Fläche gehen nur noch zur Hälfte in ihre Kammern zurück. Drei Meter Fallen, es ist nichts zu machen.

Ich bewege alle Ruder, um zu prüfen, ob das Flugzeug noch steuerbar ist. Die M-100 gleitet folgsam und sicher zwischen den Wolken dahin. Dann überlege ich, wohin. Mit den ausgefahrenen Klappen bin ich aus 1800 Metern in längstens zehn Minuten am Boden. Ich schwenke nach Südosten und halte auf Bergamo zu.

600 Meter über dem Platz Orio gehe ich in eine weite Platzrunde. Nochmals bewege ich alle Steuer kräftig. Es ist meine letzte Chance, auszusteigen. Doch das Flugzeug erweckt Vertrauen und ich gleite in vorsichtigen, weiten Schleifen an den Boden.

Als ich ausgerollt bin, kommen die Segelflieger der Stadt über die Piste gelaufen. „Was ist das für ein Flugzeug"? Sie helfen mir aus dem Sitz und ich verstehe nicht, was sie meinen.

Einer weist auf die Flächen. Ich gehe mit ihnen vor das Flugzeug. Es ist phantastisch. Beide ragen in einer V-Stellung von über 20 Grad nach oben. Die M-100 steht wie ein Sturzbomber vor uns. Dann stecken wir die Köpfe zum Hauptbeschlag. Was wir jetzt entdecken, macht uns wortlos.

Die kräftigen Stahlbeschläge beider Flügel sind völlig ineinander verbogen.

Das Technische Institut der Universität Turin nahm sich des Falles an. Piero Morelli besuchte mich in Varese und ließ sich den Fall genau erzählen. Die auf 12 Tonnen Druck und Zug geprüften Beschläge liegen heute in der Abteilung für technische Kuriositäten. Was Pieros Holzflächen aushielten, bleibt ein Wunder.

Die Ursache dieses jähen Sturzes fand sich sofort. Es war die Trockenbatterie, die den Wendezeiger antreiben sollte. Sie saß in einem Sperrholzkasten hinten im Stauraum, direkt neben den Spalten der Schlitzverkleidung. Da ich die Null-Grad-Grenze beträchtlich und lange unterflogen hatte, war die nicht mehr neue Batterie einfach erfroren. Es war mir eine Lehre für immer.

Jahre später gab mir erst Heinz Huth eine plausible Erklärung für den Schlag in der Wolke. Ich hatte, meinte er, die Bremsen zwar ausgefahren, doch die Eishaut auf den Flächen und ganz besonders über den hervorstehenden Beschlägen der Kammern hatte sie an einem direkten Ausfahren gehindert. Mein Hebelzug endete also irgendwo zwischen den Umlenkstangen. Erst durch die hohe Geschwindigkeit im Spiralsturz, als sich die Flächen durchbogen, wurden die Klappen herausgerissen und bremsten jetzt abrupt.

Der Wettstreit um den S. Pedrino-Cup ließ uns bei jedem Wetter fliegen. Ende Juni sagte ich ein 200 km-Dreieck an und dieser Punktegewinn reichte schließlich für den Sieg. Es war ein Flug quer über das Hohe Tessin, der mir trotz der kurzen Distanz alles abverlangte.

Es begann mit einem glänzenden Sommermorgen und italienisch hellblauem Himmel. Der Monte Rosa spiegelte sich im Vareser See und schien viel näher als 80 Kilometer. Wir hatten die Einsitzer schon um Neun aus den Hallen geholt und am Seerand aufgereiht. Dann gingen wir ins Clubhaus, wo uns Rovesti das Wetterbriefing vorbereitet hatte.

Über Mitteleuropa lag ein kräftiges Hoch bis zum nördlichen Alpenraum. Oberitalien dagegen wurde von einem Bereich schwächeren Luftdrucks, vor allem in der Höhe, überdeckt. Deshalb mußte bei starker Einstrahlung nachmittags mit Gewittern gerechnet werden. Ab 25 Grad Bodentemperatur würde sich kräftige Thermik entwickeln, der Temperatur-Gradient betrug 0,7. Die Ausgangsbasis sollte bei 1800 Metern liegen. Plinio hatte die Null Grad-Grenze in 2700 Metern eingezeichnet. Sein Vortrag war wie immer knapp und einleuchtend. Er wollte, daß wir das Beste aus dem Wetter machten, ohne uns mit den Gewittern einzulassen.

Um halb Zwölf ist die Auslösetemperatur erreicht. Plinio winkt von der englischen Hütte und gibt uns das Zeichen zum Start. Aldo schleppt mich zum Campo. Erst nahe am Bergrücken wird die Luft bewegt. Die Buchenbüsche am Grat schlagen im thermischen Wind. Langsam gewinne ich Höhe. Bertoli setzt sich in meinen Kreis. Wenig später gleiten wir nebeneinander nach Nordosten.

Die Luft ist sichtbar dunstig geworden und die Labilität scheint mäßig. Wir müssen sehr aufpassen, um hier über den Laubwaldhängen nicht zu tief zu geraten. Am Piambello trennen uns noch 100 Meter vom Waldrücken. Bertoli wird es unsicher und er dreht ab. Ich fliege eine Felsmulde an. Der Kalk flimmert in der Sonne und gibt wie immer kaum etwas her. Eine Viertelstunde halte ich mich in engen Achten dicht über dem Muldenrand. Zwei Bussarde steigen aus dem Wald und überhöhen mich in engen Spiralen. Es wird heiß und die Zeit verrinnt. Schließlich erblicke ich einen Wolkentupfen 3 Kilometer im Norden.

Wie schon oft wird die Luft spürbar bewegter, je weiter ich den Alpenrand hinter mir lasse. Ich schneide genau durch den Bart und lege die M-100 in den Kreis. Langsam drehe ich mich in den Kern des Steigens und drücke die Innenfläche immer steiler zum Hang hinab. Mit 2 m/s hebt mich der Bart auf 1700 Meter. Die Wolke hat sich, während ich aufsteige, schon vervielfacht und ist breit und dunkel, als ich an der Basis bin. Ringsum sehe ich jetzt immer neue Wolkenhaufen. Die Luft beginnt zu brodeln.

Ich drücke durch die Schwaden und komme bei Ponte Tresa ins Freie. Voraus am Monte Lema beginnt eine lange Wolkenbank, die bis Locarno weist. Wenige Minuten später gleite ich unter ihr nach Norden. Links in der Tiefe der Bergsenken liegt der Riesenspiegel des Lago Maggiore.

Ein Tragflügelboot hetzt seinem weißen Wellenzug von Ascona nach Süden voraus, der die braunblaue Fläche wie ein Reißverschluß öffnet. In einem Zug pfeilt die M-100 an der dunklen Basis entlang zum Tamaro.

Das Ticinotal ist breit und ich muß die Gleitfahrt zurücknehmen. Überall quellen Wolken hoch und die Schatten auf den Südhängen werden bedenklich. Rovesti hat das vorausgesagt.

Eine halbe Stunde später bin ich über der ersten Wende, hinten im Maggiatal. Hier sind die Wolken noch flach und ich komme schnell voran. Doch dann setzen die Schwierigkeiten ein. Ich muß am Centovalli einer großen Wolke ausweichen, die sich quer vor den Talausgang legt. Am Rand steige ich ein und kreise vorsichtig auf 3000 Meter. Nordwestlich von Locarno komme ich ins Freie. Ich muß durch starkes Fallen und habe ringsum nur Schatten.

Am Verzascatal bin ich nahe der Bergkanten. Ich fliege dem letzten Sonnenfleck nach und gehe dicht an einen Geröllhang. Schräg unter mir ein Rudel buckliger Steinhäuser, eine der vielen verlassenen Höhensiedlungen im Tessin. Das Steigen ist zerrissen, doch ich muß hier warten. Zwischen den Häuschen erkenne ich Ziegen und Schafe, die meinen Flug verfolgen. Ich achte hin und her und sehe jetzt auch ein paar Buben, die der Herde nachsteigen. Es wird schwül in der Kabine. Generationen von Älplern haben hier ihr kärgliches Leben gefristet, bevor die Industrien sie in die Täler und Städte holte. Ob ihre Kinder noch etwas von dem Blick über die Berge wissen, die engen Pfade hier hinauf noch einmal finden?

Endlich habe ich genug Höhe, um nach Osten zu gleiten. Am Garzirola steht ein ansehnlicher Turm, einzeln und übersichtlich. Eine richtige Tessiner Höhenleiter. Ich hole mir 1200 Meter und taste mich aus dem Grau weiter auf Kurs. Von Wolke zu Wolke werde ich geübter und lasse mich von der unruhigen M-100 nicht mehr überraschen. Geht die Fahrt plötzlich hoch, dann nehme ich Pedale und Knüppel kurz aber kräftig auf die Kurvenaußenseite. Sofort ebbt der Fahrtwind ab und ich kann wieder steiler werden.

Um halb Fünf habe ich die Bergamasker Alpen erreicht. Über dem Comer See liegt wieder mehr Sonne und an der steilen Grigna ist das Steigen verläßlich. Ich

gehe auf 2400 Meter und fliege die zweite Wende im engen Valtorta an. Zwanzig Minuten später bin ich wieder am Grignarücken. 60 Kilometer trennen mich noch von Varese, doch der Blick nach Westen ist von grauen Türmen versperrt. Ich fliege den Kalkwänden nach auf Südkurs. Wenn ich jetzt Gewittern begegne, dann soll es nahe der Ebene sein.

Vor Lecco halte ich quer über dem Comer See zu den Felshörnern von Canzo. Meine Flächen sind von angeschlagenen Fliegen schwarz. Wer weiß, wie schlecht mein Gleitwinkel jetzt ist. Vor mir lagern breite Wolkenmauern, grau, mit schwärzlichen Falten. Der Blick nach Como ist versperrt. Ich fliege vorsichtig an den Kanten der Bergrücken auf Erba zu und bin gespannt, wohin mich der Flug noch tragen wird. Von überall her steigt die diesige, heiße Luft jetzt in großen Blasen aufwärts und kondensiert zu milchigen Schwaden. Ich spüre, daß die Zündschnur der Gewitter, denen wir hier immer wieder begegnen, längst brennt.

Deshalb lasse ich von den Bergen und gleite schräg nach Südwesten ins Hügelland der Brianza. Der Dunst wird dicht und ich habe kaum noch Bodensicht. Er vermischt sich mit der Basis der breiten Wolken, die sich zu einer großen Zelle schließen. Meine Höhe beträgt jetzt 1200 Meter und es ist zweifelhaft, ob sie für die restlichen 35 Kilometer ausreicht.

Kaum merklich beginnt das Vario auszuschlagen. Ich fliege geradeaus und versuche, die Orientierung nicht ganz zu verlieren. Als die Nadel bei 3 m/s steht, ist das zu verlockend. Ich habe den Wendezeiger längst laufen und greife mir die Batterie aus der Bordtasche. Sie verschwindet wie immer zwischen Oberschenkel und Sitzkissen, wo sie warm und kräftig bleibt.

Dann wird der Sog unausweichlich. Ich fliege weite Kreise in dunkelgrauer Luft und weiß nicht, ob ich schon in der Wolke bin. Das Vario geht auf 6 Sekundenmeter und strebt immer noch aufwärts. Mit 80 km/h fliegt die M-100 jetzt völlig bewegungslos und die Entwicklung des Fluges beginnt mich vorsichtig zu machen. In 2400 Meter ist es finster. Den Höhenmesser hat ein Rausch ergriffen. Die Nadel beginnt zu wandern, was ich früher und auch später nie mehr sah. 100 Meter in 6—7 Sekunden, ohne daß ich die geringste Böe in den Flächen spüre.

Dann wird das Steigen gefährlich. Ich richte nach Süden auf und setze alles daran, in Richtung Mailand aus dem Thermikwirbel zu kommen. In 3500 Meter schwankt die M-100 und verliert den Kurs. Ich sehe, wie der Wendezeiger einer Linkswende folgt. Bevor ich gegensteuern kann, bin ich auf 4200 Meter. Die Turbulenz nimmt zu. Ich gehe auf 120 km/h, um das Flugzeug eindringlicher auf Südkurs zwingen zu können. Nach wenigen Augenblicken dreht der Pinsel rechts ab. Harte Stöße kommen durch die Ruder bis zum Knüppel.

Der Höhenmesser ist nicht mehr zu halten. In 5200 Meter hole ich mehrmals tief Atem und verkrampfe die Hand um das Steuer. Diffuses Licht flammt auf. „Ein Blitz" durchfährt es mich. Der Donner — ein wattiges Poltern — geht im Sausen der Luft unter, die mich nun herumwirbelt. Dann setzt rasendes Knattern ein. Hagel.

Das Eis drischt über die große Haube und springt mir durch die Fugen ins Gesicht. Nochmals ein Blitz, matt und unbestimmt fern. Das Vario hat die 15 m/s überschritten und ich weigere mich, der Anzeige noch zu glauben. Nun wird die Böigkeit extrem. Ich habe Mühe, das Flugzeug mit hoher Fahrt auf Südkurs zu halten. Immer wieder tanzt der Wendezeiger nach links oder rechts. Ich fliege scheinbar lauter Halbkreise und entferne mich viel zu langsam aus dem Kern des Unwetters.

In 5800 Metern bildet sich in Sekunden ein nebliger Eisfilm über dem Haubenglas. Der Wollfaden ist ein Froststrich geworden und mein Puls klingt laut durch den Kopf. Ich fliege verbissen meinen Kurs und ahne nicht, wie breit das berüchtigte Como-Gewitter heute ist. Jetzt versuche ich, die großen Bremsklappen auszufahren. Erst nach mehrmaligem Ziehen durchbrechen sie den Eisfilm der Flächen. Bei 120 km/h bringen sie 6—7 Meter Fallen, doch ich steige noch immer. Schnee treibt vor mir her und fängt sich in der Kabine. Ich spüre die Kälte nicht. Mein einziger Wille ist, die Ebene zu erreichen.

In 6100 Meter ebbt das Toben ab. Das Vario geht über Null in den Sinkbereich und meine Ohren knacken erbärmlich. Ich sehe aus der Kabine und erkenne einen dicken, graupeligen Eisbesatz an der ganzen Flügelnase. Deshalb geht das Querruder weich und lappig. Jetzt steht der Kompaß auf 180 Grad und langsam wird es heller. Ich lehne mich in den Fallschirm und schüttele die Steuerhand, um den Krampf zu lösen. Er hat sich bis zur Schulter gezogen.

Nochmals poltert es dumpf und übermächtig. Das Gewitter hinter mir ist jetzt in Hochform und zwingt alle Airliner von Mailand, nach dem Wetterradar zu fliegen. Dann entdecke ich, daß ich längst im Freien bin. Die ganze Kabine ist innen bereift und meine Sicht geht nur durchs Fenster. Ich will die Bremsen einfahren, doch der Hebel blockiert. Jetzt sehe ich, daß die Klappen zentimeterdick mit einer rissigen Eisschicht behängt sind. Mehrmals schlage ich die Vierecke gegen die Beschläge, bis das Eis krachend abspringt.

Ich gehe in eine weite Schleife nach Südwesten und erkenne Mailand wenige Kilometer auf Südost. Das Gewitter hat mich also 30 Kilometer begleitet. Ich lege die M-100 nach Westen und erblicke jetzt die grellstrahlende Steilwand der mächtigen Zelle. Die höchsten Quellungen verlieren sich in über 8000 Metern und immer noch drängen scharf umrissene Wolkenbälge aus der düsteren Tiefe schräg in den Himmel.

Langsam schmilzt das Eis am Profil. In 2000 Metern fliegt es endlich als feuchte Lappen von den Flächen. Das geprüfte Flugzeug gewinnt sein Gleiten zurück und ich bin hoch genug, um mich mit 160 km/h nach Westen zu stürzen.

Am Rand der Stratosphäre

Die Südalpen verwöhnten uns in jenem Sommer mit Wellen.

Besonders bei den heftigen, unvermittelten Einbrüchen polarer Luftmassen (du erwachst mitten in der Nacht und die Luft zieht singend durch die Fensterspalten), die kalt und trocken in die Seentäler des Tessins herabstürzen, bildeten sich hohe und meist unsichtbare Föhnwellen.

Jetzt hißt der Monte Rosa die lange Wolkenfahne und ein tückischer Seitenwind steht auf dem Flugplatz. Sobald der Schleppzug den Grasboden verläßt, wird das Segelflugzeug windab gedrückt. Die Stinson krallt sich mit allen 180 PS in die wirbelnden Abwinde im Lee der Baumgruppe, bis der offene See klare Verhältnisse schafft. Aldo Trecchi verliert nie die Nerven und schwenkt jetzt weich nach Süden. Der Zug schießt über die gischtigen Wellen in vermeintlicher Stille, bis der Rückenwind ihn an den Weinhängen von Varano endlich in die Höhe strudelt.

Aus achthundert Metern kann man es wagen, den Campo von Gavirate her anzusteuern. Kommt man dem Berg aber unter 1000 Meter zu nahe, dann hilft auch der röhrende Continental nicht mehr. Das Lee läßt niemandem eine Chance.

Erst knapp über der Kante kann der Föhnflug beginnen. Zwei, drei Achten über dem Waldrücken heben einen auf 2000 Meter und mehr. Jetzt macht man sich auf die oft stundenlange Suche nach Leethermik, Rotoren und Wellen, die einen im Norden erwarten.

Das Segeln bei Nordlagen ist anstrengend und zerrt an den Nerven. Die Fallböen der glasklaren Luft sind hart und kommen ohne Vorwarnung. Hundert Meter sind weg, ehe man Atem holt. Die Standorte solcher Lees und Wirbel sind ungewiß und auf jedem Flug rätselten wir von neuem. Dafür sind sie unvergleichlich viel breiter als die engen Kamine der Rotoren und Leebärte, die sich nur dann finden lassen, wenn man genau den Geländeformen nachfliegt. Und, wenn möglich, zu Mehreren im aufgelockerten Verband.

Ich kann die Tage, an denen deutlich ausgebildete Lenti-Wolken über unserem

Bereich der Südalpen standen, einzeln erinnern — es waren wenige. Also kam es darauf an, sich mit eiserner Geduld und immer neuen Suchvorflügen nach Norden an die Wellen zu tasten, die wirklich weit hinauf trugen. Hierbei mußten wir uns immer wieder niedrig an den steilen Nordhang des Campo flüchten, gegen den der Föhnsturm prallt.

Die Wellen im Tessin tragen, wie wir in vielen Höhenflügen feststellten, nicht über 7—8000 Meter, sei es über dem Monte Zeda im Westen des Lago Maggiore, sei es nördlich vom Ticinofluß an der Cima del'Uomo. Oft setzte das Steigen schon in 6000 Meter aus und es wurde turbulent. Windscherungen, die den Nordlagen eigen sind, waren meist die Ursache hierfür.

Ganz anders dagegen segelt es sich in den ‚verhaltenen' Nordwestlagen. Jetzt gehen zwar kräftige, wellenauslösende Luftströme über die Südalpen, doch sie beschränken sich auf die mittleren und oberen Höhenlagen. Eines Morgens im Mai zeigt sich nach regenreichen Vortagen endlich wieder ein azurblauer Himmel. Die Luft ist überklar und legt uns die Eisrinnen in der Rosa-Ostwand bloß. Wir erwarten gute Thermik und planen einen Zielrück ins Veltlin.

Dann kommt vom Flugplatz Malpensa das Tageswetter durch. Hochdruckeinfluß zunehmend. Dabei eine beachtliche Nordwest-Strömung, die erst über 2000 Meter spürbar einsetzt. Es beginnt mit 35 km/h und steigert sich in 5000 Metern auf 90 km/h. Plinio erkennt den Gehalt dieser Lage augenblicklich und setzt uns auf Wellen an.

Besonders interessant wird diese Föhnvariante dadurch, daß von den späten Vormittagsstunden an mit guter Thermik zu rechnen sein wird. Das heißt: wir können niedrig ausklinken und mit einem beträchtlichen Höhengewinn rechnen. Plinio ist ganz elektrisiert von den Wetterdaten, die uns kühl und formelhaft von der schwarzen Tafel im Briefingraum ansehen. Die Fieberkurve des Temperaturverlaufs und die Herzschläge des Wetters, die drängenden Stürme in der abstrakten Höhe der oberen Atmosphäre, er fühlt und vibriert mit ihnen.

Ich starte genau um Zwölf. Plinio steht am Termographen und kontrolliert das langsame Ansteigen der Bodenwärme. Durch die vollkommene Windstille zieht jetzt ein leiser Lufthauch. Erste Ablösungen auf dem Platz. Gleich nach dem Start durchschneiden wir turbulente Luft am Seerand. Ich wage es, in 400 Metern das Seil abzuwerfen, für Varese eigentlich hoffnungslos niedrig. Die Hänge nördlich des Sees erzeugen hier fast immer absinkende Luft.

Auch heute ist es scheinbar zu tief. Thermik ist da, doch sehr eng und uneinheitlich. Die M-100 steigt 50 Meter, um gleich darauf das Doppelte wieder zu fallen. Nach wenigen Minuten bin ich auf 250 Meter herunter. Mir wird unerträglich heiß, denn wer Wellen erwartet, zieht sich dick an. Schließlich bleibt mir nichts anderes übrig, als quer über den Flugplatz zur Landeschleife an die Bootsanlage zu gleiten.

Direkt über dem großen Stahlhangar springt die M-100 nach oben. Ich fasse mich und gehe mit allen Rudern nach links. Das Vario bleibt oben, das ist mehr als unwahrscheinlich. Nach vier Kreisen auf der Flächenspitze — dies kleine Flugzeug ist dafür wie gemacht — pendelt sich die Varionadel bei dreieinhalb Metern ein. Ich sehe, wie man unten am Start meinen geisterhaften Aufstieg verfolgt. Nach 7 Minuten bin ich in 1800 Meter Höhe und das Flugfeld ist so klein wie eine Spielkarte geworden.

Erst jetzt beginne ich den Höhenwind zu spüren. Die Luft wird immer unruhiger und versetzt mich mit dem Bart nach Südosten. Der ganze Alpenhimmel ist wolkenlos und die Fernsicht atemberaubend. Ich sehe den Apennin im Süden lagern und die Spitze des Mont Viso zwischen Turin und Grenoble. Das sind immerhin 160 Kilometer. Als die Thermik abklingt, richte ich auf und fliege nach Norden auf die Berge zu.

Plötzlich sackt das Flugzeug ohne Auftrieb wie ein Stein. Ich bin 800 Meter über dem Campo, doch sein Lee erreicht mich doch. Im Handumdrehen sind 400 Meter verloren. Ich drehe ab und lasse mich vom Wind über den Marktplatz von Varese tragen. Hier steht erneut Thermik, die mich ruhig auf 1600 Meter zurück hebt. Beim zweiten Anflug aufs Tessin halte ich, nun gewarnt, weit östlich vom Campo auf den Martica-Rücken zu. 4 m/s stehen dort im Blau. Das Flugzeug geht in die Schräge und steigt rasch auf 2000 Meter. Jetzt sehe ich, wie sich vor mir in großer Höhe flache, lichte Wolken bilden. In wenigen Minuten ist der Himmel mit einem weiten Muster dieser hilfreichen Markierungen besetzt.

Es sind durchsichtige, weiße Gebilde, vom Höhenwind gekämmt und nur mit der Andeutung einer Basis. Immer wieder treiben sie windab, um gleich darauf von neuen Fahnen ersetzt zu werden. Während ich näher gleite, frage ich mich, ob es Rotorwolken sind.

In den Alpen ist man mit der Bezeichnung ‚Rotor' schnell bei der Hand, sobald irgendwo, gleich in welcher Höhenlage, Cumuli vom Wind zerzaust werden. Daß dies jedoch ungenau ist und die dann angewandte Flugtaktik oft falsch, das hatte uns Plinio schon mehrfach bewiesen. Hierbei stützte er sich auf die sehr genauen Beobachtungen, die der Segelflieger Guido Antonio Ferrari aus Modena seit den frühen Fünfziger Jahren über den Südalpen und vor allem in den Abruzzen gemacht hatte. Dort bilden sich im Bereich des langgestreckten und sehr hohen Terminillo-Massivs (2216 m) bei SW- und NO-Lagen hochreichende Wellen aus, in deren Bewegungen dieser Pilot auf vielen Versuchsflügen die thermischen Ströme eingegliedert fand.

Der wissenschaftlich vorgebildete Ferrari entdeckte den zuvor für unwahrscheinlich gehaltenen Zusammenhang zwischen Thermik und Welle und trug seine Beobachtungen schon 1955 anläßlich der Weltmeisterschaften in St. Yan dem OSTIV-Kongreß vor.

Ferrari hatte wiederholt gesehen, daß sich die laminare Strömung im Lee der Sabiner Berge oder (bei NO) des Terminillo-Rückens immer dort aufwellte, wohin ihn die böige Thermik aus der Tiefe des breiten Tales hinauf gequirlt hatte. Deshalb prägte er den damals kühnen Begriff von der ‚Termo-Onda', der ‚Thermik-Welle' also, der seitdem viele Flieger in den verschiedensten Gebirgs- und Hügellandschaften wissentlich begegnen.

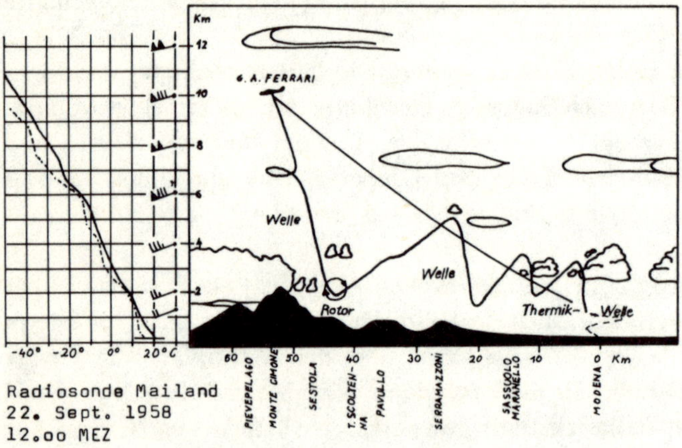

Mit diesem exemplarischen Wellenflug aus der flachen Poebene vollbrachte Guido Antonio Ferrari am 22. September 1958 eine meisterliche Leistung und lieferte gleichzeitig eine Bestätigung seiner langjährigen Flugforschung. Er fand den Weg vom Flugplatz Modena über 50 km gegen zunehmenden WSW bis unter den geradlinigen Kamm des Apennin in ‚Thermik-Wellen'. Dann stieg er durch einen (tatsächlichen) Rotor in die Hohe Welle am Monte Cimone (2165 m) auf 10 030 Meter. Dies und die dabei erzielte Startüberhöhung von 9031 m sind noch heute italienische Rekorde.

Die Tempdaten der Mailänder Sonde zeigen, wie günstig die Voraussetzungen für ‚Thermik-Wellen' an jenem Tage waren (Darstellung P. Rovesti).

Dieser Pilot mit einem erfrischenden Schuß meteorologischer Unbekümmertheit legte später auf dem Internationalen Kongreß für Strahl- und Wellenströme 1959 in Turin über seine Erfahrungen und Messungen längere Ausarbeitungen vor, aus denen deutlich wurde, daß genügend schnell strömende und dabei adiabatisch geschichtete Luft über Bergrücken und in Verbindung damit vor thermischen Kaminen aufwellt. Dies verstärkt sich, wenn größere Haufenwolken sich über den Konvektionsströmen entwickeln (feuchte Luftmassen), die dann als Luftsegmente größerer Dichte und Trägheit der Strömung wie ein Hang entgegenstehen, also das Bergprofil gewissermaßen erhöhen. Windstille oder eine nur gering strömende, dafür aber labile Bodenluftschicht verstärken das Phänomen. Die Erscheinungsformen der ‚Thermik-Wellen' wechseln demzufolge mit dem Gang der Sonne und der Bodentemperaturen und treten oft nur für kurze Zeit oder auch pulsierend auf. Die ‚Termo-Onden' finden sich auch weitab im ferneren Lee des wellenauslösenden Bergzuges und meist bei Wellenlängen, die nicht über 2 km lang sind.

Ferraris Beobachtungen halfen uns, zwischen den der ‚Thermik-Welle' zugeordneten Windwolken thermischen Ursprungs und den typischen Rotor-Wolkenwülsten zu unterscheiden. Als klares Unterscheidungsmerkmal zwischen thermischen Wellen mit ihren darunter stehenden Leebärten einerseits und klassischen Rotoren andererseits — so fanden wir im Tessin heraus — dient die Höhenlage. Rotoren bilden sich nah dem Leehang und meist verhältnismäßig tief unter der Gipfelkante und überhöhen das Massiv nicht wesentlich. Die zur ‚Termo-Onda' hinaufführende Windthermik dagegen treibt von den heißen Felsen im Lee bis hoch über den Berg und kann diesen um 2000 Meter und mehr übersteigen. Das zeigt, wie wichtig das richtige und frühzeitige Erkennen dieses Phänomens beim Segeln ist, da es die Flugtaktik bestimmt, mit der man schließlich sicher zur Welle findet.

Wenn uns Plinio nicht auf ‚Termo-Onden' vorbereitet hätte, dann wäre es zweifelhaft gewesen, ob ich die Wolken über dem Bergrücken des Malcantone richtig erkannt haben würde. Ich fliege in 2500 Metern über Ponte Tresa nach Norden und spüre den starken Wind. Als ich schließlich am Monte Lema unter die erste der kleinen Windwolken gelange, setzt starkes Fallen ein.

Ich drücke die M-100 mit 150 km/h weiter und bin nach zehn Sekunden im aufsteigenden Bereich der vehementen Windthermik. Jetzt hilft nur der Messerflug. Ich reiße die rechte Fläche herunter und gehe in eine Schräglage von über 45 Grad. Nur diese 12 Sekunden-Kreise halten mir die 5—7 m/s fest. Dann muß ich aufrichten, um gegen den Wind erneut in den Steigkern vorzufliegen.

Das Flugzeug rauscht und gurgelt in der gewaltig aufgewühlten Luft. Der Aufwind saugt an den Haubenschlitzen und das Vario steht unverwandt am Anschlag. Gleich darauf stoße ich in 3300 Metern durch die helle Basis des weißen, flachen Schopfes. Um mich quirlen die Kondenzen und toben in Spiralen windab. Noch nie habe ich Luft so kochen gesehen. Wenn ich der Flächen meines Seglers nicht sicher wäre, dann müßte ich jetzt abdrehen.

Als ich in die Vorderkante der Wolke hineinkreise, läßt das Steigen nach. Unbemerkt hat sie mich mit ins Lee genommen. Ich drücke in 3600 Metern scharf gegen den Nordweststurm vor. Sofort nimmt die Turbulenz wieder zu und mit ihr der Aufwind. Ich spirale erneut mit äußerster Schräglage und überhöhe die absegelnde Wolke immer mehr. Noch zweimal muß ich aufrichten und gegen den Wind anfliegen.

Dann, in 4200 Metern, klingen die Böen ab. Ich suche mir eine Felskante am Tamaro als Richtpunkt und pendle jetzt quer zum Föhn. Der Übergang in die laminare Strömung ist so samtweich, daß ich ihn — obwohl genau darauf achtend — fast nicht bemerkt hätte. Die Atmosphäre wird starr, das Flugzeug scheint zu stehen. Doch das Vario weiß es besser. Der Zeiger verhält regungslos auf 3 m/s. Ich bin in der ‚Termo-Onda'.

Mit 110 km/h steht das Flugzeug bewegungslos über der Gratkante des Tamaro. Während es steigt, beobachte ich die Leehänge des Berges. Sie beginnen steil und sind felsdurchsetzt. Dann, 400 Meter tiefer, gehen sie in weichere Züge und helles Grün über. 600 Meter darunter beginnen die Laubregionen des Malcantone. Diese Sonnenmulde liegt im Windschatten des Berges und schickt ununterbrochen kleine Kondenzfetzen zu mir herauf. Sie treiben spiralend aufwärts, formieren sich zu einer flachen, löchrigen Wolke und verlassen dies Gebilde rasch wieder, vom Sturm erneut abwärts gedrückt.

Ich steige an den 5000 Metern vorbei und dann mit 2 m/s auch über die 6000. Dieser Flug ist ein Kinderspiel, verglichen mit unseren Kämpfen im thermiklosen Föhn. Langsam fällt das Vario zurück. Ich beginne, den Sauerstoffmangel zu spüren, denn die M-100 ist ohne Atmungsanlage.

In 6500 Metern klingt die Welle ab. Dafür dringt eisige Luft durch die Öffnung der Schleppkupplung in die Rumpfspitze. Die Gummiplatte schließt das Loch nicht gut.

In 6600 Metern ergreifen mich erste Schwindelgefühle. Ich atme jetzt tief in den Magen und schnell, um mehr Luft durch die Lungen zu treiben. Aber die Konzentration auf den Flug zehrt spürbar an meinen Reserven. Die Schläge des Pulses dringen wie dumpfe Paukenschläge durch den Schädel. Doch als Nichtraucher fühle ich mich der Belastung noch gewachsen.

Dann erkenne ich, daß mein logischer Gedankenfluß schwindet. Die ständige Umrechnung von Fuß auf Meter, die mein englischer Höhenmesser verlangt, gelingt nur noch als Schätzung. Dann irre ich mich um 2000 Meter und gebe es auf.

In 6700 Metern ist immer noch Steigen da. Ich bin der Welle bis über den Lago Maggiore nachgeflogen, dessen dunkle Wasser wie polierter Marmor blinken. Um

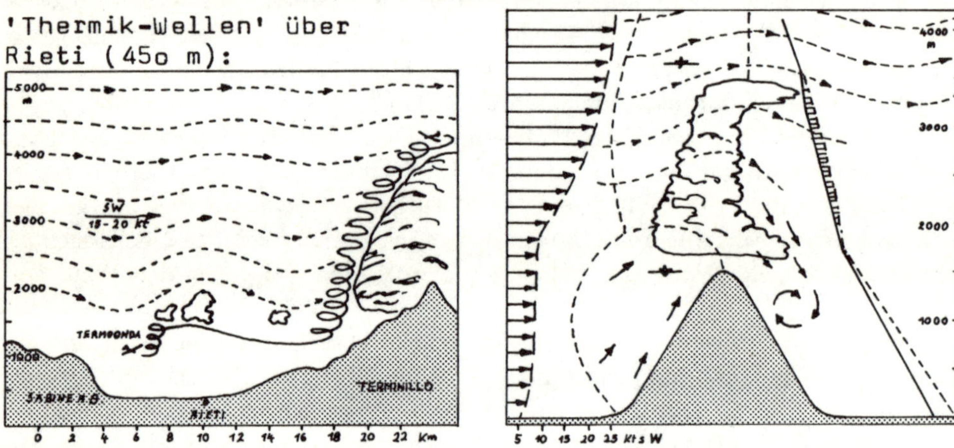

Diese Darstellungen von Plinio Rovesti geben die häufig beobachteten und wiederholt ausgeflogenen und vermessenen ‚Thermik-Wellen' über Rieti wieder.

Links erkennt man, wie die Leebärte windab der Sabiner Berge an die Bereiche der aufschwingenden Wellen gebunden sind. Am hohen Terminillo-Massiv kondensieren die feuchten Luftmassen aus SW zu einer über 2000 m hohen Wolke, an deren Luvkante starke Aufwinde gefunden wurden.

Das rechte Bild gibt die Verhältnisse in trockener W-Luft wieder. Begünstigt wird die Bildung von ‚Thermik-Wellen' von geringer Windgeschwindigkeit in den unteren Lagen, wobei die Luft adiabatisch geschichtet ist, und einer stärkeren Strömungszunahme oberhalb der Gipfel. Rovesti wies uns wiederholt darauf hin, daß diese ‚Termo-Onden', die vor nunmehr fast 25 Jahren in Italien entdeckt wurden, nicht mit den Thermischen Wellen zu verwechseln sind, wie sie seit einigen Jahren auch im Flachland (weitab von wellenauslösender Orographie) vor Cu-Bänken angetroffen werden.

die Viertausender der Berner Kette drücken flache Stauwolken ins Wallis. Das gleiche Bild am Schreckhorn und jenseits von Airolo. Das ganze Tessin liegt im Schutz der klar erkennbaren Hauptkammlinie unter Sonne und wandernden Fracto Cumuli.

In 6900 Metern wird mir übel. Ich kann Rovestis Auftrag nicht mehr folgen und muß die ‚Termo-Onda' verlassen. Der Ehrgeiz, der mich in diese Höhe trieb, ist zerfallen. Eine alles ergreifende Gefühllosigkeit durchzieht mich und die Hand am Knüppel läßt sich nicht mehr zusammendrücken. Die Füße sind Eisklumpen, trotz der Pelzschuhe, und es ist ein Wunder, daß mir bei minus 30 Grad nicht die Zehen abfrieren.

Die übergroßen Bremsklappen drehen aus den Kammern und holen mich ins Tessin, in die lebensmögliche Atmosphäre zurück. Kurz nach Vier setze ich in Varese auf. Es dauert lange, bis ich wieder hören kann. Dafür setzt stechender Kopfschmerz ein, die Folge des Sauerstoffmangels im Gehirn. Rovesti sieht besorgt und glücklich aus. Der Barograph notierte 6700 Meter Höhengewinn, lange Jahre die Bestmarke. Wir schätzten nach den Windmessungen der Mailänder Mittagssonde, daß die Welle bis etwa 8500 Meter getragen hätte, da erst oberhalb eine Windscherung zusammen mit schwächeren Strömungen eintrat. Ich verfaßte für Plinios Studien einen genauen Flugbericht, der diese wohl ‚eleganteste' der vielen südalpinen Föhnvarianten wiedergab.

Doch jener Sommer sollte mit noch einer Überraschung aufwarten.

*

Im späten August segelte ich wieder in Zell. Die Streckenzeit im Tessin war längst zu Ende. Sie hatte mir zu 1950 Kilometern in den Südalpen und damit zum S. Pedrino-Cup verholfen. Für den schnellsten Zielrück nach Bergamo erhielt ich den Brianza-Cup noch dazu.

Doch gerade dann, wenn es um nichts geht, ist das Alpensegeln schön. Ich saß wieder im blauen Spatzen und flog zwischen Hochkönig und Wiesbachhorn, zum Gerlos und ins Gasteiner Tal. Auf jedem Flug lernte ich dazu und wurde immer sicherer darin, die Alpenthermik auf Anhieb zu finden.

Am Morgen des 27. August war die Ferienstimmung vergessen. Als ich früh um Sieben das Fenster öffne, erlebe ich eine Riesenüberraschung. Am Pinzgauer Himmel steht eine Wellenwolke, wie ich sie noch nie gesehen hatte. Sie beschattet das Zillertal und reicht im Osten bis St. Johann. Ein gut 80 Kilometer langer, weißer Fisch im Blau des Hochsommers.

Ich bin wortlos und schlinge das Frühstück hinunter. Im Tal rührt sich kein Lufthauch und es sieht nach einem heißen Badetag aus wie schon die ganze Woche. Über die Tauernhöhen dagegen muß ein Sturm fahren, wie ihn auch die besten Föhnlagen nicht stärker entwickeln. Wenn ich zu dieser Lenti komme, ist mein einziger Gedanke, dann haben wir neues, aufschlußreiches Studienmaterial. Plinio wird begeistert sein.

Ich springe in den Wagen und fahre von der kleinen Bauernpension in Bruck zum Flugplatz. Die Lenti hat sich verbreitert und reicht vom Hauptkamm bis in die Kitzbühler Berge. Es ist kurz vor Neun. Urlaubsflieger stehen in Gruppen auf dem Vorplatz und strecken ihre nackten Rücken in die Morgensonne. Einige blicken zur Welle hinauf, als hinge sie hinter Glas. Mir treibt sie den Blutdruck hoch, so genau kann ich ihre Ränder und Wellungen erkennen. Wie ein riesiges Sonnensegel — so steht sie über den Nordalpen.

Ich nähere mich Hans Resch, der wieder einmal einen Motor tröstet. Nervosität wird auf Flugplätzen verachtet. „Hans", ich versuche gelassen zu erscheinen, während meine Hand in Richtung der Lenti steht, „bitte bau' mir den Sauerstoff in die 228".

Hans, der den Föhn kennt wie kein Zweiter, sieht mich verdutzt an. Dann macht er drei Schritte aus dem Hangar, blickt nach oben, dann über die Tauern nach Süden und meint „zu wenig Wind unten, da kommst nit hoch. Die Lenti is weg in einer Stunde."

Ich bin enttäuscht. Warum ist er seiner Sache so sicher? Gut, hier und in Innsbruck wußten sie mehr vom Wellenfliegen als irgendwo sonst. Doch war man denn schon im Hochsommer zu Wellenflügen gestartet? Föhn, das hatte sich inzwischen herumgesprochen, dazu gehörten die stabilen Lagen in den Herbst- und Winterwochen. Der klassische Süd mit warmer Luft von den südlichen Meeren wird von

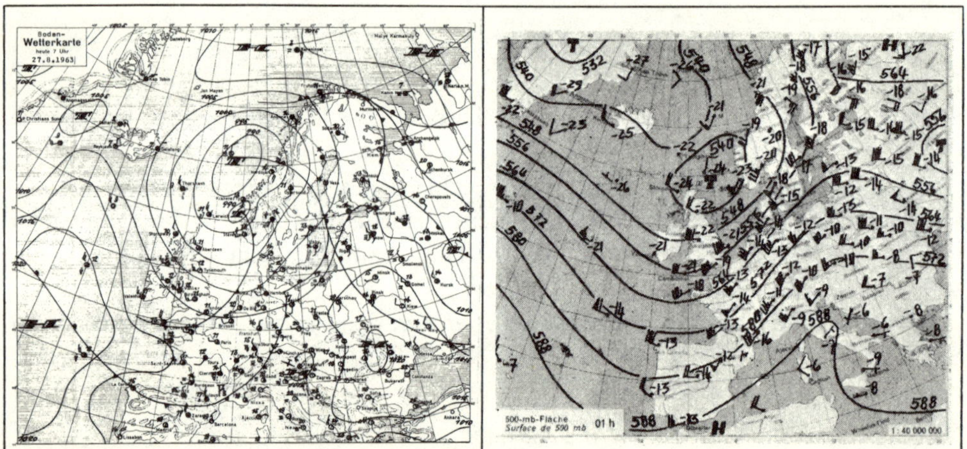

In dieser starken Südweströmung vor einer Kaltfront entwickelte sich am 27. August 1963 über heiterem Sommerwetter eine hohe Tauernwelle. Links ist der Verlauf der Gewitterfront morgens um 7 Uhr zu sehen. Rechts verdeutlichen die Druckverhältnisse in rund 5400 m die kräftige Höhenströmung, die vom Tief über England gesteuert wurde. Die Windgeschwindigkeit oberhalb 6000 m steigerte sich von 80 bis auf über 100 km/h.

einem kräftigen Biskaya-Tief angekurbelt, das mit einem Hoch über Ungarn Jetstreams bis nach Norwegen schießt. Doch das einzige Tief stand heute, am 27. August, irgendwo bei den Britischen Inseln.

Doch wie konnte ich aufgeben, wenn ich an Plinio dachte? „Laß es mich wenigstens versuchen", dringe ich erneut in Hans. Er legt den öligen Kerzenschlüssel auf die Motorverkleidung und verschwindet hinten in der Werkstatt. Hans kennt meine Beharrlichkeit und hilft mir, vielleicht, weil er auch einmal so anfing.

Um Zehn steht die 228 vor dem Hangar. Die Atmungsanlage ist abgestaubt und in der engen Kabine verzurrt. Zum Glück ist die Flasche gefüllt. Hans läßt mich probeatmen. Der Druckmesser schnellt auf 150 atü. Die Mischanlage rauscht, wir können hinaus zum Start. Eine kleine Kolonne setzt sich in Bewegung. Man folgt dem blauen Spatzen wie einer Kirchweihattraktion. Dann lassen sich auch andere Piloten von meinem Optimismus anstecken und rollen ihre Vögel hinterher.

Draußen blicke ich angestrengt nach Westen, dorthin, wo das Stubachtal liegt. Das ist der Platz des erprobten Rotors, die Treppe zur Tauernwelle. Und tatsächlich. Ein winziges Wölkchen krümmt sich drüben hinter dem Maiskogel um sich selbst. Steigt und ist wieder verschwunden. Nach wenigen Minuten wiederholt sich das Signal. Rotor oder ‚Termo-Onda', das ist jetzt gleichgültig. Die Welle steht drüben an der Enzinger Scharte und gibt dem einen Wink, der an sie glaubt.

Eile tut not. Die Sonne wird immer heißer und dürfte die laminare Strömung unten an den Gipfeln bald zerstören. Ich fahre in die dicksten Sachen, die man auf einem Sommerurlaub bei sich hat. Zwei Pullover, lange Unterwäsche, zwei paar Strümpfe und die gefütterten Halbstiefel. Darüber der bewährte wattierte Anorak. Alles umsteht mich in einem Kreis. Ich finde das so komisch wie sie und lache. Dann macht sich Nachdenklichkeit breit und ich höre über das Wann und Wie eines Föhnfluges reden.

Endlich kann ich starten. Ich steige in den Sitz und merke, daß der Spatz mir wie ein Sportsakko paßt. In den Schultern und am Gesäß sitzt er tailliert. So bin ich noch immer am besten geflogen und die Flügel werden zu verlängerten Gliedern. Siggi Resch kommt mit der Piper von der Halle und man klinkt ein. Ich halte die Klapphaube offen bis zum Startzeichen, denn am Boden sind jetzt 27 Grad. Als wir abheben, bin ich naß. Es ist genau Elf Uhr.

Siggi dreht die übliche Rechtsschleife und geht dann in Talmitte nach Westen. Die Piper zieht gut und wir machen schnell Höhe. Die Luft ist stickig und still. Ich drücke den linken Arm aus dem Fenster, um mich zu erfrischen. Langsam weicht die Nervosität einer zielsicheren Gelassenheit. Ich kenne den Spatzen, das Stubachtal und ich kenne Georgiis Tauernschlüsse. Der Barograph hinten am Hauptbeschlag tickt gleichmäßig und objektiv.

Nach einer Viertelstunde gehen wir an den engen Talausgang des Stubachs. Wir sind 1300 Meter über Grund. Als wir in die Enge einfliegen, wird die Luft lebendig. Die Piper zieht hoch, und ich habe Mühe, hinterher zu kommen. Meine

Bekleidung hemmt mich in jeder Bewegung. Der dicke Atemschlauch fährt mir dreimal um die Beine. Ich konzentriere mich so gut ich kann, um genau hinter Siggi zu bleiben.

Wieder schlingert das kurze Seil. Diesmal ist die Böe heftiger, wir sind auf 1700 Meter. Jetzt merke ich, daß wir nur noch langsam vorankommen. Das sind mindestens 60 km/h Gegenwind. Ich passe jeden Luftsprung der Piper ab wie ein Tontaubenschütze. Keine ihrer Bewegungen darf mir jetzt entgehen, sonst kommen wir beide in eine gefährliche Fluglage. Und darauf wartet der Rotor.

Nach halber Tallänge treffen wir auf die abwärts gehende Luft der Walze. Wir sind jetzt 1800 Meter hoch, doch der Talgrund steigt schneller als wir. Trotz zweier Fallmeter drückt Siggi unbeirrt nach Süden. Ich bin ihm dankbar. Der Schlepper hat mehr zu verlieren als wir im Segelflugzeug. Reißen wir ihm das Leitwerk hoch, dann muß er abwärts. 200 Meter durchfällt man in einem Atemzug. Die Ausklinkvorrichtungen waren damals noch nicht so funktionssicher und unter starkem Zug löste sich das Seil erst recht nicht. Schon mehrfach hatte es hier über dem Stubach haarsträubende Situationen gegeben und manches Seil verfaulte zwischen den Latschen.

Die Luft wird immer wilder. Direkt vor der Piper kringeln weiße Wolkenbänder aus der Senke des Enzinger Bodens herauf. Siggi setzt mich genau ins Steigen, kurz vor dem Stauseebecken. Das Vario fliegt auf 4 m/s und ich werfe das Seil. Meine Höhe beträgt etwa 2800 Meter über NN.

Ich drücke den rechten Flügel abwärts. Immer, wenn es darauf ankommt, kreise ich rechts. Vielleicht deshalb, weil ich den Knüppel mit aufgelegtem Arm ruhiger führen kann. Linksherum habe ich immer das Gefühl, nicht stilrein zu kurbeln, als ginge ich mit dem falschen Bein um die Ecke.

Der Spatz tanzt in den Böen und gewinnt Höhe. Das Vario hat sich bei 3 m/s beruhigt. Wer kannte damals schon die Fahrtkompensation? Ich mache 400 Meter in einem Zug. Dann rutscht der Zeiger ab. Null, Fallen. Wo ist der Rotor, Leebart oder was immer? Bin ich nach Norden versetzt worden?

Ich besinne mich der eisernen Föhnregel und fliege gegen den Wind. Leichte Schwenks nach links und rechts. Nirgends Aufwind. Ich sinke auf 3000 Meter herunter. Sofort setzen Zweifel ein. Hatte Hans doch recht? War es nicht eine Utopie, an diesem schwülen Augusttag, nur auf eine wenn auch großartige Lenti hin den Platz verrückt zu machen? Aber wer hatte es denn hier versucht, wenn die anderen im See herumschwammen? Vielleicht war noch niemand so hoch an den Hauptkamm geschleppt worden?

Dann fällt mir Georgiis Hinweis ein, die niedrigen, sekundären Wellen mit Abstand zum Hauptkamm zu suchen. Erst in Höhen über 4—5000 Metern sei der Anschluß in den Tauern zu finden.

Was tun? Mit Rückenwind die Position aufgeben und an den Pinzgau fliegen? Augenblicklich erkenne ich, wie nutzlos das in meiner Lage ist. Auf dem Gleitweg

200
m/h
0 250
0.4
0.6
0.3
0.7
0.2
0.8
0.1
0.9
km
5
Steigt
10
m/s
0
Sinkt

nach Norden verliere ich mindestens 7—800 Meter. Doch dann bin ich bei dem schwachen Wind unter 2000 m viel zu niedrig, um irgendwo am Hang wieder zu steigen. Mir bleibt nur der Weg nach vorn.

Ich richte auf und zwinge den Spatzen auf den Hauptkamm zu. Wenn überhaupt, dann steht der Rotor direkt am Enzinger See. Das Flugzeug tut sich schwer gegen den Wind. Doch ich muß mindestens 100 km/h fliegen, um Boden zu gewinnen. Noch bin ich 2800 Meter hoch, also 200 Meter über der Enzinger Scharte. Der windbewegte Stausee rückt vor die Kabine. Ich sehe Touristen an der Staumauer und Lastwagen auf der kurvigen Zufahrt im Talschluß. Viel Spielraum bleibt mir nicht. Jetzt bin ich 80—100 Meter über den Felsen, dem Rücken der Scharte. Ich kann in die Südalpen sehen und erkenne flache Sommerwolken über den Defereg-ger Gipfeln. Ist das ein Föhntag? Dann, als ein winziger Wolkenfetzen wie Staub aus der Senke weht, direkt vor der Rumpfnase des Flugzeugs, weiß ich, daß dieser Flug gewonnen ist. Mit etwas Erfahrung im Gebirge lernt man, daß oft ein einziges Indiz — eine Thermikböe am erwarteten Punkt, eine Wolke, dort wo sie einfach sein müßte, ja ein kreisender Vogel im Blau — einen stundenlangen Flug bestimmen, lenken kann. Dies Signal vor der Scharte ist eindeutig. Es ist das Grüne Licht für die Welle.

Ohne nachzudenken, drücke ich den Spatzen nach vorn und hole ihn gleich darauf in einen steilen Rechtskreis. Ich brauche das Vario nicht mehr um zu wissen, daß hier drei Meter stehen. Nach wenigen Sekunden sind es vier. Der Aufwind ist ruhig und zieht wie eine Seilwinde. Ich suche einen Richtpunkt und beginne, in Halbkreisen zu pendeln. Das Steigen ist von Anfang an so ruhig, daß hier schon die laminare Strömung einsetzen muß.

Bei 95 km/h bin ich ortsfest. Die Welle griff mich direkt am Berg und so niedrig, wie ich es noch nie erlebte.

Das Gefühl der Schwerelosigkeit, wie es uns Neil Armstrong auf dem Mond vortanzte, es ist auch ein Teil des Wellensegelns. Langsam und stetig sinken die Tauern in sich zusammen. Der Druck am Ruder ist minimal und der Flug verläßt die Realitäten. Die Welle ist bewegungslos, die laminare Strömung vollkommen. Mit 4 m/s gehe ich an den 4000 vorbei und bin wenige Minuten danach auf 5500. Der Sturm, den ich nur noch ahnen kann, nimmt weiter zu. Ich muß immer schneller fliegen, um nicht vom Stausee abgedrängt zu werden.

Jetzt habe ich erstmals Zeit, die Gebirge ganz zu überschauen, von der Hochalmspitze bis zum Olperer. Die westliche Gipfelflanke des Glockner steht links unter mir.

In 6000 Metern setze ich die Maske auf und öffne das Ventil. Ich gehe sofort auf die stärkste Mischung.

In 7800 Metern nimmt die Welle ab. Ich drehe ein, zwei Suchkreise und finde mich genau neben der Lenti über dem Pinzgau. Sie ist hellgrau und durchsichtig geworden oder scheint es nur so von oben? Ich gleite genau an den Luvrand, der scharf doch hauchdünn wie Milchglas ist. Meine rechte Fläche taucht in den Schleier. Als ich mich wieder windauf setze, glitzert ein feiner Eishauch auf dem Profil. Doch das Vario steht auf Null. Ich habe einen Fehler gemacht. In dieser Höhe sucht man nicht windab.

Nun muß ich den Segler zum Hauptkamm zurückdrängen. Durch 2—3 m/s Fallen arbeitet sich der Spatz wieder die 10 Kilometer nach Süden. 700 Meter tiefer passiere ich die Hauptkammlinie erneut. Etwa zwei Kilometer weiter kommt die Welle wieder an. Mit etwas mehr als 2 Metern steige ich zur alten Höhe. Ich stehe genau auf der Linie zwischen den Gipfeln von Kitzsteinhorn und Großglockner. Die Sicht gewinnt immer weitere Räume. Ich erkenne die Dolomiten unter den breiten Wolken und fern im Südwesten den hellen Ortler. Im Westen kann ich das Inntal bis zum Arlberg einsehen und neben der Silvretta das Rätikon ausmachen.

In 8500 Metern wird die Kälte grimmig. Der Rumpf des Spatzen besteht aus

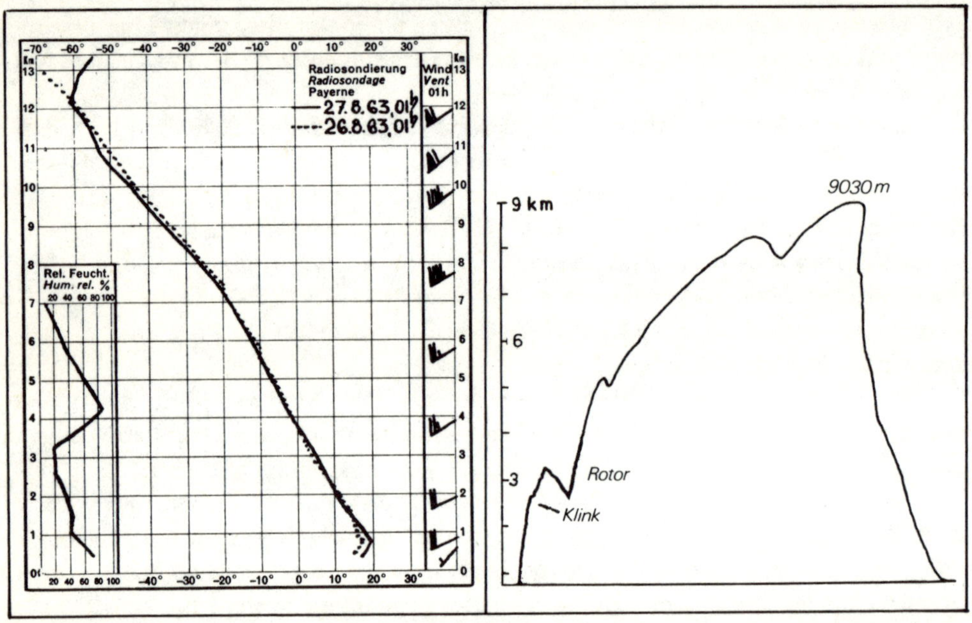

Die Radiosonde von Payerne in der Südwestschweiz liefert uns Alpenfliegern bei SW-Lagen häufig die aufschlußreichsten Wetterdaten. Hier sehen wir links die Temperatur-Höhenkurve und die Winde um ein Uhr nachts am 27. 8. 1963. Offensichtlich hatte die Kaltfront den Schweizer Jura noch nicht erreicht.

Die Zunahme der Windgeschwindigkeit und der stärkere Temperaturabfall (obwohl insgesamt noch stabil) oberhalb der mittleren Höhenlagen führen nach einem Scorerschen Wellenmodell zu einer starken Primärwelle. Genauso erlebte ich diesen Föhntag über den Hohen Tauern.

Was mich im hinteren Stubachtal zuerst erfaßte, das war tatsächlich ein klassischer Rotor, denn dort gab es mittags keine direkte Einstrahlung. Außerdem überhöhte das turbulente Steigen gemäß seinen Gesetzmäßigkeiten den Tauernkamm nur geringfügig.

Stahlrohr und Leinwand und die Eisluft pfeift durch alle Ritzen. Ich hole die kleine Kamera aus der Bordtasche, die Hans mir in der Eile lieh. Doch das Objektiv läßt sich nicht drehen, es ist vereist. Meine Zehen werden schnell gefühllos. Draußen sind jetzt minus 36 Grad und die Rumpfspitze ist dicht wie ein Weidenkorb. Doch ich muß das Kabinenfenster offenhalten, damit meine Körperwärme nicht zu undurchsichtigem Reif an der Haube gefriert.

Langsam nähere ich mich den 9000. Das Steigen geht kaum merklich zurück. Das ganze Alpenband ist zu einem flachen Relief geworden, über das die grauweißen Wolken wie Atemhauch ziehen. Ich muß den Spatzen mit 110 fliegen, um nicht fortgeweht zu werden. Jetzt entdecke ich im Westen riesige Wolkentürme, deren Tops mich scheinbar noch überhöhen. Sie stehen in einer Linie von Oberitalien bis an den Bodensee. Eine Kaltfront, ganz offensichtlich, die der starken Südwestströmung folgt. Das Wetter wird durchsichtig und seine Entwicklung voraussehbar.

Als ich die 9000 passiere, überkommt mich ein unbestimmbares Gefühl. Eine Art Ungewißheit. Das Wagnis, in einem so fragilen Vogel an den Rand unserer Welt zu gehen, wird mir jetzt bewußt. Die Atmungsanlage arbeitet einwandfrei und das Flugzeug zeigt bis auf die schwer gewordenen Ruder keine Schwächen. Dennoch läßt mich der Blick in den dunkler werdenden Höhenhimmel erkennen, daß dies eine extreme Lage ist.

Im Süden ist die venezianische Ebene längst ins Blickfeld gerückt und nur die dunstige Südluft verdeckt mir noch die weite Adria. Die weißen Türme im Westen ziehen mit erkennbarer Geschwindigkeit näher. Sie dürften jetzt um halb Zwei schon über dem Rheintal stehen.

Draußen ist die Temperatur der Luft auf minus 40 Grad abgesunken. Der Knüppel bewegt sich nur noch unter starkem Druck. Ich bin in meinem Sitz zusammengesunken und halte so die Körperwärme zusammen. Von den Beinen ist unterhalb der Knie nichts mehr zu spüren. Ich höre den Pulsschlag in den Ohren wie vor einer Narkose. Er klingt hell und geht rascher als gewohnt. Meine Finger liegen steif in den schwarzen Handschuhen, denn für den Standflug im Höhensturm genügt die Gabel von Daumen und Zeigefinger. Auch dort, wo die grelle Sonne in die Kabine trifft, ist es ganz unvorstellbar kalt. Ich wage nicht daran zu denken, was die Stoßstangen und Drahtzüge zu den Rudern jetzt durchmachen.

Das Steigen ist verklungen wie ein Ton in der Luft. Ich verharre bewegungslos und sehe immer wieder von Osten nach Westen, ahnend, daß ich solch einen Blick auf die Gebirge nur einmal haben werde. Meine Lage erhält abstrakte Züge und die tausendfach gewobenen Beziehungsfäden zur nahen Erde gehen in eine Art planetarisches Mitgefühl über.

Bevor ich abbreche, versuche ich mich noch an einer Rechnung. Wie weit, so frage ich mich, während mir durch die muffige Gummimaske noch Atem zuströmt, mag dieser Vogel mit dem Sturm im Rücken eigentlich gleiten? Mein Kurs wäre

Nordost und bescheiden gerechnet müßte ich 350 Kilometer schaffen. Also weit in die Tschechoslowakei. Das wäre einmal ein Spaß. Doch dies Europa, unser zerschnittener und zerstrittener Kontinent, hat für solche Späße keinen Sinn.

*

Um 13 Uhr 45 leite ich den Abstieg ein. Die flach gekrümmte Halbkugel, von der ich aufstieg, hat die feinen Stahlfäden ihrer unentrinnbaren Anziehungskräfte auch zu diesem Gleiter irgendwo am Rand der Stratosphäre nicht vergessen. Ich führe das Flugzeug aus der Wellenkuppe nach Nordosten und augenblicklich werden die Fäden eingeholt. Dies hat etwas sehr Beruhigendes.

Ich brauche eine halbe Stunde, um die 5000 Meter zu unterfliegen. Die Bremsklappen stehen weit geöffnet und ich slippe zwischen Sonnblick und Großvenediger abwärts, um die Eismesser des Staudrucks nicht genau auf die Füße zu bekommen. Der Gedanke, sich gleich ins weiche, warme Gras zu legen, ist fast unvorstellbar. Dafür ist der heiße Pinzgau noch zu weit.

Unendlich langsam vergrößert sich der Zeller See, aus einem Weinglas wird eine Vogeltränke. Ich gehe in steilere Spiralen über und richte mich nach dem Stand des Glockner. Im Süden hat die Bewölkung sich verdichtet. Kleine Fetzen jagen über ihre Schatten durch die Eisrisse der Pasterze. Im Pinzgau steht sommerlicher Dunst.

Eine Stunde später berührt der Spatz den Boden. Siggi und Kurt laufen meiner Landespur nach und heben mich aus dem Sitz. Der Blick auf den Höhenschreiber läßt sie laut rufen. Die feine, silberne Linie im Ruß geht bis knapp an den oberen Trommelrand. Wir liegen uns in den Armen. Die brave 228 steht bescheiden wie nur ein Spatz es kann und wärmt sich auf.

Dr. Kafka in Wien wertete auch diesen Flug für mich aus. Die absolute Höhe betrug 9030 Meter und ich hatte einen Höhengewinn von 6040 Meter erzielt. Abends, als die Kaltfront auch im Salzburgischen zuschlug, saß ich über meinem Bericht für Plinio. Er kam später in die Hände von Professor Georgii, der diesen hochsommerlichen Föhnflug einer genauen Analyse für wert hielt.

So hatte sich der Kreis geschlossen.

Entlang der Südalpen

1964. Ein Tag spät im August.

24 Stunden zuvor war eine Randstörung durchgezogen. Dann hatte der Hochdruck Raum gewonnen. Eine klare Nacht kündigte Streckenwetter an.

Dies Jahr hatte uns bisher auf große Lagen warten lassen. Es kam hinzu, daß wir alle mit dem Problem des frühen Abfluges noch nicht fertig wurden. Die Thermik am südlichen Alpenrand setzt, von der Luft der Poebene verzögert, schon ab Mai nie vor 11 Uhr ein. Das jedoch ließ uns zu wenig Zeit für größere Vorhaben, denn die Routen vom Tessin nach Osten waren uns damals noch unbekannt.

Wir stehen vor dem Clubhaus im Schatten und folgen Rovestis Briefing. Dann besprechen wir die Möglichkeiten des Tages. Einige wollen ihren Punktestand für den S. Pedrino-Cup noch jetzt kurz vor Saisonschluß mit einem 150 km-Dreieck aufbessern. Andere setzen auf Kurse am Alpenrand in Richtung auf den Gardasee. Doch wie so oft im Hochsommer zeigen die Randberge auch heute eine starrsinnige Stabilität.

Kurz nach Zehn fliegen hier und dort kleine Dunstfetzen in die Höhe. Die stechende Sonne bringt es vereinzelt zu ersten Auslösetemperaturen in Felsscharten und engen Waldmulden. Doch auf diese Bussardthermik ist kein Verlaß. Dafür läßt uns der Blick nach Westen unruhig werden. Flache, grauweiße Streckenwolken schwimmen in großer Höhe über den Gebirgen jenseits des Lago Maggiore — für uns unerreichbar. Doch gewiß sind die Bedingungen jetzt im hohen Tessin die gleichen, auf die uns nur der Campo den Blick verwehrt.

Die Mehrzahl der Freunde setzt auf einen 150 km-Zielrück nach Bergamo. Ich sehe Plinio an: „am Alpenrand ist heute nichts zu holen". Er hebt die Achseln. „Das mußt du den anderen klar machen". Dann rollen wir die Flugzeuge aus den Hallen. Zwei Startreihen werden aufgebaut. Oreste Ricotti teilt uns ein. Wie immer knapp und den sportlichen Ambitionen entsprechend. Lange Jahre war er einer der besten Fluglehrer Italiens. Dann vergaß er an einem heißen Tag seinen hellen

Hut. Er bekam einen Sonnenstich und trudelte in den Boden. Seitdem fliegt er nicht mehr. Er sieht mich an und weist auf eine M-100, die mich dies Jahr schon 1700 Kilometer getragen hat.

Noch immer sind wir unentschieden. Die Wolken im Westen regen mich auf. Dort könnten wir mit einem 90iger Schnitt über die Alpen jagen — ohne Höhenprobleme. Erstmals kommt mir die Idee: „laß' dich nach Norden bis an den ersten Bart schleppen und flieg einfach geradeaus". Ich falte die Karte auf und verfolge die Linien der Gebirge nach Osten. Nur dorthin lohnt sich ein Streckenflug, denn die hohen Walliser Eisrücken setzen unserem Aktionsraum im Westen eine unüberwindliche Grenze. Ich gehe mit dem Finger am Veltlin entlang und komme über den Tonalepaß nach Südtirol. Jenseits der Etsch winken die Sarntaler und dann — die Dolomiten.

Ich entrolle das Bandmaß und lege es auf die Karte. Die 300 Kilometer-Linie lockt mich gewaltig. Sie kreuzt das Drautal bei Toblach.

Die Sonne wird noch bohrender. Die Idee des Geradeausflugs läßt mich nicht mehr los. Es ist die letzte Chance dieses Jahres, an der Schwelle zum September. Ich fülle die Wasserflasche und stecke ein Stück Traubenzucker in den Mund — ein scheußlicher Geschmack. Es ist 12 Uhr 30. Ich winke Oreste, damit er den Start eröffnet. Hinter dem Campo schiebt sich ein blendend weißer Wolkenkopf in unser Blickfeld. Das ist mein Signal. Um 12 Uhr 40 heben wir ab.

Eine Viertelstunde danach klinke ich aus, in 1300 Metern vor dem Monte Lema. Ringsum ein einziges Bilderbuchwetter. Wolke an Wolke, dazu Windstille und eine hohe Basis. Ich gleite an den Lemarücken, wo immer Thermik abgeht. Direkt am Gipfelrasthaus vorbei kommt die Warmluft aus einer steilen Felsmulde. Der Ober steht am Geländer der Terrasse und starrt mich entgeistert an. Beim zweiten Kreis bin ich schon 30 Meter über ihm und er schwenkt seine Serviette zu mir herauf. Die Wolke liegt in 1700 Metern.

In wenigen Sekunden hat mich der Dunst verschluckt. Ich muß hier Höhe holen, soviel wie möglich. Das Tessin mit seinen vielen Seen und Senken fordert weite Gleitsprünge und ich muß Zeit gut machen. Die Wolke ist böig doch leicht zu fliegen. Die Fahrt pendelt zwischen 90 und 100, langsam setze ich mich zurecht.

In 2500 Metern lichtet sich das blendende Grau. Ich gehe auf Nordkurs und sehe mich gleich darauf einem noch höheren Turm gegenüber, der vom Tamaro aufquillt. Wenn, dann wird mich nur das starke Steigen in den Wolken noch bis Toblach bringen. Die M-100 gleitet mit 1 : 29 und da wäre ich einfach zu schnell wieder unten an den Kanten.

Das Vario klettert auf über 5 m/s. Ich werde jetzt in den Sitz gepreßt und das Flugzeug ist unter 100 nicht zu halten. Ich konzentriere mich bewußt mit einem Druck der Hand um den Knüppel auf den Blindflug. Ich denke nicht an diese Wolke, sondern versuche nur, die Zeiger der Instrumente auf den richtigen Positionen zu halten. Hierbei führe ich den Wendezeiger mit den Pedalen und versuche, die Kugel mit dem Querruder in der Skalenmitte zu balancieren. Die Fahrt kontrolliert das Ohr. Der Faden flattert ein wenig in Richtung des Außenflügels. So habe ich die nervöse M-100 fest am Zügel.

In 3600 m wird es böig. Ich bin bis zum Kopf der Wolke durchgestiegen. Hier, wo sie sich bildet und zerfällt, ist es immer unruhig. Ich bringe den Wendezeiger langsam mit dem Seitenruder zur Mitte und drücke dabei die Fahrt herauf. Zügig gleitet das leichte Flugzeug durch die tanzenden Schwaden nach Osten. Es wird hell und ich fliege mit Sicht. Kein Eis an den Flächen, die Null Grad-Grenze liegt heute sehr hoch. Um mich ein Irrgarten leuchtender Wolkensäulen, die mir das Tessin fast ganz verdecken. Mit 150 km/h ziele ich auf den Garzirola.

Es ist jetzt genau ein Uhr. Ich hoffe, daß die Thermik bis gegen Sechs anhält. Das müßte mich ins Drautal bringen. Gelingt es, dann hole ich mir den Valzania-Cup der Comer Flieger, der für die längste ‚Freie Strecke' gestiftet wurde.

Die Gipfelkanten vom Garzirola an tragen bis zum Piz Ledù hinüber. Bald kann ich ins Veltlintal sehen, jenseits des tief eingebetteten Comer Sees. Ein langer Gleitflug bringt mich zum Monte Spluga am Taleingang. 4 m/s werfen den Segler über der ansteigenden Westkante bis zur Wolke. Drinnen brodelt die Luft. Das Vario steigt noch höher. In 3500 Metern gehe ich wieder auf Kurs. Als es hell wird, liegt das weite, schnurgerade Tal unter mir. Doch die Talluft ist dunstig und die Wolken stehen weiter nördlich über den zurückgesetzten Massiven. Aus großer Höhe erreicht die M-100 spielend den nächsten Aufwind über den steilen Corni Bruciati. Doch das Vario findet wenig. Ich fliege zur Disgrazia weiter. Die Wolke steht schlank und scharf umrissen.

Die Thermik ist breit und überall kräftig. Nach 8 Kreisen zieht mich die Basis in sich hinein. Ich erweitere den engen Bogen, der bei dieser Böigkeit blind nicht sauber zu fliegen ist. Trotzdem zieht die Varionadel an den Skalenrand. Es wird still und der Druck auf dem Höhenruder läßt nach. In 4 Minuten bin ich auf 3900 Meter. Als ich ins Freie komme, verbeißen sich die Sonnenstrahlen in mein Gesicht. Die Disgrazia ist firnbedeckt und blendet selbst durch die dunkle Brille.

Ein 30 Kilometer-Gleitsprung bringt mich über das Puschlavtal. An der linken Fläche wandert die Südwand der Bernina vorbei. Die Wolkenschatten auf den Bergen vergrößern sich. Ich tue gut daran, jetzt im oberen Stockwerk zu bleiben und hole mir am Monte Massucchio wieder 4 m/s. Tirano, die Talmetropole, verschwindet in den Schatten der weit herab hängenden Basis. Wieder bin ich im Kern der Wolke und klettere auf 3900 Meter. Mich überkommt eine wahre Höheneuphorie und jegliche Schwierigkeit scheint von diesem Fluge genommen.

Plötzlich rauscht es hart und anhaltend. Eisregen prasselt auf die Kabinenhaube. Ich richte auf und fliege aus dem Turm. Jetzt ist das Flugzeug unterkühlt und kann sich in wenigen Sekunden längs über die Flächen einen Eisbeschlag erfliegen. Das würde mich 10—15 Gleitzahlpunkte bis tief hinab unter die Gipfel kosten, denn solch ein Reif klebt fest am Profil.

Ich folge dem stillen Violatal auf Bormio zu. 15 Minuten später liegt die Südrampe der Stilfser Jochstraße vor mir. Ich fliege rasch über das Addatal und gehe den Ortler an. Hohe Wolken legen mir diesen Flugweg nach Südtirol nahe. An der Südwestflanke des Monte Sobretta schicken die rötlichen Felsrisse 3 Meter in die Höhe. In 3700 Meter verlasse ich die Wolke zum Monte Confinale, dem westlichen Vorberg des Ortler. So steht er vor mir: ein aufgetürmtes, wuchtiges Felsgebäude mit kurzen Gipfelstümpfen. Wächtenbehangen und von kalten Wolkenbahnen umzogen. Ich blicke unablässig auf dies Bild.

Dann bin ich nah genug und kann zwischen dem Doppelgipfel bis in die dämmrige Talrinne des Val Martello hinabsehen. Dort entlang geht der kürzeste Weg zur Etsch.

Mit angehaltenem Atem gleite ich zwischen dem Gran Zebru und der Königspitze hindurch und sehe unter mir den Schatten des Flugzeuges über den Firnrükken huschen. Der ganze Berg steht im Halbschatten der Wolken ringsum und die Luft kommt kalt durchs Fenster.

Dann bin ich im Val Martello. Ein 20 Kilometer-Gleiten kostet mich 700 Höhenmeter. Erst am Monte Ronchi stehen wieder 1—2 m/s. Es ist halb Vier und ich werde gewahr, daß die Thermik nachläßt. Dort, wo die Hänge nicht mehr im direktesten Winkel zur Sonne stehen, wo der Fels zu hell oder zu trocken ist oder dort, wo die Talluft heranleckt, ist die Dynamik dahin. 180 km in zweieinhalb Stunden liegen hinter mir, der Schnitt ist passabel. Doch jetzt heißt es hoch bleiben. Der weite Talraum Südtirols wartet mit neuen Schwierigkeiten.

Ich schwenke vor Meran nach Südosten, denn meine Höhe nimmt ab. An der Vedetta Alta vorbei gleitet das Flugzeug in bewegungsloser Luft zum Monte Luco. Auf der grasigen Kuppe stehen drei Bergwanderer mit Trenkerhüten. Sie greifen sie vom Kopf und winken herauf. Ich ziehe einen Kreis um die Gruppe. Das Steigen ist zögernd und ich werde eingehend fotografiert.

Dann entdecke ich eine Cirrenbank, die sich von Südwesten über das Bozener Becken schleicht. Ich merke es dadurch, daß die Sonne plötzlich matt und graugelb auf den Bergen steht. Die runden Wolken voraus nach Osten verlieren prompt ihre Konturen. Die Borduhr tickt hörbar.

Ich nehme Kurs auf den Monte Meltina. Ein langes Gleiten folgt. Mit 85 km/h kommt die M-100 am weitesten. Jetzt liegt der Etschfluß genau unter den Flächen. Obstkulturen, so weit ich sehen kann. Nirgends eine Talwiese, auf der man absitzen könnte. Wenn, dann müßte ich auf den Almwiesen mehrere hundert Meter über dem Fluß zu landen versuchen. Doch so weit soll es nicht kommen.

Ich muß die Fahrt ganz zurücknehmen, um den Meltina nicht zu unterfliegen. Langsam kreise ich um die Wiesenkuppe. Das Steigen ist so blaß wie die Sonne. Endlich ein Meter. Nach 5 Minuten werden zwei daraus. Die alte Geschichte. Ich atme auf und halte dennoch den Bozener Flugplatz in den Augenwinkeln.

Aus 1800 steige ich langsam auf 2400 zur dünnen Basis. Sie zieht gemächlich und läßt sich Zeit. Mit nicht ganz zwei Metern wandere ich in den nassen Schwaden weiter nach oben.

Als ich in 3000 m aus der Wolke rutsche, sind die Cirren vorbei geflogen. Die Nachmittagssonne ist wieder optimistisch. Ich öffne das Fenster und kühle die Hand im Fahrtwind. Das erfrischt. Dann folgt ein langer Zug aus der Flasche. Wasser mit Zitronensaft. Diese Berge, ja die ganze Südtiroler Senke hatte ich noch nie gesehen. Mein Flugweg scheint verläßlich und vom Meltina geht der Kurs zur Cima Renon. Später bin ich hier immer so geflogen und meist halfen mir die Sarntaler leidlich über das dunstige Weinland hinweg.

Dann gleite ich über den tiefen, engen Flußlauf der gischtigen Eisack. Vor mir rückt eine beklemmende Landschaft näher, die Dolomiten. Die steilen, scharfkantigen Kalkmassive steigen wie Riesenwogen in den Himmel. Jeder Berg wird am Fuß von graslosen, steilen Geröllschütten umlagert. Die Erosion frißt sich deutlich selbst in diesen harten, magnesiumhaltigen Kalk. Dolomitentäler sind wie Tunnel, mit buckligen Wiesen unter den Lärchenwaldungen. Wer traut sich dort hinein?

Die Thermik ist mir zu schwach geworden, jetzt an der Cima Renon, um der enger werdenden Rinne des Grödnertals zur Geislerspitze zu folgen. Deshalb beschließe ich, östlich Brixen ans Pustertal zu queren. Eine kleine Wolke über dem Putiafelsen lockt mich dennoch zwischen die Steilwände. Kurz bevor ich unter sie komme, zerfällt sie in graue Schleier. Die Wände zwingen mich zum Gleitflug nach Osten.

Ich sinke. Ohne ein Tal zu erkennen, folge ich dem Kompaß mit 70 Grad über graugelbe Kalkstümpfe dorthin, wo Bruneck liegen muß. Nahe einer Graskuppe hebt sich der Segler um Meter. Ich wende augenblicklich und fliege den Hang in Achten ab. Ein halber Meter bleibt. Vor mir treibt ein Hirte seine Tiere auf mich zu. 30 Meter neben dem Steilabbruch der Alm huscht die M-100 über die Herde. Der Bursch steckt seinen Stock in den Boden und winkt. Ich muß scharf aufpassen, um den Felsen nicht näher zu kommen und kann ihm nicht antworten. Dann setzt Fallen ein. In wenigen Minuten sind 300 Meter verspielt.

Jetzt überfallen mich Zweifel, ob der Flug gelingt. Die Sonne verströmt noch spürbar Kraft, aber die Nachmittagsluft am Ende des Sommers ist müde und unbeteiligt. Es sind noch 30 Kilometer bis Toblach. Ich darf hier nicht hängenbleiben.

Dann besinne ich mich auf erprobte Regeln und gehe entschlossen auf Ostkurs. Was mir jetzt noch hilft, das sind nur noch helle Westhänge, auf denen Fichtenschläge die Sonne fangen. Über einem ausgetrockneten Bachbett schneide ich durch schwachen Aufwind. Ich kreise ein und weiß gleichzeitig, daß es sinnlos ist. Solche Bärte, die so rasch durchflogen werden, bekommt man nie.

Meine Höhe beträgt noch 1800 Meter, 100 Meter über den Waldbergen von St. Martin. Wieder sackt das Vario ab. Ich suche in weiten Geradeausschwenks, denn wenn nicht hier, dann wird überhaupt keine Thermik mehr kommen. Erneut gehen mir 600 Meter durch die Flächen.

Dann ist es viertel nach Fünf und der Spätsommertag wird abendlich. Aber ich bin nicht bereit, alles aufzugeben. An einer Felsrinne mitten zwischen hohen Fichten spricht das Vario leise an. Ich kreise und zentriere mit allen Nerven. Allmählich komme ich an den engen Kern. Jetzt muß die M-100 scharf in die Ruder und legt sich steil an den Waldhang an. Ich drücke die schweißnasse Hand um den Knüppel und beschwöre diesen Aufwind, zu bleiben. Und es geht wirklich hinauf, in der allerletzten Minute.

Die Turbulenz ist ungewöhnlich, doch sie zeigt mir, daß die Thermik gesund ist. Ich kreise und sie bleibt und bleibt. Und wieder spüre ich, wie mir das Zwerchfell den schwierigen, den entscheidenden Aufwind orten hilft. Es steht unter Spannung wie eine Membrane und registriert die zartesten Steigböen, die von den Flächenspitzen bis zur Kabine fließen. Als der Kamin unter mir zusammensinkt, bin ich 800 Meter höher und so ausgelassen wie mittags im Tessin. Alpensegeln macht einen zum Sanguiniker reinsten Wassers.

Ich nehme den Blick von den Instrumenten und sehe ins Pustertal nach Osten. Die langen Talwiesen leuchten in vorabendlichem Gold und das Korn auf den kleinen Feldern schimmert rötlich. Ich fliege wenige Meter an der Bergbahn zum Plan Corones entlang. Ein Bussard steht über den Bäumen im Hangwind. Ich lege eine Acht ein und sinke kaum.

Also setze ich jetzt auf Umkehrthermik und gleite über Montguelfo. Unvermittelt schlägt das Vario nach oben. Ich blicke hinab und sehe mich über einem Waldrükken mitten im Talgrund. Mit 2 m/s winde ich mich erneut in den dämmrigen Himmel. Die Wärme der feuchten Wiesen hebt mich von 500 auf 1000 Meter zurück. Ob das bis Lienz reicht? Es müssen noch 50 Kilometer sein.

Als der Aufwind abklingt, zart und ohne Sprünge, gehe ich über Niederndorf genau in Talmitte weiter. Bis zu diesem Ort kam Heini Dittmar bei dem ersten Überflug der Zentralalpen, von Prien am Chiemsee aus. Das war 1936. Die M-100 sinkt kaum, denn fortgesetzt gibt der Talboden die aufgespeicherte Sonnenwärme frei. Unter mir wird es kühl und dunstig.

Dann, um halb Sieben Uhr, sehe ich auf Toblach herab. Ein kleiner Wiesenflugplatz am östlichen Stadtrand lädt zur Landung ein. Doch ich bin noch 800 Meter hoch. Österreich winkt voraus. Die Sicht nimmt unmerklich ab. Vom Tal her blitzen die ersten Lichter auf. Ich hole tief Atem und hoffe auf eine glückliche Landung.

Der Segler schwebt noch immer mit geringem Fallen. Über Kilometer verliere ich 50 Meter. Vor mir verengt sich nun das Tal. Hier fließt jetzt die schmale Drau, gerade überflog ich die Wasserscheide zwischem dem Schwarzen und dem Mittelmeer. Die langen Gratbögen der Deferegger heben sich dunkel gegen den blassen Himmel. Ich gleite über einer immer engeren Talrinne. Lienz ist noch 30 km entfernt. Obwohl ich fast keine Höhe verliere, kann ich nicht in die Dunkelheit fliegen.

Um zehn vor Sieben bin ich über Sillian, der zweiten Ortschaft in Österreich. Eine Burgruine steht in grellem Licht. Ich leite eine Schleife ein und suche mir die beste der Wiesen. Sie sind eng und mehrere breite Seilstränge hängen zwischen hohen Masten um den Ort. Ich starre hinab, während das Flugzeug unwiderruflich sinkt. Dieser Zugzwang beendet jeden Weitflug und jetzt muß ich ein letztes Mal entscheiden.

Endlich finde ich einen hellen Streifen, der in Talrichtung liegt. Ein paar Heuhaufen linker Hand. Ich kreise langsam auf 100 Meter herunter und fliege eine enge Landekurve. Wie immer bei Außenlandungen bin ich zu hoch. Doch die Bremsklappen der M-100 korrigieren das sofort. Eine dünne Telefonleitung — ich sehe sie rechtzeitig und springe darüber. Dann entfalten sich die Bremsen vollständig und ich drücke die Rumpfkufe ins Gras. Der Grund ist weich und die Radbremse greift schnell. Ich stehe nach 70 Metern.

Im Licht einer Taschenlampe helfen mir Jungen des Ortes, das Flugzeug zu zerlegen. Die freundliche Gendarmerie sieht sich einem Europäer gegenüber: italienisches Flugzeug, deutscher Paß, österreichischer Flugschein. Ein kleines Formular, amtlich beschriftet und mit der Notwendigkeit mehrerer Stampiglies, füllt sich, während wir plaudern.

Später im Gasthof Post setzte ich mich in den tiefsten Sessel, den ich fand und flog auf der Karte noch einmal hierher. 310 km in 6 Stunden. Und dazu eine ganz neue Route über die Südalpen. Es war klar, daß sie Zukunft hatte. Der treue Carlo Carrera holte mich tags darauf wieder heim. 900 Kilometer mußte er fahren.

*

Im nächsten Frühling hatten wir eine klare Richtung.

Meine Strecke nach Osten wurde Punkt für Punkt nachgeflogen und ich konnte den Clubfreunden recht genaue Hinweise über die thermischen Gegebenheiten rings um das schwierige Südtirol geben. Das Gleiche galt für die Möglichkeiten einer halbwegs sicheren Außenlandung. Das gab uns allen Vertrauen in die Ostroute, die bald zur meistbeflogenen Strecke Oberitaliens wurde. Die Begeisterung für den ‚Freien Streckenflug', hatte uns damals erfaßt. Im Osten lagen 600 Kilometer Hochalpen und lange, west-östlich ausgerichtete Täler vereinfachten den Langstreckenflug wesentlich.

Schon während der ersten Flugwochen des folgenden Jahres drangen wir zu viert ins Veltlin und weiter zum Tonalepaß vor. Der Kurs vom Comer See an bis hinauf unter den Ortler erwies sich als sehr schnell und bald hatten wir die Standardstrecke für den 300 km-Zielrück Berg für Berg erflogen.

Ich fühlte mich sicher genug, einen Schritt weiter zu gehen. Seit ich in Varese war, hatte mich die Idee beschäftigt, den ganzen Alpenrücken diagonal von Südwest nach Nordost zu überfliegen. Mein Plan war nun, dem neuen Kurs bis Meran zu folgen, dann über den Jaufenpaß zum Brenner zu kommen, um mich schließlich über das Tuxer Joch auf die vertraute Pinzgauer Route zu setzen. Ich wollte am

Dachstein vorbei ins Gesäuse und hoffte, sogar Mariazell mit Kurs Wien zu überfliegen. Jeden Abend saß ich über genauen Karten, prägte mir Kursmerkmale ein und zeichnete Entfernungskreise um die orographisch schwierigen Stellen des Kurses. All das versetzte mich in die Lage, Anfang Juni zu starten, ohne die Flugkarte mitnehmen zu müssen.

Auch meteorologisch hatten wir dazu gelernt. Wir erkannten, daß die Wetterchancen für wirklich lange Strecken schon Mitte Juni in den Südalpen zu Ende gehen. Dann war das wasserreiche, stark verstädterte Tiefland der Poebene so stark aufgeheizt, daß es nur wenige Stunden eines heißen Hochdrucktages dauerte, bis die thermikfeindliche Südluft weit ins Hochgebirge aufgedrungen war. Hierbei ist der Saugeffekt der Alpenkonvektion genau so verhängnisvoll wie die leichten Südwinde, die im Kern des Hochs die Alpen umspielen.

All dies hatte für uns seine Folgen. Einmal konnten wir nur am allerersten Tag einer Schönwetterperiode mit früher Thermik rechnen. Es galt also, die Wetterentwicklung genau zu verfolgen, denn der entscheidende Tag konnte über Nacht herankommen. Dann taten wir uns schwer, auf längeren Zielrückflügen spätnachmittags im weiteren Bereich der breiten Seentäler, die wir einfach nicht auslassen konnten, noch Thermik anzutreffen. Meist wartete der Dunst der Südluft schon jetzt am Veltlin auf uns, und wer nicht sehr hoch und ausweichend segelte, der konnte sich direkt mit Wein versorgen. Flüge über 500 km in dieser Disziplin sind deshalb bis heute die schwierigsten Aufgaben geblieben.

Am 10. Juni schwenkte eine Kaltfront über die Alpen. Gleichzeitig stieg der Druck. Für uns kam ein klassischer Tag im Nordföhn. Ich startete um ein Uhr und traf in den unteren Lagen nur mäßige Windstärken an. Dadurch entstand starke Leethermik und darüber — thermische Wellen. Um vier Uhr flog ich zwischen Bellinzona und Biasca gegen steifen Nordnordwest und folgte einer Welle bis 6600 Meter. Ich war wieder einmal ohne Sauerstoff. Überall stiegen Fracto-Cu von den Sonnenhängen auf. Die laminare Strömung setzte in 4300 Metern ein.

Am 11. Juni blieb die Lage fast unverändert; die Strömung rotierte leicht in den ersten Quadranten, ohne wesentlich an Stärke einzubüßen. Erneut konnten wir den Aufbau einer für die Alpen günstigen Streckenlage beobachten, die mit starkem Regenstau am Hauptkamm und Schlechtwetter in den Nordalpen beginnt, während im Süden von Aosta her bis Klagenfurt fortschreitend Schönwetter mit Windthermik und thermischen Wellen auftritt. Ein bis zwei Tage später, das hatten wir gelernt, während wir im Tessin in immer diesigerer Luft zu kämpfen hatten, kamen dann die Flieger der Schweiz und Österreichs zu ihren großen Flügen.

Am Abend des Elften spürte ich meine Chance kommen. Ich lebte jeden Tag des Sommers mit dem Wetter und seinen Bewegungen zwischen dem Wallis und Südtirol. Die Wettermeldung für Freitag, den 12. Juli war dann tatsächlich vielversprechend, soweit man es im Gebirge überhaupt verläßlich voraussagen kann.

Am nächsten Morgen um Sechs genügt ein Blick zum Monte Rosa, um mich davon zu überzeugen, daß ich fliegen kann. Ich verabrede mit Aldo Trecchi, mich in 1000 Metern über Platz am Monte de Colonna, nahe über dem Ostufer des Lago Maggiore, abzusetzen. Dort bin ich 7 Kilometer in den Tessinern und weiß, daß die Frühthermik mich nicht warten lassen wird. Und hiervon hing der Erfolg meines Vorhabens ab.

Um 10 Uhr 07 fliegen wir aus dem Platz. Wie kann ich ahnen, daß es heute über vier Länder und — den Eisernen Vorhang gehen wird ...

In 18 Minuten zieht mich die Stinson zum vorher vereinbarten Klinkpunkt. Entlang der Hügel am See und selbst über dem Campo ist die Luft bewegungslos, hier müßte ich mindestens noch 60 Minuten auf die ersten Bärte warten. Als wir 800 Meter hoch sind, kann ich weit im Norden die ersten Wolken in großer Höhe ausmachen. Es sind feine, durchsichtige Tupfen. Aldo rührt mit mir rings um den Colonnagipfel Blauthermik auf und mit diesen 2 m/s komme ich schneller als erwartet zur Ausgangshöhe. Die Luft ist dunstiger als ich vermutete, doch die Labilität macht alles wett. Nach zehn Minuten bin ich auf 2400 Meter und stürze mich geradewegs zum Monte Lema.

Als ich dort zur kleinen Markierungswolke aufkreise, sehe ich, daß sie sich dreht und ständig verformt. Aus 2600 Meter setze ich zum Sprung über das Sottoceneri an. Mit 130 km/h geht die M-100 zur Cima Foiorana nordöstlich von Lugano. Ich fahre über den schrundigen Kalkgrat und stoße nach wenigen Sekunden in 4 Steigmeter. Als ich scharf eindrehe, bleiben sie erhalten. Ich stoppe genau 4 Meter bis auf 2800 Meter — ein ungewöhnlicher Anfang fürs Tessin.

Über den Gipfeln zwischen Garzirola und Piz Ledù steht eine Aufwindkette. Doch jetzt merke ich, daß die Nordströmung noch stärker ist als mir lieb sein kann. Zwischen den Bärten muß ich durch starkes Fallen, das kostet Flugzeit.

Um halb Zwölf bin ich wieder über dem Veltlin. Ich steige am Monte Spluga bis zur Wolke und gehe in dem schmalen Schacht, der mir zwischen Fels und Basis bleibt, konsequent zum Schnellflug über. Es ist das erste Mal, daß mir eine Art Delfinfliegen gelingt. Tirano zieht vorbei. Dies Tal ist heute so schnell wie der Pinzgau. Am Monte Massucchio muß ich mich für den Kurs nach Osten entscheiden. Der direkte Flugweg zum Brenner führt über den Ortler. Ich kenne den Weg genau, doch es scheint unklug, gegen das noch ganz eingeschneite Massiv in die blaue Luft vorzudringen. Dagegen winkt eine Kette verlockender Cumuli vom Tonalepaß zur Cima Mezzana. Ich setze über das Veltlin, komme gerade noch über die Bergrücken am Apricapaß und erreiche nördlich von Edolo die ersten Wolken.

Die weiße M-100 macht einen Luftsprung und ich rutsche fast aus dem Bart. 4—5 m/s. In 3400 Metern richte ich auf und halte im Schnellflug auf den Engpaß am Tonale zu. Über den Schneewächten des Piz Albiolo rauscht und springt die Luft. Mit 6—7 Kreisen bin ich auf 3750 m. Noch nie hatte ich in 3 Vareser Jahren einen solchen Streckenstart erlebt. Ein richtiges Hochgefühl erfaßt mich und ich kann kaum erwarten, den Wiener Wald unter mir zu sehen.

Dann zieht das Flugzeug dicht unter den grauen Schleiern der breiter werdenden Wolken mit 140 km/h zwischen Ortler und Adamello nach Osten. Erst an der Vedetta Alta nehme ich um viertel nach Eins die nächste Thermik an. Mein Plan ist nun, die nahe Etsch mit größter Höhe nach Nordosten zu queren. Ich gehe über den Paladepaß auf Kurs und blicke angestrengt zum Brenner.

Was ich erkenne, ist nicht dazu angetan, mich über den Jaufenpaß zu locken. Die Atmosphäre am Hauptkamm ist weißlich blau und zeigt mir an, daß kalte Luft von den Nordalpen herüberströmt. Nur vereinzelt kann ich Wolkenfetzen zwischen Meran und Sterzing wahrnehmen, die vom Höhenwind nach Süden getrieben werden. Offensichtlich ist die Strömung hier noch stärker als im Tessin, denn ich bin der abziehenden Störung nachgeflogen. Was mich am Brenner erwartet, das sind Fallwinde und stabile Luft.

Mitten über der Etsch ändere ich meinen Flugplan. Mir bleibt nur ein Weg zu den 500 km offen – der Weg nach Osten.

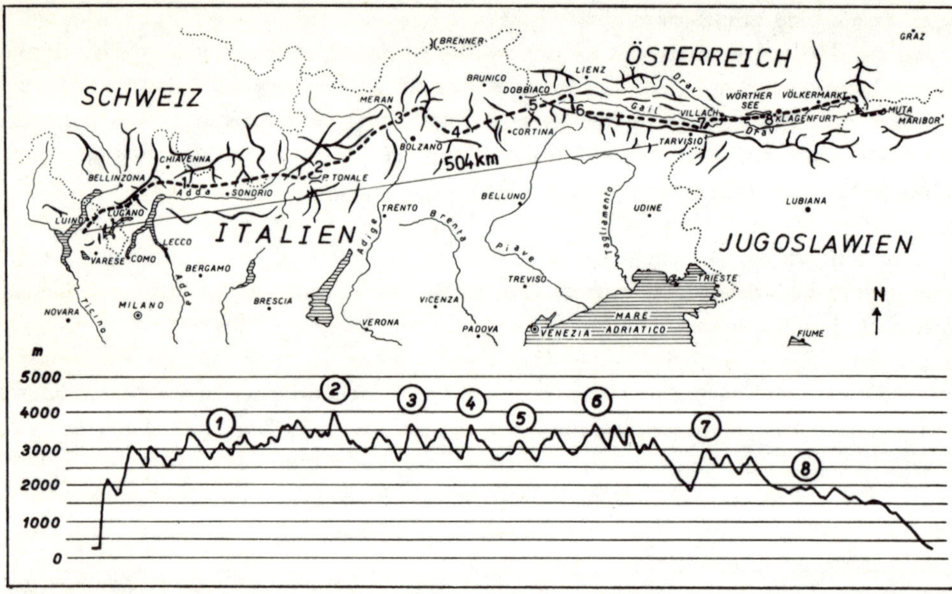

Der ‚4-Länder-Flug' vom 12. Juni 1965. Zum ersten Mal wurden die Südalpen ganz übersegelt. Der Gebirgsflieger muß den Aufwinden und damit den Bergzügen folgen. Das ergibt immer ein Mehr an Flugkilometern. An diesem Tag waren es schließlich 550 km.

Der Monte Meltina begrüßt mich wie im August. Erneut muß ich aufpassen, um nicht unter die flache Gipfelkuppe zu sinken. Der störende Nordwest verbläst die Thermik und macht es mir schwer, zu steigen. An der Cima Renon ist es noch schlechter. Ich gleite von den Sarntalern ab, ohne zu wissen, wo wieder Aufwind steht. Hierbei wird das Fallen stark, teilweise bis 4 m/s.

Ich halte über die wilde Eisack und erkenne den Steilabfall der Seiseralm. Wind und Sonne stehen auf dem Fels. 50 Meter über der Kante erreiche ich das Hochplateau. Das Steigen setzt augenblicklich ein, während sich unendlich hoch eine flache Wolke formt. Aus zwei werden rasch 4 Steigmeter. Als ich aus 1700 wieder auf 3600 Meter zurück bin, beginne ich, an den Erfolg des Unternehmens zu glauben. Die Thermik steht eigentlich immer dort, wo sie der simplen Physik nach hingehört. Und solch ein Tag trägt weit.

Aus 3600 Metern können mich die Dolomiten nicht einschüchtern. Die Wände des Langkofels, über und über mit glitzerndem Neuschnee bedeckt (die Folgen der Kaltfront) kommen nah ans Flugzeug. Der Blick in die Felswelt der Superlative nimmt mir fast die ganze Aufmerksamkeit. Ich quere das Grödnertal über St. Ulrich zur Geislerspitze, die ich im August nur weit und schräg von unten sah. Jetzt bin ich an den Wolken und komme mühelos zu den 3 Steigmetern, die sie heraufschickt. Um das Badiatal liegt viel Neuschnee. Die Höhenzonen sind winterlich und auf den Nordhängen reicht der weiße Behang bis an die Bergfüße. Doch auch solch ein Gebirge gibt Thermik her, wenn der Temperatur-Gradient für uns ist.

Die Croda Rossa nehme ich im Schnellflug. Rechts schräg unten sehe ich Cortina neben dem Tofaneturm. Dann rücken die Drei Zinnen in den Sextener Bergen heran. Senkrechte Kalkzähne, die alle Alpinisten prüften. Tonnen von Haken sollen in den Wänden stecken. Es ist zu erwarten, daß sie nächstens rückwärts im Dunkeln bestiegen werden, denn wie sonst soll die heutige Klettergeneration ihre Talente noch beweisen?

Vor der Dreischusterspitze nehme ich mir Zeit für einen zerrissenen Bart, der aus einer Steilschlucht heraufweht. Plötzlich ist ein Flugzeug mir gegenüber. Ich sehe mich mit einem roten L-Spatz im Kreis. Wir kreisen beide eng und steigen hintereinander auf. Am Gesicht des Piloten glaube ich zu erkennen, daß er eine M-100 hier noch nicht sah. (Fünf Jahre später traf ich den Weggenossen, es war der Kärntner Wurzel. Begegnungen wie diese vergißt man nicht.)

Es ist halb Vier. 320 Kilometer sind geflogen. Hinter der Pfannspitze verlasse ich Italien und halte auf die Lienzer Dolomiten zu. Doch nach wenigen Minuten wird erkennbar, daß ich auch dort von der herüberströmenden Kaltluft am schnellen Flug behindert würde. Es gibt nur einen Weg nach Osten — unter der endlosen Kette heller Sommerwolken entlang, südlich der Gail nach Kärnten.

Gleich unter der ersten von ihnen trifft mich ein regelrechter Aufwindhaken. Ich habe Mühe, das Querruder herumzuholen. Nach 10 Kreisen bin ich 700 Meter höher. Jetzt erhält mein Barogramm die Form einer scharf geschliffenen Säge. Dem heftigen Steigen folgt der überschnelle Vorwärtsflug. Die M-100 jagt zwischen 2500 und 3500 Metern auf und ab. Steinwand — Hochwipfel — Gartnerkofel — Osternig. Ich war nie zuvor über so schnellen Bergen geflogen.

Doch diese 80 Kilometer haben mich leichtsinnig gemacht. Der Monte Goriane stellt mir mit seinen 2 Metern eine Falle. Ich ziehe im Bart hoch und gehe weiter auf Kurs. 7 Kilometer später bereue ich es ernsthaft. Mühsam taste ich in einer Waldschlucht bei Tarvis umher und finde keinen Bart. Diese Wendung trifft mich wie ein kalter Guß. Ich glaubte, das Wetter auf meiner Seite zu haben und paßte nicht mehr auf. Zehn Minuten hänge ich in Nullern herum. Endlich schwebt ein hellbrauner Raubvogel an mir vorbei zu einem Schattenhang. Dort hätte ich nie gesucht. Ich fliege dem Platzkenner nach und werde ihm die 2 Steigmeter nicht vergessen. Sie bringen mich auf 2700 Meter zurück.

Vor mir öffnet sich das hügelige Kärntner Seenland. Ich bin an einer Wegscheide. Soll ich den Wolken auf Klagenfurt zu trauen? Vielleicht bringen sie mich zur Koralpe, dem letzten Bergzug vor Graz. Ich weiß, daß die 500 km-Linie über ihren Grat läuft und Graz wäre ein guter Endpunkt.

Oder soll ich weiter über den Randgebirgen bleiben? Sie scheinen mir aber beträchtlich vom Ostkurs abzuweichen. Andererseits stehen über ihren Steilwänden verläßliche Wolkenzeichen.

Die Entscheidung, die ich treffe, ist so logisch wie falsch.

Ich folge der Kurslinie und hätte doch die Straße der Thermik nehmen müssen. Eine Lehre fürs Leben.

Ich, der Alpenflieger, verlasse die Berge freiwillig und gleite an Villach vorbei zum Faaker See. In viel zu stiller Luft zieht die M-100 an der Südküste des Wörther Sees entlang. Helle Segel und bunte Farben auf dem Spiegel und rings um das grüne Wasser. Natürlich trogen mich die Wolken. Ich kreise mehrmals und finde gerade Null. Soll ich hier Zeit verlieren?

Um 17 Uhr 40 sehe ich auf Klagenfurt herab, 450 Kilometer von Varese. Doch ich bin nur noch 1300 Meter hoch und voller Zweifel über den Ausgang. 15 km südlich von mir reiht sich Wolke an Wolke über den Karawanken, hell und scharf umrissen. Ich bin zu tief, sie jemals wieder zu erreichen.

Das Auf und Ab eines solchen Fluges, und dies durch viele Stunden, der rasche Wechsel von Schwierigkeiten und Erfolg, Hemmnissen und Glück, erzeugt schließlich Gelassenheit. Eine philosophische Haltung. Und der Zwang jeder neuen Lage (wie dieser über Kärnten) läßt mir keine Zeit, den Wenns und Abers nachzuhängen. Wer jetzt mit sich zu hadern beginnt, hat schon verloren. Also bleibt nur der Blick nach vorn und die Hoffnung eines Robinson Crusoe.

Das Naheliegendste kommt gänzlich unerwartet: die Umkehrthermik aus den sumpfigen Zonen rings um die breite Drau. Auf der Strecke von Klagenfurt bis Völkermarkt, auf 25 Kilometern also, verliere ich 150 Höhenmeter. Doch der breite Rücken der Koralpe schiebt sich immer näher. Als ich den Kloppeiner See hinter mir habe, wird mir klar, daß ich den Bergzug nicht mehr übergleiten kann. Ich greife mir die Karte und suche nervös nach einem Ausweg. Wie komme ich weiter nach Osten?

Über Ettendorf erreiche ich die sanft ansteigende Westflanke der Koralpe. Plötzlich sehe ich am Hühnerkogel, dem südlichsten Gipfel des Alprückens, ein kleines

 Der ‚4-Länder-Flug': Am Piz Ledù (oben). Vor der Seiseralm …

Wölkchen entstehen. In 800 Metern gleitet die M-100 über Almhäuser und Baumgruppen am Berg entlang. Immer wieder greift mir ein halber Meter unter die Flächen. Ich weiß, daß er verschwunden ist, sobald ich ihn im Kreis zu halten versuche. Die Spannung wächst ins Beklemmende. Ich kurve um den Hühnerkogel und finde nichts.

Was tun?

Ich kann doch jetzt nicht aufgeben. Ich bin 700 Meter über dem Tal und nur 10 Kilometer fehlen noch.

Die Drau weist mir den Weg. Sie hat sich hier steil in den Berg geschnitten. Ich überlege blitzschnell: ihr nach und drüben bei Eibiswalde — jenseits der Höhen — dann nach Norden zurück. Vielleicht dachte ich mir dies happy end nur deshalb, um guten Gewissens nach Jugoslawien einzufliegen. Ich mußte eigentlich wissen, daß meine Höhe für solch ein elegantes Manöver doch zu gering war.

Das Flugzeug folgt dem Fluß. Beträchtliches Fallen ringsum. Ich sehe nicht links noch rechts, wie die Waldberge Sloweniens sich hinter mir schließen. Mein einziger Gedanke ist: geradeaus, so lange du in der Luft bist.

Die Minuten laufen in Zeitlupe ab. Kleine Weiler und enge Feldstücke ziehen unter mir her. Die Drau ist braun und glanzlos. Ich klopfe an den Höhenmesser, der doch ganz belanglos ist. Allein meine Höhe über dem engen Flußtal zählt und die erkenne ich nur nach unten.

Dann kommt ein Dorf flach heran. Vor ihm kleine, ungeordnete Äcker. Ich schätze meine Höhe auf 70 Metern hier über dem Plateau, der Fluß windet sich 100 Meter tiefer. Doch dort ist überhaupt kein ebenes Gelände. Jetzt setzt sich ein Kiefernwäldchen vor den Horizont. Ich weiß nicht, woher ich diese Nervenkraft nehme. Oder haben mich die 9 Flugstunden schon teilnahmslos gemacht?

Dann bin ich über den Bäumen. Links genau 90 Grad zum Kurs ein freies Feldstück. Ich schätze: 100 Meter lang, tiefer Boden. Ich gehe mit den Rudern nach links, nehme den Bremshebel leicht nach hinten und berühre den Acker im gleichen Augenblick. Es ist sieben Uhr abends.

Bauern und Kinder laufen über die Wiesen heran. Ich muß ihnen vorkommen wie ein Märchenschwan. Langsam öffne ich die Haube und lache sie einfach an. Meine Erleichterung kann keinen besseren Ausdruck finden.

Sie kommen näher und reden auf mich ein. In Deutsch. Es klingt wie von Schwejk. Gesichter aus dem Dorftheater mit treuherzigen Augen. Wir ziehen das Flugzeug durch den weichen, krumigen Boden an den Rand des Ackers.

Dann will ich sie fotografieren. Sie stellen sich um mich wie eine Hochzeitsgesellschaft, feierlich. Ob sie wissen, daß sie mich damit ehren? Ein Bub drückt ab. Das Bild steht für Jahre meines Fliegerlebens.

Die Polizei von Muta war hilfsbereit, ja verständnisvoll. Ihnen gefiel die blinkend weiße M-100, sie selbst wußten von Segelfliegern im nahen Slowenjgradec.

... über den Dolomiten (oben). Abends in Slowenien

Und die Menschen des hinter Waldhöhen versteckten Dorfes waren von einer schüchternen Gastlichkeit. Bauern, ein paar Holzfäller, ein wendiger kleiner Kaufmann und der junge Arzt, dem niemand zu einem dringend gebrauchten Auto verhalf.

SOCIALISTIČNA REPUBLIKA SLOVENIJA　　　　POSTAJA MILICE MUTA

P O T R D I L O

Tukajšnja Postaja milice potrjuje, da je pilot jadralnega letala A.J. von Kalckreuth z italijensko športno jadrilico I-LTUO pristal dne 12.6.1965 ob 19. uri 150 m zapadno od vasi Muta - občina Radlje ob Dravi - SR Slovenija.

Komandir postaje milice
višji vodnik
Jakob Rode

Die Behörden Sloweniens waren sportlich gesonnen und stellten dem Zugvogel ohne Visum für die Flugauswertung eine amtliche Landebestätigung aus.

Die beiden Rückholer, die es auf sich genommen hatten, mir 750 Kilometer durch die Hitze Oberitaliens nachzufahren — Luigi Altieri und Alberto Cappato — erreichten mich Sonntag Nacht. Wir verluden noch in der gleichen Stunde und rollten die 20 km an der Drau zurück. Bewaffnete Posten tauchten als Schatten auf. Die Spannung wächst — kommen wir durch?

Doch Slowenien ist nicht eisern und sein ‚Vorhang' wehte damals schon in touristischer Verbindlichkeit. Der Schlagbaum schwang hinauf und die Rückfahrt begann.

Hauptkamm-Traversen

Über der Bernina in Blauthermik. Das müßte ein Schauspiel sein.

Dies geht mir durch den Kopf, während ich die scharfen Felsgrate des Monte Gruf ansteuere. Ich fliege 5 Kilometer südöstlich von Chiavenna, in 1900 Metern. Es ist der 3. Juni 1966 und ein unglaublich klarer doch windstiller Tag (eine Seltenheit in den Südalpen) hatte mir wieder einmal den Kopf verdreht.

Noch um neun Uhr lag ich im Bett und hielt die Vorhänge verschlossen. Brennende Schmerzen verzogen mir das Gesicht. Meine Lippen waren von den 13 Stunden Streckenflug über dem Frühsommerfirn der Hochalpen, über den Gletschern am Gotthard, an der Disgrazia und am Ortler, vollständig zerschunden. Wir hatten am Wochenende zu dritt den ersten 400 km-Zielrück nach Meran geschafft und davor Thermikwellen über Airolo ausgeflogen.

Ich kühlte die tiefen Risse mit einem feuchten Lappen und hatte das Gefühl, von den Reflexstrahlen der Höhensonne eine Tracht Prügel bekommen zu haben.

Um viertel nach Zehn sitze ich in der M-100. Ein Blick aus dem Fenster über die Hügel von Varese und bis an die Eiswand des Monte Rosa hatte mich den Schmerz augenblicklich vergessen lassen. Das muß der Tag sein, der mir zum ersten 500 km-Zielrück über den Südalpen verhelfen wird. Davon bin ich überzeugt.

Wir waren längst dazu übergegangen, uns bei großen Vorhaben 25 km weit nach Norden schleppen zu lassen. Dort gab es Frühthermik, soviel wir wollten und für den langen Zielrück bot sich der Flugplatz Lugano-Agno als Ausgangs- und Zielort an. Mein Wendepunkt war Cortina d'Ampezzo. Ich kannte die Route quer durch die steilen Dolomiten und hatte gelernt, wie man über das Südtiroler Becken segelt.

Stacec Wielgus ist wieder zu Gast bei uns. Er hilft mir bei den Flugvorbereitungen, denn auf dem Platz ist es still. Dann rollt er die Stinson ohne Motor den flachen Hang zum Start herunter. Ich will ihm meinen Flugplan erklären. Er zwinkert mit den Augen. „Ich dich bringen wohin willst du. Brauchst du nur an Schwanz ziehen". Stacec, untersetzt und drahtig, schließt meine Gurte und reicht mir die Kamera ins Flugzeug. Dann schwingt er sich in die Schleppmaschine. Wir haben meine rechte Flächenspitze auf einen Hocker gelegt. Stacec rollt vorsichtig an und strafft das Seil. Dann macht die Stinson einen Satz — 180 PS rennen los.

Um 11 Uhr 03 heben wir ab.

Die Luft ist still und heiß. Erst in 800 Metern und auf halbem Weg nach Lugano, beginnt die Stinson zu schaukeln. Stacec dreht sich zu mir und grient. Er ist einer der bekanntesten Testflieger Polens für Hubschrauber und Jets und ein Skias in den Karpaten. Doch sein Herz gehört dem Segelflug. Ich dirigiere ihn mit dem Seil nach Agno und klinke aus.

Dann wende ich nach Westen und halte mit einem Satz zur Ostmulde des Monte Lema. Darüber wartet schon eine flache Wolke. Stacec brummt mit. Als ich nach 5 Kilometern in 2 Steigmetern hochziehe, setzt er sich auch in den Bart. Ich weiß, wie gern er mitkäme. 200 Meter höher zeigt er mir den erhobenen Daumen und schwenkt über den Flügel heimwärts.

In 1900 Metern ist das Steigen zu Ende. Die Wolke hat sich längst aufgelöst. Der Tag ist stabiler als ich hoffte und die Atmosphäre leicht diesig, selbst in meiner Höhe. Was Wunder. Wir haben ja heute den dritten Hochdrucktag. Die gute Fernsicht um Neun war ein Trugbild. Nur der Temperatur-Gradient zählt und der ist offensichtlich müde.

Vorsichtig gleite ich über Lugano nach Osten. An der Dente della Vecchia steht immer ein Bart. Eine mehrere Kilometer lange, senkrechte Kalkwand, die aus den Laubwäldern des Sottoceneri ragt. Ich gehe ganz dicht an den ausgebrochenen Grat. Nur Fallen. Mir ist das rätselhaft. Wo soll denn sonst noch Thermik stehen? Doch die Rückendeckung des nahen Flugplatzes Agno läßt mich noch nicht aufgeben.

Das Flugzeug sinkt, doch ich fliege weiter. In der Kabine wird es stickig und die Sonne sticht gnadenlos vom wolkenlosen Mittagshimmel. Mein Blitzstart fällt ins Wasser. Ich hänge mich an einen Wiesenhang. Agno verschwindet aus meinem Blickfeld. Jetzt muß ich aufpassen. In engen Achten grase ich die Kuppe ab. Unter mir läuft ein schmaler Pfad, über den man zum Garzirola kommt. Ich gehe hier oft entlang.

Endlich entwickelt sich ein Bart. Schmal und ganz unregelmäßig, wie Blauthermik eben ist. Alle hundert Meter wird mir kühler. Allmählich verlege ich den Kreis nach Nordosten, zu den hohen Massiven. An der Garzirolakante habe ich gewonnen. 50 Meter über dem langen Grat gleite ich schweißnaß langsam nach Osten. Das Flugzeug schwebt ohne Höhenverlust.

Über einem Kar trifft mich endlich die erwartete Böe. Ich kreise ein und gehe mit 2 m/s aufwärts. Auch hier ist die Thermik eng und ich fliege sehr steil. 300 Meter höher bricht sie abrupt ab. Vorsichtig taste ich mich weiter zum Piz Ledù, dem alten Bekannten am Comer See. Hier macht sich Nordostwind bemerkbar, der Urheber dieser extrem trockenen Luft. Er verwirbelt die Bärte gleich an den Kanten.

Mehr als 90 Minuten sind seit dem Abflug vergangen. Stacec wird über pasta asciutta sitzen und sicher beneiden wir uns jetzt gegenseitig. Der Blick ins Veltlin sagt mir alles. Heller Dunst bis in Höhen um 2000 Meter. Keine Wolke über den Gebirgen. Nur jene flirrende Hitze an den Felsen, die das farblose Sonnenlicht grell und abweisend macht.

Ich hänge am Ledù im Blauen und überlege. Zurückfliegen kann ich noch immer. Dann kommt die blitzschnelle Entscheidung: geh' über den Hauptkamm, das Strekkenwetter steht jetzt im Norden.

Zehn Minuten danach habe ich mich auf 2700 Meter gequält. Es ist gleich Eins und die Sonne steht auf den Wänden wie ein Schneidbrenner. Überall blendende Bläue. Ich drehe nach Nordost und gleite in Richtung auf Chiavenna. Dort stehen winzige Dunstfetzen und markieren mir den Flugweg. Die Thermik wird langsam verläßlich wenn auch nicht stark. Schritt für Schritt komme ich an der Südflanke des Bergells vorwärts.

Wer, der die Alpen kennt, hätte noch nicht vom Badile gehört? Eine der schwierigsten Touren im jungen Granit. 950 Höhenmeter mit 70 Grad Neigung. Keine Spalten für die Haken, noch nicht einmal Risse. Der Fels schimmert wie poliert. „Reine Haftkletterei" erklärte mir Zdried, ein Bergführer aus St. Moritz. Dabei sah er auf seine Bergschuhe. Der Piz Badile hat die Form einer den Wolken nachsetzenden Axt. Der Fall seiner Nordostwand, die nie einen Sonnenstrahl sah, scheint vom Flugzeug aus bis ins Erdinnere zu gehen. Dünner Schneepuder erleuchtet die dämmrigen Felsen. In der Tiefe springt verstaubtes Gletschereis in grünlichen Spalten auf.

Nach Süden stuft sich dieser Berg über Bänder und Vorgipfel ab. Hier zieht die Thermik bis zur Kante. Mit 2 m/s komme ich 400 Meter über den messerscharfen Grat. Der Weg nach Osten ist offen. Schnell gleite ich an den Stausee am Piz Castello und zu den Felsnadeln des Cengalo. Überall durchschneide ich jetzt Bärte, die aus dem steilen Fels heraufziehen. Dann kann ich endlich — das erste Mal — in das Hochtal des Engadins blicken.

Südlich am Malojapaß entlang führt der Gleitweg in den hohen Talraum, der mit Seen und hellen Wiesenmatten glänzt. Darüber schneetragende Bergzüge, soweit das Auge reicht. Unvermittelt wird das Steigen kräftig. Ein wolkenloser Bart unter dem Fornogletscher gibt über 3 m/s her. Genau dort, wo ich die unsichtbare Hauptkammlinie überfliege, wird die Labilität der Atmosphäre sprunghaft besser. Die Südluft kriecht durch das Bergell bis zum Maloja, aber den Steilpaß überwindet sie nicht.

Ich drehe auf 2800 Meter, doch mein Höhenmesser scheint mich zu trügen. Dann fällt mir ein, daß ich jetzt über einem 1800 Meter hohen Talgrund bin. Mich mit fast 3000 Metern so niedrig zu wähnen, das war mir noch nie passiert. Die Luft ist immer noch wolkenlos, doch klarer, alpiner. Ein weicher Schimmer deutet an, daß sie feuchter ist. Die Thermik voraus wird noch besser sein.

25 Kilometer im Nordosten steht die erste Wolke über dem Muottas Muragl, dem Hausberg der Samadener Flieger. Meine Höhe bis dorthin reicht nur knapp und ich gleite vorsichtig auf Silvaplana zu. Der Sommerschnee hängt hier noch weit herab. Unter dem Corvatsch fliege ich in Turbulenz. Sie steht genau an der Talstation der Bergbahn. 600 Meter über dem Bergfuß setzt die Thermik ein, 2 m/s, bald darauf fast drei. Über mir ist der Himmel noch immer blau. Ich fliege genau und verschenke keinen Meter. Dieser Bart bringt mich nach Österreich.

Ich kreise und kreise. Das runde Fenster ist offen. Die Luft kommt eisig und in kleinen Wirbeln. Was für eine Erfrischung nach dem heißen Tessin! Unbestimmbare Aromen dringen in die Kabine; da ist etwas von Schnee und Nadelholz. Der weiße Corvatsch verliert an Höhe. Schließlich bin ich an der Firnschräge des Gipfels vorbei. Dann — endlich — habe ich die gewaltige Eisburg der Bernina direkt vor der Kabine. Ein Himmelsturm aus Firn und Gletscherbrüchen. Der helle Biancograt zeigt, wo der Gipfel steht. Dahinter sehe ich den blauen Palu und tief in den südlichen Senken die Dunstluft des Veltlins, der ich entronnen bin.

Die M-100 schwimmt in dem Licht, das die Schneeflächen herauf reflektieren. Ich streiche eine neue Lage Schutzcreme auf die Lippen, doch das ist inzwischen hoffnungslos. Von der Nase an abwärts ist alles gefühllos. Nur der Flug läßt mich die Schmerzen vergessen.

Um halb Zwei gleite ich an den Muottas Muragl, einem Rücken aus Wiesen und Fels zwischen Pontresina und dem breiten Abfluß des Inn. Was die Wolken im Engadin versprechen, hält die Thermik immer. Das Vario hüpft auf 5 m/s und nach einigen Zügen Wasser aus der eisig gewordenen Flasche bin ich an der Basis. Unter mir liegt die lange Piste von Samaden. Der Flugplatz ist still, kein Segler findet im Frühsommer hier herauf.

Wie stehen meine Chancen, Zell am See zu erreichen?

Ich habe 110 km hinter mir und 240 liegen noch voraus. Bei diesem Wetter müßte ein 80iger Schnitt zu halten sein und bis gegen Fünf hält die Thermik gewiß an. Ich bin des Vorhabens sicher und gleite schnell an den Quatter Vals. Von dort in einem kurzen Sprung zum breiten Nuna. Er steht im Tal wie ein Damm und zwingt den Inn zu einem Haken nach Norden. Hier trifft die Sonne breitseits in die langen Felshänge. In vielen Jahren hat mich der Nuna nie enttäuscht. Wer ihn überhöht hat, wird bald Landeck sehen. Ich steige auf 3400 Meter und fliege unter breiter werdenden Wolken weiter. Ohne den Zwang, ein Ziel zu erreichen, bin ich gelöster. Hier gibt es einen neuen Kurs zu entdecken und unbekannte Alpenwetter auszutasten. Das ist Segeln nach meinem Geschmack.

Ich verlasse die Schweiz am Reschenpaß. Die Bergzüge, die den engen Inn hier noch flankieren, sind auf diesem Flug allein nicht zu erfassen. Nördlich setzt die Linie am Flüela mit dem schlanken Piz Linard steil an und zieht sich von Gipfel zu Gipfel über die lange Silvretta nach Osten. Neben mir im Süden ragt die klotzige Sesvenna steil und grau aus dem Talgrün; ein Kalkmassiv mitten im Urgestein.

Allmählich werden die Wolken zu breit. Ich merke, daß sie mich überrascht haben und gehe mit dem nächsten Aufwind an die Basis.

Ganz offensichtlich fliege ich dem Hochdruck voraus. Hier, nördlich des Hauptkamms, klingt die Störung gerade erst ab.

Mit den dunkleren Wolken sinkt die Basis herab. Zwischen Reschenpaß und Kaunergrat um ganze 400 Meter. Die Sonnenflecken auf den Hängen werden rar. Ich bin übervorsichtig geworden und gleite langsam dem Verlauf der Kanten nach. Kurz vor Drei kann ich Landeck nördlich am Innknick erkennen. Das Gelände wird fahl und die Sicht nimmt ständig ab. Dazu verwirrt mich die Vielzahl der hier einmündenden Täler. Ich suche nach genauen Anhaltspunkten für meinen Kurs und lege die Karte nicht mehr aus der Hand.

Zum Sellraintal hin verlieren die ineinander laufenden Wolken ihre letzten Konturen und hängen sich über die befirnten Kämme. Innerhalb von 50 Kilometern veränderte sich das Wetterbild von ‚sehr gut' bis ‚schwach' — neue Erfahrungen am Hauptkamm.

Die weiten Schatten zwingen mich, 20 Kilometer durch anhaltendes Sinken zu gleiten. Dann voraus am Acherkogel ein lichter Fleck am Fels. Das Vario spricht sofort darauf an und registriert knappe eineinhalb Meter. Die 600 Meter kommen gerade rechtzeitig. Ich gehe südlich am Sellraintal entlang. Dunkle Regenwolken halten mich ohne Fallen dicht an der Basis.

Die Kalkkögel liegen im Halbschatten. Nur weil ich sie über den Graten erreiche, sind sie für knappe zwei Meter gut. Innsbruck ruht breit im trüben Tal. Am Patscherkofel ist mir, als biege ich in eine altbekannte Straße ein. Endlich kenne ich jeden Berg. Die Wolken lichten sich und die Thermik wird besser. Am Rosenjoch werden es schließlich 3 Meter, die zur Wolke in 2600 m streben. Einsteigen wäre falsch, die Masse ist zu groß und die Basis doch zu niedrig über den Tuxer Graten.

Mir fehlen noch 90 km bis Zell und ich kann es kaum erwarten, den Gerlos nach 3 Jahren wieder zu queren. Doch eben dieser Paß will mich heute nicht sehen. Erneut treiben die Wolken auseinander. Vereinzelt erkenne ich drüben im Maierhofener Kessel dünne Regenvorhänge. Ich muß den Schatten zum Kellerjoch hin ausweichen und kreise 200 Meter über der Kuppe ohne Steigen.

Was tun?

Der einzige Schlupf unter den tiefen Wolken hinüber in den Pinzgau liegt 50 Kilometer voraus. Es ist der Paß Thurn. Und der Weg dorthin führt über die flacheren Kitzbühler.

Obwohl auch dort nur vage Wolken hängen, gehe ich auf Kurs. Der Ausgang des Zillertals ist breit und bis zum Niedersberger Horn verliere ich 250 Meter. Hier sind die Wolkenschatten lückenlos. Wenn Sonne durchkommt, dann nur wie ein wandernder Scheinwerfer. Das bringt keine Thermik hoch. Offensichtlich sind die Waldhänge noch feucht von der Störung. Doch ich will nicht abdrehen, wenn Innsbruck auch noch so lockt. Nicht so kurz vor Zell.

In diesen Minuten durchzieht mich Müdigkeit. Es ist die Enttäuschung, die immer wieder soviel Körperkraft kostet. Meine Lippen brennen heftig. Ich spüre einen Fallschirmgurt, der mir den Rücken zerschneidet.

Der Höhenflug an der Bernina scheint Wochen zurück. Wohin ich gleite, geht es abwärts. Meine Erinnerung an Österreich paßt einfach nicht in dies Bild. Ich sacke auf 1700 Meter. Am Feldalpenhorn muß ich meternah an einen Fichtenkahlschlag. Zwanzig Mal fliege ich an den hellen Baumleichen entlang. Ein Stahlseil hängt in eine Wegsenke hinab, zum Glück dicht an den unteren Bäumen.

Aus dem Nuller wird nicht mehr. Nach 15 Minuten bin ich 100 Meter tiefer. Müde gleite ich aus der Schlucht, sinke zum Talausgang und schwenke nach Osten auf den Hahnenkamm zu. Dahinter beginnt die flache Kerbe der Thurnstraße, doch sie rückt immer ferner von mir.

Um halb Sechs hat mich das breite Kitzbühler Tal gefangen. Die Hänge sind feucht und die Sonne hinter den zusammensinkenden Wolken der Tuxer ist fahl und matt. Ich gleite über Kitzbühel und suche nach einer Wiese. Nördlich des Ortes liegen mehrere grüne Streifen, eingeklemmt zwischen Straße und Bahn. Ich fliege von Osten her an, springe über die Oberleitung und drücke die M-100 ins kurze Gras. Die Rollfahrt ist hoch und die Wiese nicht lang. Ein Heuwender steht genau vor dem Wollfaden. 30 Meter vor ihm drücke ich das Flugzeug kräftig auf die Nase und trete die linke Pedale. Das Flugzeug gehorcht augenblicklich. Die Fläche fährt an den Boden und ich stehe nach einem schleudernden Halbkreis auf den nächsten 20 Metern.

Langsam hole ich meine steifen Beine aus der Rumpfnase und umrunde den Vogel. Die kräftige Schleifspur des Rades ist eindeutig, hier blieb die überschüssige Fahrtenergie, auf einer Strecke von 6—8 Metern. Ich gehe zur rechten Fläche und peile den Heuwender an. Ich verfehlte ihn um einen Meter. Während ich nachmesse, daß mich 320 km von Varese trennen, kommen Leute aus dem nahen Bauernhaus. Man hilft mir über den Drahtzaun. In der Guten Stube werde ich mit Tiroler Herzlichkeit bewirtet.

Am Abend holt mich Guido Achleitner nach Zell. Wir kennen uns seit vielen Jahren und ich freue mich, ihn hier wiederzusehen. Er ist jetzt Leiter der Flugschule. Seine ruhige Hilfsbereitschaft und die nie ermüdende Begeisterung für den Sport, der sein Beruf wurde, machen ihn zu einem Gewinn für Zell. Von dort spreche ich mit Varese und kündige für den nächsten Tag meinen Rückflug an. Ich flog einem Hoch voraus, morgen wird es in Österreich sein.

*

Das Wetter kann nicht anders als meiner Folgerung zu entsprechen. Am 4. Juni steht ein Sommertag über dem Pinzgau, der mich schon um 7 Uhr auf den Platz vor dem Hangar holt. Angesichts dieser dunstfreien Talluft, dieses ungetrübten Fernblicks bis zu den Gerloshöhen wird mir bewußt, daß der Segelflug hier in

den Nordalpen mit klaren Wettervorteilen an den Start geht. Wer von einem Platz abfliegt, der bereits 700 Meter hoch liegt und zu Hängen hinaufgeschleppt wird, die weit über die Inversionsspiegel nächtlicher Abkühlung reichen, wer keine Südluft zu befürchten braucht, der kann wirklich früh mit Thermik rechnen.

Ich gehe über den Rollweg zum Start und blicke immer wieder zu den Bergen im Süden des Platzes. Der Tau blitzt tausendfach im niedergetretenen Gras und noch sind die steil aufschwirrenden Lerchen die einzigen Benutzer der Piste. In mir dämmert eine Vorstellung davon, welche Zukunft der Alpenflug hat. Es sollte noch zwei Jahre dauern, bis ich Wettern wie diesem auf einem schnellen Flugzeug nachjagen konnte.

Als ich um 12 Uhr mittags nach 160 Streckenkilometern wieder über den Platz fliege, da bestätige ich mir selbst, was mir morgens dort unten durch den Kopf ging. Ich war um dreiviertel Zehn gestartet. Ich wollte diese Lage ganz auskosten und ging vor dem Heimflug in den Südwesten noch 80 Kilometer ins Ennstal. Ein Zielflug von 510 km über Gröbming nach Varese, so hieß die Aufgabe. Solch ein Wetter mußte mit einem 500er quittiert werden und da bot sich der Vormittagsschwenk nach Osten von selbst an.

Siggi Resch hatte mich um Zehn zu den ersten Wolkenschleiern an den Honigkogel gehängt und in wenigen Minuten war ich mit 2—3 m/s auf 2400 m gestiegen (ich war mit Sicherheit eine halbe Stunde zu spät gestartet, doch woher sollte ich das wissen?). Eine wunderbare Ausgangshöhe für den Flug über die Dientener Berge. Eine Kette kleiner Wolkensignale winkt bis weit in den Osten. Kurz vor Elf gleite ich am Dachstein entlang. Die Waldhöhen der Ramsau tragen an allen Ecken und an der Scheichenspitze wird die M-100 beim Flug an der Steilwand in einem gewaltigen Zug zur Wolke gedrückt. 10 Minuten später kurve ich über der kleinen Trabrennbahn von Gröbming. Dann tragen mich die Kalkwände kreislos zum Dachstein zurück.

Hier folge ich der Einbuchtung des Massivs und gehe an der Südwand steil über die Gipfelkante. Die Basis liegt in 3200 Metern. Der Ritt über den heißen Kalk war etwas völlig Neues für mich. Daß hier der Schlüssel für ganz große Strecken lag, ahnte ich erst.

Jetzt quere ich den Zeller See in 3300 Meter und setze mich auf den Pinzgauer Spaziergang. Überall blitzen Flächen auf und eine Flugzeugkarawane strebt dem Gerlos zu. Ich überhole einige von ihnen und erkenne, daß sie mich schneller machen. Jenseits des Thurn wird der Himmel stahlblau, doch die Thermik reicht jetzt bis 3700 Meter. Das muß die Luftmasse sein, die ich gestern erst im Engadin traf. Südlich des Tals stehen die weiten Firnschultern der Tauern in einen milchig blauen Himmel, allererste Anzeichen der Südluft. Durch die Senken und Scharten sind flache Schwaden erkennbar, die sich im leichten Süd des Hochdruckkerns bis an den Hauptkamm schieben. Doch der Gradient im Pinzgau ist hoch und geschützt von der Trennwirkung der Zentralalpen.

Über dem Corvatsch

Um 12 Uhr 40 setze ich über das Zillertal zum Rastkogel. Voraus über den Tuxern wieder ganz feine Wolkenschleier und Häkchen, dafür extrem hoch. Zusammen mit einer Ka-6 finde ich den Kern der Thermik, die aus der abgestuften Südwestmulde unter dem Gipfel heraufstößt. Aus 3 werden bald annähernd 5 Meter. Der Bart wird von knappen Böen durchzogen und ist eng. Das Schulbeispiel einer Blauthermik. In 3300 Metern kann ich die Schräglage auf 20 Grad zurücknehmen und kreise zügig weiter. Der Höhenmesser klettert immer noch und die Tuxer flachen sich ab. Jetzt sehe ich über den Olperer in die Brixener Senke und bis hinüber zum Ortler. In 4200 Metern sind wir an den winzigen Wolken, die sich unablässig formen und wieder auflösen. Wenn ich solche Flugbedingungen in Varese schildere, dann dürfte man mir kaum glauben.

Ich richte auf und treibe den Segler mit hoher Fahrt über das kaum mehr erkennbare Tuxer Joch auf den Brenner zu. Die restlichen 270 km der Strecke könnten in 3 Stunden geflogen sein. Vor Sterzing bin ich immer noch auf 4000 Meter, die Luft kommt tragend von allen Massiven, auf denen enge Wolkenschatten regungslos verharren. Ich lehne mich zurück und genieße die Leichtigkeit des Rückfluges in vollen Zügen. Vorbei und vergessen die Schinderei am Feldalpenhorn, die gerade einen Tag zurückliegt.

Dann werden südlich der Sarntaler die ersten weißen Kuppen sichtbar. Diese großen Quellungen dürften bis 5000 m reichen, doch die Luft gegen Meran scheint entschieden klarer. Also halte ich mich nördlich vom Jaufenpaß und gehe wenig später dicht über die Gipfelkante der Hochwilde, ganz im Süden der Ötztaler.

Daß ich im gleichen Augenblick den Hauptkamm überfliege, weiß ich noch nicht.

Der steile Bergkopf erreicht fast die breiten Wolken, die ich unversehens bemerke. Sonne und Schatten ziehen ihre Bahnen quer über den dunklen Fels. Der Wächtenfirn um die Grate wirkt feucht und näßt die zum Vintschgau herabfallenden Kare.

Als ich in die Südflanke der Hochwilde sinke, mache ich eine unangenehme Entdeckung: die Luft ist ohne Bewegung. Wer in den Bergen segelt, entwickelt auf jedem Flug mehr ein untrügliches Gespür für die Art der Luft, die ihn umgibt. Und diese hier war gefährlich still. Doch ich brauche neue Thermik, denn vor mir liegt das obere Etschtal und der Ortler jenseits verlangt einen hohen Anflug.

Ich dränge die M-100 über eine Felsfalte und sondiere hier Meter für Meter. Nichts als weiches Fallen. Ein Schwarm Schneefinken, kleine braun-weiße Raketen, sprühen durch die Kluft. Ich falle unausgesetzt und suche mich allmählich tief in die Schlucht hinab. Dann muß ich diesen Lehrbuch-Südhang, der in der Mittagsglut flimmert, gegen jede Regel verlassen. Zweifel setzen ein und der Schwung des Fluges ist dahin.

Aus 2300 Metern gleite ich über den breiten Vintschgau. Der jenseitige Waldkamm beginnt in flachem Zug von Meran. Dort gab es vor einer Woche gute Thermik, als wir die Stadt zu dritt umflogen. Auch heute hält der Rücken über St.

Pankraz, was die dichten Fichtenhänge versprechen. Ich finde 2 m/s und kreise 400 Meter höher. Dann folge ich in anhaltendem Steigen der abgerundeten Kuppe das Ultental hinauf.

Auch der Monte Gioveretto enttäuscht mich nicht und hilft mir hinüber zur Cima Venezia, dem östlichsten Gipfel im Ortler. Über mir warten mehrere hohe Wolken, deren Unterseite in feuchten Schwaden herabhängt. Ich taste mich an der Südwestkante in den Kern. Langsam steigt das Vario. Die Luft hat ihre Brisanz verloren und ich hätte längst merken müssen, daß mein Kurs in eine Sackgasse führt.

In der Wolke zieht das Vario auf stille 3 m/s. Das Grau ist böenfrei und steigt in nassem Brodem. Viele Minuten sehe ich nur die Zeiger vor mir. Das Flugzeug furcht sich durch den Dunst ohne jede Bewegung. In 4300 Metern blitzt die Sonne scharf in den löchrig gewordenen Turm. Kurze Böen zeigen mir, daß die Quellung durchstiegen ist.

Ich richte auf und beruhige den Kompaß. Dann fliege ich in dem weißen Licht, das der Ortler an die Wolken wirft. Ich bin zu hoch, um klar zu erkennen, in welche Luft mich der Südwestkurs jetzt führt. Voraus leuchten die Kuppen breiter und scheinbar verläßlicher Wolken, über dem Aprica-Paß und auf Tirano zu. Noch drei Bärte und ich bin am Comer See in Endanflughöhe.

Das Gleiten ist still und der Weitblick über Bormio und das Livignotal hält mich gefangen. Selbst die Eisgrate der Bernina lassen sich jetzt über dem Dunst ausmachen. Nach einer Viertelstunde bin ich 30 Kilometer weiter — und in der Falle des Veltlins.

Ehe ich reagieren und abdrehen kann, umstellen mich die hohen Talflanken. Ich habe keine Chance, aus 2600 Metern irgendwohin zu entkommen, wo die Luft verläßlicher wäre. Um mich ist sie tot geworden und der Dunst so dicht, daß ich von Edolo kaum mehr die Talsohle an der Adda erkenne. Darüber hängen grauweiße Wolkenbündel, aus denen am Adamello Regen fällt. Die Enttäuschung kommt wie ein Schlag und ich fühle mich körperlich in der Klemme.

Am Abend wurde mir klar, daß die Hochwilde mich deutlich warnte. Ich hätte den Vintschgau niemals queren dürfen, sondern der labilen Luft über die Sesvenna und das Oberengadin zum Maloja folgen müssen.

900 Meter über dem Apricapaß habe ich Zeit genug, meinen Kursfehler und die Konsequenzen daraus zu überdenken. Die Hitze ist drückend und das Flugzeug schwimmt in milchiger Luft sinnlos herum. Langsam finde ich mich damit ab, daß ich Varese, ja selbst das Tessin, heute nicht erreichen werde. Und dennoch fällt es mir schwer, nach dem glücklichen Sprung über 430 Kilometer an die Außenlandung zu denken.

Eine zähe halbe Stunde verrinnt. Ich kämpfe mich 200 Meter höher, wobei mir rätselhaft ist, woher diese Thermik kommt. Ich gehe an die Südflanke des Veltlins in der Hoffnung auf schwaches Sinken nach Westen. Die Sonne steht hier genau im Gesicht und der Dunst nimmt mir die Sicht.

Ein kleiner Stausee taucht auf. Ich gleite über die Betonmauer und sehe ein paar Wanderer neben ihren Rucksäcken. Es ist jetzt kurz nach Fünf und ich müßte die Talseite wechseln. Drüben jenseits der Adda steht die Sonne besser auf den Hängen. Doch meine Höhe ist für die Querung zu gering. Also bleibt mir nur, mit einem Gefühl des Verzichts geradeaus zu halten.

Ich schwenke eng an den Berg und in jede größere Mulde. Einzelne Bäume, die sich auf Vorsprüngen halten, werden jetzt zur Gefahr, denn gegen Sonne und Dunst vermag ich nichts mehr zu erkennen. Nach 25 Minuten kommt Sondrio näher. Aus 1000 Metern über der Stadt kann ich kleine Ortschaften und Straßen nicht mehr ausmachen. Die Luft steht im Tal wie abgeblasener Dampf.

Dann sinke ich in den Bereich des Talwinds. Die Büsche auf den felsigen Hängen schlagen heftig mit den Zweigen, doch der Wind kommt zu flach, um von den Flanken aufwärts gedrückt zu werden. Dennoch reicht es, das Flugzeug ohne Fallen vorwärts zu führen. Wenn es mir gelingt, von einer Hangecke zur nächsten zu gleiten, komme ich vielleicht bis zur Westwand des Monte Legnone. Dort am Ostufer des Comer Sees haben mich Hangwind und Sonne schon oft aus der Tiefe zurückgeholt.

Diese Hoffnung gibt mir noch einmal Kraft. Ich fliege so genau wie ich kann und lasse kein Steigen aus. Das bringt mich nochmals 15 Kilometer voran. Dann — 900 Meter über dem Tal — setzt plötzlich starkes Fallen ein. Das Vario sinkt bis zum Anschlag ab und die Buchenbüsche neben der linken Fläche biegen sich im heftigen Seewind. Doch nirgends ein Hangvorsprung, der mir aufwärts hilft.

In 400 Metern schwenke ich zur Talmitte und konzentriere mich ganz auf die Landung. An der Adda schlagen die Pappeln mit den Wipfeln und über den See von Morbegno treiben stürmische Wellen. Die Südströmung ist übermächtig, und ich hätte ihr weit nach Norden ausweichen müssen.

Über den Talboden treibt ein heißer Sturm. So steht die M-100 nach 40 Metern. Wie immer gehe ich die Rollstrecke durch das hohe Gras zurück. Kurz nach meinem Aufsetzpunkt entdecke ich einen hellgrauen Granitstein, eine Feldmarkierung, den ich um wenige Zentimeter verfehlte. Fortan hätte ich Wiesen meiden sollen.

Von einer nahen Tankstelle spreche ich mit Frau Linher in Zell. Dort wurden mehrere 500er und 12 mal 300 Kilometer geflogen. Dann rufe ich Varese. Man ist erstaunt, mich am Comer See zu wissen. „Deine Mannschaft wartet am Brenner auf Instruktionen …" Alles Glück hat seine Kehrseite und bis zum Vintschgau war ich durch glücklichstes Wetter gesegelt.

Spät in der lauen Nacht erreichten wir wieder Varese. Es war der Veltliner, der uns mit Allem versöhnte.

Neue Maßstäbe

Der Streckensegelflug wird — zumal in einer so vielgestaltigen Landschaft wie den Alpen — durch nichts so gefördert wie von der gesammelten Erfahrung Vieler.

Diese Erkenntnis war gerade in den Anfangsjahren die wesentliche Triebkraft für die sich von Sommer zu Sommer steigernden Leistungen der Vareser Flieger. Es wurden regelmäßig Abendseminare abgehalten, bei denen bekannte Flieger sprachen und mit uns diskutierten. Jeder längere Streckenflug wurde hierbei durchgegangen und an der großen Wandkarte auf mögliche Fehler und Verbesserungen hin gepüft. Wir trafen uns in Turin und Bologna bei den Freundschaftswettbewerben der dortigen Vereine und natürlich alljährlich unten in den hohen Abruzzen zur Landesmeisterschaft auf dem Flugplatz Rieti.

Über all dies berichtete unsere Zeitschrift ‚Volo a Vela'. Plinio Rovesti hatte sie gegründet und brachte sie nun in Varese zu neuem Leben und Einfluß. Seine Autorität in Sachen der Meteorologie, des praktischen Flugbetriebs, seine genaue Kenntnis der Segelfluggeschichte von ihren allerersten Anfängen und seine jungenhafte Begeisterung für die ‚ali silenziosi' — die leisen Flügel — gaben ‚Volo a Vela' Gewicht und förderten die Entwicklung dieses auf der Apenninhalbinsel noch wenig bekannten Sports.

1966 wurde Renzo Scavino ihr neuer Herausgeber, da Plinio die Leitung des Nationalen Segelflugzentrums in Rieti übertragen bekam. Ich hatte mich seit Jahren mit Beiträgen an ‚Volo a Vela' beteiligt und wurde nun ins Redaktionskomitee berufen. Wir setzten uns also zusammen und berieten, wie wir unseren Lesern zu neuen und aufschlußreichen Artikeln verhelfen konnten.

Renzo war seit jeher davon überzeugt, daß der italienische Segelflug mehr Kontakte zum Ausland und speziell zu Ländern wie Deutschland und Polen gewinnen müßte, um sich auf den großen internationalen Meisterschaften besser behaupten zu können. Ich selbst kam fliegerisch aus Österreich und konnte ihm nur zustimmen.

Dies brachte uns dazu, im Herbst 1966 an mehrere bekannte Leistungsflieger zu schreiben mit der Bitte, für unsere Zeitschrift Artikel über sie besonders interessierende Themen des Strecken- und Wettbewerbsfluges zu liefern. Viele entsprachen unserem Anliegen und wir konnten von neuen Erfahrungen lernen.

Unter denen, die uns halfen, war auch ein Flieger aus Innsbruck. Er galt als einer der besten Alpensegler des Nachbarlandes und hatte sich mit langen Strecken in die hohen Westalpen einen großen Namen gemacht. Es war Siegfried Kier.

Als mich seine Antwort erreichte, da konnte ich nicht voraussehen, daß dieser Flieger mein ganzes darauffolgendes Jahr bestimmen sollte. Sein Brief zeigte mir vielerlei. Hier war ein Könner mit unvergleichlich viel Erfahrung, der nicht nur bereit, sondern sogar erfreut war, die Alpen mit uns weiter zu erforschen. Der das, was er sich an Kenntnissen erflogen und erkämpft hatte, ohne Vorbehalte weitergeben wollte. Sein Schreiben, das mich mit einem wirklichen Alpenadler bekannt machte und zu einer Freundschaft führte, gibt all das wieder, was uns beide damals beschäftigte. Es bekam in seinen Auswirkungen für mich grundsätzliche Bedeutung und darf in dieser Rückschau nicht fehlen:

Innsbruck, den 20. Nov. 1966

Lieber Jochen von Kalckreuth!

Im Besitz Ihres Briefes von Ende Oktober freue ich mich aufrichtig, Sie und Ihre Forschungsstelle auf diese Weise kennen zu lernen. Von allen sonstigen fliegerischen Begebenheiten, die von Ihnen persönlich bekannt wurden, war der 500 km-Flug über die gesamten Südalpen wohl die größte Leistung und muß jedem, der die Streckenverhältnisse da drunten kennt, nur Bewunderung abringen. Bravo!

Bestimmt ein Dutzend mal bin ich durchs Pustertal nach Osttirol und Kärnten geflogen, ebenso einige Male über den Ortler und die Sarntaler nach Osten, aber südlich des Pustertals war mir der Talsprung bisher zu riskant.

Heuer bin ich erstmals zum Gaviapaß geflogen (südöstlich Bormio), wobei ich ein 456 km-Dreieck von Unterleutasch-Gaviapaß-Disentis (Vorderrhein) vollenden konnte.

Alle übrigen Unternehmungen südlich des Alpenhauptkamms brachten nicht den eigentlich großen Erfolg, so daß ich mich mehr der Erschließung der Schweizer Hochalpenstrecken zuwandte. Leider war ich stets allein auf weiter Flur und so ging die mir gestellte Aufgabe auch nicht so flott vonstatten.

Nachdem Sie sich der Erforschung der Südalpen verschrieben haben, können wir uns hier gut ergänzen und beim Planen größerer Dreiecke unsere gegenseitigen Erfahrungen anwenden.

Selbstverständlich bin ich gerne bereit, Ihre Bitte nach einem Artikel zu erfüllen und lasse Ihnen in 14 Tagen den Bericht über meinen Zielrückkehr-Flug nach Brig zugehen.

Ihrer freundlichen Einladung, nach Varese zu kommen, werde ich sicher in Kürze Folge leisten können. Ich möchte mich jedenfalls dafür herzlich bedanken.

Ende Juni 1967 plane ich einen 14-tägigen Fliegerurlaub in Samaden, bei dem ich selber fliegen werde und gleichzeitig anderen Leistungsfliegern etwas an die Hand gehen möchte. Vielleicht haben auch Sie Interesse daran. Es sollen auch einige Vorträge gehalten werden.

Geplant wären Dreiecke über 500 km, Zielrückkehrflüge nach Ost und West und vielleicht auch Dreiecke in den Süden. Ich würde mich freuen, wenn mein Brig-Bericht der Anfang eines regen Erfahrungsaustausches wird. Meinen Teil möchte ich gern dazu beitragen.

In 14 Tagen hören Sie wieder von mir. Bis dahin verbleibe ich mit den besten Fliegergrüßen

Ihr
Siegfried Kier

Bald darauf erreichte uns aus Innsbruck sein ausführlicher Artikel über zwei Zielrück-Flüge ins Wallis, einer davon über 540 km von der Leutasch (dem bevorzugten Abflugpunkt der Innsbrucker; dort setzt die Thermik viel früher ein als im inversionsgebremsten Inntal) nach Brig, der einem österreichischen Rekord gleichkam. Material zu einem seiner vielen anderen herausragenden Flüge, einem 517 km-Dreieck vom 12. Juni 1964 zwischen der Leutasch, Engelberg und dem Veltlin, konnten wir einer Schweizer Flugzeitschrift entnehmen. Kier flog damals eine Ka-6 CR und hatte, wie ich vermessen konnte, eine Flugstrecke von 610 km mit einem Schnitt von 80 km/h überwunden. All dies ergab für unsere Leser eine aufschlußreiche und bewundernswerte Darstellung und für mich aus erster Hand den Einblick in die Streckenflugtaktik eines Meisters.

Das, was uns in Varese stets daran hinderte, die ganzen Hochalpen unbeschwert anzufliegen, waren die schlechten Startbedingungen bei windstillen Lagen und zugleich die Unterschiedlichkeit der Luftmassen dies- und jenseits des Hauptkamms, wenn bei uns im Süden die Verhältnisse günstig waren. Siggi hatte den Vorteil, stets im Norden, also in thermisch allermeist besseren Luftmassen starten zu können. Bei geschickter Ausnutzung des Alpenwetters dies- und jenseits (das er mit scharfen Augen verfolgte) war es ihm mehrfach gelungen, dann, wenn man in die Südalpen vordringen konnte, lange Dreiecke teilweise dorthin zu legen. Damit hatte er die diffizilen Alpen flugmeteorologisch genau kennengelernt. Nun reizte es ihn, weiter gegen die Südluft (die ihn schon oft auf die Probe gestellt hatte) durch zeit- und streckentaktisch richtiges Vorgehen anzufliegen. Damit wollte er sich nicht fortgesetzt von weiträumigen und fliegerisch schönen Alpenregionen ausgeschlossen sehen.

Um ihm zu zeigen, was wir in vier Jahren gelernt hatten, verfaßte ich Anfang

1967 eine genaue Darstellung des Südalpenwetters aus segelfliegerischer Sicht und erläuterte ihm, wie wir mit der Südluft fertig zu werden versuchten. Diese Zusammenfassung zeigte ihm, daß auch mir an einer genauen und folgerichtigen Analyse des Alpenwetters lag, dem Schlüssel für wirklich lange Flüge in unseren Bergen.

Nun entspann sich eine rege Korrespondenz zwischen Innsbruck und Varese. Mit jedem Brief, den Siggi als Antwort auf meine vielen Fragen schickte, wurde mir klarer, daß seine Vorstellung vom alpinen Fliegen mich aus der ‚Provinz', vom Nebenweg auf die Schnellstraße führen würde. Seine klaren und scharfsinnigen Gedanken zu Fragen des Wetterablaufs (die ich zwar analysiert doch noch nicht zu Ende gedacht hatte), zur Anlage eines Streckenfluges bis zu den kleinen, aber wichtigen taktischen Finessen und zur Art und Weise, im Hochgebirge schnell zu sein, setzten mir neue Maßstäbe.

Ebenso wichtig war es für mich, einen Flieger gefunden zu haben, der das, was ich kannte und gelernt hatte, kritisch beurteilte. Wer das Glück hat, in welchem Sport es auch sei, dann, wenn er sich freigeschwommen hat, von einem Delphin mit ins Meer hinaus genommen zu werden, dem setzt allein sein Wille die Grenzen. Nach den Jahren des Entdeckungsdranges und des sich auf den Kurs Werfens begann in jenem Jahr für mich das stille Abenteuer der minutiös geplanten Langstrecke im Gebirge.

Dann ging Siggi auf meinen Vorschlag ein, nach Varese zu kommen und, wenn er gutes Wetter mitbringen würde, mit mir im Doppelsitzer über die Südalpen zu fliegen. Er sagte zu.

Ende April stand er auf dem Platz.

Er fragte sich nach mir durch und wir begrüßten uns, als würden wir uns lange kennen. Siggi war ganz und gar nicht der Typ des ‚kühnen Fliegers', den seine mutigen und phantasievollen Flüge hätten erwarten lassen können. Vielmehr wirkte er mit seiner breiten Statur eher erdverbunden, den Füßen vertrauend. Doch seine hellen, schnellblickenden Augen hoben ihn sofort aus der Gruppe hervor, die ihn jetzt umstand. Seine hinter gelassenen Zügen versteckte Art, anderen vorauszudenken und das mit Präzision und einem kleinen Schuß Sarkasmus, signalisierte auf Anhieb eine wache Intelligenz. In seinen Augen jedoch bemerkte ich etwas Träumerisches, als spiegelten sich Wolken darin.

Varese enttäuschte ihn nicht.

Eine frische Hochdrucklage hatte sich pünktlich zum Ostersamstag eingestellt. Wir setzten uns über die Karte und knobelten eine typische Südalpenstrecke aus, von der aus er jene Gebiete kennen lernen konnte, in denen bald seine Wendepunkte zu finden sein würden. Das Veltlin lag nahe.

Während Siggis Hand über die Gebirge am Comer See fuhr, als sei es eine technische Zeichnung, konnte ich verfolgen, wie logisch er den Kursweg aufbaute. Jetzt war er, dessen Zimmer in Innsbruck mit Landkarten regelrecht tapeziert ist, in seinem Element.

Siggi Kier (oben) und Alf Schubert

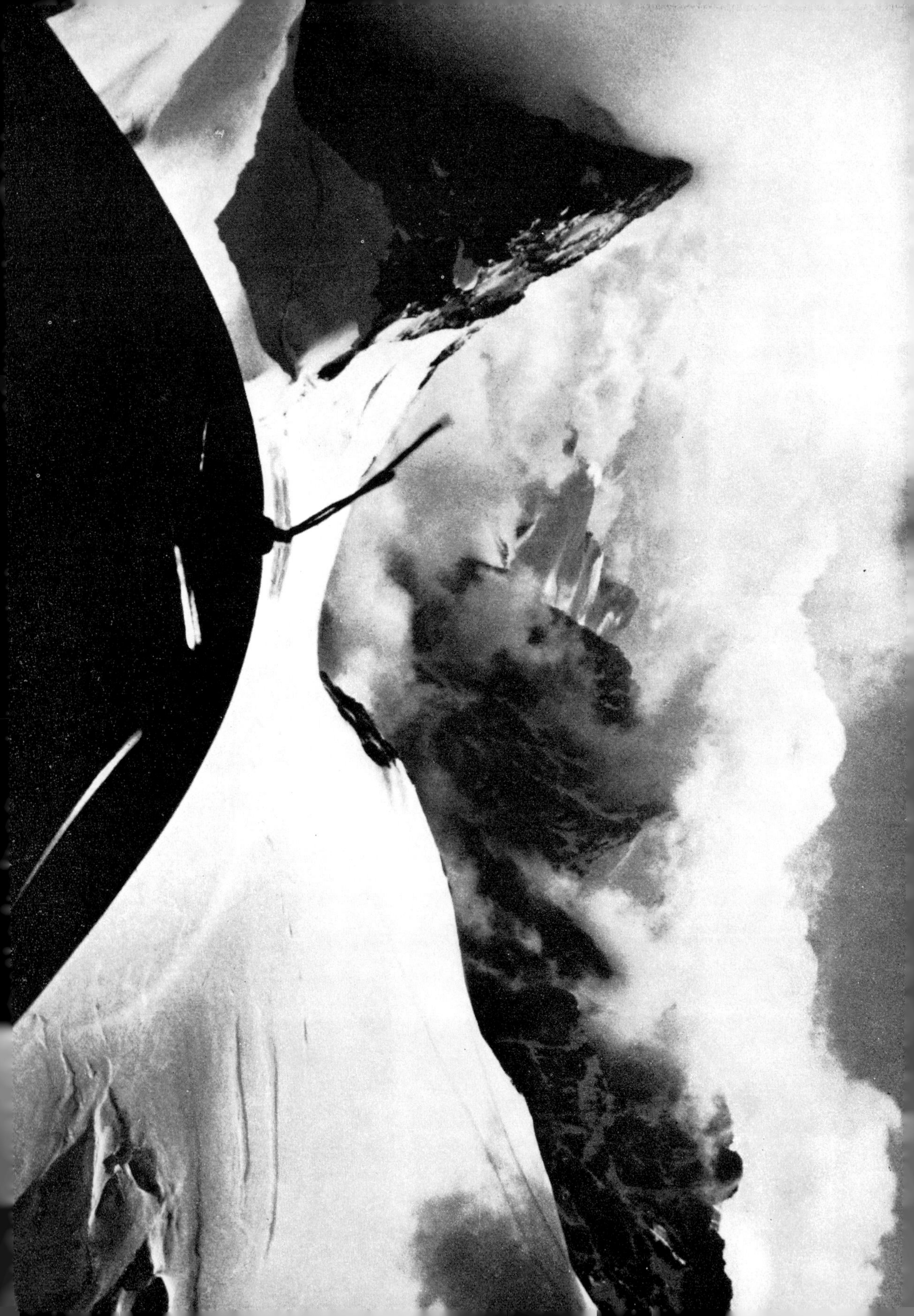

Dann machten wir die Bonaventura startklar, den schnellen italienischen Zweisitzer mit 19 Metern Spannweite. Seine Konstruktion und das äußerst formbeständige, flache Laminarprofil waren zur Zeit der Entstehung ganz Europa weit voraus. Italien hat später diese Tradition mit der Calif-Serie glanzvoll fortgesetzt.

Um kurz vor Elf stiegen wir auf. Aldo zog uns am Campo vorbei auf den Monte Lema zu. Es war einer jener für Varese so typischen Tage, an denen die Thermik am Alpenrand lange auf sich warten läßt, während im Tessin schon Wolke an Wolke steht.

In 1400 Metern werfe ich das Seil ab und gehe an den Lema. Der Bart kommt wieder einmal vom Gasthaus herauf. Ich muß das schwere Flugzeug eng in den Aufwind ziehen und hole den Knüppel mit allen Muskeln zurück. Wir steigen schnell und gehen auf Ostkurs. Ein langer Gleitflug bringt uns bis an den Garzirola. Siggi sitzt hinten und betrachtet sich die Reize der Seenlandschaft.

Am Garzirola reite ich den Westgrat auf, hole in der Gipfelmulde aus, lege noch einen Zentrierschlenker ein und kreise eng auf den Grat zu.

„Hallo", höre ich Siggi hinter mir, „tu das nicht!"

Ich weiß augenblicklich, was er meint. Es gilt als vermeidbares Risiko, den Kreis zum Fels hin einzuleiten. Er sitzt hinten in der langen Kabine und sieht nicht, was passiert. Ich kann erkennen, daß wir Platz haben, doch sein Einwand ist berechtigt. Siggi als Passagier eines Fliegers, von dem er nur den guten Willen kennt. Ich verstehe, in welch einer Lage er ist und von nun an ist er einverstanden. Ein Steinadler erscheint wenige Meter über der Kabine. Ein großes Exemplar mit hellen Kokarden auf den Flügeln. Das lenkt Siggi ab, der im hinteren Sitz sehr unbequem untergebracht ist.

Dann sind wir auf 2700 Meter und ich zeige meinem Gast unsere Paraderoute. Es geht über den Piz Ledù zum Monte Spluga und dann in pfeilschneller Fahrt über die Nordflanke des Veltlins. Unser Segler hat Masse und kann zwischen den vehementen Bärten sein ganzes Gewicht nach vorne werfen. Von Berg zu Berg werden wir schneller. Zwei Einsitzer, die vor dem Campo ausklinkten, sind uns auf den Fersen. Ich gebe ihnen über Funk einen Wetterüberblick aus dem Osten und unseren wechselnden Standort durch.

Vor dem Tonalepaß trocknen die Wolken ab. Der breite Ortler steht in farbloser Helligkeit und blendet uns selbst durch die dunklen Brillen. Wir fliegen schnell über die Paßenge und verlassen dann das Val Sole, um über schneefreien Hängen zu bleiben. Ein Schwenk nach Nordost bringt uns über Cles und der Wende Meran näher.

Das Steigen geht zurück. Siggi beugt sich nach vorn und beobachtet scharf. Dann schimpft er los. Hier leckt die Talluft Südtirols an die Ortlerfüße; nichts wie zurück ins Ultental.

Über St. Pankraz halten wir auf Meran zu. 200 Kilometer sind geflogen. Die Einsitzer haben uns während des Schwenks eingeholt. Eine Skylark-4 und der

Phoebus von Pronzati. Zusammen gehen wir auf den Rückflug. Kurz vor dem Tonale trifft die Skylark auf einen stärkeren Bart und übersteigt uns. Roberto Manzoni kann fliegen und heute ist er wieder schnell.

Pronzati liegen die Felskanten mehr. Während wir am Tonale Höhe machen, zieht er tief unter uns ins Veltlin.

Über dem Aprica-Rücken steht eine mächtige Wolke genau vor der Sonne. Ihre scharfen Konturen glühen im Gegenlicht. Die Basis ist gerade und dunkel. Als ich direkt unter sie will, meint Siggi von hinten: „geh' seitlich ran, von der Sonne her, dann hast du weniger Fallen".

4 m/s drücken uns 700 Meter höher. Hier steht wie immer der beste Bart des oberen Veltlins. Siggi registriert das genau. Sein Wendepunkt, der Gaviapaß, liegt auf Sichtweite.

Dann schießt die Bonaventura mit 160 km/h quer über die Adda. Tirano schräg unter uns. Am Monte Massucchio die übliche Kraftthermik. Wir sehen beide das enge Puschlavtal zum Berninapaß hinauf. Hier hat sich Siggi einmal aus dem schwülen Veltlin gerettet. An einer Geröllhalde am südlichen Ende des Sees bezwang er die Dunstluft geschickt. Der Preis: sein 517 km-Gletscherdreieck.

Wir gleiten nah an der Disgrazia entlang. Siggi meldet sich erneut: „nimm die hellen Kanten unten mit, nicht stur geradeaus. Da geht überall was hoch".

Der Comer See kommt langsam wieder näher. Am Monte Spluga steht spätnachmittags immer ein Bart, der bis Lugano reicht. Heute fällt es kräftig. Ich suche rings um den geröllbedeckten Bergkopf und werde unruhig. Ich kann Siggi unmöglich auf eine Wiese am Seerand setzen. Wir sinken weiter und mir fällt keine Lösung ein.

Als ob Roberto das gespürt hätte, kommt er durch den Funk: „Ragazzi, hier am Legnone geht's wunderbar rauf." Ich rufe augenblicklich zurück: „Wie hoch hast du eingefädelt?" „Sechzehnhundert" gibt er prompt herüber.

Die Querung des breiten Talausgangs geht noch leidlich. Dann aber, als wir dem kantigen Eckberg nahe kommen, drückt uns ein Windlee heftig auf die Vorgipfel. Ich muß jetzt Roberto vertrauen und kontrolliere den Höhenmesser. Dann haben wir die Windkante vor uns. Eine Starkstromleitung hängt auf ihr wie ein Zaun. Ich hole Fahrt auf und springe über die Drähte in den Hangwind der Südflanke. Steiler, grasbesetzter Fels. Ich gleite auf 30 Meter heran. Endlich Gesäßdruck.

Das Vario geht schnell nach oben und wir achten uns in 3 Metern bis zur Bergspitze. Siggi scheint zufrieden. Über dem Legnone hat sich eine breite Wolke gebildet. Ich schalte den Wendezeiger ein und will mir noch 400 Meter dazu holen; damit kämen wir im Schnellflug bis Varese und vielleicht an Robertos Leitwerk.

Das gefällt Siggi nicht. Wir sind 150 Meter über den Graten und ein Gast hat immer recht. Ich gehe auf Südwestkurs und wir gleiten in stiller Luft über die düsteren Wasser des Comer Sees. 60 Kilometer Entspannung liegen vor uns. Ich erkläre Siggi die Gebirge ringsum und wir sprechen über den gelungenen Flug.

Der schnelle Tag hat ihn sichtlich beeindruckt. Im Frühling gibt's auch hier beachtliche Lagen.

Als wir in Varese ausgerollt sind, muß ich meinen Gast aus dem Sitz befreien. Sieben Stunden mit angezogenen Knien, das verlangt nach unstillbarer Leidenschaft. Bei frischem Lachs und Lasagne, angefeuchtet mit Chianti Pillo, sitzen wir bis spät in den Abend im Clubhaus und fliegen zwischen dem Tessin und Meran herum. Dann schmieden wir Pläne für den Sommer und Flüge vom Engadin aus.

Ende Juni ist es soweit. Siggi wird seine Ka-6 E und ich eine M-100 mitbringen. Jetzt werde ich ihm nachfliegen und sehen, wie er es macht. Keine bessere Schule für den, der lernen will. Am 24. Juni um sieben Uhr früh windet sich mein Flugzeug auf dem Hänger durch die engen Kehren der Malojastraße. Ein herrlicher Streckentag steht über den Bergen. Um zehn Uhr bin ich startbereit und gehe an das Ostende der Samadener Piste. Siggi läßt auf sich warten und ich hänge mich an die Winde. Willy Mütschart zieht mich auf 350 Meter und am Muottas steht der Malojawind. Ich folge dem Berghang zum Schafberg und gehe in enger Thermik auf 3400 Meter. Damit setze ich über zur Diavolezza. Aus dem Morteratsch kommt Geröllthermik. Sie reicht fast bis 4000 Meter. Ich fliege wie im Rausch.

Dann höre ich die Vareser Freunde im Funk. Sie krebsen tief um den Campo und können nicht glauben, wie hoch ich im Engadin stehe. Auf dem steilen Biancograt bewegt sich eine Seilschaft. Ich gleite auf Rufweite heran und verfolge ihre tastenden Schritte im Harsch. Einmal fragte ich einen Kletterer: „Was machst du, wenn jetzt dein Spezi den Halt verliert?" Seine Antwort: „ich werfe mich nach der anderen Seite". Ein Drahtseilakt, an den ich angesichts der vorsichtig aufsteigenden Gruppe denken muß.

Ich wandere Stunden über die Grate der langen Bernina. Überall weht leichte Thermik herauf, vermischt mit einem Höhenwindhauch aus Südost. Eisbalkone von Hausformat hängen sprungbereit über den Muldengletschern. Dort unten landet Hotelier Wissel mit seiner gelben Maule und serviert den Gästen Alpenzauber. Siggi nutzt den Tag besser und fliegt von Innsbruck einen 500er Zielrück nach Osten.

Tags darauf ist er da.

Wir legen die Karten ins Gras und sprechen über mögliche Routen. Seine Blätter sind von blauen und roten Linien durchzogen. Unzählige Orte haben schwarze Winkel — die Wendepunkte. Siggi trägt die Gelassenheit eines Generalstäblers. In großen Zügen erklärt er mir seinen Angriffsplan aus dem Oberengadin. Wir wollen den inneralpinen Talzügen bis zu den Hohen Savoyern folgen. Ein schöner Dreieckskurs lockt zwischen Gailtal und Tegernsee. Dann ein langer Zielrück gegen die Enns.

Später setzen wir uns zu Schweizer Fliegern auf dem Zeltplatz. Bei einem Lagerfeuer entzünden sich weitere Streckenpläne. Siggi produziert unablässig Kursideen. Er hat einen Vorrat Adambräu im Kofferraum, der für eine Wüstenfahrt reicht.

Doch der Abendwind von den Hängen kühlt scharf ab und wir ziehen uns ins geräumige Zelt zu einem Glühwein zurück. Die riesigen Arven verströmen ihren Nadelduft über die Wiesen. Dann kommt die Nacht, es wird klamm und düster. Wolken ziehen auf.

Der 29. Juni sieht uns früh am Hangar. Willy hilft allen beim Ausräumen, während der Fernschreiber dieses Jet-Platzes frische Wetterdaten aus Zürich heraufholt. Das neue Hoch ist amtlich und wir setzen auf Westkurs in den steigenden Druck. Um Zehn stehen unsere Vögel wieder ganz im Osten des Platzes. Fred Wissel, der erste Gletscherpilot dieses Landes, rollt pünktlich mit der Maule heran. Eigentlich schleppt er nicht, doch wir besuchten ihn in seinem Hotel und setzten uns zu einer Plauderstunde über dicke Fotoalben. Kurz nach dem Krieg begann er, Firnlandungen zu üben, oben auf dem Eisboden des Pers. Er hatte damals einen langsamen tschechischen Hochdecker auf Skier gesetzt. Hermann Geiger kam herauf und flog mit. Fred ist ein gänzlich uneitler, besonnener Motorflieger, der noch keinen ernsthaften Zwischenfall erlebte. Seine Flugvorbereitungen sind präzise und verlangen ihre Zeit.

Um 11 Uhr 30 beginnt unser Flug. Wir wollen Brig im Rhonetal umrunden, ein Trainingsflug von knappen 300 km. Da Siggi keinen Funk hat, verabreden wir, falls möglich auf Sicht zu fliegen. Die Thermik an der Crasta Mora ist gewaltig. Ich ziehe zum Piz Nair und weiter über den Juliersee. Siggi dagegen fliegt den Talgrund hinter Bever hinauf und setzt sich sofort auf seine schon öfters beflogene Nordroute über die Grauhörner und den Oberalp-Paß.

Es ist der erste Tag des Hochs und die genau passende Dosierung der Luftfeuchte auch in den hohen Südalpen läßt mich das Problem des Hauptkamms auf diesem Flug vergessen. In Flughöhen zwischen 3400 und 3700 Metern kann ich der Kurslinie wie ein Airliner folgen. Ein Erlebnis, das mir die hohen Westalpen kein zweites Mal mehr schenkten. Ich schneide am Lukmanier-Paß direkt über Airolo in die Hohen Tessiner, quere eine halbe Stunde später das enge Val Formazza und bin schon kurz vor halb Drei am Simplon-Paß über Brig.

Der Rückflug folgt dem gleichen Kurs. Thermik um 5 m/s brennt überall aus den steilen Gebirgen. Am Splügen-Paß sehe ich mich Pronzatis Phoebus gegenüber. Dann setze ich über das Averstal zum Endanflug an. Um Fünf bin ich wieder über St. Moritz. Ich steche den Hangar an und ziehe einen Looping über den Platzrand. Was macht's, daß wir einen 500er verschenkten!

Siggi ist schon zurück. Er hatte im Norden schwächere Bärte und meist wolkenlosen Himmel. Das bewog ihn, hinter der Furka abzudrehen. Ich hatte aus dem Süden die stabile Färbung des Himmels über dem Hochtal von Andermatt genau erkennen können. Ganz offensichtlich war die neu eingeflossene Luft im Norden des Hauptkamms noch nicht genügend labilisiert, also an den Felsen aufgewärmt worden. Siggis Meinung von den Südalpen wird immer besser.

Dieser Tag gibt uns einen mächtigen Schwung. Die Westroute birgt einzigartige landschaftliche Schönheiten und das gerade Rhonetal lockt bis an den Mont Blanc. Am 1. Juli scheint der Tag für einen 540 km Zielrückflug gekommen. Der Wendepunkt soll Ugine in Frankreich sein, genau in der Kursverlängerung des Hochtals von Chamonix.

Diesmal haben wir uns Fred schon zeitig bestellt. Zuverlässig brummt die kleine Maule über den Platz. Um 9 Uhr 34 hänge ich am Seil. Doch heute ist die Thermik böig und nimmt nach der Höhe hin ab. Starker Hochdruck erwärmt die oberen Luftschichten.

Am Talschluß des Beverbachs warte ich auf die Ka-6. Siggi klinkt niedrig aus und geht sofort an die steilen Rippen der Crasta Mora. Dann achtet er eng zur Kante. Zum ersten Mal kann ich ihn segeln sehen. Er hat das Flugzeug behend in der Hand und die Kurvenwechsel kommen ohne Ansatz. Jetzt kreist er unter mir über hohem Alpboden.

Plötzlich richtet er auf. Was ist denn da? Etwas fliegt um ihn herum.

Ich gehe auf die Fläche und entdecke einen Adler, der Siggi zu schaffen macht. Er wehrt ihn ab wie eine Wespe. Scheinbar hat der Vogel seine Jungen in der Nähe.

Siggi gleitet ab und zieht über die Gratsenke an der Albulastraße nach Westen. Ich drücke aus meiner Höhe in hohe Fahrt und setze ihm hinterher. Ohne Verhalten huscht die Ka-6 an den Berghängen entlang. Wir kreuzen die Julierstraße und finden uns kurze Zeit später in der Südostmulde des Piz Curvèr. Es bewegt sich verdammt wenig. Die Thermik war im Hochtal des Engadins schon leidlich entwickelt, doch hier ein Stockwerk tiefer baut sie gerade erst auf.

Dünne Schleier wehen über den grauen Schiefer der schrägen, spaltigen Wände. Wir legen unsere Suchkreise nebeneinander. Nach mehreren Minuten ist mäßiges Steigen geortet. Eng und verhalten geht es an der östlichen Gratkante versetzt in Richtung auf den Gipfel. Als wir über den Rücken nach Westen sehen können, geht Siggi sofort aus dem Kreis.

Wir springen über die Steilschlucht der Via Mala, in der das Wasser sprüht und kocht. Unter dem Piz Beverin das gleiche Manöver. Siggi segelt ohne Schnörkel. Wo sich die Luft nicht bewegt, hält es ihn keine Minute. Der Weg zu hohen Schnitten.

Unter großer Konzentration arbeiten wir uns von Querkamm zu Querkamm über die Adula. Dann endlich, nach einer dreiviertel Stunde, werden aus den Schleiern Cumuli mit verheißungsvoller Basis. Die Thermik wird plötzlich stark. Ich hetze hinter Siggi her, ohne den Kurs auf der Karte verfolgen zu können. Nach 80 Kilometern läßt die Ka-6 ihre Flächen blitzen und kurbelt mich aus.

Unter Siggi quere ich den Vorderrhein. Dann nehmen wir vor dem Oberalbstock den nächsten Bart. Wir hätten schon längst zur Nordflanke des Rheintals übersetzen sollen, wo die direkte Sonne eine Reihe heller Wolken aufblies.

Nach wenigen Minuten dreht sich die Ka-6 hoch über mir in den Dunst der lichten Basis. Siggi richtet auf und huscht als Silhouette mit hoher Fahrt der Furka entgegen. Mir fehlen noch 500 Meter. Erst am nächsten Abend werden wir uns wieder sehen.

Der Flug führt über Andermatt und den Nufenenpaß nach Brig. Dieser Kurs ist nicht ideal, aber die Thermik steht verläßlich. Doch am Simplon kommt Luft aus Südwest in das hier schon alte Hoch. Ich fliege weit in die Berge versetzt und mühe mich von Kamm zu Kamm. Dann lasse ich die Rhone im Norden und springe an die Talmulde von Chamonix. Unter dem Mont Blanc gebe ich auf, denn in Richtung des Arlytals wird der Dunst gefährlich.

Der Flug zurück verlangt alles. Vom St. Bernhard bis Brig brauche ich Stunden. Die Hitze dörrt mich aus. Am frühen Abend komme ich über dem Rheinwaldhorn noch einmal an die Basis, doch jenseits des Bernardino-Passes geht der Streckentag zu Ende. Ich gleite durch die bewegungslose Südluft 50 Kilometer nach Südwesten ab und kurve nach neuneinhalb Flugstunden über dem Flugplatz von Locarno.

Reihenweise Flugzeuge am Platzrand und in der Luft. Ich fliege meine Landeschleife und schwebe müde in die Piste. Bonanzas und Cessnas passieren mich achtlos. Als ich stehe, empfangen mich Scharen von Zuschauern. Ich stehe mitten in der Schweizerischen Motorflug-Meisterschaft.

Dann nehmen sich die Segelflieger des Tessins meiner an. Das Bier kann nicht kalt genug sein. Schwärme von Stechmücken aus den Seewiesen verderben uns den Abend am offenen Grill. Längst hat hier die sommerliche Schwüle das Regiment ergriffen, von der wir unter der Bernina so fern sind.

Am darauffolgenden Mittag lasse ich mich in die träge einsetzende Thermik zum Garzirola schleppen, gehe durch eine schwammige Wolke auf 3000 Meter und bin damit bald am Piz Badile. Auch dort muß ich aufpassen, denn die Bärte stehen weit auseinander. Kaum über den Maloja, bewegt sich die Luft quicklebendig. Thermik und flache Wolken überall — ein verlockender Streckenhimmel nach Osten.

Siggi treffe ich abends auf dem Zeltplatz. Er hatte eine Nachtfahrt hinter sich.

Nachdem er Ugine umrundete, wurde die Zeit für den Rückflug zu kurz. In der Dämmerung setzte er sich auf den Flugplatz von Airolo. Wenige Tage später will Siggi in einem Zwischenhoch um ein 350 km-Dreieck zwischen Oberalp und Arlberg.

Wir beginnen den Kurs gemeinsam. Am Curvèr sind wir diesmal wirklich im Keller und die Wolken hängen unscharf unter den Graten. Die Ka-6 schnürt um die Kanten und geht im Tiefflug weiter. Ich wende und arbeite mich mühsam über den Julierpaß ins Engadin zurück. Hier liegt die Basis jetzt auf über 3500 Meter und das Hochtal zeigt wieder einmal, daß es eine Thermikoase ist. Ich lande kurz nach Vier. Siggi kommt zwei Stunden danach über den Platz. Die Wolken haben sich geschlossen und hängen fast bis zum Muottas. Ganz tief zieht er weiter nach Pontresina und umrundet den Ausgangspunkt Morteratsch-Bahnhof dicht über den Arven. Nach der Landung bleibt er erschöpft im Sitz. Schon am Arlberg fehlte wenig zu einer riskanten Außenlandung.

Dann regnet es tagelang. Wir sitzen über den Karten und diskutieren. Es wird Zeit, daß wir nach Osten fliegen. Siggi hat ein Dreieck zwischen dem Gailtal und den Tegernseer Bergen auf dem Programm. Er zeigt mir, wie er es fliegen will und kommt weitab vom Kurs. Dreiecke quer über die Gebirge werden immer um 15—20 Prozent länger, denn man muß ja den Aufwinden folgen. „Mußt halt schneller fliegen", lacht er.

Ich will endlich zu einem 500er, der mich nicht auf die Distanz einer Tagesreise zum Flugplatz bringt. Und das bedeutet Zielrück. Hofgastein liegt als Wende genau passend. Ich kann den Massiven am Inn und der Salzach entlang folgen. Flugleiter Risch, uns Segelfliegern wohlgesonnen, setzt einen Preis für den ersten 500er von Samaden aus — ein imposantes Hirschgeweih.

Zum ersten Mal mache ich mich über einen Flugzeitplan. Er zeigt mir die Streckenabschnitte, die auf der M-100 von Stunde zu Stunde überwindbar sind. Meistens Distanzen zwischen 70 und 90 Kilometern. Systematisch bereite ich mich mit der Karte vor; dieser Flug soll unsere Tage im Engadin abschließen. Siggi weist mich darauf hin, daß wir beim Heimflug gegen die Sonne und in ein sehr hohes Tal zurück müssen. Ich weiß, wieviel Zeit das kosten kann. Was es uns wirklich kosten sollte, das wußten wir beide noch nicht.

Am 12. Juli ist das Wunschwetter da. Guter Gradient, windstill, Hochdruck mit ersten Tendenzen der Abschwächung von Südwesten. Fred Wissel zeigt sich als Sportsmann und hilft uns noch einmal früh in die Luft, denn an Willys Winde kommen wir über den spät einsetzenden Malojawind am Muottas nicht zeitig genug auf den langen Kurs. Siggi läßt mir den Vortritt und ich lege mich an der Crasta kräftig ins Zeug. Die Thermik ist um kurz vor Zehn schon voll entwickelt und an den Berghängen über Zuoz stehen 2—4 m/s in Ketten.

Als ich über Zernez zum Nuna springe, gleitet Siggi unter mir nach Osten. Eine Viertelstunde kann ich ihm auf Sichtweite folgen, dann ist die Ka-6 an den Wolken der Silvretta verschwunden. Ich fliege sorgfältig nach meinem Zeitplan und bleibe hoch. Trotzdem bringe ich es auf 80 Kilometer während der ersten Stunde.

Hoch über Serfaus quere ich den Inn zum Kaunergrat. Über allen Massiven reihen sich Streckenwolken zu Schnellbahnen. Auch voraus an den Ötztalern scheint die Thermik großartig. Ich schneide das Tal weit im Süden und gehe die Stubaier an.

Ein weißes Flugzeug pfeilt links neben mir auf Gegenkurs über die Grate. Ich grüße mit den Flächen, doch Alf Schubert sieht mich nicht. Sein Diamant nimmt die helle Luft wie ein Gedanke und Alf fliegt ihn wie immer mit äußerster Konzentration. Sein Wendepunkt ist der Oberalp-Paß. Er erreicht ihn und landet abends wieder in Zell nach 640 km. Ein neuer Landesrekord.

Um halb Eins setze ich über die Brennerstraße zum Tuxer Joch. Wir hatten besprochen, nah am Hauptkamm zu fliegen, um von den heißen Inversionsbecken der breiteren Täler ungestört zu bleiben. Über Hintertux gleite ich an die Südwestkante der Langen Wand. Das Steigen ist schwer zu finden und die löchrige Basis über mir warnt mich vor übereiltem Abflug. Jetzt merke ich, daß hier Südluft durch die Scharten der Zillertaler schleicht und den Gradienten vergiftet.

Nach 15 Minuten habe ich die Wand durchstiegen und springe über den stillen Zillergrund. Da sehe ich tief an den Bannwäldern eine Ka-6. Es ist Siggi. Ich erinnere mich, daß er hier über den Hauptkamm ins Gailtal wollte. Er war, wie ich später erfuhr, eine halbe Stunde vor mir über das Tuxer Joch geflogen und der Südluft in die Falle gegangen. Es kostete ihn über 40 Minuten, wieder zur Operationshöhe hinauf zu steigen. Der Zeitverlust zwang ihn, sein schönes Dreieck an diesem Tage aufzugeben.

Ich fliege meinem Plan nach und bin um viertel vor Zwei am Imbachhorn über dem Zeller Platz. Die M-100 wird schnell und erreicht die Wende genau wie ich wollte um zwei Uhr.

Der Rückflug bringt mich an die Hohen Tauern. Vom Reichenstein gehe ich wieder an die Zillertaler, über denen jetzt starke Thermik steht. Dann halte ich erneut über das Tuxer Joch und komme nach langem Gleiten an die Waldrastspitze über dem Stubaital. Die feuchte Südluft hat unübersehbare Spuren hinterlassen, denn die Wolken beginnen ihre Formen zu verlieren und fließen über weiten Schattenfeldern in die Breite. Sofort ist die Thermik weg.

Ich halte mich in schwachem Steigen, viele Minuten lang. Dann ist der Fels wieder warm und in 3 m/s vermag in die Gipfel weit zu übersteigen. Erst um viertel nach Vier kann ich den Acherkogel anfliegen. Das Ötztal liegt in matter Sonne, die von Süden her abgeschirmt wird.

Jetzt spüre ich, was Gegensonne heißt. Ich muß um den schattigen Berg in fortwährendem Fallen herum, bis der sonnige Fels wieder auftaucht. Die Thermik schwächt unausgesetzt ab und ich verliere 10 Minuten, um auf 3000 zurück zu steigen. Ringsum zerfallen die Wolken. Höhenwind setzt ein aus Südwest.

Um Fünf gleite ich tief unter dem Wildgrat an eine Wand und versuche, im Hangwind zu steigen. Dafür ist die Strömung zu uneinheitlich. Überall geht es hinunter und die Wolken sind lange, graue Bahnen. Das schon so oft durchstandene Gefühl eines neuen Fehlschlages setzt mir zu. Schneller als heute konnte ich auf der M-100 nicht sein. Wo lag der Fehler diesmal?

Ich setze meine letzte Hoffnung auf den Kaunergrat, der dem Südwest genau entgegensteht. Wenn, dann komme ich dort mit Sonne und Wind noch einmal über die Gipfel. 90 Kilometer trennen mich von Samaden, das muß doch zu schaffen sein.

Der Gleitflug über das Pitztal wird zur Marterstrecke. Das Vario kann nicht mehr als 5 Meter Fallen registrieren. Ich verliere 600 Meter und hänge schließlich ohne Hoffnung im Kessel von Prutz. Viel zu tief, um noch irgendwo Anschluß zu bekommen. Im Gegenteil.

Ich muß sofort an die Landung denken.

Vor dem Aletschgletscher

Ein schmales Feld südlich der Ortschaft, der grünen Färbung nach hohes, unreifes Korn. Das schlingt sich um die Höhenruder und kann sie beschädigen. 500 Meter über dem Inn sondiere ich weiter. Bucklige Wiesen mit einzeln verstreuten Obstbäumen — alles andere als sichere Flächen. Ich gehe in Richtung auf Serfaus, doch hier sind die Wiesen von Heuständern besetzt.

Dann erkenne ich eine Wiese, die genau auf das Kraftwerk Prutz zu läuft. Stränge von Leitungen umsäumen sie, doch der Anflugbereich ist frei. Mitten durch dies Geviert geht ein Fußweg, ein heller Streifen, der sicher überrollt werden kann. Ich kurve über dem Kraftwerk herab und kontrolliere den Anflugweg aus Westen. Er geht über den Fluß und verlangt schließlich einen scharfen Schwenk nach rechts.

In diesen Minuten ist mir flau und ungewiß zumute. Der Flug in der Julihitze hat mich ermüdet und zwingt mich nach 8 Stunden zu einer Präzisionslandung. Der mitreißende, gelungene Rhythmus des Segelns nach den Notizen meines Plans klingt in einer scharfen Disharmonie, fast einer Bedrohung aus. Die schattigen Steilhänge des Pfrodlkopfs stehen kalt und unbeteiligt über mir und nirgends ist mehr eine Spur der fröhlichen, schnellen Mittagsstunden.

Ich fasse mich und schwenke zum Anflug über den Inn. Langsam gehen die Bremsklappen aus den Flächen und steuern das steile Gleiten über dem braunen, tosenden Fluß. Als ich rechtwinklig zur Wiese schwenke, kommt ein Tankwagen über die Straße, die ich nehmen muß. Ich drücke die Bremsen herein und springe über eine metertiefe Böschung ins Gras. Die M-100 folgt meinen Gedanken augenblicklich.

Als ich aufsetze, stockt mir der Atem.

Kaum 50 Meter voraus quert der Fußpfad die Wiese — doch auf einer halbmeterhohen Trasse aus Kies. Ich rolle mit 70 km/h und die flache Erdmauer nähert sich rasend schnell. Ohne nachzudenken, gehe ich mit allen Rudern nach rechts, denn die Wiese bietet dorthin noch Platz. Die Fläche streift über das kurzgemähte Gras und die M-100 setzt zum Schwenk an. Dann ist die Trasse da.

Es kracht und birst und mir schneidet es durchs Herz.

Bevor ich weiß, was geschah, finde ich mich unter dem Flugzeug. Keine Möglichkeit, aus den Trümmern zu kommen.

Dann höre ich Stimmen und sehe nur Füße auf mich zu laufen. Man hebt die vom Rumpf gerissenen Flächen und dreht die berstende Kabine wieder aufs Rad. Erstaunte Gesichter.

Ich steige aus und beruhige die Leute. Dann bewege ich Arme und Beine. Nirgends die Spur einer Schramme.

Jetzt erscheint die Feuerwehr von Prutz mit Blaulicht und Horn. Wir tragen das zersplitterte Flugzeug an die Straße und man bemüht sich hilfsbereit um mich. Vor Stunden ist das neue Schwimmbad des Ortes fertig geworden. Der Hauptmann der Wehr läßt es sich nicht nehmen, mich zu einem Bade hinüber zu fahren. Ich springe in das blaue Becken und vergesse bei 18 Grad Wassertemperatur augenblicklich meine Zerknirschung. Ich lege mich auf den Rücken und lasse mich treiben. Der Himmel ist blaß und die Sonne kommt flach über die Silvretta. Dann sehe ich die Kontur einer Ka-6 genau über dem Ort.

Das kann nur Siggi sein.

Er hatte die gleichen Mühen wie ich und wollte nicht in Innsbruck zu Boden. Also kämpfte er sich nach Westen, wie es seiner Art entspricht. Er entdeckte meine Trümmer und befürchtete das Schlimmste. Doch auch seine Höhe ließ ihm keine Chance für den Rückflug. Er wußte bei Serfaus von einer langen Wiese, die er jetzt ruhig anflog. Doch es war Heuzeit und sein Landefeld war übersät mit den hölzernen Trockengestellen. Auf dem Acker daneben arbeiteten Bauern und er konnte den lautlosen Anflug nicht riskieren. Das kostete Siggi den Rumpf.

Prutz half mir wo es konnte und die Feuerwehr löschte schließlich meinen grimmigen Durst. Abends ging ich durch den kleinen Ort nach Süden und fand das schmale Feld, das ich verworfen hatte. Es maß 50 auf 150 Meter und sein kurzhalmiges Korn hätte mich wie ein Federbett aufgenommen.

Drei Tage danach waren wir wieder am Flugplatz vereint. Unsere Vögel standen in den Werkstätten und wir sonnten uns auf den Wiesen am alten Inn. Die träge vorbei flanierenden Forellen riskierten, mit Kieseln beworfen zu werden. Zum Glück war der Biervorrat immer noch nicht erschöpft.

„Warum sind wir nicht rum gekommen?“ fragte ich mich selbst.

Ich sah Siggi an und erklärte, daß wir 40 Minuten früher hätten abfliegen können. Das war die Zeit, die uns abends fehlte.

Siggi lachte trocken und kniff die Augen zu.

„Was hätt' i mit'am Hirsch gmacht?“

Er hatte wieder mal recht.

Es blieb noch soviel Zeit, die Hirsche über den Alpen zu jagen.

Im eigenen Flugzeug

Obwohl der Schnee Anfang März 1968 noch in großen Flecken bis in die Senken des Schwarzwaldes hing, standen erste durchsichtige Streckenwolken träumerisch über den Flanken des Rheintals.

Die Luft ging kühl und vermischte sich in der Sonne mit dem Geruch von Erde. Ich war auf dem Weg in die Alpen.

Nach dem langen Walensee fuhr ich an Chur vorbei und in die Via Mala. Dann begannen die Kehren. Der kleine BMW nahm die geschwungene Schnellstraße zum Bernardino-Paß mit 600 Kilo an der Hängerkupplung erstaunlich leichtfüßig. Kurz vor der Paßhöhe fuhr ich in den langen Tunnel, der einem 300 weitere Höhenmeter erspart und es wurde dämmrig.

Nach mehreren Minuten winkte ganz in der Ferne ein Lichtpunkt. Die Fahrbahn hatte jetzt leichtes Gefälle und der lange Zug rollte mit halbem Gas nach Süden. Weißes Licht erglühte in der größer werdenden Öffnung und mir schien, als führe ich geradewegs in einen Feuerofen.

Dann stand ich auf dem Paß in der blendenden Helle. Meterhohe Schneemauern säumten den Parkplatz und der Windzug von den weißen Hängen ließ der Sonne erst geringe Chancen. Schon oft hatte ich die Alpen über diese Treppe genommen, doch so schön wie heute war mir der Bernardino noch nie erschienen.

Ich ging um den Wagen und öffnete die Klapptüren des silberfarbenen Hängers. Schimmernd weiß lagen Flächen und Rumpf in den Halterungen. Ein Duftschwall von Sperrholz, Leim und Lack drang aus der dunklen Röhre. Ich schloß die Augen und setzte mich in die S.H.K. Schon sah ich den Paß aus dem Flugzeug. Hier das Rheinwaldhorn mit seinem Rückengletscher und den Granitflanken nach Süden ins Calancatal, dort der schmale Turm des Piz Ucello. Der beste Bart steht immer an der westlichen Flanke über den Murmeltierbauten. Zum Splügen hinüber sind es fünf Gleitminuten. Letzten Juli kam ich dort oben nicht mehr über den Grat, auf dem Rückflug vom Mont Blanc nach Samaden.

Ich schloß den Hänger und bog wieder in die Schnellstraße ein. Das Mesolcinatal öffnete sich unter den Kehren und der feine Dunstschleier auf halber Höhe der rötlich getönten Berghänge erschien mir heimatlich. Ein neuer Streckensommer lag vor mir und ich hatte mein eigenes Flugzeug. Mit wem hätte ich tauschen wollen?

*

Ende März ist die S.H.K. startklar. Die Instrumente sitzen dort, wo ich sie brauche. Aldo, unser Werkstattkünstler (du kommst in den öligen Arbeitsraum und er sieht nicht einmal von seiner Vergaserleiche auf; dabei hat er dich längst gehört und denkt sich: womit kann ich ihm heute helfen?) ist im Frühling genau wie wir auf nichts mehr aus als aufs Fliegen und hängt tagelang mit dem Kopf unter den Instrumenten der Clubsegler. Wenn man ihn sucht, braucht man nur nach dem Pfeifen hören, das aus einer der vier Hallen dringt.

Er hat mir ein Brett nach Maß gemacht und dazu eine Sauerstoffanlage, die ich im Flug in Betrieb setzen kann. Ich nehme mir die Sinkpolare vor und versuche mir vorzustellen, bis wo ich aus 1300 Metern vom Campo kommen werde. Ob es zum Lema reicht? Flächenbelastung, bester Fahrtbereich, wie steil soll ich kurbeln, und schließlich der McCready-Ring.

Die Oberfläche der Flügel ist makellos. Die Idee des Österreichers Kunz, den Zentralholm durch eine Vielzahl von Stringerbändern über den ganzen Bereich der Fläche zu ersetzen, und dieser Holzkonstruktion hiermit eine noch nicht erreichte Festigkeit und Formbeständigkeit zu geben, war zum ersten Mal 1959 bei seiner Standard-Austria angewandt worden. Klaus Holighaus hatte dies Flugzeug weiterentwickelt und war über die Standard S.H. zur 17m-S.H.K. gelangt.

Dann kommt der erste Start.

Aldo nimmt mich ans Seil und steigt behutsam über den See. Nach einer weiten Schleife bis Gavirate gehen wir an den Campograt. Die Kabine ist lautlos und es duftet nach Technik und Abenteuer. Die Zeiger der Instrumente bewegen sich ruhig und über den richtigen Werten. Der kurze Knüppel, eher ein schmaler Taktstock, folgt dem Antippen des Daumens und des Zeigefingers und läßt die Flügelspitzen zucken.

Dann bin ich im ersten Bart.

Er kommt weich und breit aus den grünen Hängen. Das Flugzeug liegt ruhig und schneidet geräuschlos durch die steigende Luft. Langsam werde ich enger. Die hohen Schmetterlingsruder wirken trotz des kurzen Rumpfes sofort. Jetzt hängt die S.H.K. mit 40 Grad und 85 km/h stabil und leichtgängig in 3 Steigmetern. In den Böen schnellt die Fahrt kurz herauf.

Ich weiß sofort, daß dieser Vogel für die Alpen gemacht ist. Nach vielen Jahren in den engen Kabinen des Spatzen und der M-100 erscheint mir der Segler wie ein fliegender Teppich. Der Rücken liegt bequem auf dem flachen Schirm und die Fußspitzen kommen gerade an die ganz nach vorn geschobenen Pedale. Die schwebende Leichtigkeit des Segelns wird erst durch ein solches Sitzen vollkommen auf den Piloten übertragen und die Harmonie der Kreise und Aufschwünge geht in alle Nerven über.

In 1500 Metern gleitet die S.H.K. in die Schwaden der feuchten Frühlingswolke. Ich visiere den Lema an. Dieser 20 Kilometer-Talsprung nach Norden war für die M-100 immer eine Sache der knappsten Kalkulation. Das Flugzeug folgt dem kurzen Knüppelwippen und pfeilt davon. Bei 100 km/h steht das Vario auf einem dreiviertel Meter Fallen. Ponte Tresa zieht unter mir durch. Den engen Bart über Sette Termini durchfliege ich mit einem Zug nach oben.

Dann ist der Lema da. Er wird nicht höher, sondern flacht sich ab. Ich sitze gespannt und höre das Ticken der Borduhr. Die Flügelnasen brechen die Sonne wie Porzellan. Nach genau 12 Minuten schneide ich in die Thermik über dem Rasthaus, das 150 Meter unter mir liegt.

Ich setze in 3 m/s nach oben. 200 Meter sind hier genug. Damit reite ich dem Grat zum Tamaro nach, den Windungen des steilen Rückens entlang. Überall fühlt die S.H.K. neues Steigen. Minuten später sehe ich Locarno unter mir. Auf dem Lago Maggiore liegt ein Haarnetz feiner Wellen. Ich springe über den Ticinograben und komme hoch an die Steilhänge der Cima del'Uomo.

Jetzt merke ich, daß der Knüppel mich die Bärte mit einem feinen Vibrieren fühlen läßt, kaum daß wir dem Steigen nahe sind. Der heiße Schwall von den Kastanienhainen ist gewaltig und treibt das Flugzeug wie eine Feder zu den Wolken. Ich überlasse ihm alle Ruder, denn es merkt von selbst, wo die Thermik zieht.

Plötzlich spüre ich den Höhenwind aus Nordwest, der an den Wolken einsetzt. Die Luft wird unruhig. Ich ziehe an ihnen herum windauf und stelle die S.H.K. auf die Flächen. Sofort setzt Steigen ein. Nach 300 Metern bin ich schon in der laminaren Strömung. Es folgen Minuten der Stille. Ich pendle in weiten Achten in der Welle und steige auf 4600 Meter. Voraus im Norden künden flache Wolkenschöpfe neue Wellen. Ich drücke den Knüppel um Millimeter nach vorn und die S.H.K. fängt an zu jagen. Mit 150 km/h schneidet sie durch die regungslose Luft und das Fluggefühl ist berauschend.

Nach zwei kurzen Anstiegen stehe ich schließlich vor Airolo in 5600 Metern. Ich ziehe tief an der Atemmaske und verfolge die Außentemperatur auf einer kleinen Skala, deren Fühler im Fahrtwind der Lüftung steht. In 6000 Metern werden es minus 18 Grad und die Kabine ist kühl. Doch die Rumpfnase ist dicht und mit wattiertem Stoff gepolstert.

Im Funk meldet sich René Eibicht. „Bist du im Engadin?“ frage ich zurück, denn dort ist er zu Haus. Doch René steht nicht weit von mir in seiner Ka-8 über Biasca und kommt heute aus dem Tessin.

Am Spätnachmittag drehe ich hoch nach Westen und gleite in weitem Bogen über das Val Formazza und den Simplon-Paß. In Domodossola habe ich immer noch 3500 Meter. Damit kehre ich nach Südosten zurück.

Ich trimme das Flugzeug auf 140 und lege den Kopf an das kleine Polster zurück. Leise pfeift die Luft im Bugschlitz und ich gleite über eine kaum merkliche Kurvenbahn zum Lago Maggiore. Der Monte Zeda schwimmt im Abendlicht und das weite Wasser wird dunkel und tief. In diesen Minuten wird mir bewußt, daß ich eine neue Dimension des Fliegens gewonnen habe.

*

Wenige Tage danach bin ich wieder über Locarno. An der Basis blitzt ein weißer Schemen auf. Ich rufe auf der Schweizer Frequenz. Heinz Huth antwortet sofort. Die Überraschung ist vollständig. Ich gehe neben die ASW-12 in den Kreis und versuche, sein Gesicht zu erkennen. Heinz Huth, der zweifache Weltmeister, über den Südalpen — das ist ein gutes Vorzeichen.

Tags darauf fahre ich mit dem Wagen zum Flugplatz am Ticino. Ich begrüße den langen Flieger, ‚Taube', seine Frau und Missis Padget. Man ist zum Training hier für die Weltmeisterschaft in Leszno. Wir setzen uns in die Wiesen und picknicken aus dem Korb. Dann geht Heinz mit mir zum ‚Dreamship', wie es in hellen Buchstaben auf der Rumpfnase steht. Die englische Gönnerin hatte es dem deutschen Leistungsflug zur Verfügung gestellt. Weder früher noch später habe ich ein Flugzeug von vergleichbarer Schönheit gesehen, mit dem Gerhard Waibel nicht nur ein erfolgreicher Erstling, sondern mehr, eine Synthese aus Technik und Kunstform gelang. 1963 zeigte mir Björn Stender seine erste BS-1 im Wendlinger Schuppen. Das war, und ein Blick genügte dafür, eine neue, die zukünftige Vorstellung vom Segelflug. In der ASW-12 fand dieser Gedanke seine zeitlos gewordene Vollendung.

Heinz ist beeindruckt vom Alpensegeln. Aus Vorsicht verläßt er den weiteren Platzbereich nur in großer Höhe. Seine einzige Landehilfe besteht nämlich aus einem Bremsschirm, der — welch weltfremde Idee — nicht abwerfbar ist. So ist Heinz an den Ticino gekettet. Wie gern hätte ich ihm das Veltlin und den Ortler gezeigt. Abends treffen wir uns im Haus von Roberto Nodari, dem Leiter der Segelflieger von Locarno. Der Kamin prasselt und Tessiner Spezialitäten beladen den Tisch. Ein dunkler Merlot, von Robertos Vater gekeltert, der nach Traubenschalen schmeckt, als sei man oben im Weinberg, belebt unsere Runde.

Heinz erzählt von Argentinien und den Flügen über die Pampa. Dort holte er sich auf einer Ka-6, der ‚Alten Liebe', 1963 seinen zweiten Meistertitel. Heinz, der ruhige, bescheidene Hamburger, ist ein Phänomen in Sachen des segelfliegerischen Kalküls. Er dachte die einzelnen Phasen des schnellen Fluges bis zum langen Gleiten heimwärts konsequent und logisch zu Ende und flog allen auf und davon. Diese gedankliche Leistung nützt uns noch heute.

Wenige Tage darauf entdecke ich folgende Schlagzeile: „Adler greift Segelflieger an."

Ich lese, daß Heinz über der Cima del'Uomo mit einem großen Steinadler kollidierte, ein trauriger Unfall ohne Absicht seitens eines der Thermikflieger. Bald erfahre ich von ihm selbst, wie es dazu kam.

Sie flogen im gleichen Bart und Heinz verfolgte bewundernd diesen Sagenvogel der Berge. Plötzlich vollführte der Adler eine unvermutete Kehrtwendung und ging auf den Gegenkreis. Heinz hob die Fläche — zu spät. Ohne das farblose Flugzeug gegen die Schneehänge gesehen zu haben (von solch einem Fall habe ich später nie wieder gehört), prallt der Vogel gegen den rechten Außenflügel. Heinz spürt einen harten Schlag und geht sofort aus dem Kreis. Das Tier fällt wie ein Stein in die Tiefe. Die ASW kurvt vorsichtig ins Tal (ohne Bremsen dauerte das endlos) und landet. Ein Schaden wurde nicht gefunden.

Eine Gruppe zog los, um den Vogel zu suchen. Doch die Hänge sind steil und von dichtem Gehölz besetzt. Monate später fanden Bauern den Adler und brachten ihn zum Platz. Die Spannweite maß zwei Meter. Ich bemerkte deutlich, wie Heinz dieser Unfall traf. Er, der mit dem Adlerpaar jener Region seit Tagen gesegelt war, verwand das Erlebnis nur schwer.

Mitte April sitze ich wieder einmal im Ruderboot und hole mir Kraft auf dem Vareser See. Es geht bis zum Westufer und zurück. Dieser See ist voller Fische, die nah am breiten Schilfrand stehen. Ich kenne die Fischer und gehe längsseits, wenn sie die Netze heben. Sie tun das mit langsamen Bewegungen, scheinbar ohne Emotion. Doch jedes Mal sind sie gespannt auf ein Zeichen aus den moorigen Tiefen. ‚Pesce persico', das ist hier ihr bester Fang — der kleine Seebarsch, der in Norditalien als besondere Delikatesse gilt. Ihre Boote sind lang und ganz flach. Sie rudern stehend hinten am Heck mit einer hohen, schmalen Stange. Diese quirlen sie mit runden Bewegungen durchs Wasser in der Art einer Schraube. Es kostet viel Kraft, ihnen selbst mit langen Rudern in leichtgängigen Dollen zu folgen.

Als ich am Platzrand entlang ziehe, bemerke ich einen Hänger auf dem Rasen. Varese war inzwischen zu einem bekannten Urlaubsziel geworden und dies schien der erste Gast des Frühlings. Ich rudere zum Bootshafen zurück und fahre zu den Hallen. Auf dem Vorplatz steht eine kleine Gruppe von Fliegern. In ihrer Mitte eine schmale Gestalt — Harro Wödl.

Es ist die zweite Überraschung dieser Tage. Harro ist mit seinem Freund Robert Lippa über die Alpen gekommen, um zu trainieren, denn in der Steiermark wird noch Ski gelaufen. Die Weltmeisterschaft in Polen steht vor der Tür und dieser feinfühlige Flieger muß gespürt haben, welch eine Chance auf ihn wartete.

Nun ist er mit seiner Klappen-Libelle in Varese und ich freue mich, dem ‚Alpenkönig' unsere Berge zu zeigen. Wir gehen ins Clubhaus an die Reliefkarte und Harro staunt. Solch ein lückenloses Panorama der Alpen sah er noch nicht. Vom Genfer See bis zur Rax können wir jeden Grat mit den Fingern nachtasten. Sofort geht es ans Pläneschmieden. Wir ahnten beide nicht, daß wir in den kommenden zwei Wochen zweieinhalbtausend Alpenkilometer hinter uns bringen würden.

Am nächsten Tag die dritte Überraschung. Rolf Spänig, Freund und Fluggenosse während vieler Flüge über den Abruzzen, gesellt sich zu uns. Auch er will für Leszno trainieren. Schon am nächsten Morgen, den 9. April, bringt uns der schneearme Frühling ausgezeichnetes Flugwetter.

Wir starten am späten Vormittag und gehen vom Campo auf 1500 Meter. Harro folgt dem Rücken nach Westen und setzt als Erster über den Lago Maggiore. Bald hängen wir unter dem Zeda. Die Luft ist wie Glas und die Fernsicht grenzenlos. Wir steigen auf 2400 Meter und in einer schwachen Inversionswelle am Centovalli dann bis 3500 m weiter. Jetzt erscheint die helle Berner Kette über den Graten jenseits Domodossola.

Dann gleiten wir zu dritt nach Osten. Über den wolkenlosen Schneeweiten am Ticino steht Blauthermik noch und noch. Der Schwarm wird ausgelassen und bald sind wir über Biasca unter dem Rheinwaldhorn. Ich fungiere als Fremdenführer und sehe, wie das Hohe Tessin sie fesselt. Nach über 5 Stunden setzen wir zum Tamaro zurück. Roberto Manzoni kommt im großen Cirrus dazu.

Jetzt bilden wir eine Reihe und fliegen aus 50 km hintereinander wieder an den Alpenrand. Es zeigt sich, daß Harros Libelle den S.H.K.s von Rolf und mir zwischen 100 und 170 km/h vollkommen gleicht. Roberto hält bis 150 mit und verliert dann leicht an Boden. Eine interessante Entdeckung. Des Rätsels Lösung wird die ungleiche Flächenbelastung sein.

Zwei Tage darauf gehen wir auf Dreieckskurs. Wieder setzt die Thermik erst mittags kräftig ein. Wir fliegen über Lugano zum Garzirola, folgen den Massiven nach Bellinzona und streben das Mesolcinatal aufwärts bis zum S. Bernardino. Dann hilft uns eine Wolkenbahn über den Rheinwaldhorngletscher zum Lukmanierpaß. Von dort steht starke Thermik bis zum Kessel von Airolo. Schließlich sind wir am Monte Leone über dem Simplon.

Harro zeigt seine Begeisterung im Funk. Welcher Flieger könnte sich der Pracht dieser gewaltigen Bergwelt entziehen. Es ist ein Südalpentag, wie nur der Frühling ihn bringen kann. Um halb Fünf sind wir nach 280 km wieder über Varese.

Der folgende Tag führt uns am Alpenrand nach Osten. Ich zeige dem Schwarm, dem sich Adele Orsi zugesellt, die steilen Kalkalpen zwischen Lugano und Lecco. Auf dem Hinflug gehen wir unter Wolkenreihen über den hügeligen Alpenrand. Erst am östlichen Comer See kommen wir an die Berge. Wir fliegen die Grigna an, das steile Massiv an den Bergamasker Alpen. Plötzlich überrascht uns abklingende Thermik.

Jetzt bleibt nur der Wolkenflug für eine sichere Rückkehr. Ein geeigneter Turm steht isoliert über Canzo. Ich steige an die Basis und weiter hinauf. Nach 200 Metern bitte ich Harro, zu folgen. Dann kommt Adele auf ihrer Skylark. Rolf verschwindet zuletzt in der Wolke. Sie verliert ihre Fassung nicht und setzt uns alle in 2500 Metern ab. Doch am Generoso voraus gibt's wieder Thermik und wir bleiben noch lange in der Luft.

Harro Wödl startet nach Osten (oben). Mit Stacec Wielgus und Peter Riedel in Varese

Abends warte ich mit Hechten und Schleien auf — meine Fischerfreunde haben es sich nicht nehmen lassen. Eine Osteria serviert sie uns in Kräutern gekocht und mit Speck gebraten, denn der Hecht ist trocken. Und jeder Fisch schwimmt besonders gut in gekühltem Wein. In Italien im trockenen ‚Verdicchio' von der Adriaküste.

Am 17. April setzt über dem ganzen Alpenrand eine Hochdrucklage ein, wie ich sie in dieser Vollkommenheit und Eignung für den Streckenflug wohl nie wieder erlebte. Sie dauerte bis zum 25. an — das waren ganze 9 Tage — und verhalf uns zu Flügen, die keiner des Schwarms vergessen wird.

Wir starten kurz vor Zehn, ohne genauen Plan. Harro ist unternehmungslustig, das merke ich gleich im Funk. Und meine S.H.K. wartet auch auf ihre erste Bewährung.

Die Libelle quert das untere Tessin und geht nördlich vom Comer See ans Veltlin. Ich nehme die Alpenrandroute, die Ketten von Thermik entwickelt. Dann schneide ich vor Lecco quer über den Comer See an die Grigna und weiter unter den Monte Legnone. Hier werden die Bärte noch stärker und ich setze mich gleichfalls über die Nordflanke des Veltlins, auf der Harro schon 15 Kilometer voraus ist.

Um Eins sehen wir auf Brixen. Harro gleitet 10 Kilometer vor mir her und läßt sich nicht mehr holen. Wir gehen über die südliche Flanke des Pustertals und fliegen schnell an Toblach vorbei. Eine hohe Wolkenbahn mit ineinander laufender, blaugrauer Basis, steht über den nördlichen Dolomiten und macht uns immer schneller.

Um halb Drei ist Lienz in Sicht. Wir beraten, den Hauptkamm noch vor dem Glockner zu queren und schwenken im Iseltal nach Norden. Harro rät, über die Enzinger Scharte in den Pinzgau zu fliegen. Ich kreise am Muntanitz zur Wolke und gleite dann aus 3500 Metern über die firnhellen Tauernschultern. Hier holte mich fünf Jahre zuvor die große Welle ab.

Die Stauseen unter dem Wiesbachhorn schimmern grün aus dem Rahmen brüchiger Schollen. Ich fliege unter den Eisbrüchen der Ostwand weiter. Harro holt sich gerade neue Höhe am Gasteiner Tal. Doch die Wolken zerfallen. Es ist kurz vor Fünf und Mitte April. Ich suche seinen Bart am Bernkogel, doch der Aufwind ist verflogen. Der Blick zum Dachstein wird vom Abenddunst verschleiert. Also wünsche ich ihm einen guten Heimflug nach Aigen und lande in Zell.

Abends sitze ich mit einer Gruppe Wiesbadener Flieger zusammen. Ihr Interesse an diesem Traversflug ist lebhaft und es setzt sie in Erstaunen, daß ich tags darauf wieder ins Tessin zurück will. Ich versuche, ihnen mit der Karte ein paar Grundbegriffe der Alpenstrecke zu erklären. Kenntnis der Alpenzüge, Training im bodennahen Flug, der Wille und die Konzentration zur stundenlangen Leistung, dann die Gewöhnung an die Dimensionen der Gebirge. Sie nicken. Vielleicht sehe ich alles schon aus der verkürzten Perspektive desjenigen, der höher fliegt.

Am nächsten Morgen stehen wir um Zehn draußen am Start. Die vertrauten

Über dem Pasterzegletscher

Züge der Pinzgauer Ketten und der dunkle Waldhang unterm Imbachhorn, wo Hans Widerin mich über die Fichten schwang — ein Panorama voller Erinnerungen. Die Wiesbadener helfen mir in die S.H.K. und wollen Luftpost nach Lugano mitgeben. 360 km an einem Tag wie diesem sind problemlos. Ich wandere über den Paß Thurn zur Gerlos. Harro meldet sich im Funk. Er kann erst jetzt in Aigen abfliegen, da die Ennstaler Luft heute stabiler ist.

Ich fliege schnell über die Ziller an den Rastkogel. Mit jeder Stunde wird mir dies schlanke Flugzeug jetzt vertrauter. Es liegt millimetergenau in den Rudern und geht mit mir dicht an die Felsen. Und bei den großen Talsprüngen scheinen wir einfach nicht zu fallen.

Im hinteren Zillergrund trocknen die Wolken ab. Die Blauthermik trägt erst knapp über die Gipfel. Mein Querungspunkt wird der Brenner sein und der Weg dorthin führt wieder einmal über das Tuxer Joch. Doch ich bin heute ohne Karte dieser Region und brauche die Höhe des Jochsattels.

Der Funk wird mir helfen, und ich gebe durch: „Wer kann mir sagen, wie hoch das Tuxerjoch ist?" Eine Stimme antwortet im Schweizer Idiom: „so bei zwo-drei". Es ist Ruedi Seiler, der heute von Schänis kommt. Der Diamant hat den Arlberg hinter sich und fliegt gerade das Karwendel an. Er ist auf Zielrück-Kurs und seine Wende liegt am Gasteiner Tal. „Danke, Ruedi". Es war das letzte Mal, daß wir uns sprachen.

Ich bin auf 2450 m und ziehe über Hintertux durch den Schlupf. Um 12 Uhr 30 fliege ich nah am Jaufensattel ins Passeiertal. Ich achte ganz genau auf die Trübung der Atmosphäre, denn diesmal will ich der Südluft keine Chance lassen. Doch die Fernsicht ist klar und selbst in den Vintschgau hinab kein Dunst zu erkennen.

Ich gehe nördlich von Meran an die Cima Rossa. Die Thermik ist so gut wie am Brenner. Eine Wolke bringt 600 Meter dazu. In 3800 Metern gibts für die S.H.K. keine Probleme und der Ortler wird ganz im Osten gequert. Über dem Tonale rufe ich Rolf. Wir hatten telefonisch vereinbart, daß er mir aus Varese entgegenfliegt. Er meldet sich sofort.

Rolf war am Paß und fliegt seit einer halben Stunde das Veltlin zurück. Wetter und Thermik sind gut. Ich werde immer schneller und ziehe tiefer an den Graten entlang. Hier gibts fast kein Sinken mehr. Tirano liegt hinter mir und um halb Fünf steige ich am Talausgang über dem Spluga auf Endgleitflughöhe.

Rolf kreist unter einer Wolke am Ostende des Luganer Sees. Fünfzehn Minuten später fliegen wir auf Sichtweite nach Südwesten. Es wird plötzlich stark dunstig und die Tessiner Seen sind kaum noch zu erkennen.

Harro fehlte eine Flugstunde am Vormittag. Er geht südlich von Meran über das Ultental, doch die Sonne steht gegen ihn und er kann den Tonale nicht mehr queren. Ihm wird daran deutlich, unter welchen Schwierigkeiten lange Flüge aus dem Tessin in die Endrunde gehen. Noch in der gleichen Nacht holt ihn Robert Lippa aus Bozen zurück.

Auch der 19. April läßt uns keine Ruhe. Wir starten nach Zwölf und segeln in starker Thermik — der Dunst vom Vorabend ist wie weggezaubert — über Bellinzona und dann nach Westen. Adele hält mit uns. Nach 4 Stunden sind wir abgekämpft und gleiten heim. Am nächsten Tag kommt Harros Urlaubsende. Und das Hoch ist unvermindert stark, auch wenn schon Südluft entsteht. Sein Entschluß steht fest: ich fliege zurück. Wir verabreden eine Funkbrücke, die seiner Mannschaft mitteilen soll, falls er vorzeitig landet.

Um Elf können wir starten. Die Sicht ist schlecht. Dichte, hellgraue Schleier begrenzen sie auf zwei bis drei Kilometer. Man sieht die Hänge unter sich und sonst nichts. Für einen des Tessins Unkundigen ist der Flugweg nach Osten unauffindbar. Ich setze mich an der Martica vor die Libelle und taste mich über Lugano zum Monte Bré. Das Steigen liegt bei 2 m/s, doch es trägt nur auf 1300 Meter. Ein Kursfehler und wir wären unten am See. Im Norden lichtet sich der Dunst. Wir erreichen die Gratkanten am Garzirola und delfinieren zum Piz Ledù.

Dann haben wir das Veltlin unter den Flächen.

Die Atmosphäre ist jetzt klar und äußerst labil. Auf einem Streckenteil von 60 Kilometern kreisen wir dreimal ein. Hier kann ich Harros Kunst, Bärte kreislos und schnell in Strecke zu verwandeln, auf Flächennähe beobachten. Er fliegt linear und dennoch konsequent an den Kanten. Die schnittige Libelle scheint unter der Kontrolle eines Autopiloten, der von thermischen Sonden und einem orographischen Radar seine Impulse bekommt. Harro blickt unter seinem großen Sonnenhut wie ein alter, weiser Inder bewegungslos zum Horizont — hier wird Segelflug zu Ende gedacht.

Nach noch nicht einmal zwei Stunden sind wir 150 km weit. Wie so oft müssen wir vor dem Tonale durch Blauthermik, doch sie geht hoch hinauf. Genau an der Schneegrenze, dort, wo die braunen Hänge beginnen, löst die Thermik ab. Kurz vor dem Paß wollen wir Höhe machen. Wir segeln im gleichen Kreis und sind uns genau gegenüber. Ich falle mit vollem Ausschlag und im gleichen Moment reißt es Harro nach oben. Der Kamin ist nur meterbreit.

Östlich vom Ortler lasse ich Harro ziehen. Seine Mannschaft erhält über mehrere Stationen Grünes Licht für die Fahrt zurück. Sie sieht ihren Piloten erst am nächsten Tage wieder. Harro folgte dem Kurs vom 17. April, blieb dann in Lienz jedoch im Süden. Er segelte an den Niederen Tauern entlang bis Kapfenberg. 532 km freie Strecke — das war ein neuer Landesrekord. Die Flieger von Como unter Renzo Scavino übergaben ihm für diese Leistung am Jahresende den Valzania-Cup in Form einer namensgravierten Silberschale.

Ich fliege das schnelle Veltlin zurück und lande um Vier wieder in Varese.

Am 20. April glaubten wir das Streckenwetter abgeklungen, denn die Südluft hatte im Tessin die Oberhand gewonnen. Doch wir unterschätzten den Frühling und seine Fähigkeit, die Luft zu regenerieren. Am Morgen ist die Sicht wieder sauber und selbst der Monte Rosa zu erkennen. Ich starte um kurz nach Zehn und gehe erneut auf Ostkurs. Die S.H.K. zieht es immer wieder an den Ortler. Um viertel vor Zwölf habe ich ihn vor mir und das Val Sole jenseits des Tonale glänzt unter hellen Wolken. Wo soll ich hin? Diese Eigenfrage kommt nach der Antwort, denn schon zieht mich die Cima Mezzana an — ich werde Harro folgen.

Diesmal liegt die Basis 500 Meter tiefer als an den Vortagen. Ich steige am Mendelpaß in einen Cumulus und hole mir 700 Meter dazu. Das bringt die S.H.K. in einem langen Gleitsprung weit über die Bozener Senke an die Dolomiten. Am Fuß des Langkofels kommt starke Thermik aus den Waldhängen. Sie hilft mir über das Grödnertal und weiter zur Geislerspitze. Die steilen Massive stehen noch bis zu den Wäldern unter Schnee und die Lichtflut entfärbt alles im Umkreis. Dennoch strebt starke Thermik aus den Senken.

Ich nehme die Sextener Höhen und gehe über den Lesachsattel an den Lienzer Kessel. Um halb Drei fliege ich über Mallnitz zum Ankogel. Vom Maltatal an nach Osten wird es blau. Ich halte mich an den Hauptkamm, der hier in die Niederen Tauern mündet. Diesen Weg nahm Harro einen Tag vorher, wie ich abends erfuhr.

Dann sehe ich von der Planneralm zum Grimming hinüber. Der Tag geht zu Ende und ich steige ab nach Aigen. Auf dem Platz ist es noch still. Neben dem alten Startwagen wenige Schüler, Pit van Husen und Harro. Ich gratuliere ihm zum Rekord — er ist zufrieden. Wir fahren in sein Häuschen an der Enns und Riki Wödl stärkt mich mit frischer ‚Eierspeis'. Derweil erzählt Harro, wie sein Flug weiter verlief. Das Südtiroler Becken kostete ihn zwei Tiefpunkte und deshalb 20 Minuten mehr Flugzeit. Einmal an der Cima Plose, wurde die Fahrt wieder schnell. In 3700 m standen Wolkenketten nach Lienz. Kurz vor dem Murtal geht er auf 3800 Meter zum höchsten Punkt dieses Fluges. Mit einem Gleitflug von 40 Minuten (dem längsten, dessen er sich erinnert) versucht er durch immer ruhigere Luft den Semmeringpaß zu überfliegen. Er kommt an Mürzzuschlag vorbei, doch zu tief. So mißlingt das Vorhaben, ins Wiener Becken und damit über die 600 km zu fliegen. Eine letzte Abendthermik am Talrand hilft ihm nach Kapfenberg zurück. Von dort brachte ihn ein Schlepp nach Aigen zum Dienstbeginn an diesem Morgen.

Abends trifft sich eine lustige Runde bei den gastlichen Gerls im Almhof ‚Hörandl', der schönsten Aussichtslogis am Flugplatz. Hier sehe ich auch Ilse Nagati wieder, die zu Aigens unentbehrlicher Stütze wurde. Wir ergehen uns in Fliegergeschichten, bis Ilse zu einem Kästchen greift. Sie ist als welterfahrene Realistin eine ausgemacht gute Kartenlegerin. Mit jeder Dame, die sie zückt, steigert sich das Gelächter des Kreises. Alles, was ich damals erfuhr, ist irgendwann einmal eingetroffen. Seitdem verehre ich Ilse mit dem Gefühl etwas unheimlicher Zuneigung.

Harro sitzt, wie es seine Art ist, aufmerksam und abwesend zugleich in der angeregten Gesellschaft. Wenige Wochen später wurde er Weltmeister in Leszno, der Höhepunkt eines von Naturgefühl, Intelligenz und seltener Zielstrebigkeit bestimmten Fliegerlebens.

Am 22. April liegt das Hoch, als wollte es mich jetzt nicht sitzen lassen, immer noch über den Alpen. Ich sehe vom ‚Hörandl' bis zu den klaren Konturen des Dachstein und der Tag glänzt schon hell über den Bergen. Eine Stunde später stehen wir vor dem großen Hangar der Flugschule. Harro schaut nach Westen und nickt. Mein Flugziel steht schon fest — Aosta. Diagonal über das Alpenband und 570 km entfernt. Für die S.H.K. eine Muskelprobe. Wenn ich wieder um 16 Uhr am Lago Maggiore bin, dann genügt ein hoher Nachmittagsbart über dem Zeda, mich an die Randberge des Rosa zu tragen. Dort stehen die Wolken lange. Die Schluchten sind windgeschützt und werden von Westen eingestrahlt. Einmal auf 3500 Metern, kann ich durch den Col d'Olen über Gressoney ins Aostatal schlüpfen.

Wir rollen das Flugzeug auf den Vorplatz und es leuchtet in der Sonne wie ein Schwan. Pit van Husen radelt heran und bietet sich an, mich in die Luft zu bringen. Er leitet diese Flugschule seit fast zwei Jahrzehnten und machte aus ihr eine der größten Ausbildungsstätten in Europa. Über 100 Flugschüler erwerben hier im Ennstal alljährlich ihren Schein. Pit ist längst zu einem Teil dieser Alpenwelt geworden, an der er, der Niederdeutsche, so zu hängen begann. Wer seit vierzig Jahren den Segelflug lehrt, den hat das Leben geprüft. So ist sein Blick scharf und besonnen geworden und um den Mund liegt ein Trotz, der sich allem Unbill entgegen für das Gute schlägt. Pits trockener Witz ist talbekannt.

Kurz nach halb Zehn klettert er im abgewetzten Hirschjanker in die Meteor und schleppt mich auf 1000 Meter. Der Ennstaler Himmel ist zwar noch wolkenlos, doch erste zarte Aufwinde steigen schon jetzt spurenlos über die Wände am Toten Gebirge. Ich klinke aus und gleite sachte nach Norden. Es gilt, möglichst wenig zu sinken, denn die Geröllschütten unter dem Hechelstein liegen auf 850 Metern über dem Platz. Über Almhänge und Bachtobel gleitet die S.H.K. in bewegungsloser Luft auf die heißen Felsen zu. Die Kraft der Frühsonne treibt kräftigen Fichtenduft in den Himmel, der sich in meiner Kabine verfängt.

Wenige Meter neben seinem Schatten schwenkt das Flugzeug an die Schründe. Augenblicklich spüre ich Druck im Gesäß, der mich sehr beruhigt. Das Vario kommt hinterher und signalisiert mir steigende Luft entlang der ganzen Wand. Der Frühstart ist geglückt.

Ich sehe über die rechte Fläche in die grauen Kalktreppen und führe das Flugzeug mit kurzen Ruderschwenks am Hechelstein entlang. Die Luft kommt angeheizt aus den langen Schütten und zieht dicht an den Wänden zur Kante. Nach 7 Abflügen bin ich 250 Meter höher, dicht über dem Gipfelkreuz. Hier sammelt sich die Hangströmung zu einem böigen Kamin. Jetzt habe ich freien Luftraum zum Einkreisen und greife mir den Aufwind in steilen Spiralen. Vierzig Grad Schräglage sind hier am besten, denn die Thermik ist bis weit hinauf eng und verwirbelt.

In 2400 Metern verliert der Luftstrom seine Energie. Erst jetzt formt sich ein dünner Wolkenschleier dicht über den Flächen. Ihnen folgen weitere Aufwindsignale in Richtung auf den Dachstein. Ich setze über Steinach zum Grimmingklotz. In weichem Auf und Ab ziehe ich die S.H.K. an der schroffen Südwand vorbei. Überall treiben starke Aufwinde dicht an den Felsen hinauf und ich steige ununterbrochen.

Eine Viertelstunde später bin ich an der Scheichenspitze vor dem Dachstein. Von hier gehe ich über die Ramsauer Berge durch breite Aufwindfelder nach Westen. Dann rät mir die Wolkenoptik, den Weiterflug jenseits des Hauptkamms fortzusetzen. Während in Richtung auf Zell vereinzelt kleine Schleier auf einer lichten Inversionsschicht schweben, reiht sich südlich der Tauern schon Wolke an Wolke.

Kurzentschlossen quere ich die Enns am Mandlingpaß und drücke das Flugzeug bis zur Lungauer Kalkspitze hinüber. Starke Thermik schüttelt an den Flächen. Ich starte die Stoppuhr und komme auf 3 Meter Schnittsteigen über 1200 Höhenmeter. Aosta kann mir heute nicht entgehen.

Aus 3500 m fliege ich über den Tauernpaß auf die weiten Firnfelder des Ankogels zu. Von hier springe ich südlich Gastein knapp über den Ankogelgrat. Tourenläufer winken mir herauf, als sie mein Schatten überrascht. Sekunden nach dieser Querung wird die Luft ausgelassen. Die spürbar stärkere Einstrahlung auf die Südhänge der Tauern und die etwas höhere Luftfeuchte dieser höchsten Südalpen erklären, warum ich hier bis zum frühen Nachmittag schneller bin als drüben auf der Nordseite. Über den ausgeaperten Wänden von Mallnitz geht das Vario bis 4 m/s. Die S.H.K. nimmt den mächtigen Luftschwall mit ihren 17 Flügelmetern eng und knapp am Abreißpunkt. Durch die Talzüge von Möll und Drau kann ich die grünen Weiten Kärntens erkennen.

Peter Riedel sagte mir einmal in Varese, daß der Segelflug viel mit dem Reiten gemeinsam habe. Daran muß ich denken, während das Flugzeug unter einer unabsehbaren Reihe flacher Wolken mit leicht durchgedrückten Flügelspitzen nach Westen schießt. Die Fahrt pendelt zwischen 100 und 150. Eine Viertelstunde später bin ich nördlich über der Lienzer Senke. Rechts harrt die breite Glocknergruppe wolkenlos unter einem weißen Lichtdom aus Firnstrahlen.

Erst am Gölbner Joch muß ich wieder kurbeln. Die nahen Dolomiten jenseits des Drautals werden von dunstigen Schleiern umhüllt. Hier kann das Hoch sein wahres Alter nicht mehr verbergen.

Kurz vor Zwölf bin ich vor dem Sterzinger Kessel und erkenne den Brennerpaß. 210 Kilometer liegen hinter mir. Noch nie war ich in den ersten zwei Flugstunden so schnell. Ich schwenke 30 Grad nach Süden und visiere die Sarntaler an. Als ich an der Zinseler Spitze Aufwind annehme, überrascht mich ein großer Schatten neben der Kabine.

Ich werfe den Kopf herum und sehe mich einem Steinadler gegenüber.

Der Vogel setzt sich wenige Meter über die Kanzel und läßt die gelben Fänge aus dem Bauchgefieder. Das ist aggressiv.

Ich vermute seinen Horst unten am Fels und drücke das Flugzeug schräg aus dem Bart. Dann hole ich aus und ziehe in einer steilen Kehre wieder in die Thermik zurück. Jetzt begnügt sich der dunkel gesprenkelte Vogel damit, mich zu kontrollieren und steigt schlecht gelaunt am Innenflügel mit. Nach 5 Kreisen ist er hoch im Blau. Dann sehe ich, wie er die Flügel ganz an den Rumpf zieht. Der Kopf kippt nach vorn und das Tier fällt wie ein Stoßkeil in die Tiefe.

In 2800 Meter fliege ich südöstlich vom Jaufen über den Grat. Was ich schon in den Dolomiten erkannte, das wiederholt sich jetzt deutlich: die Atmosphäre ist trüb und die Wolken hängen ohne Konturen dicht über den Kanten. Dennoch fliege ich vorsichtig weiter und gehe an die Südwand des Piz Cervina. Die Strömung zwischen Fels und Wolke ist kaum einen halben Meter stark. Diese Warnung ist klar und ich drehe augenblicklich nach Norden zurück.

Damit bleibt mir das Südtirol verschlossen. Ich muß meinen Flugplan ändern.

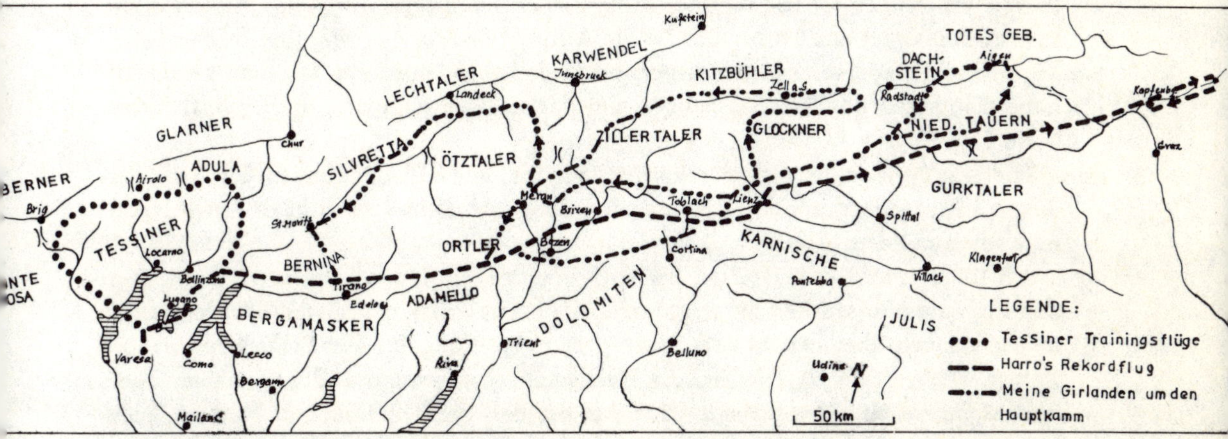

Das Aprilhoch – meist zwischen dem 17. und 24. 4. – schenkte uns 1968 diese unvergeßlichen Alpenstrecken. Ist die Schneelage gering, dann kann man mit sieben Thermikstunden bereits Flüge von 600–700 km angehen.

Der Blick in die nahen Stubaier zeigt mir wieder, wie Thermikluft aussieht. Die Sicht ist glasklar und der Himmel von engen, hohen Kondenzen besetzt. Im wohltuenden Schatten einer tellerflachen Wolke über dem Tribulaun öffne ich das Fenster und hole mir frische Luft ins Gesicht. Die S.H.K. kreist allein und mit lockeren Rudern in einem 3 Meter-Bart herum und ich bin unschlüssig. In der glasüberdeckten Kabine fängt sich die Mittagssonne, verstärkt von den Reflexen der Firnrücken ringsum. Die Hitze ist hochsommerlich und ich kremple mir die Ärmel hoch. Der kaltgewordene Zitronentee schmeckt wie Pommery.

Dann quere ich die Stubaier mit Nordwestkurs und entscheide, Aosta für heute zu vergessen. Es ist ein Uhr und ein größerer Umweg bringt mich in drei Stunden nicht an den Lago Maggiore. Versuchen wir's also mit dem Tessin. Und die Route dorthin geht über Samaden.

Als ich unter der Hohen Geige im hinteren Ötztal in eine lichtflirrende Senke einkurve, stieben Gemsen aus dem Grundfirn auf. Bis zum Hals im Schnee, springen und rutschen die Tiere aufgeregt einen Steilhang hinab. Sie werden von Adlern scharf bewacht und mein lautloser Schatten hat sie erschreckt.

Es ist 14 Uhr 30, als ich am Mutler in der Samnaungruppe mit 5—6 Metern in die Höhe gerissen werde. Der beste Bart des Tages. Die Gipfelfirn ist von der Mittagsglut naß geschmolzen und läßt mein Gesicht unter den Reflexstrahlen brennen. Ich ziehe den Fettstift mehrmals auf die Lippen und drücke den Sonnenhut tief über die Brille. Die Temperatur der Luft beträgt minus 5 Grad, doch die Kabine glüht.

Über mir hauchdünne, kleine Wolken. Sie holen mich auf 3600 Meter. Damit gleite ich an der Silvretta schnell gen Südwesten. Der Blick nach Süden in den oberen Vintschgau ist wie ein meteorologisches Schnittbild durch das Alpenwetter. Bis zu Weißkugel und Hochwilde ist die Atmosphäre durchsichtig und fast wolkenlos. Südlich davon setzt in schnurgerader Linie heller Dunst ein, aus dem vereinzelt hohe Congestus quellen. Sie hängen um das Stilfser Joch und die Ortlerflanken. Mein Flug wäre in Bozen zu Ende gegangen.

Hier im Norden herrschen rekordversprechende Flugbedingungen für den, der dies am Morgen erkannte. Doch soweit waren wir damals noch nicht — wer rechnete schon mit dem April?

Ich folge den Silvrettaspitzen bis kurz vor den Piz Linard und setze dann über den Inn zum Nunarücken hinweg. Jetzt sehe ich über das ganze weiße Oberengadin und bald auch über den Maloja hinweg zum Piz Cengalo. Der Schnee reicht von Zernez an westlich bis tief in die Talsenken. Erst einige Südhänge über Zuoz und Madulein sind ausgeapert. Ich vermute, daß die Thermik nun bald zu Ende sein wird und steige am QuatterVals noch einmal bis zur schneebleichen Wolke.

‚Quatter Vals', das ist romanisch und bedeutet in der alten Sprache des Engadins ‚Vier Täler'. Und wirklich, von hier sieht man zum Ofenpaß unter dem Ortler, zur Alpentreppe des Maloja, über den Flüela ins Tal von Davos und bis zur dunklen Inntalrinne bei Hochfinstermünz. Schon oft habe ich hier nachmittags die Wolken in 4000 Meter angetroffen.

Ruedi Seiler erzählte, daß er von diesem Berg auf der Super-Elfe zum Endanflug nach Schänis ansetzte, nachdem er Silandro im südlichen Vintschgau auf seinem 500er Dreieck umrundet hatte. Schänis am Walensee, das liegt 100 Kilometer im Nordwesten.

Ich lernte Ruedi 1964 in Rieti kennen. Bald darauf ließen seine großen Alpenstrecken aufhorchen. Später traf ich ihn in Samaden wieder, wo er mit Einweisungsflügen aushalf. Ich bat ihn um einen Bericht für ‚Volo a Vela'. Dann fuhr er nach Lezsno und plazierte sich als Dritter. Wenige Wochen danach wurde ihm ein tückisches Drahtseil im Bludenzer Tal zum Verhängnis.

Um halb Vier kreise ich am Piz Languard hoch über Pontresina. Der Bart ist

Hauptkammquerung an der Enzinger Scharte

weich und verliert sich ohne Spuren in 4100 Meter. Ich setze mich über den Corvatsch auf Südwestkurs und will zum Maloja. Langsam zieht die Berninaburg zwischen Palu und Roseg linker Hand vorbei. Der Blick ins Bergell ist trostlos. Dichte Dunstschwaden stehen vom Paß bis über Chiavenna wie Brackwasser an den Hängen und verdecken die Talsenken vollkommen. Ich rufe den Flugplatz Samaden und bitte um Wetterinformationen für das Tessin. Niemand antwortet auf meiner Frequenz. Aus 3400 Metern würde ich wahrscheinlich Lugano erreichen, aber wie ist die Bodensicht am Comer See?

Ich wende entschieden und gleite in stiller Luft bis zum Corvatsch zurück. Dann springe ich über die Fuorcla Surlej ins Rosegtal und fliege um die hellgrauen Wände zwischen Biancograt und Bovalspitze. Die Sonne steht jetzt im Rücken und sofort wird es kalt. Kristallene Schneeluft, die nach Bergwasser schmeckt, dringt in die Kabine. 400 Meter unter den Gratkanten träumt sich das Flugzeug durch die blauen Schatten der Wände. Die scharfen Eiskanten stehen wie gemeißelt. Ich bin vom Frühling zum Nordpol geflogen.

Um viertel nach Fünf lande ich von Bever her in die weite Betonpiste hinein und rolle an Schneewällen vorbei auf die Hallen zu. Dann schwenke ich um 90 Grad und nehme den Taxiway zur Flugleitung. Die S.H.K. bremst wenige Schritte vor dem Flugbüro ab und Herr Risch winkt mir entgegen. Ich hebe das Kabinendach auf und rufe hinaus „wie steht's mit den Hirschen dies Jahr?".

Abends bin ich Gast bei René Eibicht und seiner Familie. Er ist der einzige Segelflieger, den es im Engadin gibt. Die geschäftige Gastronomie dieses Hochtals hat keinen Zugang zu einem Sport, der nur Poesie und Erlebnis einbringt. René kommt aus dem Unterland und baut hier oben Häuser. Manchmal setzt ihnen das Engadin zu, das auf 1800 Meter liegt. Hier regieren Kälte und Schnee und die Sommer sind kurz. Er besitzt einen Blanik und eine Ka-8, die er gern verchartert. Sein Revier ist die weite Bernina, die er wie kein Zweiter kennt.

Ich telephoniere mit Fred Wissel und erbitte seinen Dienst für den kommenden Tag. Aus diesem Platz, der von Schneehängen gerahmt ist, komme ich sonst nicht mehr weg. Überdies steht Willys Winde noch in der hintersten Hangarecke.

Fred ist wie immer früh zur Stelle und um elf Uhr steigen wir auf. Er schleppt mich über Pontresina und den Berninapaß nach Süden. Jetzt kann ich das Wetter im Veltlin erkennen. Der Dunst hat sich wieder ganz gelichtet und kleine Wolken stehen über den nahen Kämmen. Ich klinke aus und danke Fred für seine sportliche Hilfe. Dann nimmt die S.H.K. die Schlucht von Poschiavo und bald darauf bin ich in sicherem Steigen am Sasso Moro. Zwei Stunden später rauscht das Flugzeug über den See von Varese. Der Rundflug ist geglückt. Doch immer noch blieb uns das Hoch. Am 25. April flogen wir im Verband mit Vergani, Pronzati und Barioli über Bellinzona zum Gotthard und nach Westen zum Rhonetal weiter.

Mein Flugbuch sagt mir heute, daß ich damals 67 Stunden in der Luft war. Doch die S.H.K. zeigte keine Spuren von Müdigkeit — die Hirschjagd hatte erst begonnen.

Ein Thermiksignal am Ofenpaß

Eine Rolle am Matterhorn

Ende Mai überrascht mich ein Anruf aus Berlin. Ein Kurzfilm soll gedreht werden — Segelflug in den Bergen. Ob ich mitmachen will? Natürlich, wann fangen wir an?

Der Anrufer ist verblüfft. Man ist Tempo gewohnt, doch bis der Filmplan steht und die Truppe reisen kann, vergehen meistens Wochen. Dann folgt die Frage:

Wo könnten war am besten arbeiten? Schöne Kulisse, hohe Spitzen, ein Flugplatz in der Nähe. Na, Sie wissen schon . . ."

Ich sitze in einem Büro gegenüber dem Frankfurter Hauptbahnhof. Die tosenden Trommelwirbel des Straßenverkehrs begleiten eine unaufhörliche Lärmexekution. Ich wünsche mich an den Pol dieser Welt und gebe nach Berlin: „am besten am Matterhorn".

„Jenau dat dachten wa auch" kommt es zurück. „Und wo treffen wir uns?" setzt der Regisseur nach. Ich werfe einen Blick auf den Kalender.

„In Aosta, morgen in einer Woche."

*

Die Alitalia bringt mich wieder in den Süden. Stauwolken schließen die Nordalpen bis zum Eiger und Tödi. Das Tessin ist hell und der Blick aus dem Jet reicht weit ins Wallis. Das schmale Dreieck des Matterhorns weist wie ein Magnet in den Himmel und holt sich meine Gedanken.

In Varese mache ich die S.H.K. flugklar und setze mich auf den Weg nach Aosta. Stacec schleppt mich über den Lago Maggiore, denn die Voralpen sind thermisch müde. Bis ins Doratal sind es nur 100 Kilometer, doch ich muß die Schultern des Rosa übersteigen. Die Wolken im Westen sind unbestimmt. Es ist ein Uhr und ich müßte es schaffen.

Die Thermik am Zeda ist knapp. Langsam steige ich auf 1900 Meter. Damit setze ich mich über die Kalkgrate am unteren Toce und pirsche mich langsam nach

Westen. Jenseits des Flusses werden die Aufwinde besser. Unter mir ist jetzt Urgestein und die Wolken gewinnen Form. Langsam schiebt sich der Monte Rosa auf mich zu.

Die Ostwand steht fast zur Hälfte in den Wolken. Dann habe ich Macugnaga unter mir, tief im Dämmerlicht eines Kessels. Vor wenigen Wochen fuhr ich hier hinauf und mit der Bergbahn zum Passo Moro, dem Joch zum Tal von Saas Fée. In der Mitte des engen Ortes liegt der Friedhof der Bergsteiger. Die längste Eiswand der Alpen, mit der das Rosa-Massiv aus 4700 Metern in die Poebene bricht, hat alle Großen angezogen und Viele behalten. Kleine Fotografien auf Medaillons aus Porzellan, Wind und Regen trotzend, die nach Art der südlichen Völker zu den Gräbern gehören, zeigen ihre Züge. Die Kreuze weisen auf den Berg und stille Gesichter sehen unverwandt zu den Gipfeln ihres Schicksals.

Der Monte Rosa ist im Segelflugzeug kaum zu überfliegen. Steht die Basis hier hoch, dann kommt man auf 4000 Meter. Aber jetzt fehlen immer noch viele hundert Meter bis zur Dufourspitze und zur Punta Gnifetti.

Doch eine so hohe Basis ist selten. Ich gleite über die Bergrinne von Alagna, aus der eine kühne Kabinenbahn bis unter die Punta Gnifetti klettert. Italiener und Deutsche, Engländer und Franzosen gingen schon Mitte des letzten Jahrhunderts auf dem Westgrat zur Eiskrone über den Wolken, die bis ins dunstige Mailand hinüber blitzt.

Immer, wenn ich an steilen Gletschern wie diesen entlang gleite, die Teile des Himmels neben dem Flugzeug verdecken, bemerke ich ein unirdisches Leuchten. Die Luft hier ist überrein und läßt die Firnkristalle im weißen Licht der Höhensonne gleißen. Millionen Reflexe stehen gebündelt rings um den Berg und das Licht dieser Sphären ist hart und kalt. Selbst das Innere der Kabine wird entfärbt.

Doch das Flugzeug sinkt, und ich muß an den Weiterflug denken.

Die Wolken beginnen sich unvermittelt zu schließen und ich hänge über weiten Schattenfeldern. Die Lage wird kritisch, denn mir fehlen mindestens 250 Meter, um durch den Col d'Olen nach Westen zu gleiten. Die lange Rosa-Schulter ist jetzt kalt und ich muß sie südwestlich umfliegen.

Ich ziehe minutenlang über fahle Bergflanken, die schnell abkühlen. Die Fichtenschläge, die Wärme speichern können, sind schmal und tief an den Hangfüßen. Das Sesiatal ist hier eng und gewunden. Ich bin auf 2400 Meter herab und halte auf den Corno Bianco. Dann erkenne ich die Alpe Mera und davor in der Schlucht einen breiten Sonnenfleck unter einem Strahlenbündel, das die Wolken leuchtend durchdringt.

Ich schwebe in die Senke und spüre endlich bewegte Luft. Die S.H.K. folgt den hellen Felsen und gewinnt langsam wieder Höhe. Nach fünf Minuten haben sich die Schatten ringsum gelichtet und der ganze Berghang liegt unter der Sonne. Sofort beginnt das Gestein zu atmen und das Vario springt auf 3 m/s. Kurz danach bin ich in der Wolke verschwunden.

Aus 3600 Metern kann ich weit über den Graten gleiten. Ich quere das Doratal und komme bis über den Monte Avic. Die Paradiso-Gruppe linker Hand wirkt wie ein Alpendach. Über granitene Steilmauern geht es zum Emilius weiter. Das Aostatal ist hellgrün und um die markanten Burganlagen steht ein heller Dunst. Hier gilt allein der Wein und die lange Senke bietet uns keinen sicheren Landeplatz. Ich halte nach Westen weiter und sehe die schwärzlichen Steilschluchten des Mont Blanc langsam näher rücken.

Dann nehme ich die Klappen heraus und schwebe zum Flugplatz. Unten am Turm steht eine Gruppe. Man winkt. Ich melde mich im Funk; es sind die Berliner. Nach einer Kehre drücke ich die S.H.K. auf 250 und presche die lange Piste zurück. Sie ziehen die Köpfe ein und verfolgen meinen Anflug.

Ich hole das Flugzeug auf 150 Meter zurück und setze mich dann auf die Betonbahn. Als ich aufsetze, irritiert mich die breite Fläche. Es ist wie auf dem Rhein-Main. Diese autonome Region hat sich einen respektablen Platz geschaffen.

Ich habe viel Rollfahrt und bringe das Flugzeug um 90 Grad zum Turm. Nach 80 Metern ziehe ich die Bremse und stehe dicht vor dem Team. Das macht den Filmleuten Spaß.

„Wo kommen sie her?" begrüßt mich Dirk Busch, der Regisseur und Kameramann. Ich weise das Tal nach Osten. „Varese, Tessin". Sie nicken und sehen in die falsche Richtung. Diese Bergwelt ist ihnen fremd.

Eine Darstellerin setzt sich in die Kabine. Ich schließe das Haubendach und hebe die Flächen. Sie erschrickt und will aussteigen — wie ein Kind. Der erste Lacher des Films, noch nicht fürs Publikum.

Flugaufnahmen sind nicht einfach und sie werden kompliziert, wenn Kamera und Objekt sich auf verschiedenen Bahnen bewegen. Wir setzen uns zusammen und versuchen, die Planung mit Zeichnungen begrifflich zu machen. Hierbei gehen wir von dem wechselnden Stand der Sonne aus, denn die Kamera muß mit den Strahlen sehen. Dann der passende Hintergrund. Soll man die Bergform erkennen, dann müssen wir mindestens 1500 Meter davor fliegen. Jetzt zur Flugbewegung. Man will Kunstflug filmen. Meine S.H.K. ist zwar schnell und robust, doch in die Rückenlage will ich sie nicht bringen.

Cesare Balbis, ein guter Freund und der Leiter des Segelfluges in Aosta, sitzt bei uns und sagt: „nehmt doch die Foka". Die Idee zündet. Dies Flugzeug hat eine schöne Linie, kann jeden Kunstflug mitmachen und — ist knallgelb von der Nase bis zum Leitwerk. Ein guter Kontrast gegen den Schnee. Dirk ruft nach der dritten Flasche Wein. Er hat seinen Hauptdarsteller und die Arbeit kann beginnen.

Am nächsten Morgen weht ein frischer West. Die Strömung vom Mont Blanc bringt einen Eishauch mit ins Tal. Wir machen den Blanik startklar. Dirk will seine 16 mm Arriflex im Flug ausprobieren. Sie wiegt gut 5 Kilo und er muß sie ruhig führen können.

Um zwei Uhr zieht uns Cesare nach Westen. Die Talluft ist böig und klar. In

1300 Metern setzt uns die Piper südlich Introd an die Felsen. Dirk vor mir blickt atemlos nach draußen und hält die Kamera auf den Knien. Ich kreise steil und komme in leichtes Steigen. Nach 200 Metern ist der Aufwind weg. Dieser Doppelsitzer aus Aluminium hat breite Fowlerklappen, welche die Flächentiefe beträchtlich vergrößern. Mit ihnen läßt sich der Segler extrem langsam fliegen, das Richtige für Thermik und Hangwind.

Ich wuchte die schweren Klappen ein und aus, doch die Aufwinde entgleiten uns immer wieder. Dann bemerke ich flache Wolken im Süden an der Grivola, deren Luvkanten gekämmt und gerade sind. ‚Der Wind', fällt mir ein. Er kommt genau aus 270 Grad und hat zugenommen. Das muß es sein. Irgendwo quirlt es hier auf zu einer Welle.

Ich drehe schnell nach Süden und gleite an einem messerscharfen Grat, wie nur der Granit ihn zeigt, in die Schlucht des Val di Rhêm. Hier trägt der Berg und die Sonne heizt das Geröll windab tief in der Senke. Thermik treibt in den Höhenwind und hebt uns schnell. Nach 300 Metern halte ich immer mehr zu den Spitzen des Parco Nazionale. Die Welle kommt leise, doch ich merke es sofort.

Als der Blanik gegen den Wind steht, dreht Dirk sich um. „Schade, geht's nicht mehr höher?" Er bekam Spaß an der Kletterei über dem Grat und begann mit dem Filmen.

Ich lasse ihn auf das Vario sehen, das jetzt 3 Meter anzeigt. Es ist so still, als ständen wir in der Halle.

15 Minuten später ist das Flugzeug in 4000 Metern. Die Welle trägt gleichmäßig und Dirk glaubt an eine Halluzination. Die steilen Gebirge verlieren ihre drohenden Züge und in 5300 m können wir über den Mont Blanc bis in die französischen Savoyen sehen. Die Kamera surrt nach allen Seiten. Immer wieder schabt Dirk den Reif von den Scheiben, der in den Film als Teil jedes Wellenfluges gehört.

Ich frage ihn, ob er den Sauerstoffmangel bemerkt. Dirk ist viel zu begeistert, um irgend etwas zu spüren. Mit seiner ‚Arri' über dem Mont Blanc — das Stammcafé am Kudamm wird staunen. Ich fliege ihn weiter nach Westen, doch die Welle ist breit und trägt unentwegt. Das Doratal ist ein Eldorado für Wellen. Die ewigen Schnee tragenden Berge reichen alle an die 4000 Meter und der Wind kann kommen, woher er will. In 5500 Meter drücke ich Dirk mit der Rumpfspitze auf Courmayeur hinunter, denn ich kenne seine Kondition nicht. Der Fahrtmesser spult die Meter zurück und in 4300 m schwenken wir unter dem Firndach des Mont Blanc aus der starren, schwärzlichen Welt des Extremgranit ins Val Veni zurück.

Dirk ist still und hat die Kamera auf den Knien. Die Rolle ist abgelaufen und er will sich nicht mehr mit einem Blick durch das Objektiv begnügen. Solch ein Schauspiel verlangt die Augen.

Eine halbe Stunde später stehen wir vor der Halle. Cesare und Dirk machen sich an der zweiten Piper zu schaffen. Sie soll ihn mit der Kamera neben mich bringen. Dirk steigt auf den hinteren Sitz und versucht, die Arriflex zu schwenken.

Sein Blickfeld selbst durch die offene Scheibe ist schmal und wird von den Flächenstreben weiter beengt. Mir kommt der Gedanke: „hängt doch die Tür aus".

Cesare findet das gut, doch Dirk sieht mich an und hat offensichtlich seine Zweifel. Wir weisen ihn wieder in den Sitz und bauen ein Dreibein unter die schwere Kamera. Ein Fuß auf dem Ansatz der Strebe, zwei versetzt in der Kabine. Dirk schraubt das Achselstück an und schwenkt das Objektiv herum.

„Toll, fast 80 Grad Sichtwinkel und wenn wir höher sind als die Foka, werden es fast 130." Sein Filmblut hat ihn vergessen lassen, daß wir ihn ohne Tür auf 4500 Meter bringen.

Am Abend sind ein Bergsteigergurt und feste Seile besorgt. Dirk wird in die Halterung eingepaßt und doppelt gesichert, so daß er sich weit aus dem Flugzeug beugen kann. Dann verpassen wir ihm hochalpine Kleidung und eine große Schneebrille.

Der nächste Morgen ist blau und kalt. Der Wind ist eingeschlafen und hinterließ uns ‚Atelierwetter'. Beim Frühstück legen wir den Drehplan zurecht. Alberto wird mich durch das Val Tournanche bis ans Matterhorn schleppen, da wir der Thermik und damit möglichen Wolken zuvorkommen wollen. Cesare folgt der Foka direkt. Über der Bergspitze formieren wir uns und gehen zusammen über den Kessel von Cervinia. Um 12 Uhr haben wir die Sonne genau aus der Richtung von Chatillon und drehen im besten Licht.

Eine Stunde später sind wir in der Luft. Alberto zieht mich mit 120 km/h. Ich fliege die Foka zum zweiten Mal, das gelungenste Flugzeug der Polen. Die Ruder sind fein aufeinander abgestimmt und obwohl ich fast ganz flach liege, fühle ich mich sicher und als Herr der Lage.

In 2000 Metern drehen wir unter dem Monte Faroma nach Nordost. Bald darauf haben wir Cervinia überklettert, wo sich ein Netz von Skispuren aus dem weiten Schneerund vereint. Die kleine Piper leistet viel in der rasch dünner werdenden Luft. In 3000 Metern steigen wir mit fast 3 m/s auf die Bergstation Fürggen zu.

Cesare fliegt links neben mir und Dirk zielt sich auf mich ein.

In 3700 Metern sind wir am Ostgrat des Matterhorns. Leichter Nordost in der Höhe. Alberto erfaßt das sofort und geht nah an die Nordwand. Hier greift uns der kaum merkliche Hangwind und gibt einen halben Steigmeter dazu.

Kurz vor Zwölf sind wir 500 Meter unter dem Horn. Ich werfe das Seil ab und setze die Foka noch näher an die Wand. Ich muß direkt an die Felsen, doch es ist fast unmöglich, die genaue Entfernung abzuschätzen. Ich bin ohne vergleichbare Größen wie Hütten oder Bäume und so werden diese Felsdimensionen abstrakt.

Doch das leichte Steigen genügt mir jetzt, und ich gehe in immer enger werdende Achten, da der Berg sich zum Gipfel stark zuspitzt. Der maßlose Fall dieser grausilbernen Felsen verkürzt sich aus meiner Perspektive beruhigend. Ganz nah neben den Rissen und kantigen Kaminen wirkt dieser Bergriese wie ein kurzer Stumpf.

1965, im Februar, hat Walter Bonatti, der unvergleichliche italienische Alpinist, hier als Abschied vom extremen Klettern seine Glanzleistung vollbracht. In 5 Tagen gelang ihm der erste winterliche Alleingang ohne Klempnerei durch die Felskatarakte dieser Schattenwand. Er schrieb darüber: „mir schien, als kämpfte ich mich durch eine eisverkrustete Riesenmuschel". Diese Rundung ist aus der Foka gut auszumachen und selbst die Eisspalten der Randgletscher, in die der Wandfuß sich vorschiebt, zeigen bis hier herauf ihre drohend dunklen Augen.

Als ich am Hörnligrat mit der linken Fläche über die eiserne Biwakschachtel fahre, löst sich neben mir eine Wächte. Blitzschnell ergießt sich der trockene Pulver in langen Zügen über die Felstreppen der Ostwand. Tonnen von eisigem Schnee, die sich wie Äther verflüchtigen. Es ist, als bewege sich der Berg.

Die Achten werden jetzt unter der Gipfelkuppe zu kurzen Schleifen. Dann kann ich eindrehen und stelle die Foka in einen Kreis über das große eiserne Gipfelkreuz. Die dunklen Balken tragen schwere Reifbehänge, die in spitzen Profilen waagerecht nach Süden weisen. Unvorstellbar, welche Eisstürme diese Himmelsterrasse umtoben können. Etwa 80 Meter über der Kuppe ist die Kraft des Hangwinds zu Ende.

Cesare hat mich die ganze Zeit umkreist und Dirk verfolgte die letzten Achten mit der Kamera. Wir besprechen den jetzt folgenden Abflug im Funk und gehen auf ein Signal mit Parallelkurs nach Südosten. Auf einen Wink schwenken wir rechtwinklig gegen die Sonne ein und Dirk hat die Südwand bildfüllend im Objektiv. Ich lasse die Foka tanzen.

Nach einigen Figuren sind 500 Höhenmeter verbraucht. Ich fliege zur Nordwand hinüber, um erneut hoch zu kommen. Von der Rhone her drängen sich helle Wolken an die Kette der Walliser. In 3000 Metern steht eine flache, geschlossene Decke an den Firnflanken. Jenseits zum Doratal hin dagegen ist der weite Himmel frei und erste Sonnenwolken schweben über den Talhängen wie kleine Ballons.

Cesare meldet sich neben mir. Die Filmspulen sind voll und sie müssen nach Aosta hinunter. Ich sitze auf dem hauchzarten Hangwind und steige wieder über das Horn. Wie eisig die Außenluft ist, das spüre ich an einem dünnen Luftstrahl, der durch ein Rumpfloch unter dem Knüppel dringt. Die Polen sind praktische Leute und haben hier ein Pissoir eingebaut, bestehend aus einem Schlauch und einem aufgeschnittenen Gummiball. Nur an einen Verschluß dachten sie nicht.

Warum soll dieser Nord nicht auch weiter westlich tragen?

Ich führe die Foka in 4800 Metern in der vollkommen böenlosen Luft langsam zum Zmuttgrat hinüber. Wenige Minuten später stehe ich über dem Dent d'Hérens. Die ganze Regio Aosta, seit langem stolz auf ihre Autonomie im Staate Roms, wird gleich wie das Wallis vom Französischen beherrscht. Städte, Weine und Berge tragen klingende Namen. Im Westen verlängert der breite Gletscherrücken des Gran Combin die Walliser Kette, die am Monte Rosa beginnt und drüben zum großen S. Bernhard abfällt. Im Nordwesten sind die schmalen Stauseen zu erkennen, von denen die Schmelzwasser durch Turbinen zur Rhône fließen. Obwohl ich hoch bin, kann ich jetzt kein bewohntes Tal mehr erkennen. Das unübersehbare, steile Relief aus Eisbrüchen und Schneemulden ist ohne gewohnten Bezugspunkt. Zeit- und Raumgefühl können sich hier in der Irre verlieren.

Ich sehe auf die Uhr und fliege schnell an die Nordwand zurück. Da meldet sich Cesare. In wenigen Minuten wird er Cervinia in 3700 Meter überfliegen. Ich drücke die Foka an und entdecke die winzige Piper schließlich weit unter mir im Südosten. Nach 5 Minuten hänge ich an ihrer rechten Fläche. Dirk ist 100 Meter neben mir. Er steht mit einem Bein auf der Flächenstrebe und sein Gesicht hinter der Brille ist knallrot. Unglaublich, daß er diesem mörderischen Fahrtwind widersteht. Er winkt mir kurz zu und drückt sein Gesicht an den Sucher. Eine gute Methode, sich dem Schwindelgefühl zu entziehen.

Ich schwenke auf Distanz und gehe bis 170 km/h. Dann dreht und rollt das folgsame Flugzeug tief auf Cervinia herab.

*

Zwei Wochen sind vergangen.

Wir sitzen im Vorführstudio, zu dem mich Dirk vom Tempelhofer Flugplatz brachte. Es wird dunkel und der Projektor summt. Die Leinwand blendet im Licht der steilen Grivola. Über den Mont Blanc winkt die Savoyer Kulisse. Das Matterhorn ragt in die stechende Bläue wie sein eigenes Symbol. Zerbrechlich schwebt das schmale, gelbe Flugzeug unter dem Gipfelkreuz durch die Schattenwand. Als die Flächen zu rotieren beginnen, scheint das Gebirge über ihm einzustürzen. Mühen und Wagnisse in zehn Minuten Film, der dokumentiert, was unbeschreiblich bleibt.

Das Licht geht an und langsam löst sich die Stille.

Dirk ist wieder blaß und trägt die übliche Krawatte. Für mich bleibt er der mutige Hillary, den die Walliser nicht das Gruseln lehrten.

Was steckt in den Menschen? Welche Rollen können sie spielen?

Über die Siebenhundert

Ein Segler wie die S.H.K., der aus 1000 Metern Höhe fast 40 Kilometer gleiten kann und das mit hundert Stundenkilometern, trägt seinen Piloten zu einer neuen Auffassung vom Segelflug. Diese großartige Gleitleistung, die auch dann noch überlegen blieb, wenn ich 150 flog, wirkte damals auf mich wie ein Rückstoßantrieb. Über den Bergen und während des folgenden Winters.

Ich begann damit, die auf den längeren Flügen erreichten Schnitte zu prüfen, setzte sie in Beziehung zu den klimatischen Gegebenheiten der überflogenen Regionen und dachte eingehend über den hierbei praktizierten Flugstil nach. Langsam wurde mir bewußt, daß ich den McCready-Ring (den lange entbehrten und endlich wie einen Zauberschlüssel entdeckten Gleitring am Vario) eigentlich nur noch selten benutzte. Von Flug zu Flug wurde er mir durch eine Reihe gravierender Nachteile immer wirklichkeitsfremder — die Flügelnasen voller Insekten, die ständig wechselnden Flughöhen, wie stark sind Gegen- oder Rückenwind?, wie gut (oder schlecht) ist die nächste Thermik?

Allmählich hatten mich Berge und Aufwinde dazu gebracht, von den steilen Auf- und Abschwüngen, die mir die Ringskala aufzwang, zu weicheren Flugbewegungen in mittelschnellen Gleitgeschwindigkeiten überzugehen, denn dies ließ mich die Reihenthermik über den Kanten am wirkungsvollsten ausnützen. Je runder die Fahrtwechsel wurden, um so höher waren die Schnitte. Jetzt erkannte ich, daß dies schnelle Flugzeug sein gutes Gleitvermögen erst dann wirkungsvoll einsetzen konnte, wenn es möglichst lange in steigender oder ruhender Luft geflogen wurde. Eine sekundenschnelle Änderung des Anstellwinkels, wie es die McCready-Skala so oft verlangte, hatte zur Folge, daß die Strömung um das Laminarprofil großenteils gestört wurde und es bedurfte eines ruhigen, halbminutenlangen Gleitens, damit sie sich wieder turbulenzfrei anlegte. (Dies wußte man von Windkanalversuchen.)

Ich stellte Vergleiche an zwischen den Höhenmetern, die ich während eines Streckenabschnittes kurbelnd holen mußte und der danach auf diesem Stück erreichten Schnittgeschwindigkeit. Das Ergebnis verblüffte mich. Ich fand heraus, daß die S.H.K. dann am schnellsten war, wenn ich sie zu Gleitleistungen führte, die ein Verhältnis zwischen Bartmetern und Gleitweg von 1 : 50 bis selbst 1 : 90 erreichten. Dies aber war erst dadurch möglich, daß ich weite Abschnitte zügig doch nicht hastig überglitt, um nur noch die allerstärksten Aufwinde in weiten Abständen auszukreisen. Hierzu führte nur eine Flugtaktik allein, und zwar das achtsame und sorgfältige Nachfliegen der Geländekanten, von denen die Thermik bandartig in die freie Atmosphäre wirbelt. Und daß ich ihr um so besser entsprechen konnte, je näher ich an den Graten flog, das zeigte mir die S.H.K. selbst.

Diese Gedanken brachten mich außerdem zu der Erkenntnis, daß eine derart bessere Gleitpolare, wie sie mir die S.H.K. bot, nun garnicht mehr allein in direkter Form mit jener der braven M-100 verglichen werden konnte, wenn es darum ging, sich in neue Streckendimensionen vorzurechnen. Vielmehr mußte noch ein zweiter Leistungsfaktor mitbedacht werden, der erst dazu verhalf, die um soviel bessere Reichweite dieses neuen Flugzeuges zu erklären. Er bestand in der Tatsache, daß mich der überlegenere Gleitwinkel nicht nur schneller von Berg zu Berg, von einem Massiv übers Tal zum nächsten trug, sondern daß ich dort auch gleichzeitig höher ankam. Die Folge: ich konnte über der Abreißkante sofort in die starke Thermik einkreisen, anstatt weit unter dem Gipfel und in mühsamen Achten am Fels mit einem Drittel oder bestenfalls der Hälfte jenes Steigens zufrieden sein zu müssen.

Viele Barogramme und Standortnotizen zeigten mir, daß die S.H.K. über große Strecken zwischen 85 und 100 km/h schnell sein konnte. Dies verband ich mit den guten Erfahrungen, die ich während zweier Flugsommer im Ennstal mit dem Frühstart gemacht hatte, multiplizierte das Ganze mit den an einem Tag zwischen Mai und August verfügbaren 8—9 Thermikstunden, rechnete einen Endgleitflug aus 2500 Metern über dem Zielpunkt dazu und hatte sie schließlich nachprüfbar vor mir auf dem Papier: die Strecke zwischen 600 und 700 Kilometern.

Doch mit dieser Kalkulation allein war es nicht getan.

Indem ich meine Strecken — die meist zwischen 300 und 500 km lagen — immer wieder durchging (wann hat man dafür mehr Zeit und Verständnis als an den langen Winterabenden), bemerkte ich, daß mich die Fliegerei auf der S.H.K. verändert hatte. Ich war von meiner einstigen Flugplanung abgekommen, die in kleinen Planquadraten dachte, wie es eine M-100 nicht anders erlaubte und plante jetzt ‚alpenweit'. Die Traversflüge und viele Längsstrecken hatten mich durch die Summe der Wettererfahrungen und eine darauf immer wieder verändert eingestellte Taktik des Segelns — sei es nun an den Kanten oder unter der Basis langer Wolkenreihen — in die Lage gebracht, neue Streckenpläne mit der Karte zu lösen und das Ergebnis, sobald das Wetter mitspielte, über den Bergen schließlich zu bestätigen.

Hierbei wurde der zum ersten Mal in Samaden eingesetzte Flugzeitplan ein unentbehrliches Hilfsmittel. Er teilte mir die Strecken in Stundendistanzen, die ich bei guter Thermik erreichen konnte, ohne daß ich hierdurch in starken Lagen zu verhaltenem Fliegen verleitet worden wäre (ein Fehler, den Helmut Reichmann einmal in einer Diskussion bei solch einem Streckenzeitplan vermutete). Das machte mir lange Flüge übersichtlich und ich konnte in jeder Minute des Vorhabens die Chance des Gelingens ermessen. Dies wiederum ließ mich rechtzeitig abdrehen, wenn der Zeitrückstand zu groß geworden war und senkte das Risiko einer alpinen Außenlandung drastisch: zwischen 1968 und 1974 saß ich ein Mal zwischen zwei Gewittern auf einer Ennstaler Wiese. In dieser Zeitspanne half mir der Flugzeitplan über die Streckenlänge eines Erdumfangs. Ein Zettelchen also, über das es sich bei der Flugvorbereitung ein paar Gedanken zu verlieren lohnt.

Der Flugfrühling beginnt früh im Tessin.

Anfang März, ja selbst schon im Februar, können wir über schneefreien Hängen trainieren. Besonders die Randgebirge bis zum Gardasee und weiter gegen Belluno entwickeln über einer noch kühlen Lombardei Ketten herrlicher Aufwinde. Auf Flügen zwischen vier und sechs Stunden komme ich bald wieder in jenen ‚Streckenrhythmus', den Taktschlag des richtigen Auf und Ab verbunden mit einem immer mehr vom Instinkt geleiteten Zeitgefühl, zu dem mich die S.H.K. während zweier Jahre brachte.

Hanna Reitsch ist Gast in Varese. Ich half ihr, einen neuen Standard-Cirrus über den Bernardino-Paß zu bringen und jetzt staunte sie über die Südalpen und ihre Thermik. In nicht endenden Ausflügen überflog sie das Tessin und trainierte zielbewußt für ein neues Rekordvorhaben im Ennstal. Dieser Fliegerin, der mehr gelang als irgendeiner anderen Frau in der Luft, schienen keine Grenzen gesetzt.

Im April stellen sich immer wieder Wellen ein, doch erst am Monatsende kündigen Zwischenhochs interessante Streckenlagen an. Die Schneegrenze ist nach einem niederschlagsarmen Winter schon weit hinauf gewandert. Veltlin und Tonalepaß scheinen gut passierbar.

Am 29. April winkt uns morgens ein überzeugendes Wetter. Für mich ist das die Chance, einen 500er Zielrück von Varese aus zu bewältigen, der in Italien noch nicht geflogen worden war.

Die Abflugbedingungen sind so gut, wie der Tag uns schien. Nach zwei Stunden habe ich den Tonale im Rücken und gleite über Südtirol. Mein Wendepunkt ist Longega im Badiatal, 15 km östlich von Brixen.

Doch die Sarntaler spielen noch nicht mit. Tagelange Regenfälle haben die Wiesenhänge feucht gemacht. Hier fliege ich einen Tag zu früh. So kann ich erst kurz vor Drei wenden. Auf dem Rückflug sehe ich mich auch noch einem Warmluftaufzug gegenüber, der schnell aus Südwest heransegelt.

Mühsam nimmt die S.H.K. die Cima Renon und schließlich den Monte Meltina. Doch die Thermik zerfällt und zum hohen Sockel des Ortler ist aus der Etschtaler

Senke kein Heraufkommen mehr. Ich schleiche am Paladepaß entlang und gleite tief überm Wald ins Ultental. Vielleicht gibt mir das höhere Hanggelände noch eine Chance. Doch die Schatten werden dichter und außerdem liegt hier noch zuviel Schnee in den Senken.

Ich rutsche aus der hohen Rinne und fliege der Etsch nach auf Bozen zu. Das Fallen im Tal wird ruppig. Am Mendelpaß steht die letzte Wolke, die zerfällt, als ich unter ihr zu suchen beginne. Kurz darauf stehe ich auf dem gastlichen Bozener Flugplatz S. Giacomo.

Zufällig sind Werner von Fischer und Enzo Centofante, die den aufstrebenden Segelflug Südtirols leiten, bei ihren Flugzeugen an der Halle. Sie kommen über die Piste und rollen mit mir die S.H.K. an den Rand. Als sich zeigt, daß in ihrem Hangar kein Platz mehr ist, genügt der Wink eines Capitano der hier stationierten Finanza-Einheit, um mir den Hubschrauber-Hangar zu öffnen. Eine Geste, die mir auf keinem anderen Flugplatz widerfuhr.

Werner und Enzo berichten, daß Mitte Mai die erste Bozener Segelflugwoche startet, zu der man 20 Piloten erwartet. Doch der Wertungsmodus steht noch nicht fest. Mir fällt der originelle Wettbewerb ein, den Ludwig Karch in Unterwössen inszenierte. Dort konnte jeder Teilnehmer nach dem Wetterbriefing seine eigene Tagesaufgabe bestimmen, die seinem Können und den Aufwinden entsprach. Die Punkte wurden dann für die verschiedenen Flugdisziplinen (Freie Strecke, Zielrück, Dreieck) nach der Wertstaffelung der dezentralen Landesmeisterschaften vergeben. Beiden Initiatoren schien dies genau für die Bozener Woche passend.

Ihr freundschaftlicher Alpenwettbewerb, von der ganzen Bozener Gruppe mit Sorgfalt und monatelangen Mühen organisiert, wurde bald in Europa bekannt. Ganz Südtirol nimmt Anteil am sportlichen Geschehen zwischen dem Veltlin und Kärnten und die 7 Tage machen aus S. Giacomo ein kleines Volksfest. Wie mir Werner später erzählte, wäre dies Treffen ohne die Hilfsbereitschaft der hier stationierten Finanzagruppe und des Südtiroler Fliegerkommandos nicht durchführbar geworden.

Am Abend treffen wir uns im Fliegergasthof Leewald, der in Wolken blühender Obstbäume steht. Der erste Spargel steht dampfend auf dem Tisch. Wir sprechen über die Streckenpläne der Bozener. Enzo will versuchen, nächstens seinen Höhendiamanten zu fliegen. Am Ortler sollen gute Wellen stehen.

Tags darauf ist die Front schon durchgezogen und ein steifer Nordwest holt Wolkenfahnen aus allen Tälern. Wir starten mittags und finden bereits nahe am Platz in 600 Metern enges, starkes Steigen, das bis 1700 Meter trägt. In dieser Höhe bläst uns der Wind schnurstracks zum Rosengarten. Hier haben wir Hangwind und Sonne. In Minuten sind wir auf 3100 Meter. Der Blick hinab in die schneebehängten Steilwände der Dolomiten ist immer wieder aufregend schön. Wir segeln zum Langkofel und weiter zum massigen Sellablock. Scharfe Fallwinde verlangen unsere ganze Aufmerksamkeit.

Dann rufe ich Enzo zu: „Auf zum Ortler, deine Welle wartet!"

Nach 20 Minuten und 1300 Meter Fallen sind wir im Verband gegen den zunehmenden Sturm bis unter die Vedetta Alta vorgedrungen. Im Lee beißt sofort Thermik an. Die S.H.K. schlägt und vibriert und kreist sich in 4 m/s bis zur flachen, windzerzausten Wolke. Enzos Phoebus folgt dicht auf.

In 2900 Metern habe ich die Schleier neben mir. Sofort wird mir klar, daß die Welle kommt. Die Luft beruhigt sich mehr und mehr. Ich drücke das Flugzeug gegen den Wind in Achten nach Nordwesten. Dann lege ich ein paar Kreise ein, flach windauf und steil windab. So ist die Versetzung gering. Überall leichtes Steigen, nicht mehr. Enzo hängt 300 Meter unter mir und sucht weiter im Nordosten.

Dann — ich spüre es — habe ich die Treppe betreten.

Das Flugzeug hebt die Nase wie ein Fisch, der nach Luft schnappt. Das Leitwerk folgt. Ich bin in der Welle. Zart und still setzt sie ein. Sofort geht ein Signal an Enzo. Ehe er sich unter mir einpendelt, bin ich 600 Meter höher. „Una cosa dolce" gebe ich ihm hinunter, um sicher zu gehen, daß er nicht auf volle Varioausschläge wartet. Enzo ist still und konzentriert.

In 5000 m flacht die Hebung ab. Wir stehen vor der Cima Venezia und überblikken den ganzen Ortler. Ich drücke erneut gegen den Sturm. Nach 2 Minuten ist die Welle wieder um das Flugzeug. 2, dann 3 m/s. Ich lege die Atemmaske an und frage Enzo, ob alles läuft wie er will. Aus dem Lautsprecher dringt ein Blöken. Enzo steckt bereits unter der Maske, und das in 4000 Metern.

In 6300 m stehen wir bewegungslos über den Ortlerspitzen. Das weiße Massiv wird von tosenden Schneefahnen überweht. Weiter nordwestlich, jenseits des Engadins, drückt dichter grauer Stau an die Nordalpen. Die Windgeschwindigkeit dürfte 90 km/h betragen. Es ist kurz nach Fünf und Kälte kriecht in die Rumpfnase. Enzo quakt fröhlich in die Atmosphäre und folgt mir zum steilen Abschwung. Dabei hätte ich aus solcher Höhe die 130 Kilometer nach Varese abgleiten können. Daß ich es unterließ, sollte seine Folgen haben.

Am 1. Mai hält die Nordwestlage an. Der Höhenwind ist nach wie vor stark und die Luft trockener geworden. Bis zum Mittag liegt ein stahlblauer Himmel über der Etsch. Ich starte eine halbe Stunde später, als erste Wolkenfetzen von den Leehängen hochtreiben. Der Wind dringt noch bis ins Tal hinunter, ein Vorzeichen für schweres Segeln. Ich gewinne Höhe an der Rosengartenwand und mache mich vorsichtig auf den Rückflug, 200 Kilometer nach Westen. Die übliche Route ins Val Sole und weiter über den Tonale ist blau und sieht bösartig aus. Dort kontrollieren jetzt eisige Fallwinde vom Ortler die Passage.

Also fliege ich erstmals nach Südwesten an Trient vorbei. Kurz vor der Talstadt quere ich die Etsch. In 2700 m kann ich von Bart zu Bart springen, die durch flache Kondenzen markiert werden. Wieder begegne ich thermischen Wellen, doch ich gehe nicht in den laminaren Bereich. Dann gleite ich hoch im Lee an der steilen Brenta vorbei. Die senkrechten Kalkschründe werden von schrägen Gesteinsbändern in wilden Zackenlinien gemasert. Hier gab es noch Bären bis zum ersten Weltkrieg. Die Habsburger kamen oft nach Madonna di Campiglio und jagten sie.

Plötzlich rührt sich der Funk. „5000 am Ortler".

Ich bin sicher, daß es Roberto Monti war, der mit uns in Varese fliegt. Ich spreche ihn an, er ist's. Auf 500er-Versuch ins Pustertal, zusammen mit Attilio Pronzati. Zwei so gute, zähe Flieger wie sie haben heute Chancen trotz des bissigen Windes. Ich wünsche ihm Glück und fliege zum Adamello weiter. Die Idee meines Erstflugs schwindet dahin. Heute hätte ich in Varese starten müssen.

Westlich des Ogliotals kreist es sich ruhiger und ich segle jetzt im schützenden Windschatten der Bergamasker Kette. Ein Cirrus dreht sich vor mir unter einer Wolke. Ich fliege hinüber, es ist Adele. Wegen des Nordföhns wollen die meisten die Hochalpen meiden und umrunden im Schwarm den Gardasee. Ich lasse sie ziehen und gehe unter flachen Wolken nördlich am Lago d'Iseo zur Grigna über dem Comer See. Dann zielt das Flugzeug aus 3400 m in gerader Bahn die letzten 50 Kilometer auf Varese hinab.

Am See ist es warm und windstill.

Die Flieger sitzen in Gruppen auf der Terrasse des Clubhauses. Man diskutiert lautstark über die Flüge des Tages. Dann entdecke ich Peter Riedel mit Frau Helen; sie sind wieder einmal auf Europareise. 1966 lernten wir uns hier kennen. Peter flog schon 1920 als Fünfzehnjähriger beim ersten Rhönwettbewerb auf der Wasserkuppe mit, und das mit einem eigenen Gleiter. Anfang der dreißiger Jahre gewann er die 14. Rhön und den Hindenburg-Pokal. Mehrere Rekordflüge machten ihn weltbekannt. 1935 nahm er an der Südamerika-Expedition teil und flog später zu großen Siegen in amerikanischen Wettbewerben.

Peter kennt die glorreichen Rhönjahre wie kein Zweiter und ich ermuntere ihn, aus seinen Erlebnissen ein Buch zu machen. Die Geburtsjahre des Segelfluges waren erfüllt mit ernsten und absurden, komischen und genialen Ideen und Taten, und dieser Flieger, der von Jugend an dabei war, könnte ihr Chronist werden. Er gehörte zu den ersten Piloten, die über den Alpen flogen. Seit seiner Teilnahme am Jungfrauwettbewerb 1935 haben sich die Jahre unseres Jahrhunderts verdoppelt, doch von den Erlebnissen seiner frühen Gebirgsflüge sind immer noch Schwingungen spürbar. Ich berichte ihm von meinen letzten Strecken und er folgt mir mit großen Augen.

Es wird dämmrig.

Plötzlich ein Ruf, „Attilio kommt".

Alle springen ans Fenster. Der Phoebus senkt sich als weißer Schemen auf die Piste und rollt vor dem Hangar aus. Ich sitze bei einem Tee und kann mich nicht erheben. Von allen Seiten laufen die Freunde zum Flugzeug. Der halberfrorene Flieger zwängt sich mühsam aus dem Sitz und kommt langsam zum Clubhaus. Ich stehe auf und drücke ihm die Hand. „Che volo, Attilio!" Der hagere, dunkle Mann ist blaß vor Müdigkeit. Achtdreiviertel Stunden dauerte der Strecken-Wellensegelflug. Dann lacht er mich an und seine Perlenzähne blitzen. Ich bitte ihn zum Tee und er beginnt zu erzählen:

„Ich verfolgte die Wettermeldungen gestern abend genau. Eine Kaltfront war ja durchgezogen, dann stieg der Druck schnell. Der Höhenwind wie immer aus Nordwest bis Nord. Es naht der Erste Mai und ich habe Zeit zum Fliegen (Attilio macht die besten Skistöcke südlich der Alpen).

Heute morgen sah es vielversprechend aus. Roberto Monti rief mich schon vor Sieben an und wir verabredeten, zusammen den Zielrück zu versuchen. Du — und er sieht mich an — warst ja leider weg. Wir starten um 9 Uhr 45. Ich klinke in 740 m aus und habe 2 m/s auf Anhieb. Roberto folgt kurz darauf, zentriert 3 m/s und bald sind wir zusammen über dem Monte Generoso. Dort wird der Wind heftig und wir kämpfen uns über den Comer See zum Veltlin. Unter dem Legnone geht's unheimlich in den Keller. Ich schaffe es, den Phoebus in den Hangwind der Westflanke zu drücken und steige in einem Zug durch bis zu ersten Welle.

In 3400 m breche ich ab und fliege gegen die Strömung über die nördliche Talseite zum Monte Spluga. Dort treiben Wolkenfetzen hoch. Unter dem Gipfel ist die Turbulenz fürchterlich (das sagt Attilio selten). Doch der Kampf lohnt sich. Nach wenigen Augenblicken habe ich 4 m/s genau zentriert, die mich wieder in die Welle heben. (1) Monti steigt hinterher in seinem Standard-Cirrus und schlägt mir vor, hier den Höhendiamanten zu holen. Doch mich reizt dieser Tag, der so typisch für die Südalpen ist, weil Wind und Thermik uns jetzt zu langen Flügen verhelfen.

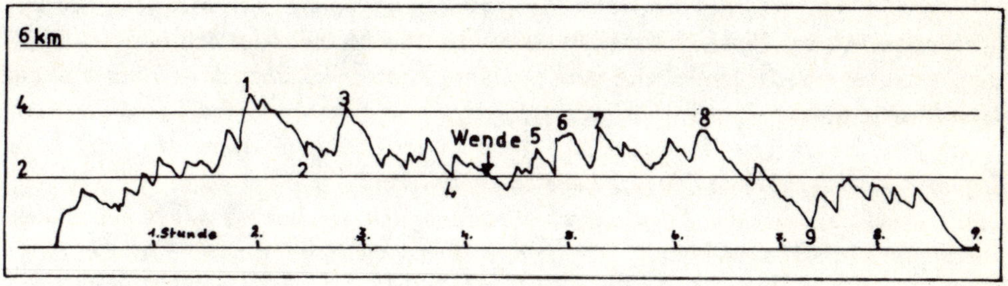

Das ist die Fieberkurve von Attilios Meisterflug am 1. Mai 1970. Er führte ihn auf seinem Phoebus A zum ersten 500 km-Zielrück über den italienischen Südalpen. Selten verlangte der Streckendiamant soviel Mut und Können.

Dann höre ich die Bergamasker im Funk. Ich erbitte Wetterbeobachtungen aus dem Osten. Capoferri gibt durch: „zum Garda hin schöne Wolken". Das läßt mich unverzüglich weiter gehen.

Der Sturm aus Nord-Nordwest kommt wie mit Beilen. Nach Osten ist alles unheimlich blau und vor dem Gelingen steht ein großes Fragezeichen.

In 4000 m wende ich den Phoebus zum Ortler. Die Welle über den Talflanken hält unvermindert an, genau in meiner Kursrichtung. Ich fliege mit 170 km/h und habe noch Steigen. In 4500 m wird die Kälte stechend. Meine Batterie im Stauraum hält das nicht aus und ich kann keine Funkmeldungen mehr abgeben. Der Strom reicht gerade noch zum Mithören.

Die schnelle Wellenstraße trägt mich bis an den Apricapaß. Im Bereich des Ortler beginnen dann erhebliche Schwierigkeiten. Ich falle mit dem Vario am Anschlag und rette mich östlich von Edolo an die Westwand des Adamello. (2) Endlich spüre ich wieder Hangwind unter den Flächen. Das Flugzeug tanzt wie irr in den harten Böen und mir fliegt alles aus den Kabinentaschen. 20 km weiter östlich — ich halte immer an den Graten entlang — ist wieder eine Welle da. (3)

Bei Dimaro steige ich mit 4 m/s auf über 4000 m. Roberto folgt mit geringem Abstand. In Richtung auf den Paladepaß stoßen kleine Rotorfetzen hinauf (Attilio unterschied hier noch nicht so genau wie ich). Ich muß unbedingt nördlich an der Bozener Senke vorbei, wo alles im blauen Abwind liegt.

Als ich am Palade bin, erweisen sich die vermeintlichen Rotoren als echte Leebärte. Die Wolken werden vom Sturm rasch südwärts gezerrt und ich finde das Steigen einfach nicht (wenn Attilio das sagte, dann war wirklich nichts zu holen; ich konnte das auch von Bozen her erkennen).

Aber ich muß weiter kommen und setze über die Etsch zur Cima Renon. Durch die Sarntaler fegt ein unheimlicher Wind. Mit knapper Not komme ich über die Eisack und erreiche die Cima Plose gerade noch rechtzeitig, um mich unten in den Hangwind zu setzen. (4)

Von dort hole ich mir die Höhe zur Umrundung von S. Lorenzo bei Bruneck. Wieder zurück zur Plose, diesmal etwas höher. 800 Meter steige ich in zwei Etappen, was fast eine Überraschung ist. (5) Damit komme ich über das Grödnertal bis zum Rosengarten.

Ich gehe im eisigen Hangwind auf 3300 Meter und hole Atem. (6) Jetzt habe ich ein paar Augenblicke Zeit, die Lage zu überblicken.

Der Rückweg über den Tonale erscheint unmöglich, ich komme gegen den Sturm nicht zum Ortlerrücken hinauf. Der einzige Weg geht südwestwärts über den Lago d'Iseo (auch hier waren wir der gleichen Meinung). Also, um zwei Uhr verlasse ich Bozen und treffe genau über der Etsch einen 5 Meter-Bart. Gleich darauf bin ich 3600 m hoch. Um Drei stehe ich über Trient, nur 50 km weiter. Das zeigt, wie sehr ich aufpassen mußte.

Über der Stadt schwimmt der schönste Kumulant des Tages — die lange, dunkle Basis liegt in 3700. (7) Die Luft ist staubtrocken und der Fernblick macht mich euphorisch: ich sehe von den Sextener Türmen bis zum Monte Rosa.

Roberto Monti und Attilio Pronzati (rechts) nach ihrem Südalpenflug (oben).
Werner v. Fischerund seine Freunde schufen die Bozener Woche

Dann fliege ich im Windschatten der Brenta weiter. Die flachen Wolken beginnen sich um halb Vier aufzulösen. Ich verliere im Blau jeden Anhaltspunkt, wie die Windthermik aufsteigt und wo Wellen stehen. Das kostet immer mehr Zeit.

Um dem Sturm weiter auszuweichen, gehe ich zur Nordspitze des Lago d'Iseo. Tatsächlich wird es hier ruhiger. Ich nehme einen engen Bart, der wieder in einer Welle endet, der vierten heute. Ich steige auf 3800 m zurück. (8) Südlich Clusone dringt dicker blauer Qualm von einem Waldbrand in die Höhe. Ich setze mich windauf und steige in rauchiger Luft 400 Meter.

Endlich bin ich am Resegone. Noch 60 km bis Varese. Monti habe ich längst aus den Augen verloren. Mit einem Mal überkommt mich ein Anfall schrecklicher Müdigkeit und ich vermag mich nicht mehr zu konzentrieren. Ich fliege jetzt 7 Stunden und sehe schon den Lagio Maggiore schimmern. Doch mit meinen Kräften ist es einfach aus. Bei dieser irrsinnigen Turbulenz kann ich den nervösen Phoebus nicht mehr ruhig steuern. Ich schließe mit dem Flug ab und habe nur noch einen Gedanken: landen auf dem nahen Flugplatz Valbrembo bei Bergamo. Also drehe ich nach Südosten und lasse das Flugzeug mit dem Wind schießen.

Ich bin noch 500 Meter hoch und vielleicht 4 km vor dem Platz, als mich im Lee der Albenza ein faustharter Rotor (oder vielleicht wiederum ein Leebart) trifft. (9) Der Stoß ist so gewaltig, daß der Phoebus, den ich sich selbst überließ, beinahe auf den Rücken geht. Ich kann erst im letzten Moment reagieren und reiße ihn in einen Steilkreis. Das 5 m-Vario steht am Ende der Skala. Ich habe kein anderes, doch es müssen 6—8 m/s gewesen sein. Dieser Schlag rüttelt mich wieder auf. Jetzt verbeiße ich mich in den Flug und will nicht mehr aufgeben. Vielleicht steht über diesem Ungetüm wieder eine Welle?

Doch es ist Windthermik allein und sie geht nur bis 1700 Meter. Ich halte mich genau auf dieser Leelinie südlich des Alpenrandes und treffe auf weitere vier Aufwinde ähnlicher Turbulenz, die mir immer wieder 2—400 m mitgeben. Von Valbrembo bis hier habe ich 90 Minuten gebraucht."

Attilio hebt ein Glas Tee an den Mund. Seine Hand zittert. Ich sage ihm frei heraus: „das ist der schönste Flug, den Varese bisher sah." Eine halbe Stunde später ist Monti am Telefon. Ihn wischte es über den Sarntalern hinab und dann verlor er zuviel Zeit. Jetzt sitzt er in S. Giacomo.

Attilios glänzende Leistung, die das für uns so charakteristische und auch häufige Flugwetter — starke Thermik unter scharfer nördlicher Strömung — in den ersten 500 km-Zielrück der westlichen Südalpen ummünzte, wurde für Varese ein Wegweiser. Attilio sagte später hierzu: „die Tage, an denen wir ohne Wind mit guter Frühthermik abfliegen können, sind so rar, daß uns die schwierigen Windlagen eigentlich doch die größten Chancen geben." Unter dem Eindruck dieses Fluges setzte man nun in Varese auf den Nordföhn. Wiederum war es Attilio, erneut begleitet von Roberto Monti, dem dann drei Jahre danach in einem sehr ähnlichen Wetter ein 680 km Zielrück bis nach Lienz an der Drau gelang.

Beide flogen etwa 6 Stunden im thermischen Bereich und kämpften sich bis unter den Glockner vor. Auf dem Rückflug gelang es ihnen, über dem Deferegger Gebirge in die laminare Strömung vorzustoßen, in der sie während dreier Flugstunden den Rückflug schafften. Hierbei flogen sie zwischen 3000 und 5500 m. 1974 schließlich scheiterte Attilio zusammen mit Adele knapp an einem 700er Zielrück — doch ich greife vor.

Damals, im Mai 1970, waren meine Streckenvorhaben wegen diesem Überraschungsflug durcheinander geraten. Ich war mir zwar sicher, in den thermisch wesentlich günstigeren Nordalpen Österreichs und der Schweiz beträchtlich weiter zu kommen, doch gerade die Alpen, in denen ich seit 7 Jahren flog, sollten die erste Probe meiner Winterpläne sehen. Ich war überzeugt, daß es hier auch ohne die Hilfe (und die Tücken) des Windes über weitere Distanzen ging. Zumindest so lange, wie die feuchte Poebene noch nicht sommerlich heiß ist. Und das tritt erst Ende Mai ein.

Am 17. Mai kommt ein Anruf aus Bozen. Enzo bittet mich, zur Eröffnung der Flugwoche nach Südtirol herüber zu kommen. Ich soll Plinio dabei helfen, das Wetterbriefing während der ersten Tage den deutschsprachigen Teilnehmern des Treffens verständlich zu machen. Es ist ein Wochenende und ich fahre gern zu meinen Freunden ins Weinland. Das ganze Etschtal ist ein einziger Blütenkorso geworden und über den Flugplatz ziehen Wolken von Apfelduft.

Am 18. Mai ist der erste Wettbewerbstag. Hans Masten aus Meran überläßt mir nach dem Abflug der Teilnehmer seinen Phoebus-C für einen Dolomitenflug. Wir haben steigenden Druck bei — wieder einmal — bissigem Nordwest. Ich komme dicht über dem Platz in die Thermik (wie immer bei Windlagen hier in Bozen) und steige mit 2—3 m/s auf 2000 m über dem Tal. Dann gehe ich am Schlern nochmals 700 Meter höher und verfolge den Flug von Wolfgang Groß, der zu den Teilnehmern gehört. Er kam erst vormittags aus Köln und wirft sich jetzt auf ein 200 km-Dreieck zwischen Toblach und Belluno. Nach Drei wird der Wind bösartig und drückt die Thermik nieder. Cirren wehen vor die Sonne. Die grauen Riesenwände der Felsburgen drohen im fahlen Licht wie Hinterhofmauern. Jetzt eine falsche Entscheidung und man findet sich unten an den Schotterrutschen.

Wolfgang durchlebt solch ein Mißgeschick. Am Marmolata-Stausee gleitet er nichtsahnend in das riesige Lee der Sella. Mit knapper Not entkommt er über die Betonmauer ins Vassatal. Ich verfolge seinen Kampf im Funk und versuche, auf seine Rufe hin mit Kurstips zu helfen. Endlich kommt er über den Häusern von Canazei langsam wieder an die Oberfläche. Als er schließlich am dämmrigen Himmel über dem Schlern erscheint, bin ich erleichtert. Die Dolomiten haben Wolfgang die Zähne gezeigt, doch seine Nerven waren intakt.

Abends treffen wir uns bei Südtiroler Leckerbissen im Gasthof Leewald. Plötzlich ein Ruf vom ersten Stock: „Bernacca!"

Signor Bernacca stellte damals allabendlich im Fernsehen nach den 20 Uhr-Nachrichten das nächsttägige Wetter vor. Er war mit Plinio befreundet, der es erreicht hatte, daß dieser sehr verständlich prognostizierende Meteorologe immer dann, wenn es segelfliegerisch interessant wurde, im Fernsehen einen knappen Hinweis gab. Bernacca wußte natürlich von der Bozener Woche und — lächelte uns alle persönlich an. Was er anzukündigen hatte, das war den Sprung über die Treppe wert gewesen: anhaltender Hochdruck — Verlagerung des Kerns nach Osteuropa — abnehmende Winde aus Nordost bis Ost. „Am Nachmittag", und damit wurde er wieder touristisch, „sei im Bergland mit vereinzelten Wolken zu rechnen." Das, genau das, war der Wind, den ich brauchte . . .

Um neun Uhr abends sitze ich im Wagen und fliege die Autostrada nach Verona hinab. Dann folgen die endlosen Geraden über Mailand ins Tessin zurück. Die 300 Kilometer werden mir lang in der Dunkelheit. Doch der nächste Morgen beweist, daß Bernaccas Lächeln keine Show war. Die Fernsicht zum Rosa ist makellos und dennoch kaum ein Windhauch zu spüren.

Um halb Acht bin ich auf dem Platz. Bald darauf kommt Aldo Trecchi und wir drücken die schweren Hallentore auf. Die S.H.K. steht ganz vorn, dafür sorgt er mir immer. Während ich die Leinenüberzüge von den Flächen ziehe, überkommt mich ein Prickeln der Erwartung. Vor großen Flügen stellt sich das regelmäßig ein. Ich habe bemerkt, daß mein Organismus zu einer Art Wettersensor geworden ist. Er erzeugt Spannung, wenn alle Bestandteile für eine gute Streckenlage beisammen sind. Das beginnt schon während der Nacht. Wenn ich um Sechs hellwach bin, dann ist das immer ein Grund zum Fliegen.

Ich setze auf Frühstart und bitte Aldo schon kurz nach Neun zum Schlepp. Vito, der Werkstatthelfer, reicht mir das kleine Kabinendach. Der Flugplatz ist noch still. Mein Ziel steht mir klar vor den Augen — dort wo das Lesachtal von der Drau nach Südosten abzweigt. Wenn ich zurückkomme, sind es 612 km.

Kurz vor halb Zehn gehe ich auf Strecke. Über den hellgrünen Vorbergen weisen mir kleine Wolken, die jedoch unbeweglich stehen, einen schnellen Weg zum Comer See. Ich fliege ganz im Süden der Alpen und finde überall 2—3 m/s. An der Grigna gehe ich 400 Meter höher und bin mit einem Satz in den hellen Bergamaskern. Die Luft ist erstaunlich bewegt und von allen Südhängen kommt Steigen.

In 2600 Metern gleite ich am Legnone vorbei nach Osten. Jetzt erkenne ich an den gekämmten Wolken, daß eine leichte Nordostströmung vorhanden ist, genau wie von Bernacca erwartet. Sie ist es, die dafür sorgt, daß die Thermik bis zum Alpenrand so früh und kräftig einsetzte, ohne mich beim Vorwärtsflug merklich zu stören. Die Windgeschwindigkeit mag etwa 15 km/h betragen und davon bilden sich keine hindernden Lees. Ich habe es damals gespürt und später noch ein paar Mal erlebt: der Nordost ist der Glückswind der Südalpen. Das gilt fürs Tessin wie für das Kärntener Land.

Um 10 Uhr 40 gehe ich über die Skiarena von Foppolo. Jetzt schwenke ich leicht nach Norden und setze mich genau über die Gipfellinie der südlichen Veltlinflanke. Schnee noch bis tief in die Talniederungen der einsamen Bergamasker. Doch sichere Thermik von Wolke zu Wolke. Eine Stunde später ziehe ich am Adamello vorbei. Der Flug wird immer schneller. Ich halte am Val Sole entlang zur Cima Mezzana und bin eine Viertelstunde danach schon über dem Paladepaß.

Jetzt reichen die Stimmen der Bozener im Funk herauf. Ich wünsche einen Guten Tag und fliege über die Etsch an die Sarntaler. Rovesti und Pronzati melden sich und fragen nach meiner Wettermeinung. Ich gebe so gelassen wie möglich zurück, daß dies ein Traumtag sei. Dann sehe ich die LS-1 von Wolfgang unter mir im Bart. Es ist 12 Uhr 15 und sie alle haben 200 km verschenkt.

Ich halte mich weit nördlich von Bozen und gehe bald darauf in starker Thermik an der Südwestkante der Cima Plose bis 3200 m. Es ist Blauthermik geworden und das Vario zeigt jetzt auf 3,5 m/s. Wolkenlos ist auch das Pustertal und die wilde Region der nahen Dolomiten. Östlich von Bruneck setze ich mich über die Nordflanke des breiten Tals und kann im Blauen zum ersten Mal delfinieren. Eine Kette unsichtbarer Kamine steht entlang der geraden Kanten, sie reichen bis 3000 Meter.

Um zehn nach Eins fliege ich über Sillian und die Drau auf den engen Lesachsattel zu. Wenige Minuten danach kreise ich steil über Kartitsch ein. Die Wende ist erreicht.

Als ich nach Westen zurückdrehe, sehe ich nördlich der Drau dünne Wolkenschleier über den Kanten, so als hätte ich dort Staubwolken hinterlassen. In einem gewaltigen Sprung geht die S.H.K. das Tal quer über Toblach zurück und kommt kreislos in 3500 Metern so schnell voran wie noch nie.

Um dreiviertel Zwei habe ich die Sarntaler wieder überquert. Von überall kommen die Funkmeldungen der Wettbewerber. Vier von ihnen runden an diesem großen Südalpentag nach viel zu spätem Start ein 300 km-Dreieck auf verschiedenen Kursen zwischen Engadin und Pinzgau. Attilio erkundigt sich, wie ich voran komme. Er weiß, daß ich diesmal am Zuge bin.

Der Sprung von der Etsch bis hinauf zum Tonale gelingt heute mühelos. Die Sonne steht noch hoch und ein leichter Rückenwind drückt mich an den Ortler.

Um 15 Uhr 40 fliege ich quer über den Aprica-Paß zur Südflanke des Veltlins zurück. Auf diese Weise umgehe ich den weiten Talsprung 60 km weiter westlich über den Comer See. Die Basis liegt jetzt auch hier in 3600 Metern. Nun werde ich vorsichtig, denn das Veltlin hat mich oft genug herunter geholt. Mehrmals lege ich Kreise ein, um nah an der Basis zu bleiben. Langsam rückt der Legnone-Gipfel näher. Feiner Dunst vom Comer See umzieht den Eckberg. Das gibt meiner Vorsicht Recht.

Dann greife ich mir den letzten, zarten Bart über der schmalen Gipfelkappe dieses Schlüsselberges für all unsere Flüge nach Osten. Nach 7 Minuten bin ich ein letztes Mal bis 3400 m gestiegen. Um 16 Uhr 30 richtet die S.H.K. ihre weiße Nase genau auf 160 Grad und geht ins Endgleiten über. Noch 38 Minuten und die 65 km, der letzte Streckenabschnitt des Flugzeitplans, liegen hinter mir.

Nach siebeneinhalb Stunden pirsche ich mich mit 250 über den See und ziehe einen Looping in den Himmel.

*

Eine Woche später bin ich wieder im Pustertal. Diesmal habe ich die S.H.K. hinter dem Wagen und traversiere die Alpen auf der Straße. Die Fahrt führt durch Toblach und Lienz und weiter an den Tunnel von Mallnitz.

Ich hänge mit dem Kopf aus dem Fenster, und versuche, alle Merkmale jener Bergzüge wiederzuerkennen, die ich seit zwei Jahren so oft überflog. Es ist Ende Mai und die große Streckenzeit in den Nordalpen beginnt.

Der Flug nach Kartitsch hatte mir großen Aufschwung gegeben. Wenn über den orographisch uneinheitlichen Südalpen ein Schnitt von 83 km/h möglich war, dann müßten die langen Alpzüge längs von Enns, Salzach und Inn bei viel günstigeren klimatischen Voraussetzungen sicher 10 Stundenkilometer mehr hergeben. Diese Überzeugung wird zu einer Triebkraft, die mich an den ersten Rekordflug denken läßt. Ich fahre mit dem Plan nach Aigen, die Siebenhundert anzugehen.

Das Ennstal empfängt uns mit Regen. Es ist klamm und graue Schneetücher bedecken die Hänge bis zum Tal. Ich lasse die S.H.K. im Hänger und fahre über den Hochtauernpaß ins Murtal und weiter nach Kärnten. Je heftiger die Kaltluftstörung im Norden, desto sicherer erwartet mich die Sonne in den Südalpen. Wir wandern auf den Kegel von Hochosterwitz und ziehen dann weiter zu den Karawanken, über denen Wolkenreihen nach Osten zeigen.

Am nächsten Tag bin ich in Muta. Die slowenischen Bauern erkennen mich sofort und ein paar Flaschen Chianti bringen sie zu rührenden Gesichtern. Wir setzen uns zu ihnen vor eines der geduckten Häuschen. Sie dengeln ergeben ihre Sensenblätter für den ersten Grasschnitt. Armut und Weltfernheit prägen ihre Gemüter. In der Talschlucht gurgelt die braune Drau und läßt mich zurückdenken. Ich gehe hinaus zu dem Landefeld, das enger ist als ich erinnerte und fliege noch einmal den knappen Anflug über die Kiefern. Mein Vater schrieb mir damals: „dieser Diamant wird dir das ganze Leben lang leuchten".

Am 4. Juni steigt der Druck und wir fahren ohne Halt zurück an die Enns. Abends steht der Segler aufgebaut vor dem Hangar. Ich sehe zu den Kalkzacken der nördlichen Gebirge, die morgens so schnelle Starts erlauben. Das Licht wird weich und die Almhänge über Admont liegen in einem Schein von Gold. Die Nacht ist kühl und sternklar.

Am nächsten Tag zeigt sich die Steiermark so, wie ich sie erinnerte. Flache Nebelschwaden bedecken die Talwiesen. Oben am Toten Gebirge brennt die frühe Sonne schon seit Stunden. Um 9 Uhr 20 starte ich hinter der Meteor. Das Wendeziel ist St. Moritz im Oberengadin — ein gerader Rennflug ohne alpine Probleme.

Wenn ich über die Strecke komme, kann ich den Deutschen Rekord von 640 auf 692 km verbessern.

Die erste Thermik über den Waldrücken im Norden ist zögernd, denn die Hänge sind noch feucht von der langen Störung. Erst um 9 Uhr 40 wird es sprunghaft besser. 10 Minuten danach verlasse ich den Platzbereich und schwebe am Kalk entlang zum Dachstein. Jede Wand ist tragend, da zählt die Flughöhe nicht. Eine halbe Stunde später zeigt mir der Rossbrand über Radstadt, daß er dem Kalk kaum nachsteht. Nach genau einer Stunde bin ich über Zell, 105 km weiter westlich.

Die S.H.K. springt durch die Bärte und der lange Pinzgaurücken ist mir noch nie so schnell erschienen. Ich sehe nicht links noch rechts. Vor mir die Stoppuhr, darunter der Zeitplan. Mehr interessiert mich nicht.

Um 10 vor Zwölf fliege ich über die Brennerstraße in die Stubaier. Die Basis liegt bei 3000 m und diesmal gibt es hier endlich einmal soviel Sonne, wie ich brauche.

Eine Stunde später gleite ich über den Reschenpaß. Das Unterengadin strahlt und flimmert im Mittagslicht. Wolkenzüge stehen auf Westkurs und halten die S.H.K. in großer Höhe. Am Piz Lischanna kreist ein Phoebus an der Wand. Ich gleite durch den Bart und winke ihm zu, geradewegs abzufliegen. Hinter dem Nunasattel springe ich ins Oberengadin und gehe an die Basis zurück. Der Wille zum kreislosen Fliegen, hier in den Nordalpen ist es der Schlüssel zum Erfolg.

Um viertel Zwei hole ich mir am Muottas die Wendehöhe. Ich muß aufpassen! Vom Berninapaß und westlich aus dem Bergell dringt dunstige Luft in das Hochtal und Cirrenschirme treiben aus Südwest auf mich zu. 500 Meter über dem Berg gehe ich über den See nach St. Moritz und muß den gleichen Weg zurück, bevor wieder Steigen kommt. Doch auf dem Wasser liegt ein kräftiges Wellenmuster und der Malojawind ist verläßlich. Ich weiß, daß der Hangwind von unten trägt.

Um 13 Uhr 35 mache ich mich auf den Rückflug. Das Engadin liegt schon bis Zernez im fahlen Cirrenlicht, doch die Felsen tragen alle. Am QuatterVals ist die Basis in 3000 m. Erst 10 km östlich vom Nuda sticht die Sonne wieder in die Hänge. Ich reite an den Graten bis zum Lischanna und komme mit wenigen Kreisen

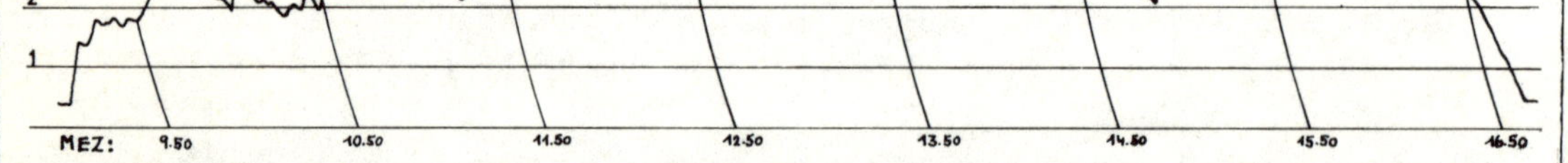

Auf diesem Flug am 5. Juni 1970 zeigten mir die Nordalpen, wie schnell man über den Längsgebirgen delfinieren kann. Dies Zwischenhoch, dessen geringe Breite auf dem Satellitenfoto deutlich erkennbar ist, brachte einen ‚Bilderbuchtag' und das schnelle Barogramm hielt ihn fest.

an den Kaunergrat. Kurz vor Drei habe ich das Sellraintal links unter den Flächen. Das Wetterbild voraus über den Tuxern und Zillertalern ist phantastisch. Blendend helle, scharf umrissene Wolken reichen soweit wie der Blick.

Um halb Vier segle ich über den Zillergrund an die Reichenspitze. Der Gerlos bleibt im Norden zurück. Die Hohen Tauern tragen mit 3—5 m/s und der Flug wird völlig mühelos. Um Vier ist Zell passiert und vor mir warten die Niederen Tauern. Ganz vorn über den Ausgängen der langen Quertäler stehen die stärksten Bärte. Schließlich gehe ich vor Schladming noch einmal bis zur Basis in 2400 m über dem Aigener Platz und gleite mit hoher Fahrt ins Ziel. Punkt Fünf stehe ich im Gras.

Bevor ich die Haube abhebe, errechne ich mir den Schnitt. Ich komme auf 97 km/h und habe den Zeitplan um 35 Minuten unterflogen.

Die Nordalpen sind noch schneller als ich hoffte.

*

Im Sommer jenes Jahres lag der Weltrekord im Zielrück bei 780 km. Karl Striedieck hatte das Kunststück fertig gebracht, diesen Flug auf seiner Ka-8 zu schaffen. Das sprach zweifellos für das fliegerische Können dieses jungen Amerikaners, noch mehr jedoch für den unvergleichlichen Hangwind an den Apalachian Mountains, die jenen Flug an einem frostigen Novembertag möglich machten. Karl hatte sich früh morgens von seiner Frau mit dem Jeep in die Luft ziehen lassen und war nach zehnstündigem Flug zu seinem Farmplatz am Fuße der flachen Bergkette zurückgekehrt.

Wir in Europa haben nirgends ein vergleichbares Gelände und deshalb waren lange Segelflüge über diesem Kontinent auf die Disziplinen der Freien Strecke und des Zielfluges beschränkt, bei denen Rückenwind die Geschwindigkeit über Grund stark erhöhen, ja selbst verdoppeln kann.

Mein Flug vom 5. Juni zeigte mir, daß ich mit Striedieck gleichziehen konnte. Ich legte das Maßband über die Nordalpen und fand den Wendepunkt im Vorderrheintal, am Oberalp-Paß. Ein Studium der Strecke zeigte mir, daß ich bei einem Wetter wie jenem von Anfang Juni auf diesem 808 km-Flug mit einem Schnitt rechnen konnte, der mich in etwas mehr als 8 Stunden über den Kurs bringen würde.

Ich nahm die Karte und prägte mir den Abschnitt vom Flüela-Paß über Davos und Thusis von Berg zu Berg ein. Diesen direkten Kursweg würde ich jedoch nur bei guter Wetteroptik im schwierigen Churer Becken nehmen. Sollte der Dunst des Rheintals die Adula-Alpen bereits erreicht haben, was vom Piz Linard aus gut zu erkennen ist, dann würde ich über das Oberengadin fliegen und dann weiter im Westen über den Julier und den Piz Medels zum Wendepunkt Disentis vorstoßen. Der Zeitplan sah die Umrundung für 13 Uhr 40 vor. Bis 14 Uhr 15 hatte ich gute Chancen, die 404 km der Rückstrecke zu bewältigen.

Dann kam der 16. Juni mit scheinbar aussichtsreichem Wetter. Doch die Thermik setzte in den Ostalpen an diesem Morgen viel später als gewohnt ein. Es hatte zur Folge, daß ich die Brennerstraße erst um Eins erreichte. Dieser Zeitrückstand von 90 Minuten war zu groß und ich drehte ab. Hanna Reitsch flog über die Nordkette an Innsbruck vorbei und umrundete Imst an den Lechtaler Alpen. Abends konnten wir ihren Zielrück-Rekord von 520 km feiern — 33 Jahre, nachdem sie erstmals die ganzen Alpen überflogen hatte.

Dann kam meine ganz große Chance, noch dazu am längsten Tag des Jahres. Meine Erwartungen am 21. Juni waren größer als je zuvor und mit ihnen mein Wille, über den Kurs zu kommen. Ich wollte zeigen, bis zu welchen Strecken der Alpenflug vorstoßen konnte.

Um 8 Uhr 55 hebt sich der Schleppzug aus dem Gras. Die S.H.K. liegt weich und folgsam in den Rudern. Der Himmel blinkt und die Sonne sticht durch die Brille. Die Thermik am Hechelstein ist locker und unzuverlässig. Sie trägt 150 m und zerplatzt in leichtes Fallen. Ich wage nicht vorzeitig abzufliegen, denn an der Kammspitze bin ich unter 700 m in der Talinversion. Und dann warten die Gröbminger Wiesen.

Dann, gegen 9 Uhr 30, steige ich 300 m über die Ausklinkhöhe und setze mich auf Kurs. Ich habe mir vorgenommen, den kreislosen Vorflug bis zur äußersten Konsequenz zu betreiben, um den kleinen Zeitrückstand nicht nur wettzumachen, sondern Disentis möglichst schon um halb Zwei zu umrunden.

Die thermischen Eigenarten dieses Tages kommen mir entgegen. Ich erinnere mich nicht, auf einer so langen Distanz jemals wieder mit derart wenigen Kreisen ausgekommen zu sein. Meinem Barogramm und den Flugnotizen nach waren es 8 Bärte, die ich auskurbelte. Die ganze übrige Strecke wurde im weichen Delfin und einigen Testkreisen zwischen 100 und 150 km/h überflogen. Ich habe mir später ausgerechnet, daß ich in diesen 8 Aufwinden 4200 Höhenmeter gestiegen bin, was, bezogen auf die 404 km, einem ‚Gleiteffekt' von 1 : 97 gleichkam. Im Vergleich hierzu waren diejenigen des Kartitsch-Fluges mit 46,3 und des St. Moritz-Fluges mit 57,6 fast bescheiden.

Ich mußte jetzt natürlich aufpassen, nicht nur einem möglichst hohen ‚Gleiteffekt' nachzufliegen, denn irgendwo liegt die Grenze (die nicht meßbar ist), von

So sah der Wettersatellit ESSA 8 am 4. Juni 1970 gegen 11 Uhr unseren Kontinent aus 1470 km Höhe. Dichte Wolkenfelder des nach SO abwandernden Tiefs bedecken noch die ganzen Alpen und Italien (oben).

Am nächsten Tag entsteht über den Zentral- und Ostalpen ein Zwischenhoch. Die schmale Druckzone wird jedoch aus SW von einem neuen Tief über dem Atlantik gestört: um 13 Uhr 30 ist die warmfeuchte Luft schon im Engadin. Nur der Hangwind am Muottas bringt mich wieder auf den Rückflug.

Der 21.Juni 1970: eine schwache Störung über Südfrankreich genügte, um die Thermik in den Westalpen abzuschwächen. Der T-Gradient in den Adula-Alpen war um zwei Zehntel zu gering. Das kostete eine halbe Flugstunde und – den Weltrekordversuch.

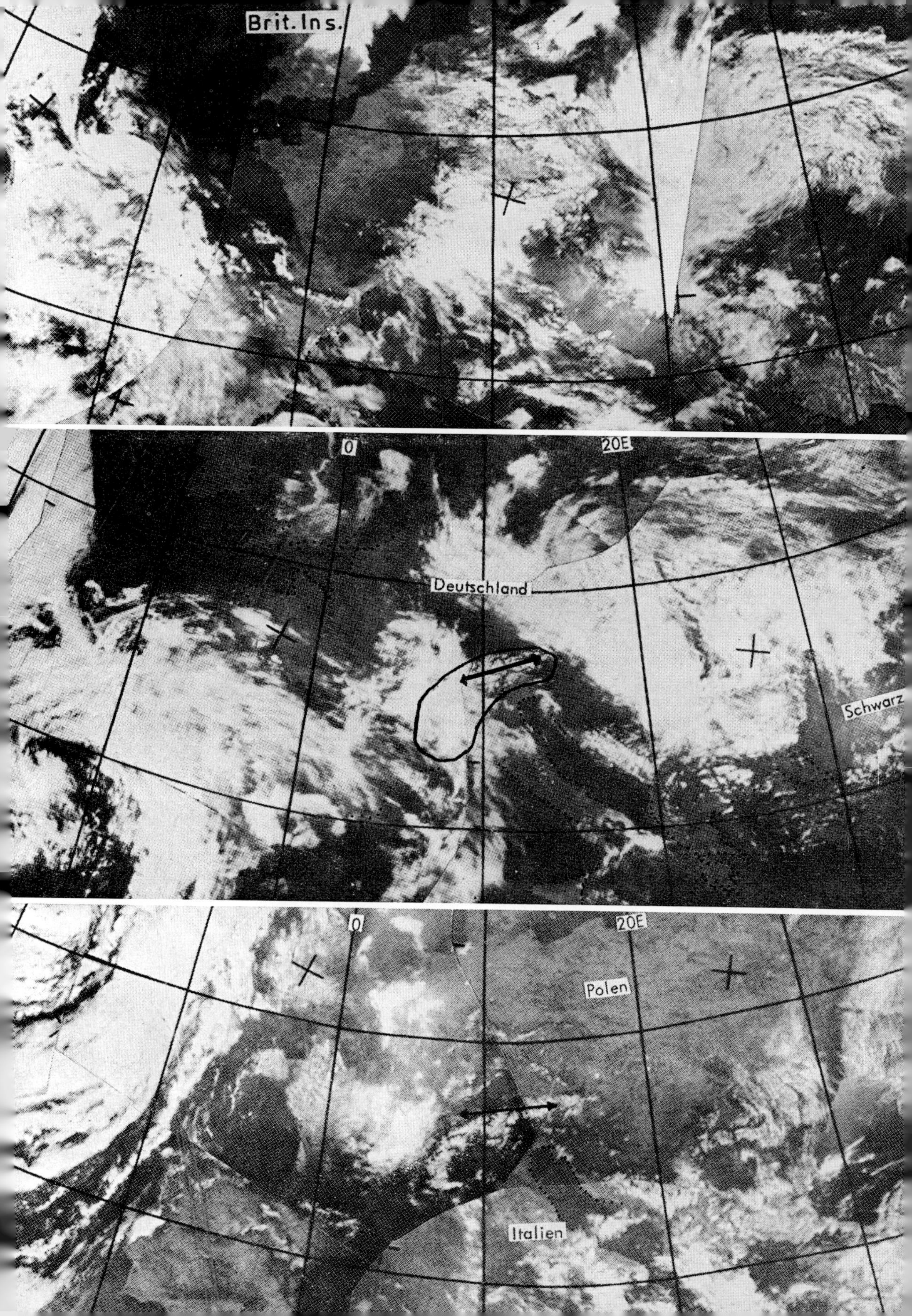
Brit. Ins.
0
20E
Deutschland
Schwarz
0
20E
Polen
Italien

NACH DER LANDUNG
UHRZEIT 17 10
DATUM u. STARTORT 5.6.70 Aigén
NAME u. VORNAME A. v. Kalckreuth (700 km Zielrück)
TYP u. NUMMER S.H.K. I-ADAM
AUFGABE u. WENDEPUNKTE Aigen – St. Moritz Bahnhof – Aigen
He-S-162

der an die Schnittgeschwindigkeit sinkt anstatt besser zu werden. Es kam bei diesen Flügen also darauf an, sich bis zu der feinen Linie vorzutasten, bis zu der ich – entsprechend der Stärke und der Reihendichte der Bärte – schneller werden konnte, ohne (das war entscheidend) das Risiko eines uneinholbaren Tiefpunktes weit unter den Kanten einzugehen.

Ich verlasse die heißen Dachsteinwände um kurz nach Zehn und fliege den an diesem Tage unglaublich gleichmäßig tragenden Kanten nach. Es geht wie immer über den breiten Rossbrand, zum steilen Hochgrindeck und über die Dientener Rücken an den Pinzgauzug. Hier stehen keine starken Bärte, doch im Geradeausflug verliere ich kaum Höhe. Die Wolken sind unscharf und je weiter ich nach Westen vordringe, desto deutlicher wird eine hauchzarte Südweströmung spürbar.

12 Minuten vor Zwölf quere ich das Wipptal vom Patscherkofel her und fliege die Kalkkögel an. Auch hier ist die Südströmung erkennbar, die über den flachen Brenner dringt. Die Thermik ist unten weich und kaum zu zentrieren. Über das Schwarzhorn und den Wildgrat komme ich jedoch leidlich schnell an das Unterengadin und quere vom Reschenpaß zum Mutler nach Nordwest. Über der Silvretta liegt die Basis bei 2900 m und steigt nach Westen an. Die ganze Gipfelkette trägt, Sonne und Wind wirken hier perfekt zusammen.

Am Piz Linard ist mein Entscheidungspunkt gekommen.

Ich finde 4 m/s und steige im achten Bart der Hinstrecke auf 3500 Meter.

Die Uhr steht genau auf 13,16, als ich mit Direktkurs 190 Grad schräg über den Flüelasattel abfliege. Ich will unter allen Umständen um Zwei Uhr über Disentis sein und glaube, daß ich aus dieser Höhe und in den gut verteilten Aufwinden, wie es jene leichte Südwestströmung oft bewirkt, den 100 km entfernten Punkt ohne nochmaliges Kurbeln erreichen kann.

Die folgenden 60 Minuten verlangten höchste Konzentration und ein paar Nerven. Ich gleite südlich an Tiefencastel vorbei und nehme am Piz Beverin die Thermik im Hochziehen mit. Dann geht die S.H.K. über Thalkirch zum Piz Ault, wo ich nach 3 Kreisen wieder aufrichte. In 2 m/s verliere ich jetzt Zeit.

In leichtem Bogen schwenke ich aus der höheren Adula auf das Vorderrheintal hinaus und setze an den waldigen Flanken des Piz Muraun in erneutem Steigen entlang bis über den leuchtend gelben Klosterbau von Disentis. Die Uhr zeigt genau 14,05. Mein Höhenmesser steht auf 1800 m, das sind 800 Meter über der Wende. Ich hatte es geschafft, von Aigen bis hierher einen 90iger Schnitt zu erreichen.

Nach der Umrundung bieten sich die nahen, lichtflimmernden Fichtenhänge unter dem Oberalbstock mit neuer Thermik an. Ich gehe dicht über die Bäume und finde sofort 2 m/s, im Kreis werden es 3. Nach 7 Minuten bin ich an der Basis in 3000 m. Mein Plan scheint perfekt aufzugehen, denn ich komme ohne den geringsten Zeitverlust auf die Rückstrecke. Doch jetzt muß ich entscheiden, auf welchem Kurs ich wieder an den Inn hinauf gelange.

Anflug auf St. Moritz (oben). Gaby wartete im Ennstal

Ein Rückflug über die Adula scheint keine Vorteile zu bringen, denn die Wolken lösen sich bis zum Julier hinauf nach und nach auf. Dafür quellen jetzt wäßrige Türme jenseits des Hauptkamms in einer düsteren Mauer hoch. Ein schlechtes Zeichen. Ganz offensichtlich hat der Südeinfluß über den Paßengen des Lukmanier, Bernardino und Splügen in der letzten Stunde noch zugenommen.

Vor mir auf Chur zu dagegen steht eine Reihe kleiner Cumuli über den nördlichen Talhängen, die ein schnelles Segeln versprechen. Dennoch muß ich 1100 Meter Höhe abgleiten, bevor wieder Aufwind kommt. Das Zentrieren kostet 5 Minuten und der Kessel von Flims wird mir in schlechter Erinnerung bleiben. Endlich bin ich unter dem Calanda, doch auch der Kalk dort trägt nur mäßig. Erst über der steilen Südwand wird die Thermik besser und geht bis 2,5 m/s.

Dann gleite ich quer über Chur und reite am Hochwang und Straßberg bis zur Weißfluh hinauf. Die Uhr sitzt mir im Nacken und der Süd gewinnt langsam die Oberhand.

Erst um 15 Uhr 20 stehe ich in 3400 m über der Parsenn an der Basis. Die letzten 75 km kosteten mich genau 30 Minuten zuviel. Diese halbe Stunde war, wie ich 250 km weiter im Osten merken sollte, uneinholbar geworden.

Das Unterengadin ist schnell aber liegt schon unter weiten Schattenfeldern. Ich muß hoch an die dunkle Basis und das heißt Kurbeln. Um 16 Uhr 08 bin ich über Nauders an der Reschenstraße. Mein Zeitrückstand ist geblieben. Ich bemühe mich, schneller zu werden, doch jetzt ist der Süd auch an den Ötztaler Hängen.

Konsequent gleite ich am Sellraintal entlang und setze alle Höhenreserven dafür ein, an die Fichtenhänge unter dem Patscherkofel zu kommen. Dort konnte ich schon immer tief einfädeln und auch heute läßt mich der Berg nicht warten. Der Aufwind ist von unten weg breit und zieht mit 3 m/s gleichmäßig bis zur Wolke in 3100 m. Ich gehe weiter auf 3900 m, denn jetzt kommt es darauf an, mit einem Satz bis über den Gerlos zu springen. Es ist der höchste Punkt dieses Fluges.

Um 17 Uhr 10 fliege ich mit 140 km/h ohne Halt über die Tuxer und das

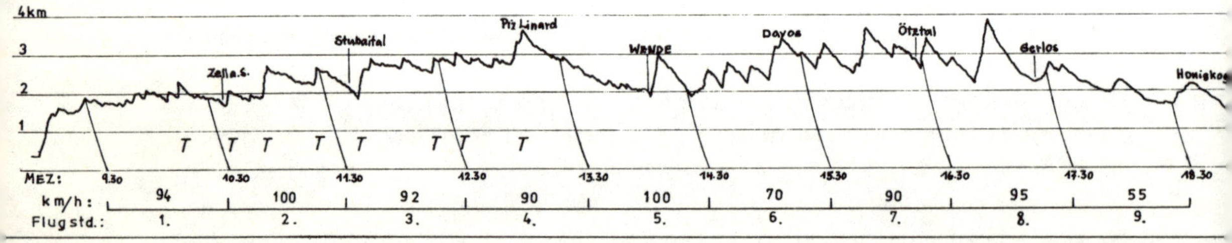

Auch diese zehn Thermikstunden des längsten Tages, des 21. Juni 1970, brachten mich nicht über die 808 km. Die Hohen Tauern hatten schon kurz nach Fünf ihre Öfen abgestellt und mich wieder einmal sitzen lassen.

Auf den 404 km der Hinstrecke wurden acht Bärte ausgekreist (T) und der Delfinflug vom Piz Linard nach Disentis überwand 100 km in 55 Minuten kreislos.

Zillertal. Rings unter mir quellen feuchte Wolkenhaufen, deren Tops im Südwind zerfasern. 1900 m kostet mich der Weitsprung bis über die Krimmeler Wasserfälle. Doch der Pinzgau hat thermisch ‚Feierabend'. Mühsam kurble ich aus 2000 m an einem hell bestrahlten Waldrücken mit einem, endlich mit zwei Metern auf 2600 m. Das kostet 15 Minuten. Dann setze ich mich an die Ausläufer der Hohen Tauern. Doch in der müden, kaum bewegten Hangluft schwinden meine Hoffnungen.

An der Felberbachrinne kommt ein Meter aus dem Wald. Ich muß ihn auskreisen, um die Berge um Zell zu erreichen. Nach 200 m fliege ich weiter.

Wie eine Fata Morgana leuchtet jetzt ein allerletzter, einsamer Wolkenturm vom Honigkogel jenseits des Zeller Sees herüber. Er ist gerade, zeigt noch scharfe Konturen und reicht sicher auf 4000 Meter. Wenn ich ihn durchsteige, kommt Aigen in den Bereich meines Gleitwinkels.

Ich fliege 22 Minuten geradeaus, ohne daß die Flächen wippen. Der Süd hat den Gradienten weggeschmolzen. Dann, nach nervenaufreibendem Warten, bin ich 30 Meter über dem grasigen Gipfel tief unter der Basis. Die S.H.K. ist noch nie so wunderbar geglitten, doch die Flügelnasen sind übersät von angeschlagenen Insekten und wer weiß, wie meine Polare jetzt aussieht.

Genau um 18 Uhr 05 kann ich den Aufwind, der vom See heraufkommt, mit angehaltenem Atem zentrieren. Langsam fängt sich der Höhenmesser und beginnt zu steigen. Aus einem werden knappe 2 m/s. Ich starre nach oben, ob die Wolke auf mich wartet. Unter meinen Blicken wird sie löchrig und müde.

Nach 250 Metern löst sich die Thermik auf und ist nicht mehr zu finden. Die Basis über mir zerrinnt, die Wolke ist verschwunden. Nichts als dunstiges, totes Blau, das mir keine Hoffnung mehr läßt. Die halbe Stunde von Chur war zur Entscheidung geworden.

Meine letzte Chance ist Umkehrthermik und ich sinke über den Dientener Waldhöhen nach Osten. Die Fernsicht ist schlecht und der Dachstein kaum mehr zu erkennen. Der weite Talraum zwischen Hochkönig und Hochgolling wird erfüllt von diesiger, grauer Luft, die kühl unter der Höheninversion auf mich wartet.

Dennoch gleite ich weiter. Das Vario steht fast auf Null und mein Gleiten streckt sich. Dann habe ich den Salzachbogen vor mir, St. Johann und die ‚50 Schilling-Wiese'. Ich bin 900 m über dem Fluß und kann mir ausrechnen, daß die S.H.K. zwischen Radstadt und Mandling an den Boden muß — 40 km vor dem Ziel . . .

Die harte Entscheidung zum Rückflug nach Zell bleibt mir für immer im Gedächtnis. Ich folge meinem Grundsatz, den Flug, der aussichtslos geworden ist, auf einem Flugplatz zu beenden. Doch er brachte mich mit 770 geflogenen Kilometern mitten in eine neue Dimension des Alpensegelns.

Weggefährten

Das Verhältnis von Flügelfläche zu Abfluggewicht, die Techniker nennen dies die Flächenbelastung, ist bei jedem Flugzeug für seine Leistungen mitbestimmend.

Was das Gewicht anlangt, steht der Segelflug allen übrigen flugfähigen Konsruktionen fern. Unsere Flügel leben allein von den Strömen der Luft und müssen die Vögel nachahmen, das heißt, sie müssen leicht und schwebefähig sein. Welches andere Luftfahrzeug kann schon damit aufwarten, nur zwei oder dreimal so viel zu wiegen wie sein Pilot? Oder eine Flächenbelastung vorweisen, nach der ein Quadratmeter Flügel nur 20 oder 25 Kilo zu tragen braucht?

Und dennoch bleiben uns die Vögel überlegen.

Immer, wenn ich mit Steinadlern segle, bewundere ich ihre Fähigkeit, zu steigen. Mit ihren breiten, rechteckigen Schwingen, die bis über 2 Meter ausspannen können, haben sie eine ‚Flächenbelastung' von nicht mehr als 10. Gut, das ‚Windspiel' der Akaflieg Darmstadt wog einmal 54 Kilo und kam mit einem leichten Piloten fast an den Wert des Adlers. Doch dieser federleichten Konstruktion fehlte nun das schnelle Gleiten, wie es der Adler besitzt, kaum daß er seine mächtigen Flügel an den Rumpf zieht.

Doch der Adler steigt auch deshalb so gut, weil er so wendig fliegt. Sein Rumpf ist kurz und er kreist auf der Stelle, genau im Kern der Thermik. Sein dickes Federprofil läßt ihn langsam und tastend kurbeln und sein Sinn für die steigende Luft — es soll im Gehörgang sitzen — bringt den schweren Vogel aus jeder Felsschlucht an die Wolken hinauf.

Adler sind, ohne Gelege oder Junge im Horst, nicht ungesellig. Ihre kreatürliche Neugier läßt sie zu mir fliegen und meine Kreise scharf äugend genau verfolgen. Hierbei habe ich nie erlebt, daß mein helles Flugzeug sie erschreckt hätte — wahrscheinlich kennen sie unsere lautlose Harmlosigkeit inzwischen.

Einmal kreiste ich über dem Talschluß von Calanca, an den Südwänden des Rheinwaldhorns. Plötzlich sehe ich mich von zwei Adlern umflogen. Die stahlfar-

Zwei Luftmassen am Toten Gebirge

benenen Granitplatten des Berges schimmern bläulich in dem wolkenlosen, harten Licht. Dort irgendwo hängt ihr Horst aus Knüppelholz und Latschenzweigen. Einer der Vögel kommt dicht an die Kabine und setzt sich mit 90 km/h an den Innenflügel. Scheinbar war ich es, der diesen flauen Bart als Erster zentrierte und sie damit aus der Wand lockte.

Der Adler dreht den Kopf zu mir und sieht mir geradewegs in die Augen. Dabei dirigiert der breite Schwanzfächer den Verbandsflug mit kurzen Federschlägen. Ich kreise mich noch genauer in den Kern und der Vogel tut das gleiche. Jetzt sehe ich den zweiten Adler wieder. Er fliegt 20 Meter über mir und verfolgt unsere Bahn genau. Daß ich ihnen hier Aufwind zeigte, erklärt ihre ausgesprochen kollegiale Art, mich durch nichts zu behindern. Im Gegenteil. Sie beginnen ein ausgelassenes Spiel um die Flächen und lassen sich in kurzen Abschwüngen immer wieder unter mich fallen. Dabei demonstrieren sie mir ihre variable Flächengeometrie mit blitzschnell verengten Schwingen.

Langsam gewinnen wir Höhe.

Dabei wird mir bewußt, daß wir uns ähnlich sind. Ähnlich dadurch, daß wir den Naturkräften folgen müssen. Und darin, daß wir spielen können und den Zwang unserer Lage vergessen.

Oberhalb des Gipfelgrats, der hoch über der Calancarinne mit steilen Felszähnen in den Tessiner Himmel ragt, haben Beide des Steigens genug. In der gleichen Sekunde ziehen sie die breiten Außenfedern dicht an den Körper und fallen rasend schnell in die Tiefe. Nach vielen Sekunden sehe ich sie dicht über ihren winzigen Schatten nach Osten schwingen, zum S. Bernardino, wo die Murmeltiere den Westhang mit ihren Bauen durchlöchern. Es ist unbegreiflich, daß ihre Flügel diesen Sturz überstehen.

Ganz anders ergeht es mir ein Jahr später an der Cima Mezzana.

Es war Anfang Mai und ein schneller Tag hatte mich von Varese nach Südtirol gebracht. Ich komme von Meran zurück und nehme Kurs auf den Tonale. Am Val Sole ist die Luft böig und die Thermik zerrissen. Die noch weit herunter reichende Schneedecke am Ortler zwingt mich, vorsichtig zu fliegen. Endlich bin ich an der Südflanke der Mezzana und hoffe auf neues Steigen.

Ich gehe dicht an die Felsschrägen und steige in Achten höher. Neben mir hüpft mein flacher Schatten über die Rinnen. Dicht über dem Gipfel hole ich das Flugzeug herum und gehe in einen Steilkreis.

Plötzlich stößt ein Adlerpaar auf mich herab. Ohne daß ich sie sah, hatten sie mich an der Wand überstiegen. Mein Schatten mag sie im Horst erschreckt haben und solch einen Hausfriedensbruch verträgt ihr Elternsinn nicht.

Obwohl die Vögel Mühe haben, in dem engen Kern der Thermik zu bleiben, während sie ihre Angriffe auf mich fliegen, geht es ihnen überhaupt nicht um sportliche Ambitionen. Immer wieder fallen sie steil auf das Flugzeug herab, um im letzten Augenblick mit rasch ausgeworfenen Flügeln aus dem Stoß eine Finte

Flugzeugschlepp am Dachstein

zu machen. Ich habe Sorge, den Bart hier zu verlieren, denn nach Westen steht die nächste Wolke Kilometer entfernt. Doch die Adler lassen nicht von mir ab. Schließlich sind sie so weit, auf dem Haubendach absitzen zu wollen. Sie fliegen dicht über meinem Kopf und langen mit den gelben Fängen nach unten. Daß ich sie dabei nicht ramme, ist eigentlich reiner Zufall.

Ich helfe mir wie schon oft und verlasse den Bart mit hoher Fahrt schräg hinab. Dann ziehe ich eine weite Schleife und zentriere unten von neuem.

Doch dies Manöver müssen schon andere Flieger hier erprobt haben, denn das aufgebrachte Paar ist blitzschnell wieder neben dem Segler. In halben Trudlern und kühnen Abschwüngen über einen Flügel bedrohen sie mich wirkungsvoll. Mir wird klar, daß ihr Instinkt unbesiegbar ist und daß sie selbst auf die Gefahr eines tödlichen Rammstoßes ihren Horstbereich feindfrei halten müssen. So entschließe ich mich zum Abflug und erkenne die Vögel später von jenseits der Paßhöhe noch immer über ihrem Berg.

Sind die Steinadler die unbestrittenen Herren der Alpen, die fast nur lebende Beute annehmen und diese mit kühnsten Manövern von den Felsen stoßen, so passen die Gänsegeier, die Salzburger nennen sie Weißkopfgeier, in die Rolle des Bergphilosophen. Es ist die weitaus rarste Vogelart unserer Breiten und diese nackthalsigen Aasfresser bringen etwas Afrikanisches über die Gletscher. Man trifft sie fast ausschließlich zwischen dem Zillergrund und dem Gasteiner Tal und die steilen Hochtauern sind ihr bevorzugtes Revier. Die meisten von ihnen sollen im Salzburger Tierpark überwintern.

Ihr Gefieder ist hellbraun mit Einsprengseln in Gelb und Ocker, der lange Hals nackt und zwischen einer weißen Federkrause in die kantigen Schultern eingesenkt. Das Flugbild dagegen ist ansprechend und zeigt eine elegante Linie. Ihre Bewegungen und Manöver, um den Aufwind auszunützen, unterscheiden sich schon von weitem von der geradlinigen Zielstrebigkeit des Adlers — sie sind schaukelnd und wirken manchmal selbst unentschlossen. Die Gesellschaft unserer Flugzeuge ist ihnen nicht unbedingt erwünscht und sie segeln ab, wenn man sich zu dicht neben sie setzt. Aggressivität ist ihnen vollkommen fremd. Sie streichen mit Vorliebe an den langen Süd- und Westhängen der Tauern im warmen Hangwind entlang und inspizieren die Felsrinnen nach gefallenem Wild oder Schafen. Selten, daß sie sich bis zur Basis der hohen Sommerwolken hinauf begeben.

Ihr Lebensstil ist dem der einsamen Adlerpaare fern. Sie bilden Gruppen und hocken nebeneinander auf Felsgraten, die einen freien Abschwung und Platz für ihre mächtigen Schwingen gewähren. Dorthin, wo Ziegen oder Gemsen stürzen, die einen einzigen Tritt verfehlten.

Einmal entdeckte ich fünf Gänsegeier dicht nebeneinander wie Möven auf einem Felsband am Imbachhorn hocken, die der malerische Blick über den Zeller See zu eigenwilligen Verrenkungen ihrer Hälse brachte. Ich flog dicht an die Wand und versuchte, die eindrucksvollen Geschöpfe zu fotografieren. Doch im Sucher wurden sie winzig. Also kurze Wende und viel näher heran. Noch immer war ich zu weit. Ich drehe erneut herum und gleite sacht auf sie zu. Die Vögel beobachten meine Schwenks wie Zuschauer ein Tennismatch und die kahlen Hälse wandern von links nach rechts.

Nach dem sechsten Anflug fühlen sie sich mit vollem Recht gestört und springen mit halb geöffneten Schwingen in ein enges Kar hinab.

Wo Alpendohlen aufflattern, lohnt es sich hinzusehen. Diese behenden Schwarmvögel sind der beste Windsack am Fels. Wenn ich an den Grat der Bernina gehe, weiß ich von weitem, wo das Windlee wartet. Dohlen halten sich stundenlang in engen Achten nah an den Kanten und zeigen mir, wie es mit dem Hangwind steht. Ihr Sinn für den Thermikflug dagegen ist kaum entwickelt und ich traf erst ganz wenige Dohlen an der Basis einer hohen Wolke.

Ihr Flug dicht an den Steilwänden kann uns viel lehren, nicht aber ihr gedankenschneller Abschwung mit geschlossenen Flügeln, der sie wie schwarze Dolche ins Bodenlose fallen läßt.

Einmal stand ich nach mühsamer Klettertour auf der Gipfelplatte einer Kalkwand. Wir lehnten uns an den Fels und sahen den Bergdohlen zu. Ihre Fähigkeit, dem feinsten Aufwärtshauch Höhe abzugewinnen, mit dem zuckenden Spiel geöffneter und halbgeschlossener Flügel ihre Geschwindigkeit den Unebenheiten der Wände anzupassen, ist für jeden Alpenflieger ein Schauspiel. Als es später an den steilen Abstieg ging, mit den Fußspitzen voraus und viel Vertrauen ins Seil, da wünschte ich mir Dohlenflügel.

Wo Schwalben durch den Aufwind zucken, glaubt man das Tal nicht fern. Doch diese Annahme ist irrig. Schwalben folgen den Fliegen und Mücken, den Schmetterlingen und Junikäfern weit über die Hochalpen. Wo sie jagen, ist die Thermik am stärksten, denn dort bringt der Luftstrom ihre Nahrung in Schwärmen herauf. Immer wieder fliege ich Schwalben nach, denn kein Vario kann es mit ihnen aufnehmen.

Ist eine Wolke ausladend und die Basis breit und ohne dunkle Tönungen, dann genügt ein Blick nach diesen schwarzweißen Pfeilen, um den Kern des Aufwinds zu zentrieren. Sie schießen um das Flugzeug wie Gedanken und ich habe mich oft gewundert, daß sie nie an den Tragflächen enden. Sie besitzen kein Auge für uns oder lassen es auf ihren überschnellen Zick-Zacks nicht erkennen. Für sie sind wir Teile des Luftmeers wie die Wolken. Sie sind immer in Eile und ihre Sorge um ein paar offene Schnäbel 3000 Meter tiefer am Gebälk eines Stalles bestimmt ihren Flugtag.

Über dem Tessin, wo die Sommerluft kocht und die Seeränder feucht sind, ist das Paradies der Schwalben. Hier gibt es mehr Insekten, als sie jemals schnappen können und auf dem Flug von Varese bis zum Ticino wird man von Vogelschwärmen umflattert. Sie zeigen uns, wann der Sommer beginnt und mit ihm die Plage der verschmutzten Flügelnasen, die uns kostbare Gleitpunkte kosten.

Die steten Begleiter des Segelfliegers über dem Flachland, die Habichte und Bussarde, trifft man selten über den hohen Massiven. Hat man sie neben sich, dann segelt man an breiten Tälern oder am Alpenrand. Sie leben an den Waldbergen bis um 2000 Meter Höhe, was von dem Nahrungsvorkommen bestimmt werden mag. Diese Vögel kreisen gern und arglos mit uns. Wo die Thermik schwach oder unauffindbar wird, haben sie schon manchen Flug vor dem vorzeitigen Scheitern bewahrt. Als Aufwindorter in Waldschluchten und Almsenken sind es die besten Helfer, die man herbeiwünschen kann.

Sie kennen kaum Scheu und kurbeln auch gern in Gesellschaft. Kommen wir aber zu nahe, dann werden sie, die gewohnt sind, sich im Flug vor den Frechheiten der Krähen zu schützen, sofort wachsam und mißtrauisch. Ihre Abwehrreaktion ist eingeübt und erfolgt im Bruchteil einer Sekunde. Sie reißen einen Flügel in die Höhe, geben mit dem Schwanzfächer voll Querruder und rollen sich, mehr auf dem Rücken als auf der Seite, augenblicklich in die Tiefe.

Einen Schwarm Schneefinken entdecken, läßt für Momente vergessen, daß man längst neuen Aufwind braucht. Wie sprühendes Felswasser stieben die weißbraunen Vögel durch das grelle Licht zwischen Firn und Wolken. Sie fliegen aus Freude an gleichzeitiger Bewegung, das zeigt der ganze Schwarm in schwirrenden Manövern. Für Aufwinde sind die winzigen Flügel nicht gemacht und so schneiden sie durch die heftige Thermik an den Wänden wie verirrte Reisende. Schnell wie man sie entdeckte, sind sie auch wieder verschwunden. Der Schwarm scheint im Lichtbogen der Sonne geschmolzen. Sein sekundenlanger Auftritt läßt uns die wirklichen Fernen, die undurchmeßbaren Räume der Gebirge, erahnen.

Wer, wie es mir ging, ein paar Störche beim Anflug auf den Hauptkamm ausmachen würde, der dächte an eine optische Täuschung. Ich flog näher und setzte mich 50 Meter über dem Pulk in die Thermik. Die Vögel kreisten weit ausholend und scheinbar ohne Schräglage. Ihre roten Stelzen lagen flach zurück und sie beobachteten mich mißtrauisch. Dabei verdrehten sie den Hals und sahen mit einem Auge in die Höhe. Ich ängstigte sie, das war deutlich zu erkennen, sie, die diesen Alpenflug zweimal im Jahr und dann stets in der Furcht vor den schnellen Räubern dieser Höhenwege machen.

Also setzte ich mich ab und verfolgte ihren schwungvollen, leicht schlingernden Steigflug aus beruhigendem Abstand. Sie gewannen immer mehr Höhe, als ginge es um die Gold-C, denn ihre Kursplanung ist linear. In 2400 Metern flogen sie geradeaus und setzten zum Überflug des Hochschwabmassivs in nördlicher Richtung an. Es war Mai und sicher würden diese Reisenden zwischen den Kontinenten kurze Zeit später das Nestrad eines mecklenburgischen Bauernhofs besetzen.

Wie hoch steigen Vögel über den Alpen?

Daß sie nicht blind fliegen können, also ohne Lageorientierung durch den natürlichen Horizont, scheint von der Wissenschaft bewiesen. Ich begegnete einmal am Mendelpaß, kurz vor dem Überflug der Etsch, einem Adlerpaar in der konkaven

Kuppel einer breiten Wolke. Die Vögel hatten nur Sicht nach unten, denn die Schwaden hingen ringsum weit herab.

Harro Wödl berichtet, daß sich ein Vogel, eine Dohle war es wohl, an seinen Innenflügel setzte und mit ihm in die Wolke stieg. Das Flugzeug als künstlicher Horizont.

Doch wie kommt es, daß man Störche und Wildenten in 8000 Metern und höher antraf? Die einzige Antwort darauf ist, daß Vögel Wellen fliegen können. Und dies in Höhen, die für uns ohne künstliche Atmung unzugänglich sind.

Wenn der auf Einsamkeit vorbereitete, ja erpichte Alpenflieger einen segelnden Vogel erblickt, ist dies immer eine Entdeckung, die seinen Flug sicherer macht. Nicht allein deshalb, weil man durch ihn zu neuem Aufwind kommt. Nein, der Anblick eines die Luftströme instinktiv beherrschenden Wesens trägt dazu bei, daß wir selbst besser fliegen lernen. Wir sehen, wie jede Federbewegung an den Flügelspitzen, am Schwanzfächer, ihre Fluglage ändert und die nie ganz erklärbare Tragfähigkeit des Elements Luft, an die wir morgens einfach glauben, wird sichtbar durch ihr leichtes Schweben.

Vögel um uns, das bedeutet, daß wir weiter und höher segeln können. Denn es ist der Vogelflug, dem wir uns verschrieben haben.

Auf den Strömen der Luft – Rolf Spänig am Splügenpaß

ORION

Die Fußspitzen in der Sonne, schoß ich über den Roßbrand.

Der Gleitsprung zum Hochgrindeck — mit 160 km/h angesetzt — kostete mich 130 Meter. Strudel von Aufwinden hoben das Flugzeug über die dampfenden Waldrücken bis zur Salzach. St. Johann. Die Stadt schob sich wie ein Luftbild unter mir durch. An der Schneebergkante kochte die Thermik vom Dienst.

Langsam nahm ich den Knüppel zurück und der Höhenmesser zog bis Lend 400 Meter aufwärts. Dann drückte mich die Firstkante des Honigkogel bis an die flaumdünnen Wolken. Wie ein Trampolin warfen sie mich über den Zeller See und die Schmittenhöhe.

Wolkenbänder markierten auch über dem Pinzgaurücken die Abreißkanten. Girlanden von Aufwinden hingen im Blau wie ein Festschmuck. Vor dem Paß Thurn war ich wieder 400 Meter gestiegen, mit drei Kreisen oder vier. Ich schwenkte nach Süden um die Talfurche und nahm den Wildkogel zwischen die Schuhe. Die Uhr vor mir stand auf 11 Uhr 33, als das Gerloshotel links neben mir war.

Ich zog den Block aus der Seitentasche und rechnete nach: Abflug Aigen 10 Uhr 12, 155 Kilometer geflogen, Schnitt 115 km/h. Dabei hatte ich einen einzigen Bart durchgekurbelt — 400 Meter über der Kammspitze.

Vor dem Zillertal zog ich hoch und stieg in weiten Kreisen nachdenklich an die Basis. Dabei nahm ich den Block wieder auf und errechnete den ‚Gleiteffekt'. 400 Kreismeter für 155 Kilometer — er war unvorstellbar geworden.

Der Kestrel folgt den leichtesten Ruderschwenks wie ein Gedanke. Drucklos liegt der Knüppelgriff in der offenen Hand. Ich habe die Arme auf den Ausbuchtungen der Bordwand liegen und strecke mich flach in der liegestuhlgleichen Sitzwanne. Das Segeln in diesem Glastorpedo gleicht einem Rausch.

Das weit gewölbte Plexidach schließt die Kabine wie einen Safe und die Luftströmung, die mich trägt, ist nur am leisen Zischen in der Lüftungsklappe zu vernehmen. Die Instrumente auf der schmalen Konsole zwischen den Oberschenkeln, die ich wie einen Pferderücken presse, wenn es an die Aufwindsuche geht, bewegen ihre Zeiger lautlos und mit langsamer Präzision. Auf ihren Schutzgläsern spiegeln sich die Firngrate der Zillertaler.

Ich fühle mich als Zentrum eines fliegenden Geschosses, das seine unglaubliche technische Vollkommenheit zu einem selbstverständlichen Teil meines Körpers macht. Die langgestreckte Kanzel birgt mich, als sei ich darin geboren und die Vibrationen der langen Flächen übertragen sich auf die von den Bordrundungen gehaltenen Schultern. Es ist die Voraussetzung dafür, die Luftströme auch mit den Sinnen zu ertasten. Dies Flugzeug verdient seinen Namen. ORION—Himmelsjäger.

Im Westen verdüstert sich die Sonne.

Ich stehe über dem Schrankogel in 3700 m unter einer dichten, grauen Wolkendecke, die wieder einmal die Stubaier beschattet. Mir ist klar, daß dieser Apriltag mich nicht nach Varese zurück bringt. Langsam und ohne Ruderdruck lasse ich das Flugzeug in die Ötztaler ziehen. Die Luft unter den dunkleren Flecken des Wolkendachs trägt so, wie sie es nur im Frühling vermag. Die endlosen Firnhänge um Sölden schimmern fahl herauf. Erst gestern kam ich auf einem heißen, schnellen Streckentag hier herüber, beim Zielrück zwischen Aigen und Reschenpaß. Der Kestrel hat mir bewiesen, was er über den schnellen Nordalpen leisten kann. Ich war mit einem Schnitt von 99,48 km/h über die 574 km gekommen.

Ich drehe vom Ötztal ab und gleite in großer Höhe über den Inn zum Karwendel. Die Sonne hat sich auf ein helles Dreieck östlich von Kufstein zurückgezogen. Aus dem Traversversuch ist ein Wanderflug geworden. In 2400 Metern wende ich über dem Achensee und ziehe durch das fahle Inntal wieder nach Westen. Ohne Aufwind ist der nächste Flugplatz mein Ziel. Um vier Uhr lande ich in Innsbruck.

Es war nicht ganz einfach, den ORION schon im Vorfrühling zu bekommen. Als ich mich mit Eugen Hänle Anfang März 1971 in Schlattstall traf, da stand das Flugzeug noch als Rohling in der Werkstatt. Ich nahm mir ein Zimmer, lieh einen Kittel und blieb elf Tage unter den tüchtigen Schwaben. So erlebte ich mit, wie dieser Segler die endgültige Form und seinen unvergleichlichen Glanz erhielt. In unzähligen Wiederholungen ging es mit 400er und 600er Schleifpapier und Eimern von Albwasser über Rumpf und Flächen. Zwischendurch ein Zug mit einem Wischerblatt. Dann entdeckte der flache Blick gegen das Fenster neue, feinere Unebenheiten in der Kunststoffhaut.

Die handwerkliche Arbeit und Sorgfalt, die in den messerschmalen Flügeln steckt, ist eigentlich nicht zu entgelten. Die Tätigkeit der Flugzeugbauer hat viel von jener des Bildhauers, dem die Kunst im Grunde unbezahlbar ist. Stunden um Stunden, und dies viele lange Werktage, gehen Hände und Schleifblöcke über die endlosen weißen Bahnen. Ist ein Durchgang abgeschlossen, dann legt das Licht unbestechlich weitere Mulden und Kanten bloß. Diese Felder werden mit weichem Bleistift flach schraffiert oder erneut mit Farbe bedeckt. Dann beginnt die nächste Tour über sechzehn lange Flügelmeter.

Nach neun Tagen saß ich zum ersten Mal in der Kabine, die von mehligem Schleifstaub überzogen war. Der Rumpf wurde ausgewogen, die Schwerpunktlage bestimmt und der Einstellwinkel des Höhenruders festgelegt. Während ich in der Montagehalle stand und dem Zusammenbau von Rumpf und Flächen, des ganzen komplizierten Systems der Steuer, Anschlüsse und Leitungen, schließlich der Zuleitungen zur Instrumentenkonsole folgte, dachte ich fortwährend daran, in welch einer schwerelos flachen Gleitbahn mich dies Flugzeug bald über die Berge tragen würde.

An einem kalten Märzmorgen öffneten sich die Tore und der sonnenbestrahlte Schnee auf dem Werkshof ließ die Flächen regelrecht aufflammen. Wir schoben den Hänger heran und fuhren Rumpf und Flügel in die Halterungen ein. Eugen Hänle war sichtlich erleichtert. Das Gesicht, in dem sich Anstrengung und Idealismus zu einem unstörbar heiteren Ausdruck verschmolzen haben, war gerötet. Sein Betrieb arbeitete wie immer seit den ersten Morgenstunden und endlich verließ wieder ein ‚Keschtrel' die Hallen.

Ich drückte allen die Hand und es war ein Dankeschön, das immer etwas schuldig läßt. Mittags fuhr Hula Müller mit mir nach Karlsruhe, wo der Erstflug stattfinden sollte. Um Drei hatten wir aufgebaut — zu zweit — und der Schlepp rollte an. Hula flog sein Prüfprogramm durch und ich starrte in den Himmel. Dann setzten wir uns wieder auf die Autobahn und ich bog in Kirchheim nach Süden. Noch in der gleichen Nacht stand der ORION auf dem Flugplatz am See.

Der erste Flug dauerte viereinhalb Stunden. Nur einmal vorher hatte ich den Kestrel von Sergio Capoferri in Valbrembo geflogen, doch damals noch ohne die überlagernde Verbindung von Querrudern und Wölbklappen. Dies war ein neues Flugzeug. Trotz seiner 17 Meter Spannweite reagierte es augenblicklich auf die feinsten Schwenks des Knüppels. Die Flächen waren steif genug, um die Ausschläge der ganzen Hinterkante sofort und ohne Nachgiebigkeit in den Luftstrom zu pressen.

Ich segelte über den Lago Maggiore, das Maggiatal und kam schließlich in den immer zarteren Aufwinden der noch tief verschneiten Südhänge bis an die Stauseen unter dem Monte Bodinò. Von jenseits der Rhone winkten wieder die Berner Eisspitzen. Sie zogen mich an den Simplon. Der Kestrel glitt allein. Seine Talsprünge waren lautlos und endeten immer hoch über den anvisierten Graten. Ich spürte, daß diese Perfektion des Fliegens mehrere Wochen Gewöhnung verlangen würde.

Beim Heimflug ging ich auf Direktkurs nach Varese. Über der Grenzstelle Gondo, tief unten in der Simplonschlucht, hatte ich meine Höhe notiert. Nach 66 Kilometer Gleiten durch die abendliche Luft — genau 24 Minuten und 20 Sekunden lang — zog 500 Meter tiefer das Ostende des Sees durch. Das ergab ein Sekundensinken von einem Meter und sechzig und fixierte den Gleitwinkel bei 160 km/h auf achtundzwanzig. Hierzu hatte es die brave M-100 bei 90 gebracht. Die Ballasttanks waren erst halb gefüllt und ich flog mit einer Flächenbelastung von 35.

Aldo half mir, den ORION in die Halle zu rollen. Wir streiften die Bezüge über. Dann setzte ich mich auf eine Fläche und rechnete die Flugdaten nach. Sollte die Luft über der Zedagruppe getragen haben, dann war sie über dem Lago Maggiore und der Senke von Gavirate sicher gefallen. Dennoch blieb mir die Gleitpolare noch länger eine Sphinx.

Das Profil der Rumpfnase, die meinen langen Beinen paßte wie ein Turnschuh, erschien mir wie der optische Ausdruck der Vollkommenheit, in der dies Flugzeug vor mir stand. Neue Strecken lagen jetzt greifbar über den Alpen und was fehlte, das war nur noch das richtige Wetter.

*

Während der nächsten drei Wochen trainierte ich 60 Stunden im Tessin. Die Frage der richtigen Flächenbelastung beschäftigte mich ständig. Jetzt hatte ich endlich die Möglichkeit, mein eigenes Fluggewicht vor jedem Start gemäß Thermik und Streckenart selbst zu bestimmen und mit der Flächenbelastung zwischen 33,5 und 39 zu variieren. Damit vermochte ich die Sinkpolare um über 10 Prozent in den schnelleren Fahrtbereich zu rücken und sogar den optimalen Gleitwinkel leicht zu verbessern. Die Frage war jetzt, wie schwer ich fliegen konnte, ohne irgendwann in den gravierenden Nachteil zu geraten, durch schlechteres Steigen langsamer anstatt schneller zu werden.

Zum Glück gab es die Möglichkeit von Vergleichsflügen. Adele Orsi und Giorgio Nidoli flogen auf ihren Kestrels längere Strecken mit mir und dies mit leeren Tanks. Ihre Flächenbelastung lag bei 32. Ich begann mit 38 und wollte sogar noch erhöhen. Ich konnte das tun, da dies Flugzeug, selbst noch so schwer, befriedigend schnell um die Längsachse dreht, was nah am Berg entscheidend ist.

Diese Vergleichsflüge zeigten mir, daß meine 6 Kilogramm mehr auf jedem der 11,6 Quadratmeter Fläche sich bis 140 km/h gar nicht bemerkbar machten. Giorgio glitt neben mir vom Generoso bis Como und grinste frech in die Kabine. Im nächsten Bart zog er steil in die Spirale und ließ mich bald zurück. Erst jenseits von 160 km/h lag ich flacher auf Kurs und verlor sichtbar weniger Höhe. Doch der kreislose Flug über den Kanten, der in den geradlinigen Nordalpen zu hohen Schnitten verhilft, wird selten so schnell. Schließlich kam ich über 37 zu 36 als dem Wert, der mich morgens in 1—2 Steigmetern nicht hinderte und während der Mittagsstunden, wenn es wirklich einmal über längere Distanzen zu 3—4 m/s kommt, noch schnell genug machte.

Der ORION will eng kurbeln. Seine Fähigkeit, der Thermik mittendrin zu folgen, hat er vom kurzen Rumpf und den wirksamen Rudern. 30 Grad Schräglage sind meist das Minimum, was Alpenbärte verlangen. Ich brachte mir eine entsprechende Kontrollinie an der Haube an, die ich nur parallel zum Horizont zu halten brauche.

Wölbklappen waren neu für mich. Ich hatte mit einem Mal beide Hände an den Rudern und mußte ständig in zwei Bereichen denken, die sich überschneiden. Beim Andrücken führt die Klappe an und läßt das Flugzeug rasch Fahrt aufholen. Beim Hochziehen leitet der Knüppel die Bewegung ein und die Klappe kommt verzögert hinterher (sonst würde sie bremsen). Das verlangte Übung und Gewöhnung.

Ich zog stundenlang zwischen Bellinzona und Domodossola über die langen Kanten am Maggiatal. Hier stehen die Aufwinde in Ketten so wie zwischen Liezen und Andermatt und ich übte den Klappen-Delfin. Ich merkte bald, daß die Wölbklappen eigentlich wenig bewegt werden mußten, ja durften. Das trug am meisten zum flachen Gleiten bei und verschonte mich vor abrupten Fahrtwechseln, bei denen sich die Strömung an den Flügelhinterkanten sowieso nicht mehr um die Klappen kümmert. Ich kam beim Schnellflug mit 2 Positionen aus und ging bald dazu über, bei kurzen Aufwärtsbögen im Flug durch die Thermik mit kleinen Radien die Klappen nicht mehr herab zu lassen. So blieb die Flächenform ruhig und mit ihr die anliegende Strömung.

Am 19. April ist das Frühlingshoch wieder da. Ich hatte seit Tagen darauf gelauert, den ORION in die Ostalpen zu fliegen. Um Zehn bin ich in der Luft. Über dem Tessin ziehen Abdeckungen auf und ich kämpfe mich durch bis ans Veltlin. Dort steht Sonne soviel ich will und am Monte Spluga wird die Thermik aprilmäßig. In 2800 m an der Basis ist es 12 Uhr 21 (ich fliege jetzt dauernd mit aufgeschlagenem Notizbuch). Ich überschlage die verbleibenden Thermikstunden und multipliziere sie mit dem Schnitt, den ich mir zutraue. Dann kippt der ORION nach Osten und hetzt die Adda hinauf.

Meine Konzentration steigert sich in diesem schnellen Streckenwetter bis zur Besessenheit. Mir kommt es allein darauf an, kreislos und nicht unter 120 km/h Raum zu gewinnen. Um 13 Uhr 40 lasse ich die Bozener Senke im Südwesten. Das Pustertal ist hell und südlich der Drau steht Wolke an Wolke. Um 14 Uhr 15 habe ich Lienz neben mir. Auch die Berge nach Mallnitz sind schnell wie immer.

Jenseits der Hochalmspitze wird die Luft klar und hellblau. Ich gehe so hoch ich komme, auf 3700 Meter, und lasse den Kestrel ziehen. Es ist kurz vor halb Vier und der leichte Ost trocknet die Thermik aus. Die Niederen Tauern wandern flach unter mir her wie ein Film. Die Schneegrenze ist hier schon hoch hinauf gewandert und die Hauptkammgebirge schlängeln sich wie eine grauweiß gesprenkelte Riesenechse bis zum Horizont.

Um 16 Uhr 05 fliege ich über das Mölbeck im Süden von Aigen. Ich habe noch 1900 Meter und gehe in eine weite Schleife bis zum Paltental. Derweil überschlage ich meine Flugdaten und den Schnitt. Für die 395 Kilometer vom Comer See brauchte ich 3 Stunden und 44 Minuten. 105,6 km/h entsprechen dem Frühlingswetter und allen meinen Hoffnungen.

In Aigen empfängt man mich gastlich wie immer. Tags darauf ist Erich Lemmerer auf dem Platz, der im Wörschacher Club den Streckenflug forciert. Das April-

Hoch steht blau und glänzend über den Alpen. Wir nehmen uns einen Zielrück zum Reschenpaß vor. Die ersten 200 km sind in niedriger Trockenthermik zeitraubend. Doch knapp über den Kanten kennt der Kestrel kein Verhalten. Endlich, gegen Eins in den Stubaiern, kommen Kondenzen hoch. Sofort werden die Bärte weiträumiger und die Werte einheitlich. Die Fahrt nimmt jetzt zu. Um viertel nach Zwei wende ich über Nauders. Für die 287 km waren 3 Stunden und 25 Minuten nötig, der Schnitt von 80 km/h entspricht dem Flug durch die Blauthermik.

Dann werden die Bärte heftig, wie so oft, wenn der Tag erst langsam ‚erwacht'. Nach 2 Stunden und 25 Minuten ist Aigen wieder erreicht und der Schnitt von 118,5 km/h bei einem ‚Gleiteffekt' von 1 : 53 macht dem ORION Ehre. Trotz des verhaltenen Streckenbeginns wären an diesem Tage statt 574 sicherlich 650 km zu segeln gewesen.

*

Nach zwei Jahren bin ich wieder einmal in Innsbruck. Siggi kommt auf den Platz. Er steht vor dem ORION und blickt immer wieder über die scharfen Flächen. Gerade erschien ein aufschlußreicher Artikel von ihm mit neuen Gesichtspunkten zu alpinen Dreieckskursen. Ich ziehe die Zeitschrift aus dem Stauraum und winke ihm zu. „Herr Professor, was wird morgen geflogen?".

Siggi grient. Er fliegt mittlerweile den großen Phoebus und bald sitzen wir über den Karten. Das Hoch soll sich nach dem Durchzug einer Kaltluftstaffel wieder verstärken. Schließlich entscheiden wir uns für ein Süddreieck von 500 km, da die Schneelage in den Hohen Tauern eine Hauptkammquerung erschwert. Bei dem Kurs an den Aprica-Paß und weiter zum Naßfeld südlich des Gailtals können wir auf dem Hin- und Rückflug über den schneefreien Brenner fliegen.

Der 21. April bringt uns das sagenhafte Hoch zurück. Wir starten am Schleppseil von Kurti Bernhard, der jetzt in Innsbruck mithilft. Um 9 Uhr 30 klinke ich über Heiligwasser unter dem Patscherkofel, abseits der zähen Inntal-Inversion. Die Thermik setzt gerade erst ein und ich fliege vorsichtig nach Süden. Schon vor der Paßhöhe genügt ein Blick, um zu erkennen, daß dies kein Tag für die Südalpen ist. Die langsam ziehende Luftstaffel mit geringen Windgeschwindigkeiten in den unteren Höhenlagen hatte nicht vermocht, die schon gealterte Luft aus den Talfurchen Südtirols zu fegen.

Die Atmosphäre ist trüb und jenseits der Sarntaler stehen erste muffige Quellungen. Dennoch fliege ich südlich von Meran mit Südwestkurs über das schattengraue Etschtal und halte das Ultental zum Tonale hinauf. Hier und da ein Sonnenfleck, der mich an der fast geschlossenen Basis hält. Erst an den Paßflanken steht wieder Licht. Ich gehe vor Edolo in einen milchigen Turm und hole mir 400 Meter dazu. Der Aprica-Paß liegt 1800 Meter unter dem Flugzeug. Da ich weiß, daß uns das Naßfeld in Kärnten heute nicht sehen wird, will ich zurück nach Varese. Ich rufe im Funk, doch auch vom nahen Valbremo keine Antwort. Die Bergamasker Kette steckt in feuchten Schwaden, die zur Lombardei hin gefährlich absinken.

Einige Minuten der Unentschlossenheit, dann drehe ich ab nach Osten. Warum soll ich jetzt zurück, um am Comer See in die Wiesen zu gehen? Die bessere Hälfte des Hochs steht nördlich des Hauptkamms und dorthin muß ich zurück. Ich wende um Zwölf und gleite an den Wolken wieder über den Tonale. Langsam taste ich mich quer über das Ultental nach Nordosten und komme schon vor der Jaufenhöhe in immer besseres Wetter.

Jenseits von Sterzing werden die Gebirge hell. An den Zillertalern wird das Steigen sprunghaft stark. Ich zentriere über 3 m/s und steige auf 2700 m. Dann gehe ich an der Südflanke der Hohen Wandspitze entlang zum Zemmgrund. Östlich vom Zillertal wird die Luft explosiv. 5 Meter drücken mich an der Wildkarspitze auf 3200 m. Damit quere ich den Gerlos zum Wildkogel hinüber. Wolken bilden helle Aufwindstraßen bis weit zum Dachstein. Der ORION setzt über die Schmittenhöhe und den Roßbrand dort hinüber. Kurz vor Drei gehe ich über dem Grimming steil in die Höhe. An der Basis in 3400 m drehe ich nach Westen zurück und versuche, das Trainingsdreieck mit Höchstfahrt zu schließen.

Das Flugzeug hebt und senkt die Flächenspitzen und zieht kreislos an den Kalkwänden zurück. Die Waldberge über Radstadt flimmern und das Hochgrindeck hat einen 5 Meter-Bart unausgesetzt auf dem Feuer. In einem Zug setzt das Flugzeug über Zell an den Paß Thurn. 4 Steigmeter treiben mich am Wildkogel wieder auf 3200 m. Ich gehe im letzten Kreis auf 150 km/h und ziehe mit gesenkter Nase aus dem Kamin. Dann kippen die aufwärts schwenkenden Klappen den Rumpf in die Waagerechte zurück, während der Fahrtmesser Höchstfahrt zeigt. Die Berge werden zur flachen Kulisse.

Um zehn nach Vier nehme ich aus 2800 m am Kreuzjoch die Stadt Innsbruck auf Direktkurs zwischen die Fußspitzen. Nach 19 Minuten sind die letzten 50 km hinter mir. Der Kestrel fegt über das Häusermeer und schlägt mit den Flächenspitzen heftig in der niedrigen Abgasthermik. Später, als ich die Flugdaten dieses 692 km-Fluges auswerte, muß ich die Distanzen zweimal vermessen. Vom Aprica-Paß zum Grimming flog der ORION mit 109,8 km/h, auf den letzten 220 km zurück unglaubliche 135,6. Siggi war beeindruckt und bald sollte er selbst einen Kestrel steuern.

Tags darauf wandere ich nach Zell, denn von Westen bedeckt sich der Himmel mit feinen Cirren. Das Hoch baut ab und an einen Rückflug ins Tessin ist nicht zu denken. Als ich von der Nordkette ans Zillertal fliege, pfeilt ein großer Diamant unter mir zur Karwendel. Es ist Alf Schubert auf einem 535 km-Dreieck, das er jedoch — so höre ich abends — an der Bernina wegen grauer Südluft nicht umrunden kann. Im Pinzgau bin ich Gast bei den Schuberts. Alf versorgt das weite Tal bis zum Gerlos als Tierarzt und steigt mit seinem Cortina zu Almnestern auf, die er sonst nur aus dem Flugzeug sieht. Klara Schubert dirigiert seinen Einsatz mit

 Der Rumpf des ORION im prüfenden Licht (oben). Eugen Hänle in Schlattstall

GLASFLÜGEL

einer starken Funkstation vom Hause aus. Alf wuchs in den Bergen auf und war lange Zeit dem Klettern verfallen. Erst in den sechziger Jahren entdeckte er den Segelflug. Alf begann seine große Laufbahn im L-Spatz, mit dem er mehrere 500 km-Strecken flog, so einen Zielrück zum Maloja-Paß. Dann wechselte er zum SF-26, besaß einen der 15 m-Diamanten (in dem ich ihm 1967 begegnete), und hatte jetzt gerade einen 18 m-Diamanten bekommen. Die bizarren Flächenkufen, gedacht für pistenstartende Solo-Amerikaner, machten ihm aerodynamisch Kummer. Er wollte sie absägen und durch einen leichten Aufwärtsschlag ersetzen.

Alf ist als Leistungsflieger ein Allrounder, der genau so gut Landesrekorde bricht wie große Wettbewerbe gewinnt. Seine eiserne Kondition holte er sich beim Bergsteigen und im Wildwasserkanu. Er gebraucht nicht viele Worte und rüttelt Fachsimpeleien gern mit dem Faustzitat auf, wonach alle Theorie grau sei. Alfs Siegeswille prägt seine Züge. Er fliegt gern tief, ist immer schnell und rundete zuletzt Gletsch am Rhoneursprung auf einem 690 km-Rekordflug.

Abends sitzen wir in angeregter Runde und versuchen, eine Vorhersage für den nahen Sommer zu machen. Alf ist seit seinem Gletschflug davon überzeugt, die Tausend Kilometer auch über den Alpen zu fliegen. Ich stimme ihm bei, doch Zell liegt dafür schon zu weit westlich. „Warum läßt du dich morgens nicht ins Ennstal schleppen?" Alf nickt. Weiter als Martigny darf er an der Rhone nicht nach Westen gehen, denn sonst gelangt er in das müde Klima des Genfer Sees. Doch wen die Bauern so unausgesetzt brauchen wie ihn, der kommt selten zur Vorbereitung eines solchen Fluges.

Anderntags fahren wir zum Flugplatz und Alf nimmt sich die Flächenenden des Diamanten vor. Fliegerisch ist es in Zell noch still. Ich habe den Eindruck, als hätten hier erst Wenige mit dem April-Hoch Bekanntschaft geschlossen. Ende des Monats erlaubt mir ein schmales Zwischenhoch den Travers zurück nach Bozen.

Gaby ist mit dem Hänger vom Tessin gekommen. Wir schlendern durch die Blütenwolken des Tals zum Gasthof Leewald und frischestem Spargel, der dort nach italienischer Manier mit Spiegelei und Parmesan serviert wird. Ich war 50 Flugstunden fort gewesen und es gab viel zu erzählen.

An den Grenzen des Wetters

Während wir die Autostrada zum Gardasee hinab rollten, hingen meine Gedanken den unglaublichen Flügen nach, zu denen mich der Kestrel gerade getragen hatte. Unglaublich deshalb, weil ich selbst von den Schnitten überrascht worden war. Ich hatte gelernt, daß es bei dem Gleitvermögen dieses Pfeiles gar nicht mehr auf besonders starke Thermik ankam, sondern vielmehr darauf, daß sie in gleichmäßiger Reihung steht. Genau so, wie es über den langen, ost-westlich gelagerten Gipfelzügen der Nordalpen der Fall ist.

Ich war jetzt überzeugt davon, daß mich der ORION bald in neue Streckendimensionen fliegen würde — ohne die Hilfe eines Rückenwindes. Dies Flugzeug konnte mir zeigen, bis wohin der Segelflug während eines langen Sommertages, nur von Sonnenenergie vorwärts getrieben, wirklich zu gelangen vermag. Der Kestrel würde mich auf den Weg führen, die gewaltigen Naturkräfte zu ermessen, die zwischen Morgen und Dämmerung über den Alpen in die Atmosphäre wirbeln und ich merkte immer mehr, daß dies zum eigentlichen Antrieb meiner fliegerischen Begeisterung geworden war.

In Verona bogen wir von der Schnellstraße und rollten in die alte Voralpenstadt der Scaliger. Wir stellten den Hänger auf den Platz vor der Arena und stiegen über die flachen Sitzstufen des riesigen Amphitheaters bis zur obersten Brüstung. Die enge Stadt lag vor uns. Ihre strategisch unüberschätzbare Position am südlichen Tor der Brennerstraße sicherte ihr jahrhundertelang Bedeutung. Stolz und Formgefühl haben ihr selbstbewußte Züge verliehen. Später wanderten wir durch den Corso an die Etsch, deren eisgrüne Wasser, Ortlerwasser, den alten Stadtkern scharf durchschneiden, als sei es ein hindernder Fels. Wir setzten uns auf das Geländer einer aus hellgrauen Quadern, dem harten Kalk des Monte Baldo, gefügten Brücke. Über den karstigen Bergrücken des Valpolicella hingen verschwommene Wolken. Warum war ich immer so früh gelandet? Ich mußte endlich zu Strecken kommen, die zeitig begannen aber erst am frühen Abend endeten. Wenn kein Süd über die Zillertaler Scharten dringt, dann tragen die Tauern bis lange nach Sechs.

In Varese wurde jeder der Aprilflüge Abschnitt für Abschnitt nachgeflogen. Ich erkannte, daß der ORION mich zu weiteren Strecken geradezu trieb und daß die Anforderungen, die seine Bedienung und die fortgesetzte Folge der Kurs- und Höhenentscheidungen über acht und mehr Flugstunden stellten, einer Herausforderung gleichkamen.

Die nochmalige Steigerung des Gleitwinkels von der S.H.K. zum Kestrel, die sich jenseits von 130 km/h erst richtig auszuwirken begann, mußte mich an die 800 km bringen. Mir fiel Alfs Vorhaben ein, ins Wallis zu fliegen und ich war sicher, daß wir beide bald auf der langen Westroute sein würden.

Ich begann, einen Flugzeitplan zu entwickeln, der für mich planerisch zum Ausgangspunkt jeder neuen Strecke geworden war. Ohne ihn wird das Vorhaben abstrakt und die Strecke utopisch. Dann suchte ich in Graubünden nach einem Wendepunkt, der von Thermik umstanden ist und sich also ohne Zeitverlust umrunden ließ. Ich fand den kleinen Ort Vals, tief unter der Nordflanke des Rheinwaldhorns. Noch am gleichen Tag schrieb ich an die Kurverwaltung und bat um Prospekte. Drei Tage darauf kam ein Eilbrief der Bürgermeisterei, der mich als Gast willkommen hieß und ich erfuhr, daß Vals gerühmte Heilquellen — das Valser Wasser — besitzt. Die bunten Drucke zeigten mir, daß der Ort klar zu erkennen war. Die Kirche mittendrin ließ eine exakte Streckenmessung zu. Der Zielrück von Aigen betrug 780,4 km.

Eine zweite Strecke wurde vermessen. Diesmal leitete mich die Idee, Wally Scotts Zielrück-Weltrekord über 860 km zu verbessern, den er 1970 in den USA mit seiner ASW-12 aufgestellt hatte. Hierfür mußte ich den Furkapaß oberhalb des Rhoneursprungs umrunden, was eine Gesamtdistanz von 887 km ergab. Mein Flugzeitplan bestätigte mir erneut, daß auch dies keine Utopie mehr war. Es galt, um 9 Uhr auf Kurs zu gehen, die Furka um 14 Uhr zu umrunden und gegen 18 Uhr aus 70 km Entfernung zum Endanflug anzusetzen. Ein Schnitt von 90 km/h würde mich in etwa 9 Stunden Thermikflug herumbringen.

Im Sommer kam ich wieder an die Enns. Am 3. Juli setzte eine Hochdrucklage ein, die mich auf große Strecken hoffen ließ. Die Temperaturen stiegen bis über 30 Grad auch in den Alpen und dennoch bewahrte sich die Luft über weiten Teilen meiner Route eine für den Hochsommer ungewöhnliche Labilität und Klarheit.

Am 5. Juli scheint es soweit. Doch die Thermik läßt auf sich warten, denn es war tags zuvor überaus heiß gewesen. Erst um 9 Uhr 20 lohnt sich der Start. Ich setze auf einen 740 km-Zielrück nach Thusis an der Via Mala. Das allererste Streckenstück ist so schnell wie im April und der ORION gleitet wie ein Fisch. Ich verlasse Aigen um halb Zehn und quere 105 Flugminuten danach die Brennerstraße südlich Innsbruck. Dies ist mit 120 km/h der höchste Schnitt, den ich je am Vormittag auf diesem Abschnitt erreichte.

Doch unvermittelt setzt an den Kalkkögeln — also 10 Gleitkilometer nach dem

2,5 Meter-Bart am Rosenjoch — eine zähe, stahlblaue Stabilität ein. Genau durch das Wipptal verläuft die scharfe Luftmassengrenze, ein Phänomen, das uns in den Alpen nicht selten begegnet.

Nirgends ist mehr ausfliegbare Thermik zu orten. Ich sinke bei den Suchschleifen um die Kalkwände ohne Halt und muß schließlich über den Inn zu den niedrigeren Karwendelfüßen. Hitze und zerrissene Bärte an den Waldhängen zermürben mich. Der plötzliche Stop eines schnellen Fluges ist wie ein Sturz auf der Skipiste. Man kommt aus dem Rhythmus und verliert etwas von der Kampfmoral.

Nach einer Stunde des Wartens steige ich endlich zu den Gipfeln der Nordkette. Der Himmel im Westen ist wolkenlos, merkwürdig mattblau. Eine feine Inversionsschicht legt ihre Thermikbremse über die Gebirge. Dennoch fliege ich an den Mieminger und Lechtaler Wänden bis zum Paznauntal. Langsam bessern sich jetzt die Bedingungen. Ich setze schräg zur Silvretta über und halte vom Flüela nach Tiefencastel unbeirrt an meinem Kurs. Um 14 Uhr 50 drehe ich über Thusis, doch der Zeitverlust im Inntal war uneinholbar geworden.

Bei immer besserer Thermik fliege ich schnell zurück und quere um 17 Uhr den Gerlos in den Pinzgau zurück. Doch wie schon ein Jahr vorher, enttäuschen mich die Hohen Tauern. Ich lande um viertel vor Sechs in Zell, 105 km vor dem Ziel

Doch dies Hoch sollte noch Überraschungen bereit halten.

Labile Luftstaffeln vom Atlantik passieren die Alpen und lassen einen besseren Gradienten hinter sich. Am Siebten sieht es morgens rekordverdächtig aus. Ich spüre, daß die Thermik in Kürze einsetzen wird und gehe um 8 Uhr 35 an den Start. 20 Minuten später setze ich mich 500 m über der Klinkhöhe auf Westkurs zum Wendepunkt Furkapaß.

Nach einer Stunde und 50 Minuten bin ich wieder über der Brennerstraße. Die Uhr steht auf 10 Uhr 45, auf keinem Flug war ich früher hier. Mein Schnitt von 114 km/h ist besser als erhofft und mein Optimismus, Wally zu schlagen, gewaltig. Doch genau wie zwei Tage zuvor, falle ich an den Stubaiern in tote Luft. Der Kestrel achtet eng an den Hängen entlang, doch die stechende Sonne entlockt den Felsen noch nichts. Die Inversionsluft, offensichtlich vom Brenner aus dem Süden eingeströmt, ist einfach undurchdringlich.

Wieder muß ich mich zum Inn abseilen und an der Martinswand 900 m über dem Tal auf den weiteren Temperaturanstieg warten. Um Zwölf ist es soweit.

Doch Wally ist nicht mehr zu überholen. Ich gehe so hoch ich kann und lasse den ORION langsam nach Westen treiben. Vor dem Arlberg wird die Blauthermik heftig. 3 bis 4 m/s steigen aus den steilen Schluchten. Ich habe jede Lust verloren und drehe zurück in den Osten.

Während der nächsten zwei Tage kommt Nordweströmung auf. Kurz quellen weiße, scharf umrissene Türme in den Himmel. Doch dann steigt der Druck in der Höhe wieder und neue Labilität in allen westlichen Regionen läßt endlich auf einen Erfolg hoffen.

Am Zehnten zeigt mir ein Blick um sechs Uhr früh, daß der Tag genau in meine Wettervorstellung paßt. Gute Fernsicht, reiner Höhenhimmel und erste Kondenzfahnen über den nördlichen Kalkgebirgen. Allerdings scheint der Höhenwind aus Nordwest noch nicht abgeklungen, denn die hellen Wolkenbänder werden quer über das Ennstal gezogen. Dr. Eisenwagner, der am Segelflug interessierte Militär-Meteorologe in Aigen, liefert uns rechtzeitig die Wetterdaten: Gradient 0,65, Luftdruck 1019 mb, Hochdruckeinfluß bis über die Westalpen, Höhenströmung mit 10–15 kts. aus NW-N.

Ich stehe auf dem Platz und sehe immer wieder zu den flachen Wolkenfahnen hin. Was Wind bei solchen Strecken bedeutet, das kenne ich zur Genüge aus dem Tessin. Und die Vortage, die so glänzend begannen, haben mich mit abrupten Luftmassenwechseln irritiert. So gehe ich in das Rennen mit abgefahrenen Reifen.

Während wir die Flugzeuge an den Start rollen, wird mir bewußt, daß ich heute etwas falsch machen kann. Mich zieht die Furka an wie ein Magnet, doch 440 km gegen den Wind, davor steht ein großes Fragezeichen. Ich schaue Gaby an. Sie hat einen Sinn für Realitäten. „Paß auf den Wind auf", meint sie ungefragt. Ich gebe ihr endgültig recht und entscheide mich für Vals, an der Grenze der 800.

Zu dieser Entscheidung drängt mich im Grunde auch meine Erfahrung, wonach übergroße Sprünge in neue Streckenlängen selten glücken. Mit diesem Kurs kann ich meine eigene Weitenmarke um 88 Kilometer nach vorn schieben und, ist dies gelungen, dann würde mich der nächste geeignete Tag mit mehr Kenntnissen und einem vervollkommneten Zeitgefühl wiedersehen. Ein Streckenflug dieses Kalibers verlangt, wie ich gelernt hatte, einen schwer zu treffenden Takt. Es ist ein perfektes Zusammenwirken sicherer Aufwind-Kurswahl, wettertaktisch richtigem Fliegen in den jeweils schnellsten Höhenlagen und dem genau dosierten Risiko, was den Schnellflug und das Angleiten tiefer Abreißkanten betrifft. So schlägt etwa ein 10 Minuten-Vorsprung vor dem Zeitplan in einen uneinholbaren Zeitrückstand um, wenn dieser scheinbare Vorteil mich bald darauf an einem toten Hang eine halbe Stunde kostet.

In den von vielen Flugvorbereitungen gedrängten Minuten vor dem Start brachten mich diese Erwägungen, die mich seit Jahren wie ein Schachproblem beschäftigen, schließlich zur wohl richtigsten Streckenlänge. Was ich jetzt nicht wußte doch voraussah, das war der Start von Alf Schubert auf derselben Route. Alf zögerte an diesem 10. Juli in Zell etwas länger als ich mit dem Abflug, da die Wolken über dem Pinzgau erst verspätet aufkamen. Dies und der nun sichtbare Höhenwind bewogen ihn, einen 761 km-Zielrück ins Wallis anzusagen.

Was sich also anbahnte, das war eine doppelte Probe dieser schnellen Längsroute und des vielversprechenden Wetters ohne Wissen der Beteiligten. Um so interessanter ist es für uns danach gewesen, die zwei Flüge von Station zu Station zu verfolgen und daraus neue, wertvolle Erfahrungen zu gewinnen. Dieser Flug nach Westen, darin waren wir uns einig, führte bis an die Grenzen des Wetters.

Die schon früh über dem Ennstal wehenden Wolken signalisierten mir, daß die Labilität ausreichend und die Auslösetemperaturen für auskreisbare Thermik bald erreicht sein würden. Ich entschließe mich deshalb, früh auf Kurs zu gehen und starte um 8 Uhr 44. In 960 Metern werfe ich das Seil und gleite an die nördlichen Talberge. Nach wenigen Schleifen merke ich, daß die Thermik schon da, doch noch zerrissen ist. Der Einfluß des Windes hat gegenüber den einsetzenden Vertikalströmen noch die Oberhand. Vorsicht ist geboten.

Um 9 Uhr 15 habe ich 300 m dazu gewonnen und gehe langsam auf die Strecke. An den Kalkwänden wird das Steigen nun kontinuierlich und der ORION zieht ohne Kreis bis unter den Dachstein. Die Thermik ist nicht stark — 1 bis 2 m/s — doch sie geht in Reihen hinauf und das ist der Schlüssel zum schnellen Flug. Roßbrand und Hochgrindeck markieren jetzt die Route. Alle Waldberge tragen und entwickeln über 2—3 Metern flache Wolken.

Nach 64 Minuten bin ich über dem Zeller See. Der Schnitt von 98,4 bringt mich meinem Plan 4 Minuten voraus. Alf war erst kurz vor Zehn gestartet und hatte sich 17 Minuten vor mir auf Westkurs begeben. Er muß wie ich in der engen Thermik der Kitzbüheler Alpen aufpassen und kommt auf seiner Hausstrecke dennoch rasch voran.

Jenseits der Gerlosenge sind das Zillertal und die zerklüfteten Tuxer zu queren. Der Wind macht die Bärte hier noch enger. Ich fliege tief an den Graten des silbrig flimmernden Gesteins entlang, da nirgends ein Aufwind steht, der durch einen ganzen 15 Sekunden-Kreis trägt. Erst am Rosenjoch muß ich mir die Zeit nehmen, auf 2650 m zu gehen. Alf fliegt auf genau der gleichen Route vor mir her. Seine Erfahrung läßt ihn hier auf 3200 m steigen, was ihm nach dem Übergleiten des Wipptals — 20 Minuten vor mir — bald einen größeren Vorsprung einbringen soll. Er kann an den Kalkkögeln sofort neues Steigen auskreisen und ist schon 10 Minuten danach in 3400 m am Brunnenkogel.

Voraus in den Stubaiern stehen die ersten gut geformten und dabei unglaublich hohen Wolken. Ihr verlockender Anblick läßt mich den Bart am Rosenjoch vorschnell verlassen. Sie sind flach und verheißen viel bessere Thermik als die knappen 2 m/s an den Tuxern. Doch ich komme tief an den Kalkkögeln an und brauche 10 Minuten, bis ich überhaupt Steigen finde. Die Kalkwände tragen nur schwach und zwingen mich, niedrig und durch Fallen nach Süden zum Eingang des Stubaitals zu gleiten. An der Oberrißhütte, die auf einem Felsplateau nach Süden sieht, flattert die Wäsche im thermischen Wind. Ich hänge mich sofort dazu und achte in böigem Steigen mit 2—3 m/s bis zur Kante des Berges in 2500 m. Dann setze ich mich auf den ansteigenden Grat wie ein Bergsteiger. Der Kestrel zieht mit 110 km/h und 2 Metern dicht über den Felssägen nach Süden in die Höhe. Erst am Brunnenkogel drehe ich in 3—4 m/s ein und steige ohne Halt ganze 1000 m bis in die helle Basis der östlichsten Wolke.

Dieser steile Aufstieg auf 4000 Meter eröffnet mir einen weiten Blick nach Westen. Es sieht gut aus. Die Atmosphäre bis an den Ortler und weit ins Rätikon ist ungewöhnlich durchsichtig. Die Wolken, wenngleich flach und eng, stehen regelmäßig. Doch auch hier ist der Höhenwind spürbar. Er mag 25 km/h betragen und bringt mich dazu, in höheren Lagen zu bleiben, um möglichen Lees nahe an den langen Quergraten der Ötztaler zu entgehen.

Kurz nach Zwölf setze ich über den Kaunergrat. Ich gleite hoch und kann überall Steigen mitnehmen. Thermik und leichter Hangwind verbinden sich in 4000 m zu einer tragenden Straße. Nach dem Grieskogel setze ich wie gewohnt über die Prutzer Talenge zur Samnaungruppe. 3000 m unter mir liegt die verhängnisvolle Wiese vor dem Kraftwerk und dicht daneben der kleine blaue Spiegel des Bassins, das mich den schweren Bruch vergessen half.

Der Mutler empfängt mich mit bockigem Steigen. Doch ich habe eine lange Bergkette nach Südwesten vor mir und halte im Delfin geradeaus. Das Flugzeug wippt auf und ab und gewinnt ständig an Höhe. Erst am Piz Linard lohnen ein paar Kreise in 4 m/s, die zum Gleitsprung über den Innknick und weiter ins leuchtende Oberengadin verhelfen.

Die nördliche Talflanke zwischen Zernez und St. Moritz ist einmal mehr sehr schnell. Thermik zwischen 3 und 5 m/s überall. In 4200 m flache Wolken von Tennisplatzgröße. Um 13 Uhr 10 fliege ich nach 340 km an Samaden vorbei zum Piz Nair. Im Südwesten bis an den Maloja und jenseits vom Splügen stehen hohe Quellungen. Ich muß also nach Norden ausschwenken, denn die Südluft dringt durchs Bergell bis ins Averstal und zum Piz Platta hinauf. Das Steigen geht innerhalb von 3 km auf knapp einen Meter zurück. Und das in hellster Sonne! Doch vor dieser Luft braucht mich nichts mehr zu warnen.

Ich gleite über Andeer zum Bärenhorn und finde wieder 2 m/s, ruhig und breit. Aus 3600 Metern sind die zwei nebeneinander liegenden Luftmassen jetzt auch optisch klar zu erkennen. Um 13 Uhr 45 bin ich über Vals, genau, wie es der Zeitplan vorschreibt. Dunst dringt selbst über den hohen Rheinwaldsattel in das schmale Tal nach Norden. Ich erkenne die flachen Badehäuser und wünschte mir einen Schluck Valser Wasser. Es ist heiß und die Konzentration während der viereinhalb Stunden dörrte den Mund aus.

Alfs großer Diamant war am Flüela jenseits des Piz Kesch im Norden geblieben und nach Bergün erst bei Vals wieder auf meinen Kurs gekommen. Dann flog er vom Piz Medel über Andermatt und die Furka zum Blinnenhorn und hatte schließlich unter dem Bettlihorn die Stadt Brig im Visier. Als er umrundete, war es Zwei. Vom Furka an traf er über der Rhone auf erste breite Wolken und kleine Schauer, wie ich sie jenseits des Hauptkamms auch im Tessin erkannte. Sein Wendepunkt lag an der äußersten Wettergrenze.

Von Vals aus rufe ich die Vareser Freunde, doch niemand meldet sich. Es ist ein Samstag und sicher würde gesegelt, wenn sie die Südluft nicht am Boden hielte.

Vorsichtig umfliege ich die Julierrinne, die von wäßrigen Cumuli umhangen ist.

Erst am Piz d'Err wird das Vario wieder lebendig. Aus 3600 m bin ich schnell an der Crasta Mora über dem Flugplatz Samaden. Eine Wolke weiter östlich steigt der ORION mit mehr als 4 m/s auf 4650 m, einer selbst für das Engadin ungewöhnlichen Höhe. Um halb Drei gehe ich weiter zum Nuna.

Bis auf hauchdünne Kondenzen ist der Himmel stahlblau und das Unterengadin liegt in einem fast unwirklichen Kunstlicht. Die Fernsicht ist, wie ich sie noch auf keinem langen Flug erlebte. Man sieht bis weit in die Bergamasker nach Süden, erkennt die Ortlergletscher und daneben die helle Südtiroler Senke. Der schnelle Gleitflug in einer solch abstrakten Höhe ist von vollkommener Leichtigkeit.

Am breiten Nuna ziehe ich aus 160 km/h über 200 Meter in heftigem Steigen aufwärts und setze mich in 4300 m wieder über die Silvrettakette. Alf, inzwischen auf dem Rückflug, nimmt bei steigender Labilität und fallendem Druck die Furka, den Piz Medel und fliegt über Vals gleichfalls an Samaden vorbei. Sein Schnitt auf diesem Abschnitt beträgt 118 km/h. Am Nuna jedoch schwenkt er auf die südliche Inntalflanke, die er auf seinen Dreiecksflügen fast immer nimmt.

Ich habe inzwischen den Mutler verlassen und gleite erneut zum Kaunergrat. Der Kestrel macht die Talsprünge mühelos. Dies ist seine erste Prüfung und er legt sie gelassen ab. Um halb Vier bin ich über dem Ötztal. Alf fliegt in diesem Augenblick an Samaden vorbei. Guido Achleitner, am gleichen Tage von Zell mit einem Bergfalken samt Passagier auf Doppelsitzerrekord aus, hat Thusis erfolgreich umrundet und ist ebenfalls auf dem Rückflug.

Meine Strecke hat sich auf 250 Kilometer verkürzt. Die Fahrt wird jetzt immer schneller und in 4000 Metern reicht der Blick zwischen den Fußspitzen 100 km nach Osten — bis zum Großvenediger. Genau auf Kurs über den Stubaiern hat sich unvermutet eine breite Schauerwolke entwickelt. Regenstreifen hängen über den Firnhängen und vereinzelt treiben Wolkenfetzen tief um die Bergfüße. Wie schon so oft, drückt die Südluft hier über die Scharten der Ötztaler Massive.

Ich mache einen Bogen nach Nordosten. Die Kämme am Sellraintal tragen ohne Kreis. In 3000 m treffe ich am Rosenjoch jenen Bart, der bei Sonne dort angewachsen scheint, genau im Kern. Der Kestrel schlägt mit den Flügelspitzen und das Vario verhält regungslos bei 4,5 m/s. Ich steige 950 Meter in drei Minuten. Es ist der beste Bart des Tages.

Aus 4000 m springt der ORION mühelos über die Tuxer und den Gerlos bis in den Pinzgau. Unter der Reichenspitze ist das Steigen schwächer. Die Hohen Tauern haben mich eigentlich sehr oft enttäuscht und deshalb fliege ich den Abschnitt zwischen Krimml und Zell stets mit erhöhter Vorsicht. Oft trafen mich frühe Auflösungserscheinungen schon gegen Fünf und es kostet dann ein erhebliches Mehr an Flugzeit (gerade dann, wenn sie knapp wird), die thermisch meist bis in den Abend verläßlichen Niederen Tauern jenseits des Gasteiner Tals zu erreichen.

Alf gleitet jetzt von Sölden aus großer Höhe schnurstracks durch die Wolkenzone der Stubaier bis ans Tuxer Joch und weiter zum Olperer. Seine Zielstrebigkeit und

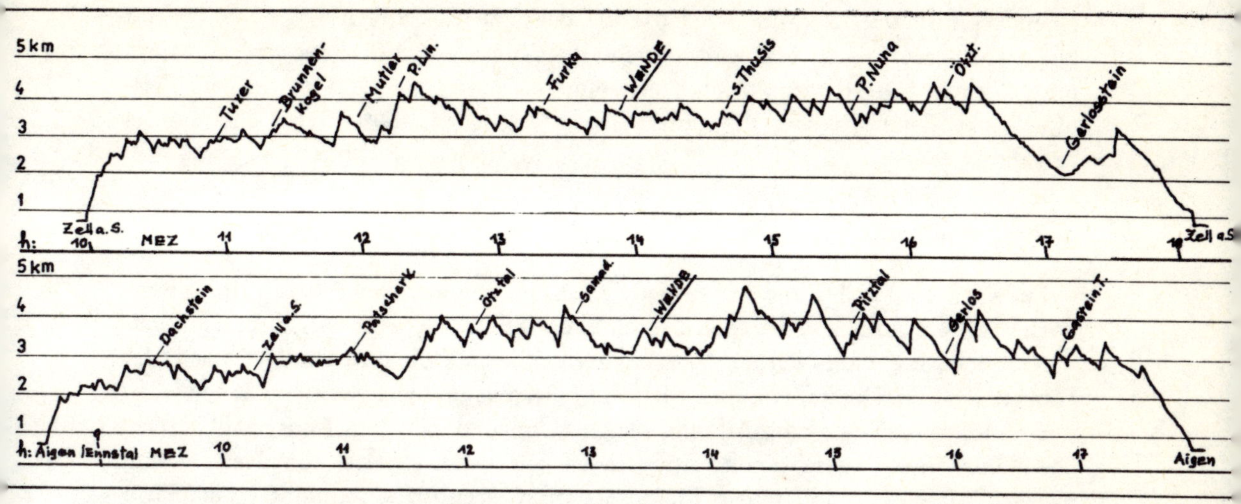

Die Handschrift eines Segelfliegers, das ist sein Barogramm. An diesem 10. Juli 1971 brachten es Alf und ich fast auf den gleichen Höhenschrieb. Es zeigt, daß uns der ungewöhnliche Streckentag zur gleichen Flugtaktik führte.

Alf war wie immer schnell, doch am Gerlosstein mußte er sein Temperament über der Ziller kühlen. Tiefpunkte wie dieser (besonders auf den ersten Zweidritteln des Fluges) können, soweit sie nicht vom Wetter erzwungen sind, das Konzept einer Langstrecke gründlich durchkreuzen.

der vom Wettbewerbsflug geprägte Wille, immer so schnell wie nur möglich zu sein, kostet ihn jetzt fast den Flug.

Als er an die Südwestwand des Olperer gelangt, ist der Berg tot. Das zwingt den Diamanten zum Weiterflug bis unter den Gerlosstein. Alf verliert über 20 Minuten dicht am Hang und vermag gerade seine Höhe zu halten. Dann findet er schwaches Steigen und klettert schließlich über die Paßhöhe des Gerlos ein letztes Mal auf 3200 m.

Guido geht es in diesen Minuten am schlechtesten. Er segelt vom Flüela ins Unterengadin, gerät mit dem langsamen Bergfalken unter der Silvrettakette ins Lee der nordwestlichen Strömung und ist 10 Minuten später zu einer engen Landung bei Pfunds am Inn gezwungen.

Ich habe inzwischen das Kitzsteinhorn und Zell hinter mir und fliege zum Gasteiner Tal an den Bernkogel. Mit 3 m/s enttäuscht mich dieser Berg wieder einmal nicht. Aus 2950 Metern beginnt der Endflug über die letzten 80 Kilometer. Ich werde wie immer vorsichtig und bleibe oben an den Wolken. Sie reichen mich über das Arltal und den Hochgolling sicher bis zum Platz an der Enns.

Um 17 Uhr 55 bin ich am Boden. Alf schießt in diesem Moment mit 180 km/h über Mittersill durch das Pinzgauer Tal. Er ist noch 1500 Meter über dem Zeller Platz und kann seine Höhe garnicht mehr vollständig in Fahrt umsetzen. Er flog an diesem prachtvollen Tag mit 761,5 km neuen Landesrekord und kam dabei auf einen Schnitt von 92 km/h. Ich hatte die deutsche Rekordmarke um 88 km auf 780,4 km heraufgesetzt und war während des Fluges von 8 Stunden und 40 Minuten auf einen Schnitt von 90 km/h gekommen. Damit entsprach ich meinem Zeitplan exakt, der mich über die ganze Strecke vor jedem Risiko eines Tiefpunktes bewahrte.

*

Ende Juli sind Gaby und ich zu Gast bei Klara Schubert im Pinzgau. Ihr Uttendorfer Garten quillt von frischen Beeren über. Alles Warten in Aigen brachte keinen Streckentag mehr herbei. Wir bauten schließlich ab und sind jetzt auf der Fahrt nach Rieti. Die italienischen Meisterschaften beginnen in wenigen Tagen.

Spätnachmittags kommt Alf mit seinen Söhnen durch den Tauernpaß zurück. Die Kanus liegen verschrammt auf dem Wagen, denn die Isel führt jetzt wenig Wasser. Alf springt mit einem Riesensatz ins Gartenbad, durchmißt es in einem Tauchzug und schnellt wie ein Fisch zu uns auf den Beckenrand. Er ist rot wie ein Krebs und freut sich über seinen Flug ins Rhonetal. „Du hast einen Weltrekord verpaßt", erklärt er mir kurz und bündig. „Ich wollte mich nach Osten schleppen lassen, doch dann schien mir der Tag von hier aus zu undurchsichtig."

Ich schildere ihm, daß es mir in Aigen ebenso erging. Die Strecke von Vals zur Furka — 107 km für beide Wege — hätte im Westen eine Flugstunde mehr gekostet. Dafür erscheint mir im Nachhinein die weite blaue Zone zwischen Samaden und Kaunergrat zu unsicher. Alf lacht. „Da gings im Blauen tadellos."

„Und vom Gerlos nach Osten?", wende ich ein, „da brauchst du ja keine Thermik mehr." Alf hing noch nie über Mittersill und sah den fernen Wolken im Osten nach. Am 10. Juli wäre ich von der Furka aus frühestens um Fünf wieder an der Gerlos gewesen, wenn im Unterengadin alles glatt gegangen wäre.

Alf nickt und sieht mich durch seine randlose Brille scharf an. Er hatte genau um diese Zeit erhebliche Schwierigkeiten, die Paßhöhe zu nehmen. Ich weiß, daß dieser Tag mich an die 840 km getragen hätte, doch wer konnte morgens ermessen, wie stark der Wind uns zusetzen würde.

Wir sprechen noch lange über dies Unternehmen und wieder muß ich daran denken, daß unser Segeln zu einem Schachspiel mit dem Wetter geworden ist. Alf ist ein Angriffsspieler, doch meine Dame hatte mich vor dem Wind gewarnt.

Am frühen Abend brechen wir auf. Der Tag war drückend schwül und jetzt, in der kühlen Nacht der Berge, wollten wir Varese erreichen. Ich hatte Alf im April von Rieti erzählt und eine Einladung vermitteln können. Er ist gespannt auf die Fliegerei in den Abruzzen. Alf ist ein Kämpfer und wo gefochten wird, da erholt er sich.

Auf Wiedersehen im Süden.

Abruzzen-Rennen

Rieti, den 2. August 1964. Ordensgeschmückte Generäle aus Rom und der Bischof der Stadt eröffnen die Segelflug-Meisterschaft Italiens. Ein Sprengwagen verschafft ihnen kühle Wege unter den dünnen Pinien. Dann brummt der blaue Hubschrauber auf und die Herren verlassen die sportliche Szenerie hinter einer gewaltigen Staubwolke.

Wir sind alle etwas nervös, denn das Wetter ist undurchsichtig. Die erste Tagesaufgabe wird bekannt. Es ist ein 100 km-Dreieck, mit den Wendepunkten Piedipaterno im Nerinatal und San Gemini unter dem Monte Maggiore. Die Kursschenkel liegen auf 4, 240 und 135 Grad. Ich sehe mir die Karte an. Kein Problem, dieser Flug. Lange Talzüge zeigen die Route an. Ich habe mich Wochen auf meinen ersten Wettbewerb vorbereitet, alte Berichte gelesen und mir die sicheren Aufwindberge notiert. Gleichzeitig trainierte ich auf der M-100 des Comer Clubs, so oft die Zeit es erlaubte. Renzo Scavino hatte mir dies Flugzeug zur Verfügung gestellt und ich komme mir vor wie ein Lizenzpilot vor dem ersten Grand Prix.

Renzo bewegt die ganze fliegerische Leidenschaft desjenigen, der einmal flog, um es nun Jüngere besser machen zu lassen. Vor drei Tagen brachte er mich in einer 10 Stunden-Fahrt über Bologna und Florenz hier in die Sabiner Berge. Renzo glaubt an mich und hat buchstäblich für alles gesorgt. Selbst eine kleine Sauerstoffflasche mit Maske (ich habe große Wolkenflugpläne) vervollständigt die Ausrüstung in der engen Kabine. Es ist die erste Version der M-100. Ihre Rumpfnase ist entschieden zu kurz und meine angezogenen Beine drücken sich gegen die scharfen Kanten des Instrumentenbretts. Ich gehe noch einmal mit dem Zeigefinger über den Kartenkurs. 100 Kilometer, fast zu wenig um zu starten. Ein rechtzeitig angesetzter Endanflug und die Punkte müßten stimmen.

Dann der Schlepp durch die heiße Luft des Tals, der Überflug der Startlinie. Ich erlebe alles zum ersten Mal und vieles von den taktischen Manövern, mit denen sich Piloten wie Spänig, Vergani und der Pole Gorzelak hier umspielen, bleibt mir verborgen. Worauf ich setze, ist ein guter Flug mit schnellen, richtigen Entscheidungen.

Bei Cantalice steht die Trockenthermik über den Olivenhängen. 3 Meter und eng. Ich kreise steil ein und gehe an Nummer 16 vorbei. Es ist Guglielmo Giusti vom Vareser Club. Bertoli hält sich besser. In 1500 Meter liegt eine dünne Wolke auf dem Rücken von Poggio Bustone. Bertoli setzt sich neben mich. Mit 130 km/h fliegen wir nach Norden zum Monte Aspra. Versengtes Berggras bedeckt die kahlen Hochflächen. Der Sommer zwischen Rom und dem Gran Sasso bringt wieder einmal afrikanische Hitze.

Westlich holt der Höhenwind feine Cirren vom Mittelmeer und das Licht wird blaß. Die Wolken gen Foligno verlieren in wenigen Minuten ihre Konturen und fließen auseinander. Doch das Steigen ist noch gut. Auf Kurs steht Dunst. Wo ist das Nerinatal? Meine Karte ist viel zu groß, der 250 000er Maßstab zeigt jeden Bach, doch nicht deutlich genug die Linien von Gebirgen und Tälern. Ich muß Bertoli glauben, der sich hier auskennt. Damals hatten wir noch keinen Funk und jeder sah, wo er blieb.

Wir segeln immer noch nach Norden über die Bergrücken. Dort vorn, die hohe Kuppe, das muß der Monte Coscerno sein. Und 10 Kilometer weiter genau auf 4 Grad liegt die erste Wende. Voraus kommt alles in den Schatten. Feuchte Luft steigt mit der Thermik aus der Senke von Spoleto herauf und die Inversion macht daraus einen breiten Schirm.

Doch wir müssen weiter, die Wende umrunden und hinüber in die Ebene von Terni. Hier gibts keine Thermik mehr. Deutlich kriecht das ‚U' der weißen Signaltücher heran. Ich wende schnell in 1200 m und schleiche mich auf Westkurs aus dem Schatten. Links oben zieht die Foka von Gorzelak entlang. Er ist ein alter Wettbewerbsfuchs und schleicht jetzt auf leisen Sohlen dicht an den Wolken um die 100 Kilometer.

Jenseits des Fionchijochs entwickeln sich kleine Haufenwolken unter immer dichteren Cirren. Sie sind bleich und mahnen zur Eile. Unter ihnen steht ein Meter weitflächigen Steigens. Langsam komme ich zurück an die Basis in 1500 m. Nur kein Fehler auf dem flauen zweiten Schenkel. In der Wolke ist es düster wie in einem feuchten Keller. Der Aufwind nimmt etwas zu. In 1800 Meter bin ich König.

Als ich nach Westen ausgleite, sehe ich den ganzen Kurs und weit in die grünen Sabiner Berge. Links in der Tiefe kriecht die gelbe Skylark von Ferrari, dem Wellenkenner, über den Coscerno. Die M-100 pfeift leise und ich habe das Gefühl, als bringe mich dieser Aufstieg ganz nach vorn. Dann gleite ich über den flachen Monte Acetella, langsam und behutsam, denn unter mir wartet tote Luft.

Durch die schmale Rinne des Nerinatals zieht ein Uribel über die Obsthänge. Es ist Barazetti. Ich kam mit Renzo dort entlang und sah kein einziges Landefeld. Plötzlich wird die Luft wach und holt mich nach unten — unversehens bin ich ins Lee des Monte Maggiore eingeflogen. Ich drücke den Knüppel nach vorn, doch das langsame Flugzeug schwimmt wie in Öl. Ich starre auf die Bergkuppe und zwinge den Segler mit den Augen über die Kante. 10 Meter und der angehaltene Atem bringen mich zur Westseite, an die Ebene von Terni.

Sofort schüttelt sich die M-100 im Hangwind. Auch die Sonne ist wieder stärker geworden. Der Maggiorerücken zielt genau auf San Gemini. Ich fliege geradeaus und steige dabei 200 Meter. Als es 3 m/s werden, kreise ich schnell auf 1400.

Wo liegt die Wende?

Ich fliege zwei, drei Schleifen und schon sind 200 Meter weg. Verflixte Karte, ich sehe überhaupt keinen Anhaltspunkt. Unter mir flache Hügel und endlose Olivenhaine. Doch der Kartenfärbung nach müßten hier Berge stehen.

Ich muß an den Maggiore zurück, sonst bin ich zu tief für den Hangwind. Doch der Kalkrücken ist verläßlich. Endlich sehe ich die Tücher. Im Briefing wurde ein Winkel angekündigt und vor mir liegt ein Kreuz? Doch ich habe keine Zeit zum Überlegen und wende kurz.

Erneut zurück zum Maggiore. 300 Meter unter der Kuppe wird der Aufwind verwirbelt. Ganz oben geht Rolf Spänigs Zugvogel schon auf Südostkurs. Unbemerkt drehte er ein Stockwerk höher an der Wende. Ich fliege Achten und fange an zu schwitzen. Endlich kann ich einkreisen. 3 m/s belohnen meine Ausdauer. Aus 1400 m drücke ich das Flugzeug mit 135 Grad auf den letzten Schenkel des Dreiecks. Es warten noch 30 Kilometer.

Gleich darauf bin ich vor den Häuserzeilen von Terni. Noch 27 km bis zur Ziellinie. Mein erster Wettflug läuft wie programmiert. Unter einer kleinen Wolke voraus drehen sich zwei M-100. Es sind Manzoni und Vergani. Ich setze mich in den gleichen Kreis. Eigentlich reicht meine Höhe längst, doch Walter ist ein guter Rechner. Die 2,5 m/s machen ihn noch schneller für den Endanflug. Unter uns gleitet die Ka-6 mit dem Schweizer Kreuz. Es ist Ruedi Seiler auf Heimwärtskurs.

Nach 4 Kreisen fliege ich ihm nach und nehme die Marmorbrüche jenseits der Stadt aufs Korn. Hinter den hellen Felsrücken ahne ich die weite Ebene und an deren jenseitigem Ende den Flugplatz. Walter folgt mir jetzt. Noch ein Bart. Meine Tabelle sagt: für 22 km mit 110 km/h genügen 1200 Meter. Und wir haben leichten Rückenwind.

Ich richte auf und gleite schnell davon. Die Sicht nimmt mit einem Mal ab, Dunst liegt in den unteren Lagen. Ein Tal öffnet sich. Es wird der Schlupf in die Ebene sein. 4 Meter Fallen. Meine Höhe schmilzt rapide weg. Ich drücke auf 120 und versuche, dem Fallen zu entkommen. Jetzt bin ich über der jenseitigen Talflanke. Noch 800 Meter. Ich warte auf den Blick nach Rieti. Von den zwei M-100 keine Spur.

Ich fliege unentwegt geradeaus und setze auf die nächste Talbiegung. Der Gleitzeit nach müßte ich jetzt vor dem Flugplatz sein. Doch dann wendet das Tal nach Norden und wird eng.

Mich durchschlägt der Gedanke wie ein Blitz: du hast dich verflogen.

In 500 Metern ist absolut keine Thermik mehr zu haben. Unter mir eine Straße und winzige Äcker. Die Hänge sind dicht besetzt von Reihen buckliger Oliven. Ich habe jede Orientierung verloren und achte nicht mehr auf den Kompaß. Nur weiter und heraus aus diesem Kanal.

Mein Kursfehler, aus sicherer Anflughöhe, trifft mich wie ein Hieb. Ich gleite unausgesetzt weiter. Der Höhenmesser steht auf 300, doch dies Tal ist deutlich höher als Rieti. Häuser und Telefonmasten, hin und wieder ein welliger Acker, mehr hat auf der Talsohle nicht Platz.

Noch 150 Meter Höhe. Plötzlich sehe ich über einen Bergvorsprung hinweg helle Zeichen. Vor mir liegt das weiße ‚U'. Es ist die erste Wende — Piedipaterno. Das Nerinatal hat mich gefangen.

2 Stunden später kommt Renzo mit dem alten grauen Alfa. Sein Gesicht ist freundlich und bekümmert. Er geht um sein Flugzeug und klopft mir auf die Schulter. Dann sieht er den Landestreifen und fragt „com'é andato?."

Ich gehe mit ihm zum Aufsetzpunkt und zeige nach Südwesten. „Ich hatte keine Wahl mehr, du siehst es ja. Ich flog einfach geradeaus bis der Boden kam. In der Pappelreihe dort fehlen ein paar Bäume. Da kam ich durch. Doch die hartgebacknen Traktorspuren lagen schräg zu meiner Gleitbahn. Die M-100 bekam einen Schlag an die Kufe und drehte nach 20 Metern um sich selbst. Ich knatterte mit dem Leitwerk voran über den Acker."

Landarbeiter und Dorfkinder umstehen uns. Ein Junge bringt Weißbrot, Salami und eine bauchige Flasche Rosato. Dann heben wir Flächen und Rumpf über die steile Straßenböschung hinauf zum Hänger. Ich gehe noch einmal über den Feldstreifen an die Nera und schöpfe mir Wasser. Es spritzt eisig und kristallen, man könnte nicht darin baden. Geheimnisvolle Landschaft, die unter dieser Hitze solche Quellen birgt. Renzo ist still und ich bin erleichtert, das dies Tal mir nicht den Rumpf zerbrach. Doch es ist der erste Tag in Rieti und Como hält mir noch die Daumen.

Italien ist eine Welt von Gebirgen. Vom Ortler bis tief nach Sizilien. Und ihr Äquator teilt die Halbinsel dort, wo Florenz sich am Apennin sonnt. Steile Gebirge im Norden mit Eis und kühlen Tälern, Berge und Kalkriffs von der Toscana bis Apulien und ans Ionische Meer. Und Gebirge sind arm. So trägt dies Land die Züge der Kargheit und der Hitze. Doch wo Berge zur Sonne stehen, da gibts in diesem Land Wein. So ist es am Monte Rosa, am Sasso Marconi und im Nerinatal. Es scheint dem Gast, als sei dies Land der karstigen Rücken und der lichtflirrenden Senken darauf aus, sich durch die Reben jene Feuchte zu holen, die das Klima ihm von oben verwehrt. Italiens Himmel wölbt sich bis Afrika und sein Licht, das schattenlos scheint, holt sich den Glanz über den Meeren. Wer in 3000 Metern am Terminillo segelt, kann im Osten und Westen die Küstenstreifen aus 90 Kilometern gut erkennen. Hier ist der Apennin hart und baumlos. So, wie man ihn vor zwei Jahrtausenden Regen und Wind gedankenlos überließ.

Die Massive erreichen die 3000 Meter und auf dem Gran Sasso d'Italia entdeckte ich schmutzige Schneewächten, während das Gras der Südhänge grau verbrannte. Hier sind die Sommer trotz der Meere meist ohne Wolken. Zieht eine Front durch Europa, dann sieht man über den Abruzzen rasch wandernde Wolkenhaufen, die auch einmal zu Gewittern aufquellen können. Solche Tage werden von der Leitung des Wettbewerbs sofort neutralisiert. Man fürchtet Gewitter wie ein Unglück.

Doch über den 180 Kilometern Festland, die uns zwischen Ostia und Pescara zum Segeln verbleiben, ist die Luft meist hell und von geradezu kontinentaler Trokkenheit. Das erzeugt Blauthermik, wie sie in Europa ihresgleichen sucht. Solch ein Tag war der 8. August 1965. Wieder traf sich Italiens Segelflug vollzählig im Süden. Um hier mitzufliegen, bedarf es außer Enthusiasmus und zweier Ferienwochen keiner anderen Qualifikation. So herrscht ein freundschaftlicher Ton und alle wollen gemeinsam fliegen.

27 Piloten machen diesmal mit, unter ihnen der junge Franzose Penaud auf einer funkelnden Edelweiß. Ich starte zusammen mit Guglielmo Barazetti auf einem Bonaventura-Doppelsitzer. ‚Reba' wie wir ihn nennen, ist ein unvergleichlicher Spaßvogel. Keiner, den er nicht zum Lachen bringt. Diesmal hat er seinen Uribel I-REBA in Varese gelassen und wir starten als einzige Mannschaft im Zweisitzer. Rebas Hang zu wirklichen Genüssen im rechten Augenblick (auch der Segelflug gehört für ihn dazu) läßt ihn den Stauraum mit Leckereien beladen, denn wer von uns wüßte nicht, wie gut frische Feigen, S. Daniele Schinken und Eistee in 3000 Metern Höhe schmecken.

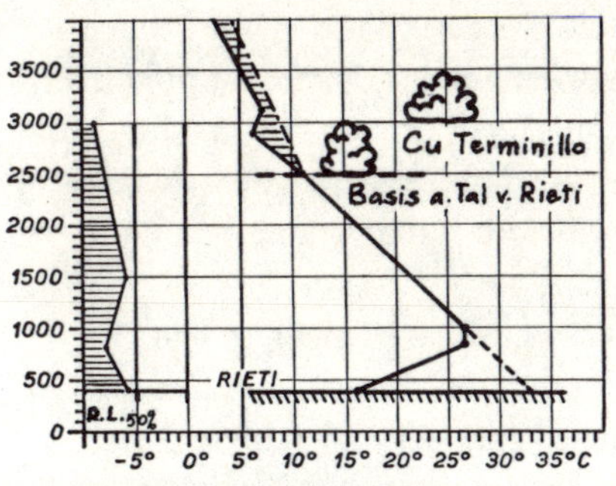

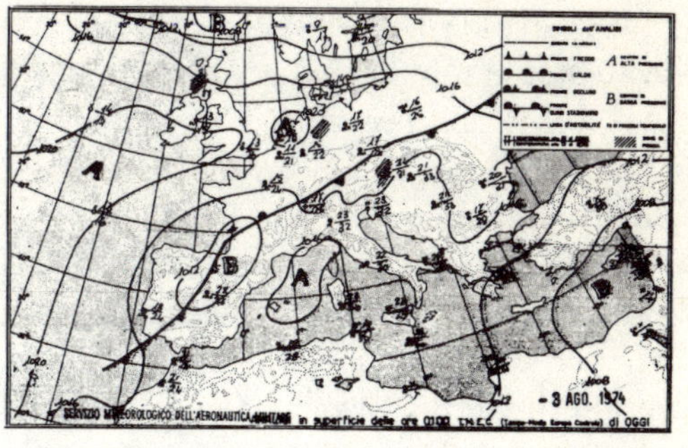

Ein typischer Rieti-Tag war z. B. dieser 3. August 1974. Während Mitteleuropa unter Störungen den Regenschirm zog, kochte die Apenninhalbinsel zwischen den Meeren. Gestartet wurde, als 33 Grad Bodentemperatur erreicht waren. Kleine Cu standen über den Bergrücken in über 3000 m Höhe, da die Luft wie meist eine geringe relative Feuchte aufwies. An diesem Tag wurde ein 278- km-Dreieck ausgeschrieben. Der beste Standard-Pilot, Nino Perotti auf ASW-15, umrundete es mit 101,4 km/h. Der meist unglaublich schnelle Walter Vergani kam mit seinem Nimbus 2 auf 121,6; zehn weitere Piloten auf über 100. Den Temp holte sich Plinio morgens um Acht bei seinem üblichen Meßflug (A = Hoch, B = Tief).

Wir stehen unter den Pinien beim Briefing. Riesenzikaden werden von der Hitze zu wahren Liebesräuschen getrieben. Sie wetzten sich die Beine ab und das laute Schnarren versetzt uns in den brasilianischen Urwald. Plinio Rovesti geht immer wieder zur englischen Hütte und verfolgt seine Thermographen. Im Schatten sind es jetzt 29 Grad, doch nach Plinios Meßdaten, die er sich morgens pünktlich um Sieben auf einem Sondierflug holt (wenn wir die Stinson über der Stadt hören, ist es Zeit für die Dusche), ist die Bodeninversion erst bei 30 Grad soweit aufgeheizt, daß wir fliegen können.

Endlich ertönt der Platzlautsprecher. Start um 12 Uhr 30, also in 20 Minuten. Rovesti sagt Blauthermik voraus, die bis über 3500 m tragen soll. In niederen Höhen wird Vorsicht empfohlen. Ohne lange Sonnenhänge ist der Gradient heute knapp. Wir haben den fünften Hochdrucktag.

Reba hält einen Sonnenschirm über die Kabine. Ohne ihn würden wir uns beim Festmachen die Finger an den Gurtverschlüssen verbrennen. Wir tragen Tennishosen und Sandalen. Die weißen Sonnenhüte triefen von Wasser. Dann rollen die Stinson heran und lange Staubwolken legen sich längs über den endlosen Platz.

Der Boden ist hart und rissig und von dem Grasbewuchs bleibt jetzt im August nur ein hellgrauer Flickenteppich. Als wir abheben, schreit Reba hinten und flucht. Er hat sich seine Finger verbrannt. Der Faden, den wir ans Abwerffahrwerk banden, war ihm durch die Hand gerissen. Eine unfehlbare Kontrolle.

Ich fliege hinüber nach Poggio Bustone und gehe auf Warteposition. Reba singt und bedient die Stoppuhr. Wir messen jeden Bart und Reba spornt mich an wie einen Traber. Er selbst kann ausgezeichnet kurbeln und dazu blitzschnell kombinieren. Wir haben uns die Arbeit geteilt und ich folge seinen Angaben, wo es geht.

Ein 140 km-Dreieck ist zu fliegen. Von Rieti nach Norden, dann querab nach Westen und mit Südostkurs zurück. Wir haben uns vorgenommen, heute zu pokern und wollen als Letzte über die Startlinie. Wenn es uns gelingt, an die maximale Blauthermik zu kommen, und das vom ersten Bart an, dann könnte die schwere Bonaventura alle schlagen. Reba übt bereits die Siegesmeldung und schmettert laute Arienklänge über den Monte Corno.

In 2300 m wird die Temperatur erträglich. Höher wollen wir nicht gehen, da wir vor der Startlinie wieder bis auf 1000 m herab müssen. Von Cantalice aus verfolgen wir die Überflüge wie die Buschräuber. Penaud fingiert und schleicht sich seitwärts wieder an die Terminillostraße. Eine Stunde vergeht. Die Thermik ist oben breit wie ein Pilz und wir rutschen darauf herum. Reba erkennt Foligno noch in 60 km Entfernung und auch nach Nordwesten ist der Kurs hell und vielversprechend.

Schließlich sind noch 4 Flugzeuge nahe der Stadt. Ich sehe die Edelweiß schräg unter uns über den Platz blitzen und wie eine Rakete in die Höhe ziehen. Reba sieht das auch und sagt „allora, andiamo!"

Ich fahre mit der Trimmung ganz nach vorn und das Flugzeug läßt seine 19 Meter langen Flügel steil hinab fallen. Wir nähern uns dem Platz in einer weiten Schleife und gehen dabei nicht mehr unter 200 km/h. Dann nehmen wir genau von Süden die Richtung der Startlinie auf und setzen mit 240 auf den hellen Kalkstreifen zu. Reba ist still geworden, denn die Bonaventura steht seit Jahren im Dienst. Ich sehe an den Holzflächen entlang, die sich wie Muskeln dehnen.

Dann visiert er nach der Seite hinab und klopft mir mit einem Ruf auf die Achsel. Wir sind genau über der Linie und ich kann die Fahrt weich in Höhe zurückverwandeln. Als sich der Fahrtwind beruhigt, gleiten wir in 1150 m direkt auf Poggio Bustone zu. Jetzt kommt der entscheidende Augenblick.

Über der Steilwand des Talkessels kreisen 3 Flugzeuge, winzig klein im hellen Blau. Ich bin 50 Meter über der Vorkante und gehe mit der ersten Böe in den Kreis. 3 Meter, gleich darauf mehr als 4. Reba singt ‚O sole mio'. Ich ziehe am Knüppel und halte den schweren Vogel mit dem Höhenruder genau im Steigkern. Mit 100 km/h und starren Varios spiralen wir uns in die Höhe. Aus 2500 werden 3000 Meter. Reba schließt die Kabinenfenster. Minuten später stehen wir nochmals 600 m höher.

Jetzt haben wir Italiens ganzen Himmel um die Flächen. Farblos und unwirklich liegt die Felslandschaft in der Tiefe. Der Kalk der Gebirge wird von der Sonne geweißt, in die wir kaum sehen können. Man erkennt die genaue Faltungsstruktur der Züge von Assisi bis zum Monte Matese im Süden. Weite, dunstige Talbecken, die unter den Strahlen lautlos zu kochen scheinen, scharf getrennt von hohen, kantigen Rippen, die als steinerne Adern von Meer zu Meer verlaufen.

Reba ruft: „jetzt werden wir's denen zeigen" und drückt den Knüppel scharf nach vorn. Ich habe mir den ersten Eistee verdient und leere einen ganzen Becher in einem Zug. Der kalte Trunk wirkt wie eine Dusche. Ich wische mir das Gesicht trocken und nehme Foligno aufs Korn. Wir halten uns genau über den Bergen und fliegen durch eine Folge wolkenloser Aufwinde. Mehrere Male kann ich hundert Meter einfach hinaufziehen, ohne wesentlich langsamer zu werden. Ein paar Segler kommen vor uns und viel tiefer heran. Wir sind wahrscheinlich am höchsten gestiegen und haben hier oben das beste Steigen auf Kurs. So gleiten wir schneller und für sie kaum sichtbar nach Norden.

Ganze 2000 Meter über der Coscernokuppe ziele ich jetzt in die Ebene. Einen solchen Bodenabstand habe ich in den Alpen fast nie. Reba hatte recht: der erste Bart konnte die Entscheidung bringen. Wir wenden in 2400 m und sehen ein paar Flugzeuge wie Mücken über die Ebene ziehen. Die Wendetücher sind kaum erkennbar. Dann geht es auf Kurs 240 Grad nach Todi, zum Rundtempel von Bramante.

Die Sicht ist makellos und bald erkennen wir die helle Kuppel des Bauwerks über dem Tiberband. Kurz davor kurbelt Piero Morelli in seiner eigenen Konstruktion, der verläßlichen M-100. Er markiert 3 m/s. Die Thermik ist jetzt über Bergen und Hügeln fast gleichstark und die Bodenhitze muß unbeschreiblich sein.

Reba hält die Stoppuhr in der Hand und tönt: „andiamo, andiamo." Ich fliege weiter und folge seinem Ruf. Wir singen und wünschen die anderen alle auf die Oliven um Todi. Diese Moral macht Sieger. 70 Minuten nach dem Abflug wenden wir über dem Tempel. 100 Kilometer sind geflogen. Reba kontrolliert den Schnitt und liefert Eistee und Feigen.

Der Flug von Todi zum Monte Maggiore wird zur Jagd auf Manzoni. Wir sind 200 m höher und gehen im Delfin über den langen Kalkrücken. Kurz vor Terni bleibt er zurück und wir können die letzten 200 Meter unbeobachtet aufkreisen. Reba äugt derweil wie ein Luchs und bestätigt „keine Fläche in Sicht". Dann stürzen wir die Bonaventura hinüber zum Piediluco-See. Reba sagt leise „Gioacchino" und ich merke, daß er die Flächenspitzen beargwöhnt. Sie verwinden sich schon um 20 Grad herab und der Grund ist offensichtlich — wir fliegen mit 260 km/h.

Der Endanflug nach Rieti aus Westen ist ideal. Wer in Terni noch 1200 m hoch ist, kann die beste Gleitbahn mathematisch genau befolgen. Hier stört kein Hang und keine hohe Pappel. Die Ebene drängt auf uns zu. Ringsum dröhnt die Luft und ich halte die Nadel Reba zuliebe genau auf 240 km/h. Langsam wird die Ebene flach und der Platz scheint noch viel zu weit weg. Der leichte Dunst vergrößert die Distanz und Reba gibt jeden Kilometer laut nach vorn.

Als wir 1000 Meter vor der Ziellinie sind, trennen uns nur noch 30 Meter vom Boden, genau so viel, wie die Starkstromleitung am Platzrand von uns fordert. Zentimeter über der Piste huschen wir an den Zeitnehmern vorbei. Kein Flugzeug auf oder über dem Platz. Ich halte das rasende Flugzeug am Boden, bis wir jenseits an den Pinien sind. Dort sitzen die Mannschaften in Sonnenstühlen und wir lassen ihre Ferngläser platzen. Der Bodeneffekt hält uns auf Höchstfahrt. Dann eine steile Kehre über dem Platzrand und ganz zurück zur Landung. Reba ist völlig durcheinander und ich höre etwas von einem Gelage heute abend.

Als wir gelandet sind, sieht man uns ungläubig an. Mit einer Stunde und 46 Minuten werden wir Erste und der Schnitt von 80,569 ist der höchste bis dahin geflogene auf Flugzeugen und Dreiecken gleich welcher Art.

Das ist Rietis Blauthermik, die einen unstillbaren Durst hervorruft. Zumindest, solange man ihn mit dem kalten Quellwasser bekämpft. Reba hält sein Wort und bald sitzen wir über Schüsseln frischer Flußkrebse und eisigem Weißwein unter den Schilfmatten von Rivodutri. Neben der Terrasse der Osteria fließt ein breites Wasser von unbeschreiblicher Klarheit. Wäre es nicht in allerhellstem Blau gefärbt, Schatten der Kalkhöhlen des nahen Monte Corno, dann würde das Auge nur die Lichtreflexe an der Oberfläche erkennen.

Der Grund des zehn Meter breiten Flusses ist weiß und besteht aus kalkigem Gesteinspuder. Unzählige Gamberi kriechen unter dem Schatten des Ufergrases im Wasser herum. Man fängt sie mit langen Bambusstangen und daran befestigten kleinen Tuchkörbchen. Wir sind zu zwölft und verfolgen, wie uns immer neue Platten heraus gefischt werden. Gegrillt, gekocht, mit Pasteten umgeben.

Als die Obstschüsseln kommen, klares Wasser durchsetzt von Eis, darin blaue Trauben, Feigen, Birnen und Pfirsiche, ist es bald Mitternacht. Doch der Boden des Tals ist warm wie ein gerade gelöschter Kamin.

*

Rieti ist der geographische Mittelpunkt des italienischen Stiefels. Auf der Piazza oben in der Altstadt liegt eine helle Travertinplatte, in der sich die Entfernungslinien kreuzen. Von hier sind es 500 km ins Tessin und zum Capo delle Colonne im tiefsten Kalabrien.

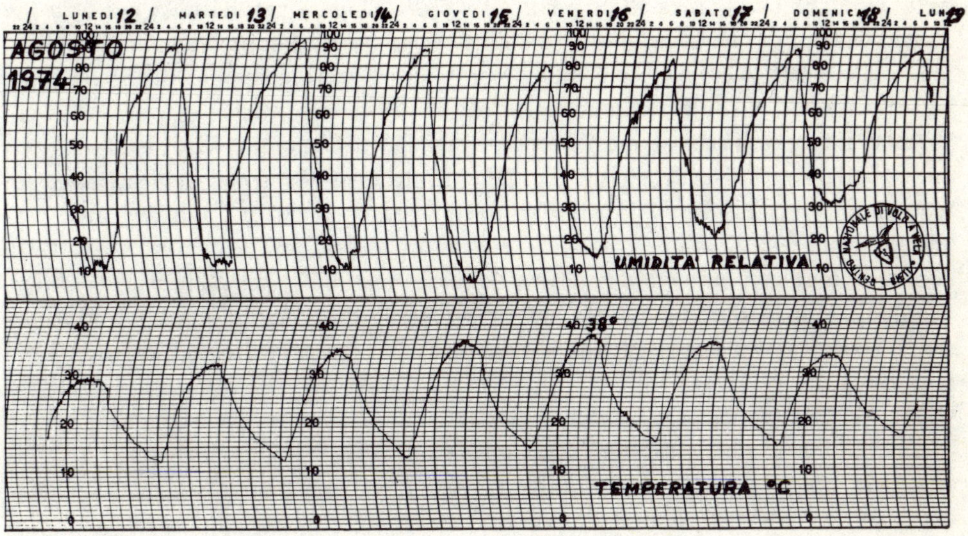

In der englischen Hütte mußte Plinios Termograph auch 1974 wieder Schwerarbeit verrichten. Hier sehen wir die faszinierende Folge von acht Hochdrucktagen im Rieti-Stil. Die Mittagstemperaturen stiegen bis 38 Grad im Schatten und am zittrigen Teil des T-Schriebs erkennt man die Thermikstunden. Der erste dieser Tage war fliegerisch der Beste. De Orleans umrundete ein 250 km-Dreieck auf ASW-15 mit 114,6 km/h, Fontana kam in seinem Nimbus 2 mit 123 auf den höchsten Schnitt der elf Wettbewerbstage. (Oben der Gegenverlauf der relativen Feuchte.)

Schon wiederholt wurde darüber gesprochen, in den Sabiner Bergen einmal Weltmeisterschaften abzuhalten. Doch mit guten Aufwinden allein ist es nicht getan.

500 Streckenkilometer – Maßstab aller Segelflieger, seit fünf Flugzeuge von der Wasserkuppe bis Brünn kamen. Das war 1935. Seit in Rieti gesegelt wird, es begann in den fünfziger Jahren, versuchen Piloten, diese Strecke auf der Inselachse in Südostrichtung zu fliegen. Fast in jedem Jahr wird während des Wettbewerbs eine Tagesaufgabe dort hinab gegeben. Wer je das Glück hatte, solch einen Flug in die Ferne zu machen, vergißt dies Erlebnis nicht.

Reba und mir ist es so ergangen. Kurz vor Ende der Meisterschaft findet Rovesti das passende Wetter. Nordwestwind, gute Labilität und dennoch keine Gewitterneigung. 1965 glaubte die Jury noch an die Möglichkeit, daß wir den Stiefelabsatz im tiefsten Apulien erreichen könnten. Walter Vergani war einmal bis in die Ebene von Lecce gekommen und Leo Brigliadori hatte seine M-100 auf den Ionischen Sandstrand bei Metaponte gesetzt. Immer wieder fehlten 60 oder 80 Kilometer an den Fünfhundert. In späteren Jahren ging man dazu über, erst einen Wendepunkt etwa 100 km im Norden zu umrunden, um dann mittags von Rieti aus die restlichen 300 km mit mehr Chancen anzugehen. Die apulische Hochebene ist thermisch oft von den stabilen Strömungen der beiden nahen Meere beeinflußt, vor der sie keine hohen Randgebirge mehr schützen. Deshalb können wir dort zwischen drei und sechs Uhr auf Direktkurs nicht mehr so schnell fliegen, um wirklich weit zu gelangen. Außerdem verkürzt dieser geknickte Kurs die Rückholstrecke um die Hälfte.

Damals, 1965, waren diese Kalküls zum Glück noch unbekannt, denn wie sonst wären Reba und ich zu einer ‚paradiesischen Nacht' gekommen?

Als die Tagesaufgabe ‚Freie Strecke in den Süden' bekannt wird, beginnt Reba mit fieberhaften Reisevorbereitungen. Tüten mit Salamibrötchen verschwinden im Stauraum. Drei Flaschen Eistee sollen mich wieder zu einem Tagessieg antreiben und uns nach einer Landung im Karst von Hochapulien ‚am Leben erhalten'. Reba übertreibt maßlos und weiß das. Darin liegt der Reiz dieser unbekümmerten Unternehmung. Wir entfalten die Karte auf einer Fläche und zeichnen unseren Schätzkurs ein. Je genauer wir der Stiefelachse folgen, desto sicherer wird die Thermik sein. Hier führt das gebirgige Rückgrat des Apennin bis vor Benevento und wir fliegen wie in den Ostalpen an den spitzen Kalkgraten der langgezogenen Massive.

Um 11 Uhr 30 überkommt die Kurvenlinie auf Rovestis Thermographen das Zittern. Die Inversion ist aufgeheizt, wir können starten. Bald hängen alle südlich der Stadt in einem großen Pulk. Was ich während des Schlepps bemerkte, wird langsam zur Gewißheit: unser Höhenruder ist halb blockiert. Immer wenn ich den Knüppel anziehe, ertönt ein hohles Pochen hinten im Leitwerk und der Ruderweg ist spürbar kürzer. Ich lege die Bonaventura in den ersten Aufwind und zentriere weich. Das Flugzeug gehorcht allen Rudern, doch mir fehlt gerade im engeren Kreis der straffe Zügel des Höhenruders.

Langsam steigen wir auf.

Die angesagten Wolken bleiben aus, dafür ist es heiß und der Höhenwind scheint stärker zu werden. Ich muß steilere Kreise einlegen, doch dabei wird das Flugzeug rasch zu schnell und wir gewinnen nichts. Tock, tock, tönt es vom Heck durch den Holzrumpf. Ich mache Reba mit dem Problem bekannt und wir halten Kriegsrat, umgeben von unseren winkenden Vareser Freunden. Er übernimmt den Knüppel und versucht, die Bonaventura im Geradeausflug zu überziehen. Dies dauert seine Zeit, doch dafür reicht das Höhenruder gerade aus. Es scheint spürbar von irgendeinem Gegenstand halb blockiert zu werden.

Reba meint trocken: „wir können doch die anderen nicht allein ans Meer ziehen lassen." Ein Argument, das nicht wegzureden ist. Wir nehmen uns vor, in Bodennähe vorsichtig zu manövrieren und fliegen aus 2600 m mit 135 Grad am Kompaß den Letzten hinterher.

Eine Kette kleiner Flugzeuge bis an den Horizont, die der Ionischen Bucht wie Brieftauben entgegenziehen. Am Strand neben den Wogen zu landen, tief im weißen Sand fremder Küsten, das beflügelt uns wie einstmals die Griechen. Der Wind schiebt uns hilfreich an die weite Ebene der Conca del Fucino, die von Ketten grauer Gebirge umstanden wird. Noch in den zwanziger Jahren war hier ein berüchtigtes Hochmoor, in dem die Malariafliege hauste. Mussolini ließ ein aufwendiges Trocknungssystem anlegen und heute trägt die weite Fläche, von schnurgeraden Kanälen durchzogen, Felder und Obstplantagen.

Wir drehen vor der aufwindlosen Ebene nach Südosten weiter in die Gebirge, da vom Mittelmeer niedrige Wolken heranrücken. Reba franzt präzis von Ort zu Ort. Jenseits der Conca wird die Landschaft drohend. Bergrücken in über 2000 m Höhe bilden einen karstigen Wall, über den wir kommen müssen. Doch die Bonaventura fliegt sich jetzt mühelos, denn die Thermik ist über den Bergen breit geworden.

Nach eineinhalb Stunden sind wir über dem Maiella-Massiv. Die höchste Kante ragt auf 2400 Meter und dahinter erkennen wir schon den Meeresdunst nahe der flachen Adriaküste. Über dem mächtigen Bergzug wird die Thermik heftig und wir steigen zur größten Tageshöhe auf 3200 m. Damit schwenken wir auf Südkurs zurück, um der nahenden Seeluft aus dem Osten auszuweichen. Die Talmulde von Isernia taucht auf. Wir queren sie zur Matesekette und hoffen zumindest auf Hangwind an der steilen Westflanke. Als sich nichts rührt, scheint eine verfrühte Landung auf uns zu warten.

Wir gehen auf Südostkurs zurück, um aus 1700 m möglichst weit ins apulische Tiefland von Foggia zu gleiten. Reba verfolgt achtsam den Lauf der Straßen und zeigt mir zwischen den Gebirgen die größeren Städte. Weit und breit ist kein anderes der 26 Flugzeuge zu entdecken und wir sind ohne jeden Anhaltspunkt über unsere Tagesposition.

300 Meter über einer Hügelkette bei Campobasso kreuzen wir nichtsahnend einen blauen 3 Meter-Bart. Reba haut mir auf die Schulter und ich reiße das Flugzeug in den Aufwind zurück. In einem Zug steigen wir wieder auf 2600 m. Jetzt blinkt die Adria über die weiße Küste und der Dunst auf Kurs verdichtet sich. Wir richten auf und gleiten mit bestem Sinken und gut 40 km/h Rückenwind weiter auf 135 Grad. Reba serviert eine Erfrischung. Wir fliegen seit drei Stunden und haben 220 km hinter uns. Taranto wird uns heute nicht mehr sehen.

Um Fünf finden wir die letzte Thermik. Ruhig und konzentriert bekomme ich die Bonaventura noch einmal 300 m höher. Wir wollen über den Hochlandrücken mitten in der Halbinsel schräg an die Adria. Doch dafür reicht die Höhe nicht mehr. Die Rücken um Monteleone wachsen um uns herauf und die einzige Chance abzugleiten, ein schmales Flußtal entlang, ist uns zu unübersichtlich.

Reba bereitet die Landung vor. Picknick und Thermosflaschen verschwinden hinter seinem Sitz. Er wird ruhig und verfolgt meine Entscheidungen. Ich lasse das Flugzeug immer noch auf Kurs. Nirgends eine größere Ortschaft. Schließlich bin ich 100 Meter über dem Hochland. Ein Stoppelfeld steigt flach vor uns an. Ich ziehe die Bremsklappen heraus und schon poltert die Kufe über die steinhart gebackene Erde.

Reba öffnet die letzte Flasche. Der Eistrunk tut wohl wie ein Bad. Wir steigen aus dem hohen Rumpf und gehen um das Flugzeug. Reba bewegt den Knüppel und ich sehe durch ein Montagefenster zur Aufhängung des Höhenruders. Ein schweres Gegengewicht steht quer. Sein Metallarm ist rechtwinklig abgeknickt. Reba schlägt sich an die Stirn. „Chiaro, wir haben ja gestern bei der Landung auf der welligen Piste von Rieti eine harte Kante erwischt." Auch ich erinnere mich an den Schlag, doch das waren wir auf dem Flugplatz gewohnt.

Wir holen die Karte heraus und suchen unseren Landepunkt. Eine gerade noch überflogene Provinzstraße hilft uns bei der Orientierung. Der nächste Ort heißt Ariano Irpino und wir stehen in 800 Meter Höhe, 241 km südöstlich von Rieti. Reba sieht dorthin, wo die Adria liegen muß und meint „20 Kilometer verschenkt." Ein Traktor kommt über den Hügel. Wir binden das schwere Flugzeug an ein Seil und ziehen es über das Feld zum nächsten Weg. Als wir abkuppeln, will der pfiffige Bauer 5000 Lire. Reba flucht gewaltig und ein junges Mädchen winkt dem Schlitzohr ab. Sie kommt auf uns zu und stellt sich graziös vor. „Mi chiama Crescenzia, wollen sie mit mir kommen?"

Wir folgen ihr über den Höhenrücken. Ein paar Gehöfte tauchen auf. Sie ist die Dorflehrerin und eine Viertelstunde später haben wir Rieti am Telefon. Unsere Strecke bringt uns auf den siebten Tagesplatz und die Mannschaft fährt ab. Reba ist zufrieden.

Dann führt uns Crescenzia zu einem Landhaus. Ein flacher, ärmlicher Bau aus kalkweißen Feldsteinmauern. Daneben einige türlose Ställe. Als wir uns aus dem runden Brunnenloch Wasser schöpfen, prescht ein Maultier auf den Hof. Herab springt ihr Vater, Signor Paradiso. Gemeinsam gehen wir nochmals zum Feld hinüber und zurren das Flugzeug an zwei Heringen fest. Unbemerkt ist der Abend da und die rasche Dämmerung bringt zugige, kalte Luft. Die Tageswärme der langen Sommerstunden spürt man nur noch dicht über dem harten, hellbraunen Feldboden. Der Nordwest singt leise durch die ausgebleichten Stoppeln und über uns setzt sich Stern an Stern.

Crescenzia bittet zum Abendessen. Wir wollen nicht stören, doch ihr Vater besteht darauf. Ein kleiner, sehniger Mann mit tiefbraunem Gesicht. Bald sitzen wir in der engen Küche und Mama Paradiso stärkt uns mit gedünsteten Tomaten und Zucchini. Dazu Mozarella, den zarten, hellen Büffelkäse, Weißbrot und einen Tonkrug mit Wein. Eine Petroleumlampe hält uns alle in einem warmen Lichtkreis. Das Gespräch kreist um das Leben in dieser abgeschiedenen Welt. Crescenzia ist es viel zu einsam. Sie hat in Neapel studiert und reist dorthin, so oft sie kann. Die Eltern sind stolz, doch wissen sie längst ihrem Leben verloren. „Lavorare la terra" sagt man in Italien zur Feldarbeit. Das ist ein sehr sinnbildlicher Ausdruck, wenn man hier den Hof und die Geräte betrachtet. Es scheint wie vor Hunderten von Jahren, der einscharige Holzpflug, die weißen Büffelrinder malerisch über das trockne Hofgras verteilt.

Wir erzählen von Mailand und dem Leben inmitten der Industrien. Für sie liegt das weit jenseits des ‚Äquators', der dies Land bei Florenz so deutlich teilt. Menschlich, politisch und wirtschaftlich. Wie kann ein Land auch einheitlich sein, das von Bozen bis Tunis reicht? Rom liegt beziehungslos in der Mitte und diesem Staat fehlt die prägende Führung.

Draußen klagt das Muli. Mama Paradiso geht hinaus und versorgt ihre Tiere. Im Nebenraum hören wir Schweine und Hühner. Wir sitzen Wand an Wand mit ihnen und überlegen nun, wohin wir uns jetzt zurückziehen können. Reba schlägt vor, im Flugzeug zu warten. Doch Familie Paradiso hat an alles gedacht. Die Ehebetten nebenan sind frisch bezogen, in einem Raum von drei auf vier Meter. Ein wuchtiger Schrank aus dunklem Holz mag die ganze Habe dieser Familie bergen. Nichts läßt sie von ihrer Idee abbringen und bald sind wir unter den Ballons der Federbetten verschwunden. Reba ist tiefgerührt und schläft augenblicklich. „Um fünf Uhr früh", verabschiedet sich der Hausherr, „kommt die Sonne über den Golf von Manfredònia herauf. Dann ist die Luft wie auf den Matesebergen. Ich werde euch wecken."

Wir schlafen traumlos und so tief, daß uns Signor Paradiso in der Dämmerung wachrütteln muß. Er tritt auf den Hof und bietet uns einen Becher Wasser an, den er am Abend in eine Fensternische stellte. Der Trank ist eiskalt geworden und schmeckt wie die Luft. Der Himmel ist wolkenlos und gewinnt von Osten her zarte Farben. In wenigen Stunden wird hier die Sonne flimmern und jedermann den Schatten suchen. Der Bauer besteigt sein Maultier und reitet vom Hof. Crescenzia kocht uns frische Eier und wir trinken Kaffee aus kleinen Schüsseln, in denen Weißbrotstücke weichen. Diese kleine Familie hat uns zart an sich gezogen und dankt uns für die Abwechslung, die wir brachten.

Um elf Uhr kommt unser Wagen. Er ist über und über mit hellem Staub bedeckt. Der Vergaser streikte hinter Neapel und unser Helfer mußte eine Werkstatt suchen. Wir fahren zum Flugzeug und laden die bleiernen Flächen auf den Hänger. Mittags können wir aufbrechen. Unsere Gastgeber treten auf den Weg und winken, bis der Staub sie verschluckt. Wir rollen in die erbarmungslose Hitze des Tieflands von Benevent, stundenlang durch enge Straßen. Die Luft über dem Teer ist heißer als im Wagen und wir überstehen diese Folter in wortlosem Dösen.

Hinter Caserta winkt das schnelle Band der Autostrada. Wir passieren die steilen

Randgebirge des Apennin und sind abends an der Peripherie Roms. Kurz vor Mitternacht halten wir auf dem stockdunklen Flugplatz. Zelte und abmontierte Flugzeuge in langen Reihen. 27 Mannschaften ruhen sich aus von den Abenteuern der Freien Strecke.

*

Der Gran Sasso steht zwischen den Wolken wie eine versteinerte Adriawoge. Wenn wir von Westen auf dem ersten Schenkel des 300 km-Dreiecks zu diesem gewaltigen Bergzug gleiten, dann steigt das Gebirge jenseits der Talrinne von Aquila stufenförmig in den Himmel. Über den Monte d'Arangno in 1500 Metern folgt das Flugzeug der Thermik zum Hochplateau des Campo Imperatore. Hier in 2000 Metern ist die Luft schon klar. Felswände steigen aus dem Kurzgras weiter auf und in 2400 m liegen die rissigen Grate des Monte Portella. Doch der Anstieg hält an und an trockenen Tagen liegt die Basis dicht unter dem Corno Grande, dem Gipfel des Gran Sasso, 2912 Meter hoch. Man ahnt die nahe Adria 40 Kilometer im Osten unter den hellen, undurchsichtigen Luftschleiern der Meere.

Der Fall dieses Gebirgswalls nach Osten ist annähernd senkrecht und wer von uns dort hinabgleitet, den holt die tote Luft der Küste unweigerlich zu Boden. Nachmittags, wenn die Seebrise einsetzt, wallt der feuchtkühle Dunst an den Wänden auf und kondensiert zu hellen Schaumkronen über den Graten. Diesseits trägt die Südwandthermik ein Stockwerk höher und so segeln wir über den Wolkenbänken im klaren Himmel der Abruzzen.

Der Wolkenflug zwischen den weit auseinander stehenden Kalkmassiven lohnt oft. Die Nullgrad-Grenze liegt im August nahe der Meere in großer Höhe und der Abstand von Turm zu Turm, getrennt von breiten Talsenken, erlaubt eine gute Bodenorientierung.

1970 war ich mit der S.H.K. in den Abruzzen. Am 12. August ging es um die letzte Tagesaufgabe: 100 km nach Norden und dann Freie Strecke mit Kursrichtung Südost. Diesmal sollten die 500 fallen. Wir starten wie immer verzögert, da die Talinversion erst nach Elf aufgeheizt ist. Zur Wende und zurück ist der Flug schnell unter Wolken. Ich fliege östlich am Platz vorbei zum Monte Nuria. Ein massiger Cumulus vor dem Terminillo gibt 700 Meter her. Das bringt mich über die eingeschattete Bergkette bis zum Monte Velino nach Südosten. Die Luft wird immer stiller. Westlich der Conca del Fucino ziehen Dunstschwaden vom Mittelmeer an die Randgebirge. Der leichte Nordwest drückt die Meeresluft quer über die Halbinsel.

Ich gleite vorsichtig und hoch an der Conca entlang. Vor mir werden die Wolken dichter und das schmale Rovetotal, mein einziger Weg weiter auf Kurs, schließt sich unter düsteren Schatten. Am Taleingang stehen zwei Congestus wie Schildwachen. Unten breit und ausladend, nach der Höhe steil und weiter quellend. Ich fliege an den Südhang des Monte Romanella, wo der letzte helle Sonnenfleck steht.

 Plinio Rovesti beim Rieti-Briefing (oben). Startaufstellung bei 30 Grad im Schatten

RIETI
NW 16 Kts
NW 10 Kts

5

Die Luft bewegt sich hier langsam aber zieht stetig zur schwärzlichen Basis. Die S.H.K. nimmt solche Bärte mit Feingefühl. Das Vario geht auf knappe 2 m/s und das reicht mir vorerst.

600 Meter höher kreise ich in 2300 m in die ersten Schwaden. Die Wolke ist breit geworden. Das Steigen nimmt langsam zu. Feine Wassertropfen schlagen gegen die Haube und die leichte Turbulenz zeigt an, daß ich am Rand des Steigkerns bin. Ich zentriere vorsichtig nach dem nervösen Fahrtmesser, bis das Vario auf 4,5 m/s verhält. Die Zeit im Dämmerlicht des Turms wird bezugslos und alle hundert Meter höher weiß ich mich dem Tagessieg näher.

10 Minuten danach wird die Böigkeit lebhaft. Hier treibt der Nordwest mit der Wolkenkappe sein Spiel. Ich richte auf und beruhige den Kompaß auf 135 Grad. In 4100 m schnellt das Flugzeug durch starkes Fallen in blendend helles Licht. Unter mir bedeckt der kilometerbreite Säulenfuß der Wolke das ganze Rovetotal. Der Fernblick zu beiden Küsten und nach vorn zeigt klar, daß mit Thermik jenseits des Parco Nazionale nicht mehr zu rechnen ist. Bleiche Dunstschleier liegen über den Tälern und kreisen die Massive ein.

Ich falte die Karte auseinander und lege das Lineal an. 3800 Meter sind abzugleiten und der Rückenwind verlängert meinen Flug. Wenn ich die Höhe ganz ausnutzen will, dann muß ich ans Mittelmeer. Die Senke von Neapel, 140 km auf Südsüdost, ist mein Ziel.

Ich lege mich im Sitz zurück, öffne das runde Fenster und lasse das ausgetrimmte Flugzeug genau hinter dem Wollfaden ziehen. Italien dreht sich unter der Rumpfnase langsam nach Norden. Behutsam führe ich den Kurs in Richtung auf die Westküste. Das Meer ist nicht zu erkennen, denn ich blicke gegen Sonne und Dunst. Dabei verfolge ich im Funk, wie die Letzten ums Obenbleiben kämpfen. Keiner kann den Wolkenwall im Süden der Conca mehr durchdringen.

Die Höhenluft ist bewegungslos und ich schließe lange die Augen. Der Höhenmesser wandert unendlich langsam über die Skalenstriche, und ich kann die Tau-

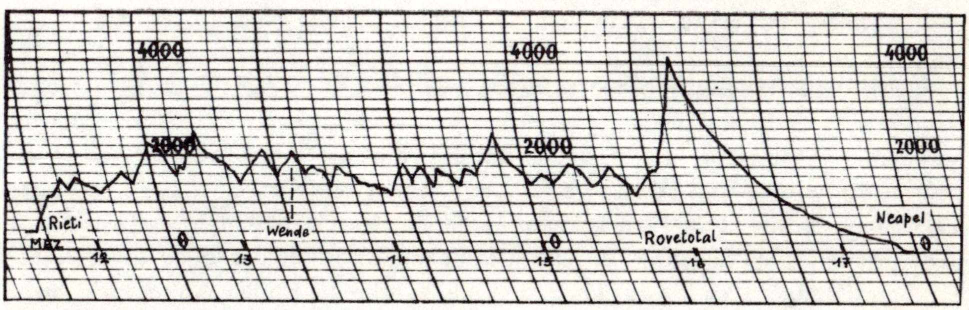

Selten einmal gelingt es, eine große Flughöhe so vollständig in Kilometer umzusetzen wie auf einem Freien Streckenflug. Dieser 390 km-Flug von Rieti am 12. August 1970 endete nach nicht weniger als 140 Gleitkilometern am Fuße des Vesuv.

Über Pacentro an der Maiella (oben). Renzo Scavino

sender dabei vergessen. Dann formt sich der breite Kegel des Vesuv aus den hellen Schleiern. Die Küstenlinie wird an den Wellenkronen erkennbar und mit einem Mal schwimmen unzählige Schiffe schräg unter der rechten Fläche.

Nach 65 Gleitminuten bin ich genau über dem Flugplatz von Neapel. Ringsum unübersehbare Gemüsefelder, getrennt von schmalen Kanälen. Ich habe noch 600 Meter und halte unverwandt auf Kurs. Erst die Höhenzüge unter dem Vesuv setzen meinem Gleitflug eine unüberwindbare Schranke.

*

Wo Wind und thermisch stille Meeresluft über die Gebirge ziehen, da stehen Wellen. Rieti wurde in den fünfziger Jahren ein bekanntes Höhenflugzentrum, das auch Professor Georgii auf Vorschlag von Plinio Rovesti besuchte. Der lange Terminillorücken, der das Talbecken in über 2000 Metern zur Adria hin abgrenzt, löst gerade bei den stabil geschichteten Nordostwinden starke Leewellen aus. Ferrari machte hier seine grundlegenden Beobachtungen über Thermische Wellen und man erflog Höhen bis nahe an 8000 Meter. Dies jedoch mit dem langsamen Canguro-Doppelsitzer.

Wir begegnen oft ganz unvermuteten Wellen am Gran Sasso, über den karstigen Buckeln Umbriens (die treffender Weise ‚Mondberge' heißen) und am Maiella-Massiv. Du gleitest guter Dinge mit wunderbarem Schnitt über ein Tal und der Himmel ist blau. Plötzlich macht das Flugzeug einen Satz und du gerätst in einen höllischen Strudel tobender Luft, direkt am nächsten Leehang. Wer nicht aufpaßt, sackt unweigerlich an den Karst, doch wen das Glück heute vorbestimmte, findet einen herrlichen Rotor, der ihn allen Finten des Feldes entzieht.

Alberto Morelli war 1962 während des Wettbewerbs von Rovesti auf Wellen hingewiesen worden. Er hatte sich die Karte genau angesehen und flog damals hoch über dem Stiefel den ersten Dreihunderter Italiens. Der Wind kam mit 15—20 Knoten aus 270 Grad. Alberto stieg am Terminillo auf 2700 Meter und traf 7 Wellen zwischen 3000 und 4000 m. Sein Kurs führte ihn auf der Eigenkonstruktion ‚Veltro' über den Monte Velino und die einsame Maiella bis nach Barletta an der südlichen Adria.

Wellenflüge wie dieser haben manchen Wettbewerb in den Abruzzen entschieden. So war es oft und so sollte es auch 1971 wieder sein. In der Offenen Klasse sah man 24 Teilnehmer am Start und um die Führung flogen Walter Neubert auf seinem Kestrel 604 und Walter Vergani mit dem ersten Nimbus II aus Kirchheim. Wir hatten schon zehn Tage gekämpft und Neubert lag knappe 32 Punkte vor dem gleichermaßen konstant fliegenden Italiener. So mußte der letzte Tag die Entscheidung bringen. Ich lag auf Platz Drei und konnte die beiden Walter nicht mehr einholen. In Rieti wird ohne Spannweitenfaktor gewertet.

Der Tag war so, wie ihn Plinio sich wünscht. Thermik und Wind. Wieder einmal zielte die Jury mit uns auf den Fünfhunderter, der immer noch nicht erreicht worden war. Heute standen die schnellsten Konstruktionen jenes Jahres am Start und als wir um 11 Uhr bei 29 Grad im Schatten startbereit waren, da glaubten die meisten an den großen Durchbruch. Die Wende lag 104 km im Norden — die Osteria del Gatto — unter den langen Bergzügen von Gualdo Tadino. Dann war der Weg zu den Meeren frei.

Der Offenen Klasse läßt man heute gern den Vortritt in der Hoffnung auf weite Flüge. Wir setzen uns sofort nach dem Ausklinken auf Kurs. Die Thermik ist großartig und steht in langen Zügen. Nach einer halben Stunde kommen flache Wolken auf. Östlich Foligno wird die Fahrt bereits schnell. Nach knapp einer Stunde ist der ORION über der Osteria. Hinter mir zieht die Offene Klasse in Scharen über die Berge und der Funk ist ständig überbesetzt. Die Luft blinkt klar wie im April, ein Symbol für den Sommer über den Abruzzen. Ich kann von der Wende den Spiegel des Trasimenosees jenseits der flimmernden Höhen von Perugia erkennen.

Walter Neubert ist dichtauf. Alf Schubert liegt 10 Kilometer hinter uns und treibt seinen Diamanten gewaltig an die Spitze. Wir fliegen fast ohne Kreis durch Ketten von Thermik, genau über den Osthängen des Topinatals. Unter uns pfeilen Schwärme weißer Flugzeuge in scheinbar rasender Fahrt auf Gegenkurs zur Osteria. Nocera Umbra rückt heran. Eine Bergstadt wie Hunderte in den Abruzzen. Ein kurzer Felsstumpf ist in diesem rauhen Land der Kleinkriege und Briganten seit vielen Jahrhunderten der sicherste Hort gewesen. Die Wasserversorgung auf solchen trokkenen Kegeln bleibt ein Rätsel. Enge, steile Stadtmauern, mit der sich die Formen des Berges bis hinauf zur Piazza fortsetzen, umschließen die gedrängten Gassen festungsgleich. Die Häuser gruppieren sich kubisch, wie auf abstrakten Städtebildern in Gelb, Weiß und Ocker. Hier lebte man schon im zwölften Jahrhundert drei- und vierstöckig, geschützt über den baumlosen Steilhängen.

Der Rückflug zum Nerinatal wird noch schneller. Walter hält mit mir die Spitze auf dieser Route. Eine andere Gruppe fliegt weiter östlich zur Sibillinischen Kette und peilt den Gran Sasso an. Wir haben mehr als 2000 km in den zurückliegenden Tagen geflogen und kennen die Gebirge im Schlaf. Was uns an Spannkraft fehlt, macht jetzt die Routine wett. Nach zwei Flugstunden sind wir erneut vor dem Terminillo. Alf und Walter gehen über den Hauptgrat, ich bin 400 m tiefer und ziehe über Cantalice nach Südosten.

Genau dort, wo ich vermutete, steht ein 5 m-Bart. Ich komme rasend schnell auf 2700 m und setze mich am Monte Nuria vor das angleitende Duo.

Der Freie Streckenflug gehört für mich zu den schönsten Aufgaben eines Wettbewerbs. Hier zählen nicht die Minuten, sondern die von Erfahrung und Inspiration geleitete, landschaftsbezogene Einteilung des Fluges von Aufwind zu Aufwind. Dies Segeln ohne abgezirkelte Kurse und wartende Zeitnehmer gleicht einem geistigen Abenteuer, einem Gedankenspiel mit den unerschöpflichen Kräften der großen Natur. Noch bleiben uns 4 Stunden zu fliegen und wer weiß, welchen Bergen und welchen Menschen wir heute bei Sonnenuntergang begegnen werden.

Zu dritt gleiten wir schnell an die Conca del Fucino. Zwölf Minuten später haben wir die Steilwände des Velino unter den Flächen. Hier steht schon immer einer der besten Bärte der ganzen Abruzzen. Walter zieht den Jumbo flach links hinauf und wir folgen in dichtem Abstand. Er scheint um den Steigkern herum zu fliegen, doch nach 4 Kreisen ist er 30 Meter über uns. Voraus trocknen die Wolken ab und jenseits der weiten Senke erkenne ich nur dünne Kondenzen.

Es folgt eine kurze Beratung im Funk. Walter und ich wollen genau über die Conca, auf Südostkurs zur Rapanella-Spitze und weiter über das Joch der nächsten Gebirgskette in den Parco Nazionale. Es bedeutet, daß wir 30 km ohne Aufwind übergleiten müssen. Alf löst sich von uns und schwebt nach Süden. Dort harren kursab hohe, flache Wolken über dem Eingang des Rovetotals. Er nimmt den Kursknick in Kauf, um höher über die Talsenke zu kommen. Der Diamant verschwimmt in der Helle des Lichts und wir sahen ihn nicht wieder.

Nach 18 Minuten sind wir wieder über Bergen. Dünne Wolkenschleier treiben bei Collelongo ins Blau. Wir kreisen ein und zentrieren auf Anhieb 3 m/s. Walter bleibt zurück. Ich frage, was sein Vario sagt. Er kann es selbst nicht verstehen. Dann ein „aha." Die Wölbklappen waren nicht herunter. Nach 3 Kreisen ist der große, weiße Segler neben mir. Die 22 Meter langen Flächen wippen leicht in der Thermik und lassen dies Flugzeug mühelos steigen. Walter liegt in der großen Glasveranda wie ein Lord. Das Glück ist mit uns.

Als wir westlich von Pescasseroli in 2400 Metern weiter ziehen, ruft Alf von Collelongo. Sein Knick brachte ihm nichts ein und jetzt liegt er fast 20 km zurück. Wir informieren ihn über die Aufwinde am Concarand und unseren derzeitigen Kurs, auf den Altieragrat zu. Der Norwest frischt auf und nah an den Graten ist es unruhig.

50 Kilometer westlich von uns steht der Dunstvorhang des Mittelmeers. Wir haben hohen Druck seit fast drei Wochen und das Wasser ist heiß und dampfig. Später erzählte Gaby, daß sie nach Frosinone die Scheibenwischer in dem schwülen Nebel brauchte. Ich hatte ihr beim Rückflug über Rieti das Signal zur Abfahrt in den Süden gegeben.

Um zwanzig vor Vier sind wir vor der weiten Mulde von Isernia. Die Atmosphäre in Kursrichtung ist eindeutig. Dort hat die Meeresluft Einzug gehalten und jenseits der Mateseberge gibt es nur ein Abgleiten der Höhe. Wir nehmen die Fahrt zurück und wissen uns am entscheidenden Punkt dieses Fluges. Für Walter geht es um den Sieg. Wir kommen aus der Höhe der letzten Wolken und gleiten langsam auf den Dunst zu.

Dann kommen leichte Aufwinde am Südabfall des Monte Casale. Zart und kaum merklich.

Walter reagiert zuerst und schwenkt den Jumbo in einen flachen Kreis. Ich gehe in eine Suchschleife nach rechts. Das Vario steht auf einem Meter, doch im Gesäß ist kein Druck zu spüren. Es ist eine leichte Welle im Lee des Parco Nazionale.

Wir gehen in den gleichen Kreis und holen uns achtsam Höhe. Das Steigen hält an. Es ist ein Glücksfall, daß wir zu zweit sind, denn diese Aufwindtupfer sind mit den Flächen kaum zu spüren.

Nach 500 Metern klingt die Welle ab. Wir richten auf und fliegen in 2500 m zur Matese hinüber. Dicht über den Kalkwänden gehen die Flugzeuge ihren Schatten nach. Doch das Licht ist längst matt und die Hänge tragen nicht. Für einen Hangaufwind ist die Strömung zu schwach. Wir sinken unausgesetzt und beraten, die Höhe über der Ebene von Caiazzo zur Küste hin abzufliegen. Felsige Bergrükken, graue Felder und kleine Häusergruppen leiten uns nach Süden. Wir sind still und hoffen, noch einmal zu steigen.

Unsere Höhe verringert sich jetzt weniger, denn die unteren Schichten tragen. Wir schaffen es, den Campo Sauro anzufliegen, einen karstigen Bergsattel über Benevent. In 700 m achte ich an der Luvkante entlang und spüre beträchtliche Turbulenz. Doch der Wind trägt nicht. Walter hingegen gleitet genau durch das Joch und ruft wenig später: „komm schnell rüber!" Ich sehe ihn jenseits der Kuppe kreisen und springe selbst durch den engen Sattel. Fallwinde drücken mich abwärts. Doch wenige hundert Meter danach ist der Rotor da. Aus dem Schatten des steilen, buschbesetzten Leehanges kommen 2—3 m/s. Ich zentriere unter Walter und wir gehen steil durch den Dunst hinauf.

Unter uns flattern die Büsche auf dem Grat, das einzige Zeichen des Wellenantriebs. In 2000 m nimmt der Aufwind ab. Doch wir sind 700 Meter versetzt worden und müssen neu zentrieren. Nach kurzem Vorflug gegen den Wind bewegt sich das Vario erneut. Wir heben uns langsam aus der trüben Schicht und ziehen schließlich in 2800 Meter lange Achten gegen den Meereswind.

Alf ruft von Isernia und sucht unsere erste Welle. Er scheint nicht mehr hoch genug, denn sie bleibt ihm unauffindbar. Es ist inzwischen Sechs geworden und die Sonne sinkt jetzt schnell hinter die dichten Schleier der Küste. Wir beraten, wohin mit dieser gewaltigen Abendhöhe. Ich falte die Karte auf und versuche, eine Gerade ans Meer zu legen. Unser Kurs muß Avellino kreuzen und an Salerno vorbei flach auf das Meer hin führen. Das bringt uns die größte Strecke. Dort winkt 100 km voraus die schmale Ebene von Agropoli. Walter ist einverstanden und wir setzen uns Fläche an Fläche. Im Funk kommen die letzten Rufe des Tages. Brigliadori hat Benevent vor sich und Vergani gleitet an der Matese vorbei in dichten Dunst. Walter teilt meine Meinung, daß die letzte Welle uns zur weitesten Tagesstrecke trägt. Ob wir die Fünfhundert überfliegen?

„Whisky-November" dringt es ganz leise durch den Äther. Wir erkennen die Stimme von Walters Frau. Sie rollt mit Gaby über die Autostrada bei Monte Cassino. Uns trennen jetzt vielleicht 100 km, doch zuviele Höhenrücken stehen zwischen den Kurzwellen.

Die Sicht nach Salerno wird bedrohlich schlecht. Die flache Sonne läßt die Küstenluft zu einer weißen Stratusdecke werden. Bodensicht haben wir hier nur noch genau nach unten und dort im Canyon von Avellino landet höchstens ein Hubschrauber. Der Vesuvkegel zieht jetzt rechts über den Dunstwolken vorbei. Ein nützlicher geometrischer Punkt für uns.

Dann setzt die Dämmerung ein. Ich rufe Walter und gebe ihm meine Besorgnis durch. Vielleicht haben wir auch an der Küste keine Bodensicht? Wir sind noch 2400 m hoch und könnten damit bei dieser tragenden Luft sicher 70 Minuten weitergleiten. Doch dann dürfte es dunkel sein.

Endlich besinne ich mich. „Walter, nimm mal die Sonnenbrille ab!" Er lacht zurück. Wir hatten sie beide vergessen und atmen auf, denn das Licht ist natürlich noch gut.

Um 18 Uhr 40 verlassen wir die Gebirgsschründe vor dem Meer. Vor uns in mattblauer Tiefe Amalfi und die weite Stadt Salerno. Das Meer ist glatt und nur die Fernsicht an den Horizont wird von dem Dunst über den heißen Wassern verhängt. Uns überkommt das starke Glücksgefühl des guten Ausgangs. Wir gehen genau über die geradlinige Küste und zählen Schiffe und Segler. Der Jumbo sinkt weniger und unser Höhenunterschied beträgt jetzt fast 300 Meter.

Dann sind wir über den Tempeln von Paestum, auf den Spuren der Griechen. Die grüne Ebene verengt sich und hinter Agropoli verstellen uns neue Bergrükken den Gleitweg. Meiner Karte nach können wir jenseits des Cap Licosa wieder einen schmalen, ebenen Küstenstreifen anfliegen. Walter gleitet voraus und ich folge vorsichtig nach. Die Sicht selbst aus 800 m wird von den hohen Klippen verstellt, die steil ins Meer abfallen. Wir kreisen und überlegen. Die 500 km-Linie liegt 15 km vor uns, doch die fliegerische Vernunft muß siegen.

Wir wenden über einer Bergenge und gleiten erleichtert zurück.

Dann entscheiden wir uns für ein frischgepflügtes Feld direkt an der Uferstraße. Ich lande und Walter folgt nach. Als ich die Kanzel öffne, nimmt mir die feuchte Hitze fast den Atem. In Minuten hängen schwere Tropfen an den Flächen, die staubig und müde sind.

Wir gehen über den Strand in die glutrote Sonne. Wie Odysseus nimmt uns das laue Meer in seine Wellen.

Das Dreieck im Rechteck

Segelflüge um ein Streckendreieck werden, wer weiß warum, sportlich am höchsten bewertet. Wahrscheinlich erschien es einstens einem längst vergessenen Gremium, daß es doch erheblich schwieriger sein müßte, um zwei anstatt um einen Wendepunkt zu fliegen. Die Vorstellung, mit dem vom Wind dahingetriebenen Segelflugzeug gleich zwei Punkte in der Weite der Ebenen zu erreichen und auf drei verschiedenen Kurslinien vorwärtskommen zu müssen, hat seinerzeit stark beeindruckt.

Wahrscheinlich vergaß man damals zu bedenken, daß ein Flieger, der zu einem 500 km-Dreieck startet (dessen kürzester Schenkel nach dem F.A.I.-Reglement 28 Prozent der Gesamtstrecke mißt), sich auf einen Entfernungsbogen von nur etwa 170 km vom Startplatz weg begeben muß. Dagegen segelt jener Pilot, der auf einen 500 km-Zielrück aus ist, immerhin 250 km von seinem Startplatz fort. Die Aussichten, auf solch einem Flug mehrere Wetter und verschiedene Luftmassen durchkreuzen zu müssen, sind also für unseren Zielrückaspiranten zweifellos größer und damit die Hindernisse, die sich ihm in den Weg stellen.

Auch der Wind kann diesen Flieger mehr benachteiligen, muß er doch mit der vorherrschenden Strömung auf zwei Kursbahnen fertig werden, während der Dreiecksflieger mit drei Schlägen um die Windrose auf jeweils kürzeren Strecken auch hier ein leichteres Fliegen hat.

In den Alpen ist das anders.

Hier hat der Dreieckspilot wirklich die höchste Wertung verdient. Natürlich sind Hochdrucklagen auch über den Gebirgen selten so ausgedehnt, daß sich darin ein 800 oder 900 km-Zielrück unterbringen ließe. Trotzdem. Mit einer Erstreckung von nahezu 800 Kilometern zwischen Semmering-Paß und Genf bietet der Alpenrücken dem Langstreckler zumindest eine faire Chance.

Bei Dreiecken dagegen stößt er an.

Zwischen Füssen und Trient ist das Gebirgsrechteck nur ganze 170 km breit.

Darin einen Kurs von mehr als 650 km unterzubringen, das verlangt schon eine recht gute Kenntnis dessen, was einem hinter den vielen Massiven, die man überqueren muß, an Wetterüberraschungen alles begegnen kann. Das Hauptproblem ist: je näher wir den Alpenrändern kommen, desto stärker steht die Gebirgsluft unter dem stabilisierenden Einfluß der angrenzenden Ebenen. Hier am Alpenrand vermißt man die über tausende von Metern reichenden Hänge. Dank ihrer großen Energieaufnahme und -abgabe kann deren Thermik die Inversionen selbst eines nicht mehr ganz taufrischen Hochs durchstoßen und damit in den Inneralpen noch immer schnelle Flugbedingungen schaffen.

Und dann segelt man auf Alpendreiecken selten einmal in der Richtung der schnellen Längsgebirge. Nein, eigentlich quert man sie unausgesetzt in den verschiedensten Kurswinkeln. Kurz, wer hier Dreiecke angeht, der muß sich die Landkarte dreimal ansehen und darf Umwege bis zu zwanzig Prozent der Strecke nicht scheuen. Er hat, ich sagte es eingangs, die höchste Wertung verdient.

Ich selbst kam spät darauf, Dreiecke zu fliegen. Verschiedentlich hatte ich größere Vorhaben von Varese, später von Lugano aus angesagt, doch die starken Unterschiede der Luftmassen dies- und jenseits des Hauptkamms sind in den westlichen Alpen meist unüberwindlich. Ein verlockender 600 km-Kurs vom Tessin zum Misurinasee nahe Cortina und dann an den Arlberg war einfach unfliegbar. Jahrelang konnte ich Siggi Kiers große Westdreiecke verfolgen und war mit all den Schwierigkeiten vertraut, die solch ein Flug mit sich bringt. Dann hatten mich der Zielrück und seine Möglichkeiten so gefesselt, daß ich erst, als die vom Wetter gesetzten Grenzen erreicht waren, wieder ans Vermessen alpenquerender Kurse ging.

Aigen im Ennstal war auch 1972 mein Startpunkt. Von hier aus hatte man bereits mehrfach 500 km-Dreiecke zum Gailtal hinunter und an die Stubaier im Westen geflogen. Ich nahm mir die Karte vor und verfolgte diese Routen. An einem Nachmittag vermaß ich mehrere neue Kurse und entdeckte, daß die geographische Lage dieses schönen Platzes jene Innsbrucks, bislang das Zentrum des Alpendreiecks, bei weitem übertraf. Jetzt fand ich auch die Erklärung dafür, warum die Steigerung der Streckenlängen über dem Alpenrechteck seit Ende der sechziger Jahre trotz neuer und schnellerer Flugzeuge bei Distanzen zwischen 570 und 600 km zum Stillstand gekommen war.

Siggi war schon seit Jahren dazu übergegangen, sich morgens in Richtung auf den nördlichen Alpenrand schleppen zu lassen. So war die Leutasch, ein hoch gelegenes Alpgebiet, bald zum eigentlichen Ausgangspunkt der Tiroler Flieger geworden. Doch nun, jenseits der 600 km, wurde auch von hier die Kurswahl immer schwieriger. Die Erklärung ist einfach. Unsere Erfahrung mit der Südluft verlangt immer wieder, den südlichen Wendepunkt zuerst zu umrunden, da die Thermik jenseits der Randketten der Dolomiten und der Karnischen Alpen nachmittags durch die aufdringende Luft aus der Poebene zu stark vermindert wird. Fliegt man von Innsbruck nach Südosten, dann liegt die zweite Wende meist im Nordosten.

Dies bedeutet, am späteren Nachmittag gegen die Sonne und bis zum Gerlos gegen ansteigendes Gelände anfliegen zu müssen.

Das kostet Zeit und oft den Flug.

Fliegt man dagegen aus dem Südosten nach Westen zum Oberengadin hin, dann setzt die Zone jenseits des Maloja der Streckenlänge eine entschiedene Grenze. Das Bergell gehört zum Einflußbereich der Südluft aus dem heißen Becken des Comer Sees, und will man jetzt in die Region der Adula ausweichen, dann müßte der erste Wendepunkt zu weit in die südlichen Dolomiten wandern. Also ein vom Gebirgsklima vereiteltes geometrisches Spiel.

Zell am See ergeht es ähnlich. Jahrelang war Alf Schubert mit seinem 535 km-Kurs um Trauchgau im bayerischen Alpenvorland und den Berninapaß scheinbar ohne die Möglichkeit einer Streckenausdehnung. Erst im Mai 1974 schaffte er es dann, mit einem 20 m-Flugzeug versehen, vom westlichen Engadin bis an den Comer See zu segeln und – wieder zurückzukommen. Der 27. Mai mit seiner nordwestlichen Höhenströmung hielt ihm die Südluft von den Flächen und so gelang der 627 km-Kurs um Nesselwang und Masino an der Adda.

Von Schänis am Walensee, dem aussichtsreichsten Schweizer Dreiecksplatz, fand Ruedi Seiler den später noch oft beflogenen Kurs zum Spitzingsee und in den Vintschgau nach Silandro. Diese 504 km-Strecke wurde bis 545 km ausgedehnt und stößt jetzt gleichfalls an die schwer überwindbare Grenze der Südluft jenseits vom Ortler. Die Möglichkeiten, die den südlichen Plätzen vom Klima geboten werden, sind schließlich äußerst bescheiden.

Zum alpinen Dreiecksflug brauchen wir frühlingsfrische Luft. Um sie in den italienischen Alpen anzutreffen, darf die Südluft noch nicht in ihrer ganzen Stärke entwickelt, die angrenzende Ebene zwischen Venedig und Turin also noch nicht sommerlich heiß sein. Ich kenne die Poebene gut und weiß, daß sie bis Ende Mai ‚verträglich' ist. Damit ist die Zeit für große Alpendreiecke auf diesen Monat beschränkt, denn die Schneelage um den Hauptkamm verlangsamt den Streckenflug bis Ende April noch zu sehr, als daß man jetzt schon einen 700 km-Kurs bewältigen könnte. Auch die Zahl der Thermikstunden (etwa sieben) ist dafür noch zu gering.

Was Wunder, daß ich 1972 schon Mitte Mai im Ennstal erschien. Ich war entschlossen, mein erstes Dreieck zu fliegen und davon so überzeugt, daß auch die Süddolomiten jetzt gut anzufliegen seien, daß ich sofort an einen 639 km-Kurs dachte, der bis dahin in den Alpen noch nicht geflogen worden war. Zu dieser Strecke gab mir der Zeitplan genügend Spielraum. Er sah den Abflug für 9 Uhr vor und leitete mich nach etwa siebenstündigem Flug um halb Fünf zum Endgleiten über Wagrein. Dies würde einem Schnitt von 83 km/h gleichkommen.

Am 22. Mai stieg der Druck nach dem Durchgang einer Störzone aus Westen. Der Morgen war hell, doch die Luft feuchtlabil und eine Höheninversion erst in der Entwicklung. Um zehn Uhr quollen vereinzelt Türme auf und bald darauf fielen

Schauer. Mittags war alles in sich zusammen gesunken und der Druck in der Höhe stieg weiter an. Ich startete um halb Eins und flog dem Wetter nach Westen entgegen. Am Gerlos bog ich südwestlich in die Zillertaler. Die Luft war klar und die Thermik stand bis über den höchsten Graten. Ein leichter Höhenwind aus Westen hielt noch an. Er entwickelte zarte Inversionswellen, die den ORION am Glockner auf 4500 m hoben.

Der Blick reichte nun weit in die Südalpen. Lange Wolkenfahnen wiesen von den Lienzer Dolomiten nach Südost und bestätigten mir, daß die Strömung auch jenseits des Hauptkamms tief und wirksam durchgriff. Der nun stattfindende Austausch der Luftmassen machte mir den Weg zum Wendepunkt an der Piave frei.

Der Rückflug über den Dachstein in großer Höhe war still und unwirklich mühelos. Ich setzte den ORION vor den Wind und trieb mit bewegungslosen Rudern dahin. Es schien wie ein Atemholen vor einem großen Schritt. Als ich um halb Sieben landete, war der Himmel abgetrocknet und die Wettermeldungen kündigten für den kommenden Tag Flugbedingungen an, die mir zum ‚Kaiserdreieck' (das war mir in Varese einmal eingefallen, wahrscheinlich, weil ich Kaiserschmarrn über alles gern esse) verhelfen mußten.

Ronald Eisenwagner versorgte mich am nächsten Morgen mit allen Wetterdaten, auf die es ankam — Gradient 0,6—0,7, Druck 1020, leichter Westsüdwest, Thermik maximal 6 m/s, Basis bei 3400 m. Wir waren der gleichen Meinung: heute konnte der Flug gelingen.

Wer wie ich an diesem Maimorgen mit solch einer Überzeugung losfliegt, der hat für den ganzen Tag mehr Energien, der fliegt unbefangener und gewinnt sogar Lust an einem gewissen Risiko, wie es der konsequente Geradeausflug immer enthält (dem Risiko einer Außenlandung, nichts Schlimmeres). Kurz, Fortuna sieht ihm wohlwollend nach.

Um 9 Uhr 06 spürt der Kestrel die ersten Böen der Morgenthermik. Ich steige von den Geröllschütten unterm Hechelstein ohne Halt aufwärts und bin schon 16 Minuten nach dem Abheben in 1700 Meter über dem Platz auf Westkurs. Der Zeitplan hängt vor mir und bestimmt den Rhythmus des Fluges. Ich kann segeln, ohne weiter als bis zur nächsten Stundenposition denken zu müssen. Das gibt mir einen freien Kopf für das Wichtigste, die Ablösekanten der Thermik.

Entlang der nördlichen Kalkwände steht sie dicht an dicht. Für kurze Zeit habe ich die Befürchtung, daß es bald wieder zu hohen Wolken kommen wird, denn die Labilität ist fast gefährlich und die Kondenzen quellen früh auf. Über der Ramsau zentriere ich den ersten 4 Meter-Bart. 20 Minuten nach dem Abflug bin ich 40 km weiter und ziehe über die Enns in die Niederen Tauern.

Wolke auf Wolke gibt mich weiter nach Südwesten. Ich gleite über die Tauernpaßhöhe und bin bald über den schon stärker aufgeaperten Südhängen des Schober. Auf die Minute liege ich am Zeitplan. Hier ist das Steigen wie die Wolken: weiträumig und deshalb nicht stark. Ich verliere etwas Zeit, den Kern mit 2—3 m/s zu finden. Um 10 Uhr 44 bin ich über dem Mölltal und fliege die Kreuzeckgruppe an.

Hier sind die Umrisse der breiten Wolken noch unscharf und die tiefsten Schwaden hängen wallend über den Gipfelgraten. Doch es steigt überall, wo etwas Sonne steht — das beste Streckenwetter für den Kestrel.

Dann bin ich über der Drau und vor dem Plöckenpaß. Die Dolomiten sehen vielversprechend aus. Überall gleißen helle Wokenkissen über den steilen Wänden. Ich hole mir an der Paßhöhe 400 Meter und gleite schnell über die Grenzkette hinweg auf die Piave zu. Die Talrinnen sind schattig und der helle Fels glitzert ganz oben unter Neuschneeanwürfen. Um 11 Uhr 25 bin ich 160 km weit und über dem Monte Peralba. Jetzt kann ich durch das Piavetal schon fast bis zum Alpenrand sehen. Der Stausee bei Pieve di Cadore flimmert grün und eisig. Der Flugweg zur ersten Wende ist offen und scheint schnell.

Um 11 Uhr 52 (15 Minuten vor dem Zeitplan) wende ich in 3100 m über Ospitale, einem winzigen Nest an den weißen Schotterbänken der reißenden Piave. Der Blick in die venezianische Ebene, nach Udine hinunter, läßt mich in den hellen Dunst der Südluft sehen, die dort wie in einem Trog weißlich und träge steht. Meine Wende liegt 5 Kilometer nördlich dieser Luftmasse und es scheint der südlichste Punkt, den ich heute sicher umrunden kann.

Vorsichtig führe ich das Flugzeug vom Alpenrand wieder ins Innere der Dolomiten. Ich quere den Stausee von Tai, dessen Grün wie eingefärbt leuchtet und nehme dann die lange Wandkette zwischen Antelao und Sorapis neben die rechte Fläche. Dicht an den senkrechten Felsstürzen wird das Steigen zu einem kilometerlangen Aufwindband. Mit einem Satz bin ich über Cortina d'Ampezzo. Im Funk höre ich Einar Kapfer, der wie ich in Aigen gestartet war. Er hat den Stausee von Pieve umrundet und schlägt sich gerade in 2000 m mit den ersten Fangarmen der heranschleichenden Südluft.

An der Tofane-Steilwand ist es 12 Uhr 13 und mein Zeitvorsprung beträgt jetzt 21 Minuten. Der gelbliche Dolomit lacht in der Mittagssonne und das Steigen unter einer kleinen, flachen Wolke ist heftig und eng. In 3400 m kann ich auf Direktkurs weitergehen und komme mit einem Gleitsatz über Corvara bis vor Brixen. Das Flugzeug liegt bei 140 km/h flach und ruhig. Es ist ein Augenblick, sich dem Hochgefühl des Gelingens hinzugeben, das den ganzen Flug begleiten wird. Ich liege entspannt unter dem großen Glasdach und betrachte die Felstürme, die unter den Flächen entlangziehen, wie einen Trenkerfilm.

Um 12 Uhr 37 gehe ich nördlich an Brixen zum Brenner hinauf. Auch in den Tälern der Eisack und der Sarntaler Berge liegt bläulicher Dunst, erste Vorboten der Südluft vom Gardasee. Ich bin hoch und entkomme ihr ohne Mühe. Um Eins habe ich die Paßhöhe vor dem Flugzeug und den Zeitplan ohne Risiko um 40 Minuten überholt. Die Luft am Hauptkamm ist unruhig. Ich gleite zum Gschnitztal ab und falle in heftige Abwinde. Doch die grauen Wände der Kerachspitze kochen und dicht an den Graten treffen mich 4 m/s hart und angenehm.

Als ich das schräge, tief verschneite Gipfelblatt überkreise, springt eine Gams aufgeregt in großen Sätzen den Abhang hinab. Mir ist so heiß wie ihr und ich öffne Fenster und Jacke.

Flugzeitplan 639 km Dreieck				Flugdaten vom 23. 5. 1972	
Start	9 Uhr			Position:	Vorsprung:
Abflug	9 Uhr 30 (10)			9 Uhr 22	(Minuten)
1. Std.	10.30	Schober	80 km	10.30	—
2. Std.	11.30	Monte Peralba	70 km	11.25	5
3. Std.	12.30 (13)	Wende-Sorapis	75 km	12.09	21
4. Std.	13.30	Brenner	80 km	12.50	40
5. Std.	14.30 (15.30)	Forchach	80 km	13.57	33
6. Std.	15.30	Zillertal	100 km	14.42	48
7. Std.	16.30	Wagrain	100 km	15.40	50
Endanflug 70 km, Landung gegen 17.10				16.14	56
Schnitt 83 km/h				93 km/h	
Spätestzeiten in ( )					

Dann gleitet das Flugzeug in 3400 m — genau wie Ronald es mir sagte — über die Stubaier zum Tschirgant, dem Bergrücken mitten im Inntal. Doch die Thermik, sonst vehement, ist hier flau. Ich hole mir 300 Meter in 1—2 m/s und entdecke unter mir die S.H.K. von Rudi Plenert. Er fliegt von Aigen auf Zielrückkurs nach Imst. Jetzt gilt es, die Lechtaler zu queren. Jenseits liegt Forchach und dort muß ich wenden.

Über den nördlichen Inntalbergen steht großflächiges Steigen. Ich gehe nach fünf Kreisen auf Nordkurs, denn die Wolken weisen bis ins bayerische Vorland. Um 13 Uhr 57 bin ich über dem Lechdorf in 2900 m und dem Zeitplan um eine halbe Stunde voraus. Echo-Golf, der Kapfer-Kestrel, meldet sich von der Zugspitze. Er fliegt genau auf den Füssener Alpsee zu und in seine sachliche Stimme mischt sich Überschwang.

Vom Wanneck bis zur Nordkette geht es ohne Kreis. Der Südwest und die Sonne bilden hier Aufwindbahnen ohne Beispiel. Innsbruck ist um 14 Uhr 27 rechts unter dem Flugzeug. Vom Hafelekar bis zum Stanser Joch brauche ich gerade zwölf Minuten und das sind 30 Kilometer. Südlich des Inn treiben die Aufwinde mich schnell auf 2900 m. Damit kann ich schräg über die Salzachgeier bis östlich des Gerlos gleiten. Im Pinzgau wiederholen Wind und Sonne ihr Spiel und der Flug wird noch schneller.

Um 15 Uhr 23 springe ich über den Zeller See an den Honigkogel. Im Aufziehen bleiben die Varios starr auf 5 m/s. Als ich in 3300 m aufrichte, ist es kurz vor halb Vier. Meinem Zeitplan nach müßte ich jetzt vor dem Zillertal sein, doch das liegt schon 80 km im Westen.

Die letzten 100 km werden zu einem Auf und Ab zwischen Kanten und Wolken. Kurz hinter Radstadt genügt mir die Höhe für einen schnellen Endanflug, der bald über 150 km/h hinausgeht. Um 16 Uhr 14 bin ich über dem Platzrand, 56 Minuten eher als geplant. Mein Schnitt beträgt 93 km/h und er beweist mir klar, daß noch bedeutend längere Dreiecke in diesem unvergleichlichen Rechteck zu fliegen sind — jetzt aber ganz aus dem Osten.

*

Wer so oft von Luftmassenwechseln und Wettergrenzen behindert wurde wie ich, der mußte schließlich darauf kommen, die über zehn Jahre hinwegreichenden Beobachtungen zu klaren Folgerungen zu Ende zu denken.

Von der Trennwirkung des Hauptkamms weiß die Meteorologie schon lange und auch der alpenweite Segelflug wurde bald zwangsläufig auf sie aufmerksam. Mir kam es darauf an, den ganz genauen Verlauf dieser erstrangigen europäischen Wetterscheide von den Savoyer Alpen bis zum Semmering-Paß, also von Berg zu Berg, selbst und präzis zu erfliegen. Meine Vareser Jahre und die vielen Flugsommer im Ennstal gaben dafür reichlich Gelegenheit. Darüber hinaus fehlte mir aber lange eine Erklärung dafür, wie es zu den vermehrten guten Streckenlagen in den Ostalpen kommen konnte, während die westlichen Zentralalpen und besonders die hohen Westalpen, über die unser Wetter meistens naht, bei weitem nicht so günstige und anhaltende Bedingungen bieten.

Erst eine verbindende Analyse vieler Flüge quer durch das Rechteck öffnete mir die Augen. Was ich, aus dem Osten ansegelnd, am Arlberg und Flüela so oft sah, das wiederholte sich mit verblüffender Vergleichbarkeit am Tonale und im Vintschgau, wenn ich von Südwesten herauf kam.

Also zog ich vom Arlberg über die Silvretta, den Reschenpaß, die Ortlerhöhen und den Tonale eine Linie und erkannte, was ich immer wieder aus der Luft gesehen hatte: genau hier verläuft die Trennlinie zwischen dem West- und dem Ostalpenwetter. Dies besonders, wenn südwestliche Strömungen des abbauenden Hochs zu einer störenden Labilisierung in den Westalpen führen. Jetzt hatte der weite Raum jenseits dieser Grenzlinie sein ‚Ostalpenhoch', das unter dem Einfluß kontinentaler Klimata der weiten innereuropäischen Ebenen oft noch mehrere Tage für gutes Streckenwetter sorgt.

Hauptkamm und Klimagrenze teilten jetzt für mich das schmale Alpenrechteck in vier unterschiedliche Wetterfelder und halfen mir, meine Streckenplanung noch mehr den wahrscheinlichen Aufwindgegebenheiten anzupassen.

Nach dem Aigener Dreieck ging ich einen Schritt weiter.

Dieser Flug, der meine Erwartungen weit übertroffen hatte, brachte mich auf den Weg, jene Zone umreißen zu können, die uns Langstrecklern der Alpen maximale Kurse erlaubt. Innerhalb seiner Grenzen würden wir, weitgehend vor klimatischen Hemmnissen geschützt, bis an die Grenzen der Kurse kommen zu denen uns die Sonne während eines ganzen Sommertages vorwärts zu tragen vermag.

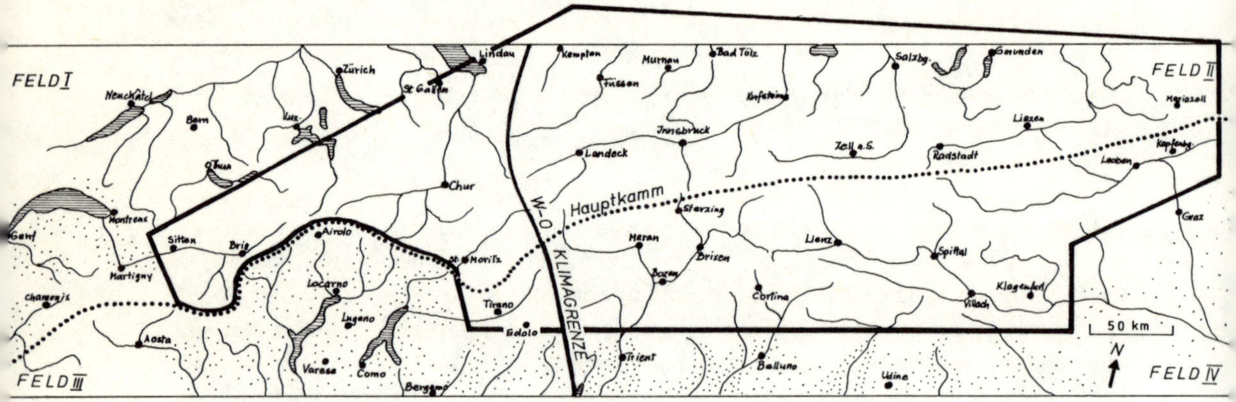

Der Hauptkamm und die WO-Klimagrenze teilen mir das Alpenrechteck in vier unterschiedliche Wetterfelder. Die ‚Rekordzone' umschließt innerhalb seiner etwa T-förmigen Begrenzung die segelfliegerisch besten Gebirgsregionen. Hierin haben Dreiecke (F.A.I.) über 900 km und Zielrückflüge bis 1200 km Platz. Die aussichtsreichsten Startplätze liegen ganz im Osten um den Hauptkamm gruppiert. Die punktierten Zonen sind mehr oder weniger stark südluftbeeinflußt.

Diese ‚Rekordzone' ist ein merkwürdig geformtes Gebilde. Nördlich des Hauptkamms wird sie östlich vom Semmering und weit im Westen von Sitten im Wallis begrenzt. Sie reicht von den Zentralketten bis zum Alpenvorland, das, wie mir mehrere Flüge bewiesen, (zumal im frühen Sommer, wenn Dreiecke dies erfordern), ohne größere Zeitverluste angeflogen werden kann. Ihre Länge im Norden beträgt also 650 km.

Jenseits des Hauptkamms ist ihre Ausdehnung wesentlich geringer, denn hier greift die Südluft an vielen Stellen bis weit in die höheren Gebirge. Deshalb kann nur ein ganz schmaler Bereich des Wetterfeldes III, die Region zwischen Tonalepaß und etwa Sondrio, dieser Rekordzone zugerechnet werden. Dagegen sind weite Teile des Feldes IV in ihr enthalten. Hier jedoch verläuft ihre südlichste Grenze auf der Höhe von Gemona-Belluno-Trento, während sie im Osten an den breiten Alprücken nahe Klagenfurt und Graz endet. Ihre Länge im Süden beträgt also nur etwa 370 km.

Der Schlüssel zu weiten Streckenflügen in dieser Zone ist der Start ganz im Osten, das heißt auf einem der Flugplätze nahe am östlichen Alpenrand: Mariazell,

Turnau, Kapfenberg, Timmersdorf und Wiener Neustadt, um einige zu nennen. Geht man von hier auf Zielrück- oder Dreiecksflüge, dann hat man — taktisch und flugtechnisch von entscheidender Bedeutung — nachmittags die Sonne im Rükken und stetig niedriger werdendes Alpgelände vor sich. Dies ist die Vorbedingung für Rekordstrecken.

Das erste Mal hörte ich von Turnau in Varese. Es war, als Harro Wödl 1968 zu uns kam, um für die Weltmeisterschaft zu trainieren. Er ging mit mir die Alpenkarte nach neuen Startplätzen und wichtigen Außenlandeplätzen durch. Die östliche Steiermark lag damals für meine Tessiner Vorhaben außerhalb der Routen, doch ich erinnere noch Harros Worte, als er auf den Hochschwab wies: „da oben liegt ein fabelhafter Platz, da geht's ganz früh los."

Das fiel mir jetzt wieder ein, als meine Entscheidung fest stand, den Ausgangspunkt der künftigen Flüge so weit wie möglich an den Ostrand des Rechtecks zu verlegen. Also schrieb ich im Winter 1972 an Hannes Vasold, den Leiter des Flugsportvereins der Pengg-Werke, der diesen Platz in langen Jahren aufgebaut hatte. Die Antwort kam nach wenigen Tagen und zeigte mir, daß man an weiteren Strekken großes Interesse hatte. Ein Schlepp-Pilot sei vom Mai bis in den späten Sommer ständig da und sogar ein Hangarplatz wäre noch frei.

Was mir die Karte nun zeigte, das überraschte selbst mich. Ich entdeckte Kursmöglichkeiten für Dreiecke und Zielrücks wie noch bei keinem anderen Platz. Auf Anhieb fand ich ein Dreieck, das jenes des Vorjahres um 116 km übertraf und Hans-Werner Grosses 711 km-Rekordkurs aus dem Jahre 1970, um 44 km verlängerte. Ich ging an den Flugzeitplan. Immer wichtiger wurde jetzt ein wirklich früher Start und ein Abflug nicht nach Neun. Ich ging die Strecke von Abschnitt zu Abschnitt durch und kam bei erfliegbaren Stundenschnitten zwischen 70 und 115 km/h zu einer Flugzeit von 8 Stunden und 40 Minuten. Dies würde einen Gesamtschnitt von 87 km/h ergeben. Die Gedanken an dies verlockende Vorhaben beschäftigten mich über den Winter.

Bis zum Mai waren es viele Abende, die Gelegenheit gaben, mir die Kursmerkmale von Turnau bis zum Wendepunkt Carnia am Tagliamentofluß einzuprägen. Dieser erste Schenkel, der 213,5 km mißt, führte bis in die nach Süden weit geöffneten Karnischen Alpen. Es galt, sich morgens an der Mur über die langgestreckten, hohen Alpzüge zu setzen, die für die Südsteiermark und Kärnten so charakteristisch sind. Sie boten mir eine gerade Gleitlinie von Kapfenberg bis ans Nockgebiet und dies wiederum führte mich über den Millstätter See genau auf Kurs ans obere Gailtal.

Die Technik der Umrundung von Carnia ging ich immer wieder mit der Karte durch. Ich rechnete mit Blauthermik zur frühen Stunde meines Eintreffens und machte mir eine Übersicht, die für alle dem Wendepunkt nahen Massive das Höhenminimum und die Gleitstrecke zu sicheren Aufwindpunkten zeigte. Carnia liegt 25 Kilometer südlich der hohen Karnischen Grenzkette und allein hier konnte ich der Thermik wirklich sicher sein. Dieser Vorstoß an den Alpenrand mußte fliegerische Maßarbeit werden, denn die 755 km-Strecke duldete keinen Zeitverlust.

Von Carnia führte der Kurs südlich am Plöckenpaß vorüber und setzte sich danach über die Sextener Dolomiten auf Toblach zu. Dort sprang er an die Defereggger und hielt in gerader Linie über die Hohen Zillertaler und Innsbruck. Dann kreuzte er Garmisch und endete bei den geschwungenen Höhen des Ammergebirges über Schloß Linderhof. Ich müßte hinter Toblach einen Schwenk nach Westen einlegen, da der Brenner schneller zu queren ist als die steilen, schneetragenden Zillertaler.

Anfang Mai holte ich den ORION aus Saulgau, wo Eugen Hänle ihn alljährlich kontrolliert. Dann begann die Fahrt in die Alpen. Ich verließ das Ennstal und fuhr über den flachen Schoberpaß. Er wird heute von einer Schnellstraße ohne spürbaren Anstieg genommen und bleibt doch ein Teil der Hauptkamm-Mauer, die hier von den Rottenmanner Tauern, vom Pösenstein, in die steilen Eisenerzer hinüber führt. Bald erkannte ich auf den ersten Flügen, wie ausgeprägt selbst über den die 2000 Meter kaum übersteigenden Massiven dieser Region ihre Trennwirkung und damit die Verschiedenheit der Luft dies- und jenseits ist.

Als ich Leoben erreichte, kam mir der Eindruck in Erinnerung, den die Ostalpen um Enns und Mur auf mich gemacht hatten, als ich während meines ersten Traversfluges aus den steilen, engen Westalpen hier herüber gesegelt war. Damals schienen mir diese bis zu den Graten bewiesten Rücken, deren Hänge in dichten Fichtenwaldungen ausschwingen, wie bescheidene Mittelgebirge. Später erkannte ich, daß diese Höhenzüge, eben weil sie nicht steil und dazu dicht von Moos und Gras bedeckt sind, thermisch alle anderen Bergformen bei weitem übertreffen. Hier steht die Sonne wirklich im rechten Winkel auf den Hängen und die von den ersten Morgenstunden an auf sie eingestrahlten Energien werden von den schwach feuchten, waldigen Flanken wie Sonnenbatterien gesammelt. Was diese Speicherfähigkeit für mein Vorhaben bedeutet, das wurde mir schon zwei Tage später gezeigt.

Ich durchfuhr das alte Städtchen Kapfenberg, dessen Gassen den langen Hänger gerade noch passieren ließen, und bog von der großen Talstraße in eine Waldsenke ein. Immer dichter drängten sich die Berghänge an ein schmales Wildwasser. Nach endlosen Kurven war ich in Thörl, einer nur fünfzig Meter breiten Steilschlucht, dem Schlupf ins helle Hochtal von Aflenz. Steierische Eisenwerker sind hier seit dem frühen Mittelalter ansässig, und die in Thörl einstens gegossenen Feldschlangen waren den Habsburgern vertrauliche Beziehungen zu diesen Zünften wert. Heute wird deren Tradition von den Pengg-Werken weitergetragen. Es ist der Förderung dieser Familie zu verdanken, daß der Segelflug in den Auen unter dem Hochschwab über einen Flugplatz verfügt, der nichts weniger als der Schlüssel zur ‚Rekordzone' ist.

Waldberge bis 1900 Meter Höhe steigen in weichen Schwüngen aus den Wiesen des Hochtals. Nach allen Himmelsrichtungen schützen sie den 800 Meter hohen

Grund vor unerwünschten Luftmassen und den störenden Inversionen des nahen Mürz- und Murtals. Der schmale Wiesenflugplatz liegt dicht unter den Hängen. Es ist erstaunlich, was die Begeisterung eines kleinen Flugsportvereins hier geleistet hat. Drei Hangars reihen sich an einen regelrechten Tower, aus dessen gläsernem Dachgeschoß man weit in alle Ecken des Tals sieht. Der Platz liegt auf der Lanzen, einer hohen Geröllzunge der vom nahen Hauptkamm herab reichenden Schuttmoräne, 100 Meter über dem langen Talgrund. Das läßt jeden Gewitterregen in Minuten verrinnen und gibt dem Flugplatz selbst die Möglichkeit, Thermik zu entwickeln.

Als ich ankam, ging eine mehrtägige Störung langsam zu Ende, wie sie so oft um die Monatswende vom April zum Mai zu beobachten ist. Ich traf Gastflieger aus Hessen, denen der Regen einen nassen Strich durch ihr Urlaubsende gemacht hatte. Von Hans Engeler erfuhr ich, was die Lanzen ihnen fliegerisch zu bieten schien und wie gastlich die Turnauer sie aufgenommen hatten. Ich bedauerte es, sie fahren zu sehen, denn mir war klar, daß nun ein paar gute Streckentage nahten. Seit Jahren nämlich konnte ich beobachten, daß der Mai viel hergibt, wenn die letzten Februarwochen und auch der März zu warm und trocken waren. Ich kam soweit, zu folgern, daß die Zeit von Juni bis Juli bei einem zu schönen Vorfrühling im wahrsten Sinne des Wortes ‚baden' geht. Das ist drei Mal hintereinander der Fall gewesen — 1972, 73 und 74. In allen drei Jahren gab es jetzt für Strecken über 700 km keine Chance. Doch dreimal sorgte der Mai für einen gerechten Ausgleich, den wenige rechtzeitig erkannten.

Am 10. 5. kündigt der erste helle Morgen gute Flugbedingungen an. Der ORION steht erwartungsvoll auf der Startlinie. Um 9 Uhr 15 beginnt der Trainingsflug. Ich habe mein Tonbandgerät mit, um alle Beobachtungen fest zu halten. (Wenn ich heute diese Aufnahme abhöre, dann ergreift mich wieder die Begeisterung jenes Maitages, der alle meine Streckenpläne möglich erscheinen ließ.) Die Thermik über den Waldbergen ist stark und breit. Ich setze mich rasch im Süden der Mur über die langen Alprücken, und der Kestrel ist so schnell wie je unter der Wolkenstraße der Gleinalpe. Um 11 Uhr springe ich vom Amerinkogel über das Klippitzthörl nach Kärnten. In 2700 m Höhe ziehe ich über den Dom von Gurk in die Nockberge, an die Turracher Höhe.

Ich segle das erste Mal in diesem Gebiet des Rechtecks und lasse die Karte nicht aus der Hand. Dabei präge ich mir die Kursmerkmale — Seen, Tallinien und Gipfelkonturen — für den Dreiecksflug ein. Um Zwölf habe ich den Millstätter See hinter mir. Die Thermik ist stark und steht regelmäßig verteilt. Auch nach Westen, zum Weißensee und selbst über den Karnischen Bergen, sieht es verlockend aus. Ich gehe das Gailtal an und quere über Hermagor nach Süden.

Lichter Dunst im Tagliamentotal, doch hohe Wolken über den südlichen Kalkrücken. Ohne Bedenken fliege ich Carnia an. Um 13 Uhr 10 habe ich die breiten Schotterbänke des Flusses unter den Flächen. Ein kleiner Bahnhof markiert die

An der Sorapis vor Cortina

Wende deutlich. Die Thermik ist jetzt um ein Drittel schwächer, doch 1—2 m/s reichen aus, um dem Kurs weiter nach Nordwesten zu folgen.

20 Minuten später halte ich am Plöckenpaß vorbei. In 3100 m ist der Flug ein Spaziergang. Ich erkenne, wie der leichte Nordwest, der meinen Flug seit Turnau begleitet, auch hier frische Luft bis über die Adriasenken schiebt. Das hält die Südluft von den nahen Dolomiten fern. Um Zwei gehe ich aus den Sextenern an den Lesachsattel. Dünne Cirren kommen von Brixen her heran. Die Sonne im Drautal wird blaß. Ich drehe ab und fliege nördlich der Gail über den geraden, schnellen Zug zum Weißensee. Vom Goldeck geht es in einem Satz zu den Nockbergen und dann aus 2900 m von der schneehellen Prankerhöhe über die Mur zurück an die Seckauer Alpen. Deutlich ist von hier aus die kältere Luft im Norden der Steiermark zu erkennen. Der Höhenwind drückt flache, weißgraue Wolken an die Grate der Niederen Tauern. Es ist der Hauptkamm, der mich heute segeln läßt. Vor Timmersdorf bin ich in Endgleithöhe und ziehe über das Gösseck ins Aflenzer Tal.

Dieser Flug läßt meine letzten Zweifel am Gelingen der großen Strecke schwinden. Am Abend lerne ich die Flieger aus Thörl und Bruck beim ‚Lanzenfranz' kennen, wo sich alles trifft, was am Hochschwab segelt. Ich berichte von meinem Erkundungsflug und höre, was sie sich in vielen Jahren hier erflogen haben. Ob sie den Frühstart schon ausnutzten? Sie sind sich dessen nicht sicher. Bald werden wir mehr wissen.

Am 12. Mai scheint die Wetterlage für mein Vorhaben richtig. Ich starte um 8 Uhr 20 und treffe sofort auf 2—3 m/s über den Hängen südlich der Lanzen. Um halb Neun verlasse ich das Hochtal und fliege so schnell wie zwei Tage zuvor an die Drau. Doch der Ausblick vom Millstätter See nach Westen ist eindeutig. Vor mir liegen flache, wäßrige Wolkenschwaden gut 700 Meter niedriger an den Berghängen und das Gailtal ist von tiefen Dunstbahnen verdeckt. Ich habe die Druckgrenze schon nach 150 km erreicht. Sie zwingt mich, nach Osten abzudrehen und ich fliege in die gute Thermik der Nockberge zurück. Dann setze ich zu den Niederen Tauern nach Norden und gehe am Sölkpaß über den Hauptkamm. Vor St. Johann an der Salzach fallen Schneeschleier aus den prallen Wolken. Doch an ihrer begrenzten Höhe wird deutlich, daß der Druck oben ansteigt und das läßt mich mit einer Hoffnung wieder nach Osten. Ich lande um kurz nach Fünf ohne zu wissen, daß dieser 12. Mai Südwestdeutschland das beste Dreieckswetter gebracht hat, in dem Klaus Holighaus von Kirchheim an der Teck je gesegelt war. Er unterschätzte es am Morgen nicht und flog mit 820 km eine neue Bestleistung in dieser Disziplin über Schwaben, Hessen und Bayern.

Am nächsten Tage, schon ganz in der Frühe, ziehen flache Wolken im Lee des Hochschwab auf. Ich habe gelernt, daß dies zeitige Auftreten schmaler Kondenzbänder, oft schon bald nach Tagesanbruch, mit großer Wahrscheinlichkeit zu besonders guten Streckenlagen führt, obwohl jetzt Wind mit im Spiel ist. Das Wesentliche ist, daß der Druck in der Höhe steigt. Meistens geht die Intensität der noch während der Startzeit störenden Strömung bald zurück und der ganze Tag bringt bis nach Sechs immer bessere Thermik. Diese Abnahme der Windgeschwindigkeit nahe der Gipfel dürfte auf die bremsende Wirkung der thermischen Ströme über den Gebirgen zurückzuführen sein.

Der stete Nordwest deutet mir auf der Lanzen an, daß ich bis zum südlichen Alpenrand mit verläßlicher Luft rechnen kann. Schon kurz nach Acht zieht der bis ins Tal spürbare Wind auch südlich des Platzes die ersten Wolkenscheiben in die Höhe. Die Wettermeldungen von Wien bis Bregenz sind vielversprechend. Während wir die Flugzeuge zum Start rollen, ruft sie uns der Platzlautsprecher quer über die Wiese. Es fehlt an nichts.

Der Flug vom 10. Mai hatte mir auch gezeigt, daß ich auf dem ersten Schenkel dank der höheren Lufttemperaturen der Südalpenregionen dann schon mit guter Thermik abfliegen konnte, während die kühleren Luftmassen nördlich des Hauptkamms erst von der Einstrahlung labilisiert werden mußten. Und die Kraft der Sonne wird von einer kühlen Strömung wie jener heute im Norden zusätzlich abgeschwächt. Ich hatte Zeitunterschiede von einer Dreiviertelstunde festgestellt — während ich in klarer Atmosphäre segelte, in der weiße Wolken standen, lag über den Rottenmanner Tauern noch eine grauweiße Inversionsschicht.

Turnau bot also den weiteren Vorteil, in der thermisch früher erwachenden Luft südlich der Hochschwabmauer eher abfliegen zu können und schon dann ganz im Süden die Wende zu erreichen, während die Südluft dort erst erwacht. Ich mußte, um ihr zuvorzukommen, das Dreieck im Uhrzeigersinn umrunden und dies wiederum brachte einen letzten Vorteil mit sich: ich flog den dritten, den längsten Schenkel mit der Sonne im Rücken.

Wer sich fliegerischen Utopien hingibt, die ihm irgendwann zu meßbaren Strekken geraten, der muß in der von Vorbereitungen gedrängten Zeit bis zum Abflug ins Ungewisse so vollständig von seiner Idee durchdrungen sein, daß ihm — bevor das Kabinendach herunter geht — ein paar Witzworte, der Morgenruf des Kuckucks wichtiger sind als alles sonst. Nur so gelingt es, den Flug mit der Ruhe eines Bierfahrers anzugehen, und das ist der halbe Erfolg. Ich steige langsam in das Gurtzeug des Fallschirms, drücke die Beine unter dem Instrumentenpilz in die Rumpfnase, lange mir ein Pfefferminz und schwenke den Knüppel nach dem Takt des Barographen.

Franzl Lackner sitzt in der Morane und sieht zu mir herüber. Sobald ich ihm zuwinken werde, nickt er, zieht das Kabinendach vor und rollt heran.

Was wären wir ohne die Schleppiloten? Die sich morgens in die tosende Maschine setzen, um einen nach dem anderen von uns ins Blau hinauf zu bringen?

Sie ziehen uns dicht an den Fichten entlang, um die Schleppzeit (die so teuer geworden ist) zu verkürzen. Wenn das Seil in den Hangböen der ersten Thermik zu schlingern beginnt, schlucken sie durch, denn viele von ihnen säßen jetzt lieber im Segler, als wieder einmal Vereinsdienst zu machen. Sind wir jetzt achtlos oder schlecht in Form und fliegen nicht sauber hinterher, dann sind vor allem sie in Gefahr. Nach dem Klink stürzen sie über die Fläche ins Tal, damit der Nächste nicht unruhig wird. Wer das zwanzig, dreißig Mal am Tage macht, immer tausend Meter hinauf mit einem schweren Pendel am Leitwerk und dann in zwei Minuten wieder hinab auf den Platz, der hat etwas geleistet. Die Kabine glüht in der Mittagssonne, denn die Lüftung ist miserabel. Jetzt fliegt Franzl nur noch in kurzen Hosen. Wenn die Ersten am späten Nachmittag landen und quer über den Platz weg erzählen, dann zieht er Anfänger an den Hang. Wie oft hingen meine Flüge von den genauen Schlepps dieser Helfer ab, die bescheiden im Hintergrund bleiben. Ich konnte ihnen den Rumpf dorthin zerren, wohin ich sie haben wollte oder ich sagte im Funk: „geh mal ganz kurz nach links."

Ich habe keinen von ihnen vergessen.

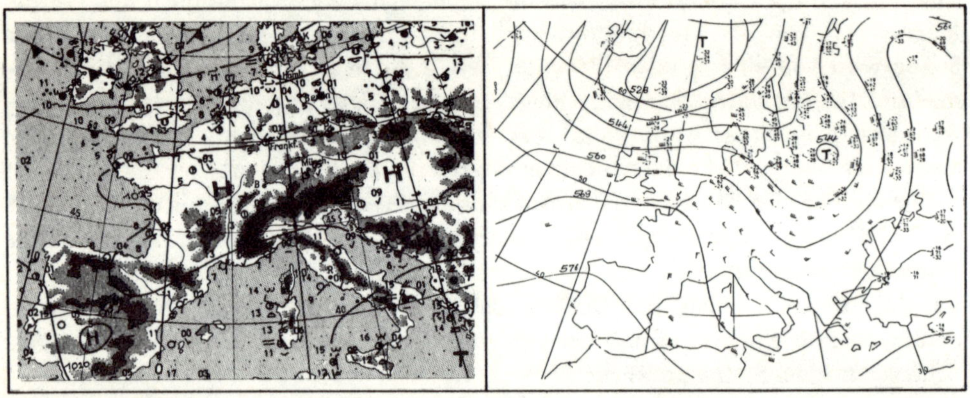

Der 12. Mai 1973 hatte West- und Süddeutschland ein sagenhaftes Dreieckswetter gebracht (eine antizyklonale Westlage) und Klaus Holighaus verbesserte die Weitenmarke auf 820 km. Am 13. Mai hatte sich die Hochdruckzone noch verstärkt und verlagert. Sie reichte jetzt über die Ostalpen bis Rumänien. Links das Bodenwetter um 7 Uhr morgens, rechts die Druckverteilung auf der 500 mb-Fläche um ein Uhr nachts. Der leichte, trockene NNW sicherte mir gute Thermik bis an den südlichen Alpenrand.

Um 8 Uhr 30 ist es so weit.

Die vom Wind verflachten Wolken sehen so aus, als markierten sie ausfliegbares Steigen. Ich starte und spüre schon in 300 Meter lebendige Luft. Am Südhang hebt es die Morane gewaltig hinauf und ich muß den ballastschweren Kestrel sofort nachziehen, um nicht hoffnungslos unten zu bleiben. Wir drehen ein und steigen mit 5—6 m/s. In 800 Metern werfe ich das Seil ab „Vielen Dank, Franzl." Wortlos verschwindet das kleine Flugzeug in einer steilen Fallspirale. Dann ist das Steigen plötzlich wie weggeblasen. Ich suche in Schleifen windauf. Vor den Wolkenschleiern stehen 3 m/s — endlich.

17 Minuten nach dem Abheben richte ich aus 1450 Meter über der Lanzen auf Kurs Südwest. Mein Zeitplan sieht den Abflug für 9 Uhr 10 vor und ich bin ihm

20 Minuten voraus. Der Blick gen Kärnten ist elektrisierend. Flache, hellgraue Wolkenreihen markieren die Züge der Alpreliefs bis an den Horizont der Nockberge.

Ich quere das Murtal mit 150 km/h und fange mir dicht über der Hochalpe sofort wieder 2,5 m/s. Jetzt noch 500 Meter dazu und damit zur Schnellstraße der Gleinalpe. Der ORION fliegt leicht wie eine Feder. Dies mitfühlende Flugzeug, das sein Element ohne Rauschen und Pfeifen, geräuschlos wie eine Eule nimmt, reagiert auf die gute Stimmung seines Piloten mit vollkommener Schwerelosigkeit. Der erste Bart 25 Kilometer vom Platz gibt mir sofort Vertrauen zur Labilität auf Kurs. Ich kreise steil und weiß noch nicht, daß ich es heute einundvierzig mal tun werde, um zwanzigtausend und fünfzig Höhenmeter kurbelnd aufzunehmen. Es war kaum ein Bart, der mir an diesem Tag nicht geholfen hat.

Über dem Gleinalpenzug stehen um zwanzig nach Neun 2—3 Meter, ja selbst Spitzen von 4, zwischen den runden Gipfelkanten und dem Wolkenband. Ich fliege jetzt 160 km/h dicht unter der Basis in 2400 m und steige noch immer. Die Luft im Norden ist diesig und eine deutlich erkennbare Inversionsschicht liegt auf den Niederen Tauern wie ein Deckel. Nach Süden ist die Fernsicht klar. Lediglich in den südsteirischen Senken jenseits Graz hängt flacher Dunst.

Am Amerinkogel wird das Steigen breit und schwach. Ich hole mir 100 m und ziehe über den Obdacher Sattel zur Preßner Alm an die Seetaler. Der Talsprung fordert 300 Meter und ich komme knapp drüben an. Doch die Luft ist von unten bewegt und trägt überall.

Genau eine Stunde nach dem Abflug habe ich Friesach in Kärnten überflogen. 100 km sind zurückgelegt und mein Zeitvorsprung ist auf 32 Minuten angestiegen. Meine zwei Trainingsflüge haben mich mit diesen Bergen so vertraut gemacht, daß ich ohne Karte fliegen kann und das hebt den Schnitt weiter an. Links wandert das Klagenfurter Becken vorbei. Die Atmosphäre über der Kärntner Seenplatte ist diesig und die nächsten Wolken sind fern über den Karawanken.

Ich halte auf die Flattnitzer Höhe zu und gehe nicht unter 140. Die leichten Leefelder im Süden der Nockberge saugen die Thermik in einer Kette von den Sonnenhängen ab. Ich hole mir 300 m kurbelnd, die mich bis zum Millstätter See tragen. Heute ist der Blick zum Gailtal gut, doch die Luft fast wolkenlos. Ich nehme die Fahrt zurück und gleite mit 120 km/h an den Wiederschwing überm Weißensee. Hier ist die Thermik noch mäßig, 1—2 m/s, doch großflächig. Dies läßt erwarten, daß bald noch 2 Meter dazukommen.

Am Spitzegel muß ich ganz hinauf, denn gleich erreiche ich die Karnische Grenzkette auf der Schattenseite. Aus 2300 m setze ich zum Sprung über die Gail an. Vor mir liegt jetzt der massige Rücken des Gartnerkofels mit einigen lichten Kondenzen in großer Höhe. Wenn ich dort oben bin, kann ich Carnia angleiten.

Minuten später drehe ich über den flachen Schneehängen des Gipfels in 2—3 m/s ein. Es ist 10 Uhr 50. Ich fliege zwei Stunden und bin 190 km südwestlich von Turnau. Das Steigen kommt und geht. Ich bin hoch genug und gehe auf die

Südflanke des Turms. Unvermittelt springt der Kestrel an den Felsen hinauf. Das Steigen ist heftig und verhält bei 4 m/s.

Aus 2700 m liegt gleich darauf das weite italienische Flachland vor der Kabine. Es ist dunstbedeckt bis diesseits Udine und Spilimbergo. Doch die schroffen Kalkrücken um Carnia stehen in leidlich heller Luft. Ich gehe ohne Zögern auf Südkurs und fliege gegen den Monte Sernio zu, der jetzt meinen Vorstoß absichern muß. Doch meine Ausgangshöhe ist phantastisch und die Luft im Süden still und tragend.

Genau zehn Minuten nach Elf wende ich am Tagliamentoknick, mit 40 Minuten Vorsprung. Das bedeutet einen Schnitt von 92 km/h auf den ersten 213,5 Kilometern. Dann gleitet das Flugzeug genau nach Norden zurück. Jetzt kommt es darauf an, sofort wieder Aufwind zu finden. Die grauen Kalkschründe unter dem Sernio winken. Elfhundert Meter über den Geröllrinnen des Bergfußes kommt schwaches Steigen. Ich gehe in den Rechtskreis und folge der Varionadel. Ein Meter genau. Dabei bleibt es für 200 Höhenmeter. Dann bin ich über dem Hauptgipfel und sofort schnellt die Nadel einen Meter weiter. In 2500 m wechsle ich die Position nach Nordwesten in noch höheres Gelände und kreise gleich darauf am Monte Tersadia in 3 m/s auf 2700 m zurück. Die Umrundung ist ohne Zeitverlust gelungen. Die Erleichterung macht sich Luft im Lied vom Lieben Augustin, den ich schon immer heranzitierte, wenn irgendwo am Bergfuß noch Aufwind auf mich wartete.

In dieser Höhe kann ich jeden Kurs fliegen. Was liegt näher, als sich über den blauen Strich auf der Karte zu setzen. Ich nehme mir die südlich steil abfallende Bergkette zwischen dem Monte Crostis und dem Peralba vor. Feine Wolkenbänder stehen hier in großer Höhe und markieren für den Aufmerksamen die schnellste Flugbahn. Im weichen Delfin geht es fast 30 km auf das Drautal zu. Von Südwesten rücken die Dolomiten heran. Die Luft ist hell und signalisiert Thermik bis an die Ebene von Venezien.

Ich nehme den Lesachsattel südlich und gleite über S. Candido und die Drau an die Deferegger. Die Luft voraus ist blau und zwischen Brenner und Glockner ohne eine Wolke. Das Gebirge wartet wie ein Pokerspieler, der mich kommen läßt. Doch ich vertraue auf die Labilität der letzten halben Stunde und habe Recht damit. Über dem runden Pfannhorn springt der ORION mir aus dem Ruder und die Fahrt schnellt auf 160. Ich bin so hoch, daß hier Einkreisen unnötig ist. Bis Bruneck hält die blaue Aufwindgirlande an. Das Flugzeug zieht weiche Bögen zwischen 110 und 150 und hält seine Höhe dabei. Ich fliege der Uhr davon.

Erst an der Eidechsspitze gehe ich um 12 Uhr 28 in 3 m/s auf 3400 m, da die nahe Brennerschneise noch stark eingeschneit ist. Als ich aufrichte, sehe ich drei weiße Pfeile auf Gegenkurs, vielleicht 150 m tiefer. Ich vermute sie aus Innsbruck und folgere sofort auf schwächeres Steigen jenseits des Hauptkamms. Ihren 100 km steht meine 300 km-Strecke gegenüber. Da kann etwas nicht stimmen.

Um 12 Uhr 44 gleite ich in hellster Bläue vom Brenner nach Tirol. Die Strahlenreflektion auf den Firnhängen ist gewaltig; ich fliege durch ein weißes Feuer.

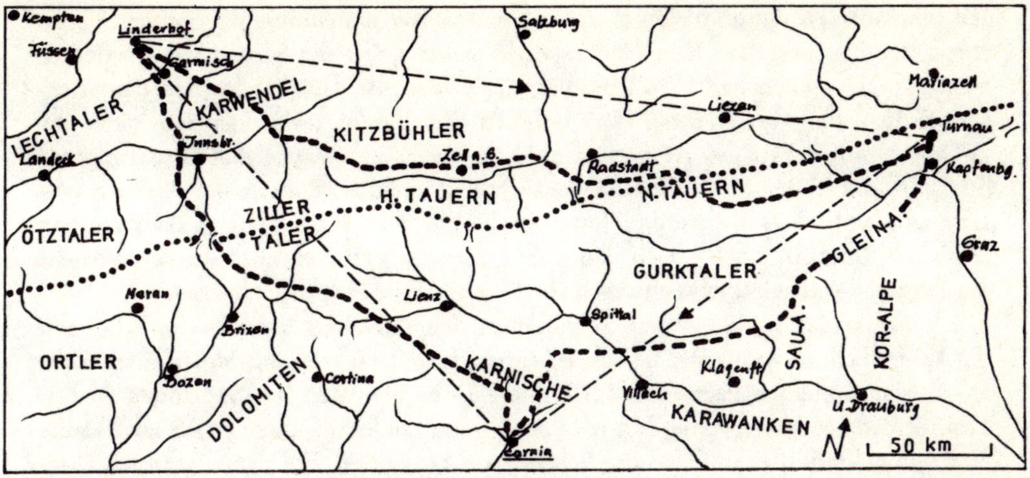

Die Kurslinie und der Flugweg haben bei einem Alpendreieck wenig gemeinsam. So ergab der Flug am 13. Mai 1973 eine tatsächliche Strecke von 810 km. Besonders auf dem dritten Schenkel mußte ich über 40 km von der ‚Ideallinie' abweichen, doch am Alpenrand entlang hätte ich ihn nicht mit 96 km/h bewältigen können. Dies brachte den Gesamtschnitt auf 92 km/h.

In dem hier beflogenen Routenschema Ostalpen – Karnische Alpen – Bayerisches Vorland lassen sich Dreiecke bis 900 km unterbringen.

Das Innsbrucker Tal liegt blau und ungewiß auf Kurs. Ich gehe vorsichtig weiter und quere die Brennerstraße über Steinach zum Serleskamm. Doch aus einem Meter wird nicht mehr. Eine zähe Inversion scheint diese Luftmasse zu durchziehen wie ein Filter. Langsam gleite ich hinüber zu den Kalkkögeln, die mich schon so oft warten ließen. In 1,5 m/s steige ich viel zu langsam auf 2400. Die Atmosphäre bis zum Wetterstein am Alpenrand läßt gleichfalls wenig Hoffnung. Ich ziehe die Konsequenz und öffne die Wassertanks. 2 Minuten später habe ich die Flächenbelastung von 36,5 auf 33,5 zurückgenommen. Das Steigen der nächsten Stunde ist wichtiger als alles, was dem Flug später noch begegnen kann.

Fünf Minuten nach Eins fliege ich westlich von Innsbruck über den Fluß. An der unteren Solsteinkante stehen 1–2 m/s und ich gehe vorsichtig auf 2300 m zurück. Offensichtlich ist die Einstrahltemperatur für die nachströmende, kalttrokkene Luft noch zu gering. Das Reiterjoch gibt überhaupt nichts her, der Bart wird verweht sein. Mir bleibt nur der Weiterflug in die reine Bläue des Alpenrandes und ich nehme mir Mittenwald vor den Bug.

Als ich ganz und gar nicht damit rechne, macht der Kestrel einen Luftsprung. Ich kreise ein – mit 2 bis 3 m/s geht es hinauf. Unter mir die Waldrücken der Oberleutasch. Die Speicherfähigkeit der dichten Fichtenpelze überall hat endlich zu ersten Auslösetemperaturen geführt. Die Thermik ist breit und wolkenlos. Während ich steige, verändert sich die ganze Alpenkulisse und mit ihr meine Stimmung.

Ich sehe auf den Bahnhof von Garmisch und weiter ins Ammergebirge. In 2900 m fliege ich über den östlichen Wettersteinwall und quere die Stadt nach Nordnordwest. Voraus stehen helle Wolkenteller, die ersten seit dem Plöckenpaß. Es ist offensichtlich, daß die Thermik dort unbeschreiblich sein wird. Langsam ziehe ich auf die Nordflanken des Ammergebirges zu. Die Augenblicke der Erwartung auf den Bart des Tages sind mit nichts zu vergleichen. Ich sehe an den Flächen entlang, die unbewegt die ruhige Luft durchschneiden, mathematisch kalkulierbar, kühl und auftragsgemäß. Doch dann, in 5 Metern, verlieren auch sie ihre polierte Fassung und spiegeln die Wolkenscheibe über sich wie eine Offenbarung.

Ich hänge das Flugzeug mit 40 Grad in den Bart und habe zu tun, daß mir die Fahrt nicht davonläuft. Die Varios springen und piepsen wie ein Kindergarten. In 3000 m drehe ich in die Kondenz. Diese Höhe über den Ammerhängen ist fast absurd. Zwei Minuten später bin ich über Schloß Linderhof, um 13 Uhr 39. Wieder sind 213,5 km hinter mir und der Schnitt von 86,4 km/h gibt den zögernden Flugverlauf am Inntal wieder. Mein Zeitvorsprung beträgt 41 Minuten, und ich kann jetzt die 20 Minuten Reserve mit dazu rechnen, die ich mir bis zu dieser Position frei hielt.

Während ich auf Mittenwald zu gleite, spüre ich körperlich, wie die Anspannung nachläßt. Ja, ich habe das Gefühl, als sei dieser letzte Teil, die noch verbleibenden 328 km des Fluges, eigentlich schon Erinnerung, während ich sie überwinde. So kann ich die seltsame fliegerische Empfindung erleben, daß ich mich an etwas Neues begebe, was schon hinter mir liegt.

Ich hole mir ein kaltes Brötchen aus der Tasche im Rücken und nehme etwas von dem eisigen Zitronenwasser. Wieder sind es Waldhügel, diesmal über den Isarauen, die heftige Trockenthermik herauf schicken. Ohne Vorankündigung greifen mich 3–4 m/s, heben den ORION von 2600 auf 3300 m. Während ich die letzten hundert Meter aufgehe, formt sich eine Wolke direkt über der Kabine. Was kann einem Segelflieger besseres widerfahren als dies mitzuerleben!

Aus der neuen Höhe kann ich auf den Kursknick über die Inntaler Nordkette verzichten. Mit Direktkurs halte ich auf das noch tief verschneite Zentralkarwendel. Ich gehe am Hinterautal über die Wände und gleite 30 km in vollkommen stiller Luft. Die Einblicke hinab in die senkrechten Gebirge, die in einem dunstlosen, fast künstlichen Licht unter meterhohen Firnpolstern verharren, sind von unvergeßlicher Schönheit.

An der Hochnißlspitze herrscht wieder Bläue. Die Thermik ist zögernd. Irgend etwas stimmt heute mit dem Inntal nicht. Doch ich brauche neue Höhe für den Sprung ans Zillertal und gehe in 1,5 m/s langsam auf 2600 m. Dies setzt mich hoch genug über das jenseitige Kellerjoch. Ich gleite schnell über den Inn und drehe 50 Meter oberhalb der Gipfelkuppe in den ganz genau plazierten Bart. Der Aufwind ist eng und unregelmäßig, Trockenthermik. Ein Adler hängt plötzlich mit im Kreis. Wohlwollend setzt er sich mir gegenüber und läßt mich steiler werden.

Aus 2 Metern werden gleich darauf 4 und in 2800 m kann der Kestrel das Zillertal mühelos überspringen.

Ich rufe Jörg Felberbauer im Funk, der nach mir von Turnau zu einem 560 km-Dreieck gestartet war. Seine Wenden liegen bei Villach und Wörgl, am Ausgang des Zillertals. Vor über drei Stunden hatten wir den letzten Kontakt.

Jörg antwortet sofort. Er war eine Stunde vor mir hier und steuert seinen großen Diamanten in das immer besser werdende Wetter der Niederen Tauern.

Auch das Sonnenjoch in den westlichen Kitzbühlern bietet Blauthermik, doch genau, wo sie stehen muß. Ich gehe auf 3200 m und werfe den ORION nördlich vom Gerlos an den Pinzgau. Flache Wolken stehen vom Wildkogel an auf 3400 Meter in einer Perlenkette nach Osten. Der Kestrel biegt die Flächen aufwärts und drängt kreislos über den Paß Thurn und Zell nach Osten. Ich quere den See um sechs nach Drei und komme zu einem Zeitvorteil von 56 Minuten. Dann bleibe ich nördlich der Salzach und stoße über St. Johann in eine harte Böe. Ich ziehe hoch und muß beim ersten Kreis nach Westen zurück zentrieren. Mit genau 4,7 m/s geht es im saugenden Strom 900 m höher. Die Wolke steht in 3100 m wie ein Sonnensegel.

Vor Wagrain quere ich die Talgründe in die Tauern. Leichter Dunst und kleiner werdende Wolken voraus im Ennstal und an den Schladminger Höhen mahnen wieder zur Vorsicht. Ich gehe am Hochgolling bis an die Basis und quere den Hauptkamm nach Südosten. Jenseits lockt eine unabsehbare Wolkenreihe. Sie markiert die Südflanken der Niederen Tauern und wird mich bis zum Liesingtal tragen.

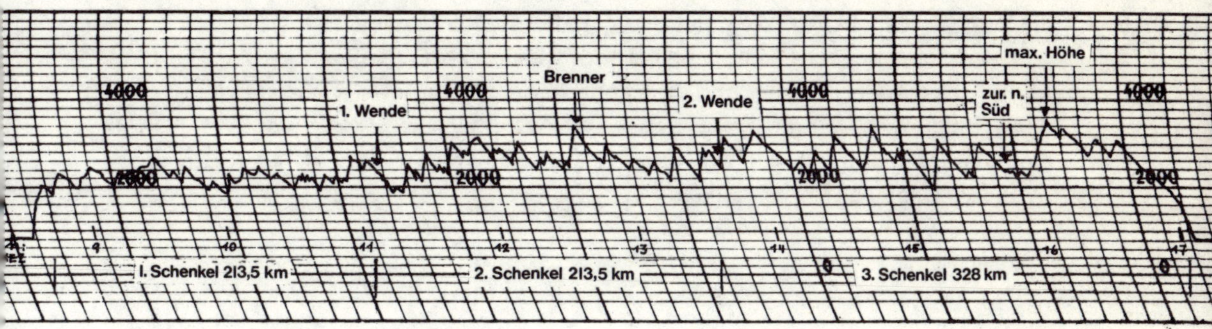

Der Höhenschrieb des Dreiecksfluges vom 13. 5. 1973. Ich kurbelte 41 Thermiksäulen aus und und holte dabei 20 050 Höhenmeter. Turnau erwies sich von diesem ersten Fluge an als wahre ‚Rekordrampe' des Alpenrechtecks.

Das Flugzeug zieht langsam über scharfe, graue Gratkanten. Die Luft ist still. Dann drückt mich der leichte Nordwest bei Lessach ins Lee hinab. Doch die Sonne heizt noch gewaltig und nach wenigen Suchschleifen steige ich 2 km südöstlich der Bergfüße über den großen Waldungen von Tamsweg mit 3—4 Metern. Die Aufwindsäule scheint kilometerbreit, ich brauche Minuten, um den Kern zu finden.

Dann stehen beide Varios auf Sieg und der Kestrel gewinnt die größte Höhe des Tages — 3600 Meter. Langsam kommt der Dämmerschatten der breiten Wolke näher und endlich kreise ich in wohltuender Kühle der geraden, grauen Schwaden. Jörg setzt gerade über dem Schoberpaß zum Endanflug an und meldet: „guat gehts!"

Vor mir liegen die letzten 115 Kilometer. Es ist vier Uhr und ich hätte eigentlich noch Zeit für einen Spazierschwenk zur Turracher Höhe. Der Zeitplan ist längst in der Tasche verschwunden und ich beginne mich zu fragen, warum ich bis heute auf diesen Flug gewartet habe. Die Zeiger auf der Konsole vor mir spielen ihr lautloses Auf und Ab über scheinbar bezugslosen Skalen. Sie bewegen sich ohne künstliche Energien. Allein der barometrische und der angestaute Druck vorn am Bug sind ihr Antrieb. Ihnen genügt wie mir selbst die Luft, die das 390 Kilogramm leichte Flugzeug auf einer unmerklich flachen Gleitbahn nach Osten trägt.

Die Wolken und der Wind treiben mich immer schneller voran. Ein Blick über die linke Schulter ins Ennstal bestätigt, daß der Schwenk hier herüber richtig war. Jenseits ist die Luft diesig und wolkenlos geworden. Die immer noch nachströmende Luft aus Nordwest, trocken und kühl wie mittags über Innsbruck, hat die nördlichen Tauern mit der absinkenden Sonne wieder um die meisten Aufwinde gebracht.

Noch zweimal lege ich einige Kreise ein. Dann ist der ORION 45 Kilometer und 1800 Meter hoch vor Turnau. Ich gleite über das Gösseck und streife im Schnellflug die letzten Aufwinde von den Südwänden der Eisenerzer. Vom Reichenstein her setzt sich eine ASW-17 vor mich in die Gleitstrecke. Ich höre Leo Allkämpers Stimme. Er gibt meinen Anflug an die Lanzen durch. Das schmale Hochtal voraus leuchtet wie eine helle Oase unter den dunklen Fichtenhängen.

Vier Minuten nach Fünf gehe ich mit Höchstfahrt über den steilen Bord des Platzes. Daß ich 8 Stunden und 14 Minuten fort war, spüre ich nicht. Im Gegenteil. Als Fritz Karlon, der lustige Hotelier aus Aflenz, gleich darauf vor dem Hangar eine Flasche Schlumberger aus dem Kühler zieht, da ist mir, als hätte ich schon irgendwo Champagner getrunken.

Auf der Bahn der Sonne

Wer von Aflenz durch die grüne Senke der Fölz zum Hochschwab hinauf blickt, der ist überrascht von den kühnen Felstürmen hier in den östlichsten Alpen.

Ich war diesmal über Steyer gefahren und dann in die Straße eingebogen, die der von Stauanlagen verschandelten Enns in hundert Kurven entgegen läuft. Hinter Altenmarkt hielt ich vom Flußlauf nach Osten und kam bei Gams auf einen stillen Fahrweg, der an die Salza führte. Ich ahnte nicht, daß er mich für die nächste Stunde durch einen der schönsten Talgründe Österreichs leiten würde.

Dieser flache, geschwinde Gebirgsfluß besitzt ein Wasser, wie es nur hohe Kalkmassive freigeben. Es ist tausendfach gefiltert und hat während seines tagelangen Rinnens von den Spalten und Rissen der Gipfelplateaus mitten durch den Berg bis tief zu den Quellen zwischen Buchen und Fichten jene türkise Färbung erhalten, aus der man sich König Laurins Mantel vorstellen kann.

Der Fluß wechselt sein Bett von Bergfuß zu Bergfuß. Er schwimmt still und kaum bewegt durch helle Kiesmulden, um sich wenige Meter danach, die Schwerkraft verachtend, über graue Kalkrippen ins Bodenlose zu werfen. Dort, wo der Gischt sich glättet, stehen die Forellen. Ihre dunklen Rücken fächeln in der Sonne, als würden die Fische sich wärmen. Wenn man die Hand ins Kristallwasser steckt, erstarren die Finger, selbst im Juli. Dann, unter der Südflanke der Kräuterin, führt die Straße in 25 Metern Höhe direkt über dem fast unsichtbaren, klaren Wasser an einem Steilhang entlang. Ich hielt und kletterte an den Buchenstämmen bis zum Überhang. Hier warten die Forellen in der Strömung, unbewegt wie lange Steine. Das Wasser selbst hat sich in diese scharfe Rinne eingeschnitten und an den Felsbändern, in hellem und dunklem Graugelb, die sich vom Buschwerk bis hinab ins Wasser waagerecht staffeln, messen sich die Jahrtausende.

Von hier aus erkennt man durch die Buchenzweige die äußersten Grate des Hochschwab zwischen den Wolken. Der Fels zeigt das stumpfe Hellgrau des Ostalpenkalks und drängt sich annähernd tausendachthundert Meter steil hinauf. Ihn durchziehen schartige Erosionsbrüche. Die Bisse des Frosts und der eisigen Regenstürme auf der Wetterseite ebnen die Bergmauern ein. Lange Geröllschütten mit den Zickzack-Pfaden der Gemsen, dies sind die Grabstätten der Wolkenpfeiler.

Bei Gußwerk gelangt man auf die breite Fahrbahn nach Süden. Sie kommt von Mariazell herauf, einst die bedeutendste Wallfahrtsstätte des Habsburger Reiches. Auch heute noch zieht sie die schweren Omnibusse des ganzen aufgeklärten Europas an. In eleganten Schwüngen nimmt die neue Straße den Seewiesen-Paß. Jenseits sinken enge Kehren ins Turnauer Tal. Jetzt erkennt man die schroffen Südwände der Zeller und Aflenzer Staritzen. Das Gebirge ist hier heller und könnte Teil der Dolomiten sein. Aus einem Bachgrund schlängeln sich Gehpfade über harten, kantigen Schotter zu den weiten Gipfelebenen des Hochschwab. Es ist ein Paradies der Gemsen, die wir aus dem leisen Flugzeug rudelweise an den kühlen Wänden ausmachen können.

Dieser steile Kalk reizt zum Klettern und läßt einen mit jedem Steigschritt einen halben Meter höher kommen. Das merkt man erst, wenn man vorher im schrägen Urgestein wanderte. Siggi Muster ist der beste Bergsteiger im Tragöß. Ich treffe ihn beim ‚Lanzenfranz' und als er vom Segeln hört, will er mir zeigen, um wieviel schöner das Klettern ist.

Wenige Tage darauf fahre ich zu ihm nach St. Katharein im Lamingtal. Der Morgen blinkt und Siggi begrüßt mich mit einem Handschlag, der jeden Fels erschrecken würde. Wir schwingen die Seilbündel auf den Rücken und fahren bis unter die Messnerin. Siggi hält und wir steigen aus. „Da oben, siegst", meint er und weist zur Spitze einer 700 Meter hohen Steilwand. Ich erkenne ein kreisrundes Loch im Fels. Es ist das Messnerin-Loch, durch das der Teufel gefahren sein soll.

Wir passieren ein Viehgatter und kurven dann in steilen Windungen bis in den Lärchenwald am Wandfuß. Ein lauer Süd zieht von Kärnten über die Murhöhen heran. Wir machen uns leicht und beginnen mit dem Aufstieg. Zuerst nimmt Siggi einen Schotterpfad nach Norden. Der steile Hang liegt unter Büschen grüngelber Aurikeln, deren Duft wie frischer Honig ist. Hier nennt man sie ‚Petergstam' und zieht sie oft in den Blumenkästen. Die hellen Blätter sind dick und weich wie Alpenfilz.

Es wird steil und der Grüne See liegt schon tief unter uns. Ein Rudel Rotwild wechselt aus dem Schotter in die Lärchen. Langsam und vertraut. Siggi mißt mir einen Brustknoten an und legt mich ans Seil. Ich folge ihm mit vorsichtigen Tritten. Dann queren wir an die Wand und nehmen 200 Meter senkrechter Stufen. Siggi klettert behend voran, bis er dreißig Meter, eine Seillänge, höher ist. Dann ein Ruck am Brustknoten und ich kann folgen. Der Kalk ist scharf, doch die Kanten halten verläßlich. Seil um Seil kommen wir höher.

Bald ist ein Latschenfeld zu durchdringen. Die dichten, weichen Zweige halten mich wie ein Netz. Jedesmal, wenn ich einen der Greifarme abbrechen muß, strömt kräftiger Harzduft auf. Siggi lacht: „ein Latschenvierer."

Jetzt ist eine enge Felsverschneidung unsere Leiter zum nächsten Absatz. Ich sehe Siggis Profilsohlen nach wie einer Verheißung. Obwohl wir im Halbschatten steigen, wird es schwül. Ein Riß geht mir quer durchs Hemd, denn der Fels ist scharf wie ein Hirschfänger. Dann knotet Siggi das Seil an einen Latschenstumpf und wir rasten. Der Blick geht zum Ebensteingipfel über den Quellgrund der Laming, dem westlichsten Hochschwab. In der Tiefe tönt der Grundbach leise, der das Wunder des Grünen Sees durch unterirdische Gänge speist. Hier oben ist der Kalk ohne einen Tropfen und die Vegetation karg. Eine Gams steht plötzlich über uns. Sie verhält regungslos auf einem Vorgrat und überlegt, was wir vorhaben.

Siggi löst die Sicherung und wir nehmen das letzte Steilstück. Jetzt wird es senkrecht und ohne Seil wäre ich ohne Chance. Siggi hält mit nur 5 Kilo Zug, doch das läßt mich selbstsicher klettern. Linke Hand, rechte Hand. Dabei folgen die Fußspitzen vorsichtig. Ich suche mir Spaltengriffe und entdecke, daß selbst zwei Finger das Körpergewicht hochzuziehen vermögen. Das von oben ständig nachgestraffte Seil gibt mir das Gefühl der Sicherheit. Oberkörper ab vom Fels, wie es Rebuffat beschreibt, so steigt sichs am besten.

Eine Zehnmeterwand noch und wir erklimmen das schmale Plateau des Vorgipfels. Siggi weist über den Grat. Ich blicke hinab und sehe unvermittelt durch das Messnerin-Loch auf unseren winzigen Wagen. Die Wand ist in der Steilperspektive kurz wie eine Handspanne. Ich beuge mich über die Kluft und spüre, daß ich schwindlig werde. Es kostet eine Anstrengung, diese Anwandlung während der Rast zu vergessen.

Dünne Wolken stehen jetzt über den Wänden. Es ist Mittag und der Bergwind geht heiß. Ich sehe nach Westen zum kantigen Rücken des Gösseck und verfolge meine Abflugroute für den Zielrück von Berg zu Berg. Jetzt kenne ich die Thermikhänge und weiß, daß man von der Lanzen mit geringer Höhe abfliegen kann. Die Waldrücken südlich der Eisenerzer Türme tragen morgens wie Siggis Seil.

Plötzlich fährt ein Schwarm Dohlen hoch. Eine rote SF-27 pfeift um die Felsen über der Messnerin. Wolf Deiml geht nah an die Wand und steigt in wenigen Achten 200 Meter höher. Ich sehe ihm nach und blicke Siggi an. Auch er schaut nach Westen und nickt. Im nächsten Sommer will er fliegen lernen.

*

Wer um halb Neun und früher abfliegen kann, für den können die Wendepunkte nicht weit genug sein. Turnau erlaubt nicht nur Riesendreiecke – ein verlockender 860 km-Kurs wartet auf den nächsten Mai – sondern auch weite Zielrückstrecken. Die Karte hat mir gezeigt, daß mich die Verlegung des Startpunktes um 90 Kilometer nach Osten davon befreit, die Klimascheide am Gotthard zweimal überfliegen zu müssen. Strecken bis über tausend Kilometer bleiben von der Lanzen aus diesseits des Oberalp-Passes.

Gleich in den ersten Wochen meldet sich über der Obersteiermark ein Tag, der für einen extremen Zielrück geeignet scheint. Ich starte am 22. Mai um 8 Uhr 35 und halte 15 Minuten darauf gegen einen frischen Nordwest in Richtung auf Graubünden. Die Wende heißt heute Andeer und liegt an der Via Mala. Hin und zurück sind es 920 km.

Um zwölf Uhr gleite ich dicht am Hafelekar über Innsbruck nach Westen. Mein Schnitt von fast 100 km/h gegen den Wind ist befriedigend, doch voraus wird es schwierig. Der Nordwest über Landeck ist bissig und die Thermik bleibt blau bis ins Engadin. Ich setze über die Paznaunrinne an die Silvretta und fliege ohne Kreis unter den Kanten von Böe zu Böe.

Kurz vor halb Zwei bin ich am Julier über Silvaplana. Dies hätte mein Wendepunkt werden sollen, aber die 900 km-Grenze reizte mich zu sehr. Doch der Versuch, zwei Hunderter auf einmal zu nehmen, war anmaßend und ich habe daraus gelernt.

Jenseits des Passes dringt Warmluft in den Norden. Dazu wird der West oben noch stärker. Unversehens komme ich aus der Thermik am Julier-Stausee in eine Welle und gehe auf 4200 m. Acht Minuten danach bin ich über Andeer. Es ist 14 Uhr 17 und mein Zeitplan warnt mich.

Nach der Wende merke ich, daß ins schnelle Engadin kein Hinaufkommen mehr ist. Die Wolken zerfallen und ich gleite ins Blaue nach Davos. Endlich der Bart am Flüela. Es geht unglaublich hoch, auf über 3800 Meter. Damit kann ich die ganze Silvretta nördlich abgleiten und brauche erst über Landeck wieder Thermik. Es ist erst viertel nach Drei und ich bin schneller als erhofft.

Um Vier quere ich den Inn von der Nordkette zum Kreuzjoch am Gerlos. Der Pinzgau ist schnell, doch der Rückenwind jetzt schwach geworden. So ist das immer wieder. Morgens bremst die Strömung beim Westflug und am Nachmittag klingt sie wegen der starken Vertikalströme der Thermik fast stets ganz ab.

Um zehn nach Fünf habe ich den Bernkogel am Gasteiner Tal unter den Flächen. Jörg hat seinen Diamanten in Imst wenden lassen und fliegt in diesen Minuten seinen letzten Bart auf der 700 km-Strecke am Hochtauernpaß aus. Seine Wettermeldung klingt verheißungsvoll.

40 Minuten darauf bin ich im Süden von Aigen an den Niederen Tauern. Buchstäblich vor den Augen flachen die eben noch runden Wolken ab. Schatten auf allen Westhängen. Ich suche am Mölbeck, am Pösenstein. Nichts. Dann bin ich tief und muß über das Paltental an die Westhänge Triebens.

Es ist viertel nach Sechs und in 600 m finde ich endlich einen Abendbart. Ein knapper Meter, der mich mehr anstrengt als der ganze bisherige Flug. Ich versuche, besser zu zentrieren und werde steil. Jörg, der am Schober wartete, meldet seinen Abflug zur Lanzen. Ich gewinne 300 Meter, doch die Sonne ist jetzt dicht über dem Dunst des Horizonts. Ich merke, wie ihre Kraft jede Minute mehr erkaltet. Trotzdem ist mir heiß wie im Dampfbad. Noch 600 Meter dazu und ich bin im Turnauer Tal. Mir fehlen 40 Kilometer.

Zwanzig vor Sieben ist die letzte Hoffnung geschwunden. Der Berghang kühlt ab, doch auch Abendthermik ist nirgends zu spüren. Zehn Minuten später lande ich auf dem Triebener Platz. Meine Erschöpfung nach mehr als 10 Flugstunden ist so groß wie noch nie. Es wird die knappe Niederlage sein.

Doch Turnau hatte mich nicht enttäuscht. Im Gegenteil. Das Anschlußstück vom Ennstal in die Obersteiermark ist schnell und die Frühthermik aus den dichten Wäldern pünktlich. Ein Jahr darauf bin ich wieder am Hochschwab. Wieder ist es Mai und dem viel zu schönen Vorfrühling nach kann jeder Tag eine Rekordlage bringen. Am 19. 5. liegt ein klassischer Dreieckstag über den Alpen. Ich gehe an die 860 km, wieder über den Tagliamento und das Hügelallgäu nördlich Kempten. Um Fünf trocknet die Thermik von oben aus und ich sitze in Zell am See. Doch dieser Kurs wird bald geflogen.

Nun ist der Monat in wenigen Tagen zu Ende und mein Gefühl sagt mir, daß ich in diesem Sommer nur noch eine Chance haben werde. Sie kommt und sollte wirklich die letzte des Jahres sein. Es ist der 27. Mai.

Tage wie dieser wecken mich seit Jahren früh morgens. Ich werfe den Bademantel über und gehe hinunter auf den Bauernhof. Die Luft ist kühl und voller Fichtenduft. Das Gras steht tief unter Tau. Erst die höchsten Kuppen um den Platz liegen bereits in der Sonne und werfen das Licht ins Tal.

Bald wird sich der Kuckuck wieder hören lassen, vom Schießling her, wie eine Almglocke. Frau Neissl hat mich gesehen und um halb Sieben steht das Frühstück da. Sie kennt das frühe Treiben ihrer Fliegergäste und schaut mit mir durchs Fenster zu den ersten Wolken. Heute ziehen sie als Fahnen über das Hochtal. Es ist mein Wetter und der übliche Wind fehlt nicht.

Kurz vor Sieben gehe ich durch das triefende Gras zur Lanzen. Fern auf der Talstraße das Geräusch eines eiligen Wagens. Sonst ist es still. Die Hallen sind verschlossen. Mir ist, als hielte der Tag jetzt den Atem an. Der Kurs, seine Länge, lassen mich kalt. Ich bin den Zeitplan zu oft durchgeflogen. Doch das Vorgefühl auf einen ganzen Flugtag über den Alpen, das prickelt auf der Haut.

Ich öffne die kleine Hallentür und entriegele innen die schweren Tore. Der ORION wartet unter seinen hellen Bezügen. Dies Flugzeug kann meine Gedanken übernehmen. Seine lange Nase drängt hinaus ins Freie.

Draußen werden Stimmen laut. Es sind Leo Allkämper und Hans Ziffer, die Königsteiner Flieger. Gemeinsam rollen wir die Segler über den flachen Hang zum Start. Hans ging schon Mitte der sechziger Jahre auf seinen ersten 500er und war dann bis vor kurzem in Fernost. Jetzt ist eine ASW-17 zur Stelle und ich bringe es fertig, ihn für einen Vorstoß nach Westen zu gewinnen. Hans wird in Landeck wenden und einen 700 km-Zielrück nach Hause fliegen.

Für mich beginnt das übliche Schachspiel: Zeit, Strecke, Wind, Wende. Es gibt eine Möglichkeit, die 900 gerade zu überfliegen, ohne sich weit vom Engadin zu entfernen — das Tal unterm Piz Badile. Doch im Bergell steht Südluft und zurück zum Muottas an den Hang sind es 30 km. Ich verfolge die Wolkenfahnen, die von der Messnerin über Tragöss segeln — der Wind ist wirklich stark. Also bleibe ich diesmal im Engadin und setze auf Sils Maria kurz vor dem Maloja, 442 km nach Westen.

Teil meines heutigen Vorhabens ist es, so zeitig wie noch nie abzufliegen. Die Frühwolken haben mir immer wieder hohe Labilität bewiesen und jetzt werde ich auf die ersten Aufwinde am Schleppseil warten. Um halb Acht ist der Himmel abgetrocknet. Nur weit im Westen sind ein paar Fahnen zu erkennen. Sie wandern rasch nach Süden und ich schätze den Höhenwind auf 30—40 km/h. Das ist viel für die Alpen. Doch der Druck ist von Westen her rasch gestiegen und die Meldungen bis in die Schweiz sind günstig. Keine Front in der Nähe des Rechtecks. Mir bleibt nur die Hoffnung, daß die Thermikzone dieses Hochs so breit wie die Hälfte meiner Strecke lang ist. Wenn die Grenze des Wetters heute wie schon oft am Gotthard liegt, dann komme ich über den Kurs.

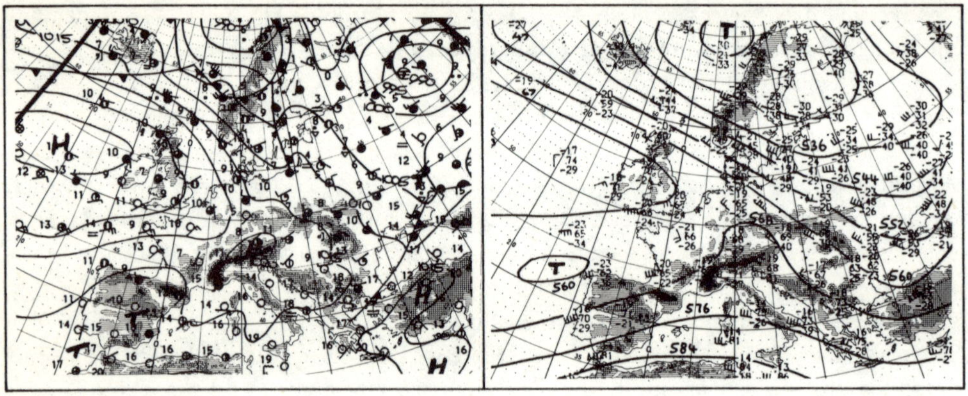

Dies war die europäische Wetterlage am Morgen des 27. Mai 1974. Links die Bodenkarte und rechts die interessante Druckverteilung in etwa 5400 m Höhe.

Die Hinentwicklung zu einer wirklich ‚großen' Streckenlage vollzieht sich meist versteckt in einer Reihe scheinbar belangloser, doch insgeheim physikalisch eng verwobener Vorgänge. Die fortwährenden Wechsel von Druck und Temperaturgefälle, von Luftfeuchte und Strömungsrichtung, mit denen unser Wetter stündlich atmet, wollen durchschaut und klassifiziert werden. Die Meteorologie hat sich unter der Bezeichnung ‚Großwetterlage' eine Übersicht häufig auftretender Lagen geschaffen, unter denen auch einige segelfliegerisch besonders ergiebige Wetterkompositionen sind. Inzwischen kennen Computer ihr Entstehungsvorgänge und erleichtern so die Prognose.

Ich bat Manfred Kreipl, Flugwetterberater in Nürnberg, mir die Hinentwicklung zum 27. 5. 1974 zu analysieren und gleichzeitig mit jener Lage zu vergleichen, in der ich am 22. 5. 1973 in zehn Stunden 860 km geflogen bin. Eine Reihe deutlicher Parallelen, wie sie die Wetterkarten jener Tage und auch die Flugbeobachtungen zeigten, forderten zum Vergleich geradezu heraus. Er kam meinem Wunsch mit viel segelfliegerischem Gespür nach:

„Auf den ersten Blick scheint nicht viel Übereinstimmung vorhanden, da sich die 500 mb-Karten doch wesentlich unterscheiden. Geht man aber an eine Feinanalyse der gesamten Wettersituation, dann ergeben sich gleich mehrere Merkmale gleicher Wertigkeit.

VW 5 KB

Das 500 mb-Niveau zeigt einen Übergang der SW- in eine NW-Strömung über den Alpen. Am deutlichsten ist dieses Merkmal jedoch in den 700 mb- und 850 mb-Karten zu sehen. Scheint es am 22. 5. 1973 nicht vorhanden, so läßt eine Windvektorendarstellung in diesen Niveaus daran aber keinen Zweifel.

Die Bodenwetterkarten zeigen gleichfalls sehr ähnliche Merkmale: am Morgen wölbte sich über den Alpen an beiden Tagen ein Hochkeil auf, der durch die antizyklonale Windscherung im 700 mb- und 850 mb-Niveau verstärkt wird. Wiederum gleich ist das Wetterbild mittags: durch die relativ große Tageserwärmung (hoher Sonnenstand) bildete sich über dem Alpenraum in Bodennähe ein ‚Hitzetief' aus, das im Norden von einer kleinen, selbständigen Hochdruckzelle begrenzt und im Zaum gehalten wurde. Durch dieses Tief erfolgte natürlich am Boden ein sehr gutes konvergentes Zusammenströmen der erwärmten, bodennahen Luftmassen, folglich (durch geringere Dichte) vertikales Aufsteigen, Abkühlung, Kondensation ... sehr gute Thermik. Der erwähnte Hochdruckkeil in den darüber liegenden Niveaus verhinderte seinerseits durch schwaches Absinken eine Überentwicklung. Das ergibt ‚Hammerwetter'. Die aerologischen Aufstiege beider Tage von Stuttgart und München geben diese Verhältnisse prägnant wieder. Daß der 27. 5. 1974 mehr Energie hatte, haben Sie bewiesen.

Betrachtet man nur die unteren Schichten – die entscheidenden – so ergibt sich also tatsächlich eine gewisse Übereinstimmung. **Fazit:** liegt im Mai/Juni ein Bodenhochkeil oder eine Hochzelle über den Alpen, verstärkt durch antizyklonale Drehbewegung der Windscherung – bevorzugt **Südwest** nach **Nordwest** mit geringer Windgeschwindigkeit (meistens im Keil!), dann kann man in Zukunft wahrscheinlich von einer sehr aussichtsreichen Zielrücklage des Frühsommers sprechen. Ich habe in meinen Unterlagen eine sehr ähnliche Lage – jene vom 14. Mai 1967 – bereits ausgewertet. Auch die Wetterentwicklung am 13. Mai 1973, die Ihnen zu einem großen Dreieck verhalf, zeigt vergleichbare Merkmale. Hier drehte der Wind von W auf Nord."

Das war es also. Der Wind, gegen den ich im Mai immer wieder anfliegen mußte, ist ein untrennbarer Teil dieser großen Lagen.

Vom Seewiesenpaß her weht kühle Luft über die Lanzen. Die Sonne ist hoch und beginnt zu heizen. Ich sehe zu den Waldkuppen hinauf und glaube, Dunstfahnen darüber zu erkennen. Es ist höchste Zeit für den Start. Karli Grasser legt das Schleppseil aus und gibt der Morane ein Zeichen. Franzl rollt heran und ich sage ihm über Funk, daß wir oben auf die Thermik warten werden. Er nickt und nimmt Fahrt auf. Um 8 Uhr sind wir in der Luft.

Nach 7 Minuten setzt mich die Morane über den Platzrand. Zuvor hatten wir den Schießling abgeflogen und starke Turbulenz ließ auf auskreisbare Aufwinde schließen. Sofort gleite ich an den Fichtenhang zurück. Genau über der Südostnase springen die Varios hoch und ich hänge in 2–3 m/s. Es ist 8 Uhr 10. Ich sehe es an der Stoppuhr vor mir und kontrolliere auf der Armbanduhr nach. Das ist ein Augenblick des Glücks.

In kurzer Zeit bin ich steil kurbelnd auf 1300 Meter über dem Platz. Der Wind stört weniger als ich dachte, zumindest nicht diese erste Thermik. Um 8 Uhr 13 bin ich an dünnen Kondensfetzen und drücke das Flugzeug scharf nach Westen. Ich hatte diesen Kurs und den Zeitplan bei der Vorbereitung in neun Abschnitte unterteilt. Der besseren Übersicht des langen Fluges wegen lasse ich jetzt einen gerafften Bericht darüber folgen, wie das unvergeßliche Unternehmen ablief. Die Zeit-Positionen und die Teilschnitte sollen dazu beitragen, diesen Streckenflug wirklich faßbar zu machen.

27. Mai 1974, 14 Uhr 14: Vor Sils Maria

1. Teilstrecke Turnau – Aigen (90 km) von 8,13–9,24 (Schnitt 76 km/h). Steigwerte von 1,5 bis fast 5 m/s wechseln mit sehr heftigen Leezonen. Der Flug führt 1 Kilometer südlich der Eisenerzer entlang. Am Gösseck wird der Fallwind bösartig und ich komme knapp ins Liesingtal hinüber. Hans Ziffer findet hier gleich darauf eine Welle und steigt bis 3500 m. Dann bricht er ab, um stärkerem Gegenwind zu entgehen. Vom Schober an stehen flache Wolken dicht über den Kanten der nördlichen Talflanke. Ich quere das Paltental bei Rottenmann zum Aigener Kessel.

2. Teilstrecke Aigen – Zell am See (105 km) von 9,24–10,31 (Schnitt 94 km/h). Als ich Aigen quere, steht noch alles am Boden, doch die Startrichtung ist West. Das läßt auf stärkeren Nordwest bis ins Tal schließen und warnt mich. Dennoch komme ich trotz erster Wolken ins Lee des Noyer und muß bis zum Grimmingfuß gegen Wind und Fallen anfliegen. Doch der Leebart steht wie im Lehrbuch. 600 Meter über der Enns fliegen die Varios dicht am Kleingrimming auf 3–4 m/s und bleiben dort minutenlang. In einer engen Spirale geht es bis zur Grimmingkante. Hanna Reitsch ruft im Funk. In Öblarn steht eine lange Reihe von Flugzeugen, doch man hält den Wind für zu stark. Ich gebe durch: „die Labilität ist stärker als der Wind, es wird ein herrlicher Tag." Die Kalkwände bis zum Dachstein tragen durchweg und bei Radstadt komme ich spürbar aus dem Einflußbereich des Gegenwindes.

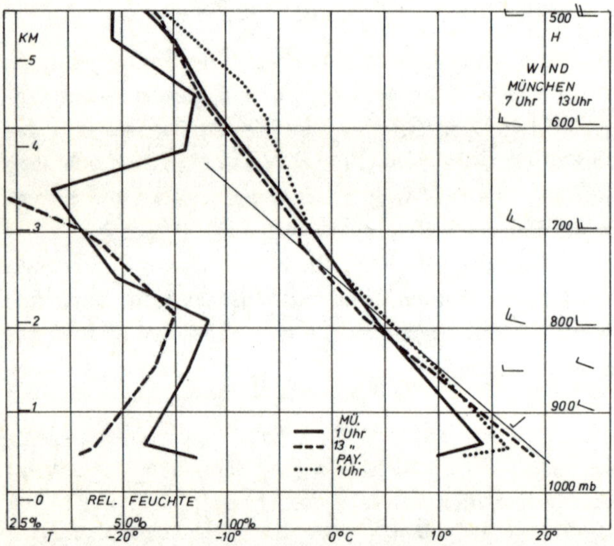

So sahen die Wetterdaten der Radiosonden von Payerne und München nachts und morgens am 27. Mai 1974 aus. Kennzeichnend für diesen Tag ist vor allem der nun von W auf NW drehende Höhenwind, der mir auf der Hinstrecke anfangs zu schaffen machte. Dem Rückgang der relativen Luftfeuchte oberhalb 2000 m verdanken Alf und ich kleine, hohe Wolken von Landeck nach Westen, die viel Sonne auf die Berge ließen. Der Temperaturverlauf nach der Höhe besserte sich nachmittags im segelfliegerischen Sinne deutlich sichtbar.

Dann meldet sich Alf Schubert in Zell. Er startet erst jetzt und hat ein großes Dreieck vor. 627 km um Nesselwang und Masino an der Adda.

3. Teilstrecke Zell – Brennerstraße (108 km) 10,31–11,35 (Schnitt 101,2 km/h). Der übliche starke Bart an der Schmittenhöhe gibt 3–4 m/s her. Nun fliege ich

schnell über fast 50 km unter flachen Cumuli in 2700 m, die vom leichten Nordnordwest zur Talmitte versetzt sind. Vom Gerlos an geht die Höhenströmung weiter zurück und die Thermik von 3,5 bis 4,5 m/s läßt sich hier genau zentrieren. Die Wolke an der südwestlichen Rastkogelflanke steht in 2750 m und erlaubt einen weiten Gleitsprung über die Tuxer bis Fulpmes. Die von dem Wind heute herangetragenen Luftmassen sind ‚hochexplosiv' und machen die Gegenströmung mehr als wett.

4. Teilstrecke Brennerstraße — Schuls (102 km) 11,35—12,36 (Schnitt 100,3 km/h). Wieder einmal zuviel Wolken an den Stubaiern. Doch dank des hohen Gradienten kommt ein 3 Meter-Bart von einem schattigen Felsplateau und bringt mich in fahlem Licht auf über 3300 Meter. Das erlaubt einen Direktflug auf Kurs bis an den Kaunergrat, wo erstmals wieder die volle Sonne gleißt. Steigen zwischen 3 und 4 m/s. Alf meldet sich von den nahen Lechtalern. Er kommt vom Alpenrand und setzt sich vor mir auf die Westroute.

Über Hochfinstermünz quere ich den schmalen Inn zur Silvretta. Eine Straße flacher Wolken weist genau in Richtung auf den Maloja.

5. Teilstrecke Schuls — Sils Maria (65 km) 12,36—13,15 (Schnitt 99,6 km/h). Unter den Wolken, von heftigen Lees getrennt, geht der Flug schnell nach Südwesten. Ich fliege über den Nuna und die Hänge nördlich Zuoz auf das westlichste Oberengadin zu. Hier geht es auf die größte Tageshöhe in 3800 m. Vom Reschenpaß an rätseln Alf und ich über die genaue Windrichtung. Schließlich einigen wir uns: unten Südwest (in Talrichtung) und in unserer Höhe Nordwest. Das erklärt die unvermutet auftretenden Fallgebiete.

Bei Silvaplana hole ich unter der letzten Wolke des Tals die ganze Höhe und wende wenig später in 3500 m. Es ist 13 Uhr 15 und der Herflugschnitt beträgt 87,4 km/h. Hierbei wirkte sich das erste Streckenstück Turnau — Zell (195 km) wegen des kräftigen Windes mit 84 km/h zeitraubend aus, während die Reststrecke Zell — Sils (265 km) einen Schnitt von 96,5 ermöglicht. Der Vorsprung gegen den Zeitplan beträgt 35 Minuten. Dies und der immer noch spürbare NW ließen mich jetzt endgültig an den guten Ausgang des Fluges glauben.

Alf fliegt derweil vom Corvatsch über die Disgrazia zur Wende im Veltlin und kommt sicher wieder ins Engadin hinauf. Sein Nimbus II trägt ihn auf schnellen Flügeln und Alf segelt einem neuen Geschwindigkeitsrekord entgegen.

Während ich wende, blicke ich scharf ins Bergell hinüber. Dünne Wolkenschleier über den nördlichen Gebirgen deuten mäßige Thermik an. Dies und Alfs Vorstoß in die Südluft zeigen mir, daß eine 920 km-Strecke möglich gewesen wäre. Wendepunkt: Vico Soprano. Eine ermunternde Gewißheit für das nächste Jahr.

6. Teilstrecke Sils Maria — Brennerstraße (156 km) 13,15—14,40 (Schnitt 109,8 km/h). Wie auf dem Hinflug folge ich wieder der Wolkenstraße nördlich

des Inn. Das Steigen geht bis 4 m/s, doch die Fallzonen sind ausgeprägt. Sie kosten mich auf diesem Teilstück sicher 6—8 Minuten. Bei Prutz fliege ich wieder über den Fluß an den Kaunergrat und weiter ins Ötztal. Es verlangt etwas Zeit, das Steigen am Loibiskogel zu zentrieren. Der Grund: Südluft dringt aus den Stubaiern heran. Ich muß auf 3600 an die Basis, denn voraus liegt alles im Schatten. Zwischen Roßkogel und Brunnenkogel hängt eine schwere, graue Wolkenwand bis über die Felsen. Eine merkwürdige Erscheinung an diesem sonst so hellen Tag.

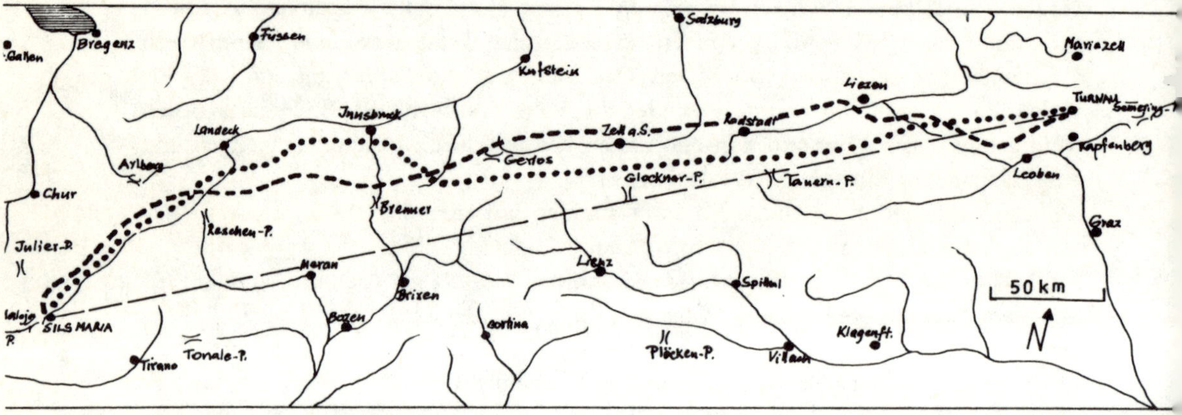

Je länger eine Alpenstrecke, desto weiter kommt man von der Kurslinie ab. Doch obwohl der Flugweg über 50 km nördlich von dieser Linie abwich, war dank des flachen Bogens nur jeweils ein Mehr von rund 25 km zu fliegen. Der 884 km-Zielrück folgte den Längsgebirgen der inneralpinen Talzüge, die allein diesen bisher weitesten windfreien Leistungsflug möglich machten (Hinflug – –).

Alf ruft aus dem Unterengadin. Ich warne vor den Schattenhängen und gebe meine Abflughöhe zum Wipptal hin durch.

7. Teilstrecke Brennerstraße—Zell a. S. (108 km) 14,40—15,44 (Schnitt 102 km/h). Der Patscherkofel liegt ganz im Schatten, doch aus den Waldmulden kommen breite 1—2 m/s herauf. Ich gehe auf 3100 m und verlasse das müde Steigen, da diese Höhe mich über die Tuxer Grate an den hellen Rastkogel bringen wird. Während ich abgleite, kommt Alf tief am Sendemast an den Berg. Er dreht ein paar Kreise und fliegt nördlich der Tuxer zum Zillertal weiter.

Die Gipfelmulde des Rastkogel gibt 3,6 m/s im Schnitt über 1000 m her. Ich steige auf 3600 m und gleite über den Gerlos bis an den Pinzgau. Dort stehen über beiden Talflanken klassisch schöne Streckenwolken. Wie so oft, hat auch heute der windige Morgen einen schnellen Flugtag hinterlassen.

Alf zieht tief über die Paßhöhe und ich sehe ihn bei Krimml ein letztes Mal kurbeln. Dann sticht er ab zum Zeller Platz, landet kurz nach halb Vier und kommt auf einen Schnitt von 105 km/h.

8. Teilstrecke Zell — Öblarn (95 km) 15,44—16,37 (Schnitt 107,4 km/h). Die Niederen Tauern sind schnell wie je. Bärte von 3—4 m/s bringen mich, etwa 3—4 km südlich von Salzach und Enns, in den Endgleitflugbereich von Turnau. Hier liegt die Basis in 3400 m.

9. Teilstrecke Öblarn — Turnau (100 km) 16,37 — 17,29 (Schnitt 115,2 km/h). Die Wolken beginnen zu zerfallen. Ich suche konzentriert und versuche, nicht zu sinken. Am Mölbeck 2 m/s. Das ist zu wenig. Weiter nach Osten. Dann ein unerwartet starker Bart südlich Rottenmann, am Eingang des Paltentals. Die blaue Luft trägt mit 3—4 m/s über 1250 Höhenmeter auf 3600 m. Ganz oben hängt eine merkwürdig verformte Wolke mit löchriger Basis, solch eines Bartes fast unwürdig.

Ich steige bis an die Schwaden, die in der sinkenden Sonne rötlich leuchten. Diese unverhoffte Höhe bringt mich ohne weiteren Aufwind über die letzten 75 Kilometer. Sie hilft mir, die Rückstrecke mit einem Schnitt von 104 km/h zu bewältigen und führt mich zugleich zur bisher längsten windunabhängigen Strecke des Segelfluges. Der Gesamtschnitt auf den 884 Kilometern entspricht mit 95,3 km/h genau meinen Vorstellungen von dem, was über dem Rechteck auf solch einer Langstrecke möglich ist und damit dem Zeitplan für einen 1010 km-Zielrück. Die Zukunft über den Alpen ist offen.

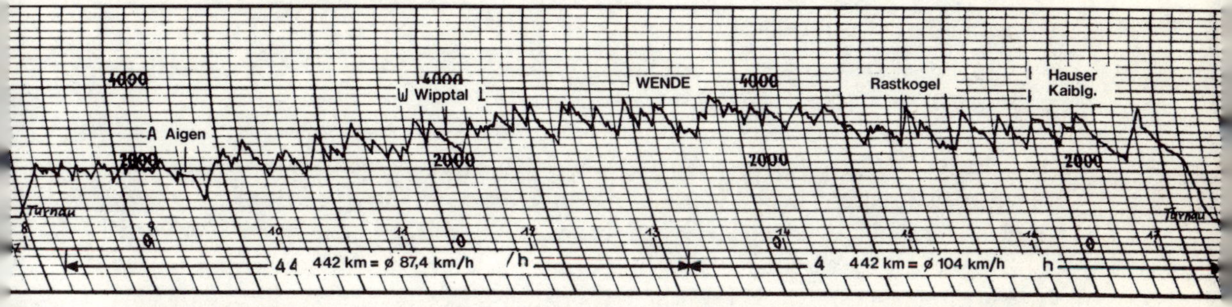

„Die Labilität ist stärker als der Wind — es wird ein herrlicher Tag." Dieser 27. Mai gab mir recht und der Höhenschrieb ist die Visitenkarte eines Rekordtages. Auf dem Flug nach Sils Maria mußte ich gegen den Wind 31mal kurbeln und mir dabei 17 900 Höhenmeter holen. Dafür genügten zurück 18 Bärte mit 11 500 m.

Wie der Schriebverlauf zeigt, wurde recht wenig ‚delfiniert'. Das lag zum Teil am Windwetter und dementsprechend an der Aufwindverteilung. Neuere Flugerkenntnisse haben mir aber auch gezeigt, daß die recht hohe Flächenbelastung entsprechende Gleitgeschwindigkeiten verlangt, soll sie den Schnitt wirklich erhöhen helfen. Die Entwicklung geht also, wenn man so will, wieder in die ‚traditionelle' Richtung — schnell gleiten und dennoch nur die stärksten Aufwinde auskreisen (diese Thermikselektion muß der überlegene Gleitwinkel ermöglichen), denn eins macht jedwede Rechenkalkulation immer wieder offensichtlich: nur wer schneller steigt, kann seinen Schnitt spürbar erhöhen.

Wer wie ich nun vierzig Minuten dahingleiten kann und dies in einem so makellosen Vogel wie dem ORION, umgeben vom wandernden Panorama der Berge im Abendschein, dem kommen viele Gedanken.

So hart, wie dieser Tag vor 9 Stunden begann, so spielerisch geht er jetzt zu Ende. Ich fliege auf der Summe meiner Erfahrungen und dank einer vollendeten Konstruktion über das Ende eines Kurses, der für uns Segelflieger bis an die Grenze des Vorstellbaren geht. Die Leichtigkeit des Gleitens in 3000 Metern Höhe ist Wirklichkeit, gewiß, aber sie ist nur ein Atemholen zwischen dem, was der motorlose Flug uns über den Alpen abverlangt. Doch diese Anstrengung macht uns frei, freier als jeden Vogel, um bei diesem oft verwendeten Vergleich zu bleiben. Wir sind uns der Freiheit bewußt und haben dafür gekämpft, sie uns zu verschaffen.

Seit den ersten Gleitversuchen an den Rhönhängen folgte der Segelflug dem alten Leitsatz der Griechen, dem ‚Höher, Schneller, Weiter', in wörtlicher Auslegung. Das schuf eine olympische Einstellung — fern von Applaus und Kommerzialismus — und sie hat unseren Sport bis heute getragen. Wie kein Zweiter vereint er zähen körperlichen Einsatz und wirkliches Naturverständnis mit dem Sublimsten, was Erfindergeist und Technik hervorzubringen vermögen. Das Element Luft bestimmt über uns alle.

Welchen Nutzen hat solch ein Flug mit all seinen jahrelangen Vorbereitungen und einem Aufwand an Zeit und Mitteln, der übermäßig scheint?

Der Nutzen, das ist der Segelflug selbst, ein ernst zu nehmendes Gegengewicht zum Kalkül des täglichen Lebens. Für die Jugend und eine Generation wie die unsere, im Sinne des Schillerschen Gedankens vom Spiel.

Unter mir wandert Trieben vorbei.

Dichter, blaugrauer Rauch kommt aus den Schloten des Magnesitwerks und hüllt das Paltental bis zum Schober hin ein. Die Luft in der heiteren Talsenke verharrt tief unter den reinigenden Winden über den Gipfeln. In diesen giftigen Schwaden leben Städte und Dörfer und wer das Tal durchfährt fragt sich, ob der Kommerz überhaupt ein Gewissen hat. So geht es Innsbruck, wo die Verstädterung immer weitere Talräume klimatisch verdirbt. Das erleben Bozen und Aosta mit ihren Stahlwerken, die ein närrischer Staatsgedanke in die Alpen verwies. Kapfenberg und Bruck, Leoben und Donawitz und mit ihnen ganze Talzüge werden von Industrieabgasen überhangen. Wer Talinversionen studieren will, findet hier Lehrbuchmodelle optisch sichtbar gemacht. Neben Locarno errichtete man eine Verbrennungsanlage für Müll. Die Rauchschwaden am Ticino treffen über Bellinzona mit jenen der Brennöfen von Roveredo im Mesolcinatal zusammen. Chur erregt aus unseren Höhen schlicht Mitleid, wie Bergamo und Turin. Menschenwürdigen Sauerstoff gibt es dort in Krankenhäusern und ultraviolettes Licht — die Lebensstrahlen der Sonne — müssen Quecksilberlampen ersetzen.

Wer kann all dies besser erkennen als wir, die fliegenden Sonden? Wer kann die Zusammensetzung der Luft unbestechlicher messen als unsere Varios? Wer sieht die Schäden besser und deutlicher, dort, wo man den schönsten Bergregionen an den Fels geht? Im Zillergrund oder im Maltatal? Schnellstraßen bohren sich unter dem Vorwand äußerster Notwendigkeit durch die Gebirge und Staubecken töten um sich eine Urnatur, die auf unserem Stern nicht mehr zu finden ist.

In den Höhenlagen der Jets stehen Rußschwaden und wandern mit den Druckströmen, schirmartig verbreitert, zwischen den Wettern rings um den Erdball. Sie halten die Strahlen der Sonne von uns ab. Welch ein Bankrottpreis, das schnellere Reisen, für die Verschmutzung der oberen Atmosphäre! Wer einmal mit fünf Litern Sauerstoff an den Rand unseres Lebensraumes flog, der vermag zu ahnen, wie wertvoll unsere Lufthülle ist.

Und uns, dem Segelflug, weist man in diesen Breiten die Tür. Airways und Kontrollzonen machen sich breit vom Atlantik bis zu den Alpen. Wer einen Motor hat, ist eo ipso nützlicher und hat Vorrang. Platz um Platz der stillen Flieger wird von den Reglements des ‚Air Traffic' bedroht und getroffen.

Noch sind die Alpen unser Reservat, denn hier geht der Motorflug mit Respekt in die höheren Lagen. Doch erste Stimmen werden laut, wonach der sportliche Flug auch in den Gebirgen ‚kontrolliert' werden sollte. Behördlicher Karriereeifer oder die beginnende Überheblichkeit unseres Staatsgedankens? Das kluge, liberale England überließ den Segelflug seiner eigenen Verantwortung. Das fördert Selbstdisziplin und Verpflichtung.

Mein Flugzeug gleitet in 2500 Metern auf Kurs 85 Grad mit einem knappen Meter Fallen. Das abnehmende Licht des Tages macht die Gebirge flach. Selbst die nahen Gesäusetürme werden rund und rosa. Ganz weit im Osten reicht die sinkende Sonne gerade noch bis zu den Hochflächen der Rax. Die Atmosphäre im Süden ist hell. Das verspricht für morgen gute Thermik.

Am Reichenstein gehe ich auf 150 km/h, denn bis zur Lanzen sind es nur noch 30 Kilometer. Oft fällt mir vor einer glücklichen Landung der erste Flug wieder ein.

Ich stand im Schatten der Kiefern am Oerlinghauser Platz. Es war ein heißer Tag und ich verfolgte eine Gruppe von Fliegern. Sie bauten ein Grunau auf. Das war 1951. Schließlich nahm ich mir ein Herz und fragte einen von ihnen, wie es mit einem Rundflug sei. Im Augenblick der Frage schien mir, als würde ich stören. Doch Paul Kardinal sah mich an und meinte: „ja, warum denn nich?".

Als der Doppelraab anrollte, griff mir Paul über die rechte Schulter und hob das Flugzeug aus dem Sennesand. An den steilen Aufstieg dachte ich lange mit Unbehagen. Dann machte die Rumpfnase eine tiefe Verbeugung und vor mir lag der dunkle Zug des Teutoburger Waldes. Ich war ohne Worte und hoffte, wir könnten hinüber gleiten. Doch Paul wußte das besser und steuerte mit Feingefühl zur Platzrunde links. Dies dauerte laut Flugbuch 4 Minuten, doch in meiner Phantasie wurde daraus ein Flug ohne Ende. Paul hat es gut gemeint und gut gemacht.

Der Gleitflug geht zu Ende und wird schnell.

Ich bin über Tragöss und erkenne den steilen Abhang der Lanzen, die schmale, grüne Piste flach voraus. Der ORION kann jetzt 170 fliegen. Über Aflenz werden es 200 sein.

Der Luftstrom drückt die Flächenspitzen nach oben und das Flugzeug zuckt in den Talböen wie ein Fisch. Wozu könnte diese Technik besser nützen, als den Weg zur Natur zu finden? Geschwindigkeit und Schnitt, Höhe und Distanz, das sind abstrakte Größen gemessen an meinem Vermögen, über den Himmel der Alpen zu segeln.

Auf der Bahn der Sonne.

Ein weiteres Buch unseres bekannten Autors:

Jochen von Kalckreuth

SEGELN ÜBER DEN ALPEN

Erlebnis und Technik des Hochgebirgsfluges – Ein Rekordflieger berichtet
176 Seiten, 94 Abbildungen, davon 40 ganzseitige Fotos, 2 Alpen-Übersichtskarten, Format 27 × 23 cm, Leinen, DM 46,–
Mit einem Vorwort von Flugkapitän Hanna Reitsch

Die Eroberung der Alpen im Segelflug ist eines der faszinierendsten Kapitel in der bewegten Geschichte des motorlosen Fluges. So wie die ersten kühnen Gebirgsflüge in zerbrechlichen Motorflugzeugen um 1912 zu aufsehenerregenden Leistungen führten, so waren es zehn Jahre später die Segelflieger, die von der großartigen Alpenwelt in ihren Bann gezogen wurden. Schweizer, Österreicher, Deutsche und Italiener beginnen schon in den frühen zwanziger Jahren – meist ohne von einander zu wissen – mit ersten Gleitflügen von den Höhen der Gipfel.
Günter Groenhoff, mutig und umsichtig zugleich und damit ein echter Pionierflieger, startet am 10. Juni 1931 auf dem 3400 m hohen Jungfraujoch in den Berner Alpen zum ersten hochalpinen Streckenflugversuch. Es ist die Geburtsstunde des Alpensegelfluges. Sein packender Bericht über diese Expedition in die Eiswelt der Gletscher hat als ein Dokument ersten Ranges den ihm gebührenden Platz in der Einleitung dieses Buches. Er enthält alles, was den vielen bergbegeisterten Segelfliegern damals und später an Hindernissen, an Erlebnissen und Flugmöglichkeiten begegnen sollte.
Nun beginnen sich die Leistungsflieger vieler alpennaher Länder voller Eifer mit dem Streckenflug im Hochgebirge zu befassen. Kühne Einzelleistungen und gemeinsam erflogene Erfahrungen eröffnen den Weg zu immer größeren Strecken. Schon Mitte der dreißiger Jahre berichtet die Weltpresse in Schlagzeilen über die ersten Alpenüberquerungen im Segelflug. Piloten und Flugzeuge machen jetzt auch im Hochgebirge Fluggeschichte. Sport und Wissenschaft finden sich in fruchtbarer Gemeinschaft bei der Erforschung des Föhn und seiner bis zur Stratosphäre reichenden Aufwinde. Am 11. Oktober 1941 segelt der Deutsche Erich Klöckner im Doppelsitzer „Kranich" auf die phantastische Höhe von 11 460 m in den Leewellen der Hohen Tauern.
Von den fünfziger und sechziger Jahren an erlebt der alpine Leistungsflug bis heute einen ungeahnten Aufschwung. Jahr für Jahr werden neue, weitere Alpenkurse bis in immer fernere Bergregionen erflogen, die Strecken von 300 und 500 km bis an die 900 km ausgedehnt. Der Föhnflug verhilft unzählige Male zum Höhendiamanten, erste Föhnflugstreckenflüge gelingen entlang der hohen Zentralmassive. Und ständig vergrößert sich die Zahl der Flieger, die es aus dem Flachland in die Berge zieht.
Von all dem berichtet Jochen von Kalckreuth in diesem Buch. Er geht auf Geschichte und Flugmeteorologie, auf alpine Flugtechnik und Streckenflugtaktik ein und läßt den Leser an seinen Erlebnissen und Erfahrungen teilhaben, gewonnen in mehr als zehn Jahren intensiven Alpensegelfluges. Seine 41 ganzseitigen Fotos aus dem Flugzeug zeugen von der einzigartigen Schönheit dieses Sports.

VERLAG BUCHELI INH. PAUL PIETSCH ZUG
MOTORBUCH VERLAG STUTTGART